독자의 1초를 아껴주는 정성을 만나보세요!

세상이 아무리 바쁘게 돌아가더라도 책까지 아무렇게나 빨리 만들 수는 없습니다.
인스턴트 식품 같은 책보다 오래 익힌 술이나 장맛이 밴 책을 만들고 싶습니다.
땀 흘리며 일하는 당신을 위해 한 권 한 권 마음을 다해 만들겠습니다.
마지막 페이지에서 만날 새로운 당신을 위해 더 나은 길을 준비하겠습니다.

소프트 스킬, 개정 2판

Soft Skills: The Software Developer's Life Manual

초판 발행 • 2022년 7월 29일

지은이 • 존 손메즈
옮긴이 • 이미령, 김태곤
발행인 • 이종원
발행처 • (주)도서출판 길벗
출판사 등록일 • 1990년 12월 24일
주소 • 서울시 마포구 월드컵로 10길 56(서교동)
대표 전화 • 02)332-0931 | **팩스** • 02)323-0586
홈페이지 • www.gilbut.co.kr | **이메일** • gilbut@gilbut.co.kr

기획 및 책임편집 • 이원휘(wh@gilbut.co.kr) | **디자인** • 박상희 | **제작** • 이준호, 손일순, 이진혁
마케팅 • 임태호, 전선하, 차명환, 박민영, 지운집, 박성용 | **영업관리** • 김명자 | **독자지원** • 윤정아, 최희창

교정교열 • 이미연 | **전산편집** • 박진희 | **출력 • 인쇄 • 제본** • 북솔루션

ISBN 979-11-407-0091-2 93000
(길벗 도서번호 080322)

정가 27,000원

독자의 1초를 아껴주는 정성 길벗출판사

길벗 | IT단행본, IT교육서, 교양&실용서, 경제경영서
길벗스쿨 | 어린이학습, 어린이어학

페이스북 • www.facebook.com/gbitbook

소프트 스킬

존 손메즈 지음
이미령, 김태곤 옮김

길벗

꾸준히 자기 계발에 힘쓰는 모든 개발자에게

적당한 수준에 만족하지 못하는 이에게
자신의 한계를 극복하고 미지의 영역을 탐험할 기회를 꾸준히 찾는 이에게
지식에 대한 갈증이 끊이지 않는 이에게
소프트웨어 개발이 단순한 코드 작성 이상이라고 생각하는 이에게
실패를 끝이라 여기지 않고 새로운 여정의 출발지로 보는 이에게
때로 넘어지고 실패하지만 항상 다시 일어서는 이에게
더 어려운 길도 주저하지 않고 갈 의지와 투지가 있는 이에게
그리고 무엇보다 다른 이를 기꺼이 도와주는 이에게
이 책을 바칩니다.

추천사

2014년 12월 5일 금요일은 내 62번째 생일이었다. 그날 늦은 저녁 시간 이 책의 저자 존 손메즈에게 한 통의 이메일을 받았다. 12월 8일 월요일까지 서문을 써달라는 부탁이었다. 이메일에는 워드 파일 수십 개가 들어 있는 zip 파일이 첨부되어 있었다. 워드 파일 원고를 일일이 확인하기란 불편하고 짜증 나는 일이었다. 모든 파일을 PDF로 변환할 시간도 없었다.

그래서 부탁을 받은 것이 썩 유쾌하지 않았다. 아내는 무릎 인공 관절 수술을 받고 재활원에 입원해 있는 상태였다. 나는 다음 날인 토요일에 아침 비행 수업을 받은 뒤 오후는 아내와 함께 보낼 계획이었다. 게다가 다음 주 월요일부터 금요일까지 있을 강의를 위해 토요일 저녁에는 런던행 비행기에 오를 예정이었다. 그러므로 월요일까지 서문을 완성할 가능성은 전혀 없었다. 존이 내게 시간을 충분히 주지 않았기에 그에게 있는 그대로 말해줬다.

존이 치즈와 햄이 들어 있는 크리스마스 선물 꾸러미를 내게 보냈다는 사실을 공항으로 출발하기 직전에 알게 되었다. 그 안에는 카드도 들어 있었는데 서문 작성을 고려해주어 고맙다는 말이 적혀 있었다. 그리고 곧이어 출판사에 조금만 더 시간을 달라고 간곡히 부탁해서 목요일까지 기다려줄 수 있게 되었다는 이메일도 받았다. 그 후에도 그는 간청하는 이메일을 몇 통 더 보냈지만 나는 현실적으로 불가능하므로 기대를 접어줬으면 좋겠다고 답했다.

공항에 도착해 비행기를 타고 가는 내내 잠을 잤다. 런던 공항에 도착해서는 택시를 타고 런던에서 내가 가장 좋아하는 호텔로 향했다. 여독으로 지친 나는 쓰러져 잠들 때까지 마인크래프트 게임을 했다. 월요일에는 종일 이어진 강의를 마친 후에 Clean Coders 사이트(http://cleancoders.com)의 '클린 코드Clean Code' 동영상 시리즈 중 30번째 에피소드를 올리기 위해 SMC 컴파일러 작업도 해야 했다.

오늘은 12월 9일 화요일이다. 두 번째 날 강의가 시작되었고 학생들에게 막 2시간짜리 실습을 시킨 참이다. 이메일을 확인하면서 존이 책 전체를 하나의 PDF 파일로 만들어 보낸 것을 보았다. 이제는 파일을 열어서 스크롤하면 책을 훑어볼 수 있으니 더 쉽게 작업할 수 있게 해준 셈이다. 잘했군.

내가 하는 말을 주의 깊게 들어야 한다. "존은 필요한 일을 했다." 그는 내게 필요한 것, 내가 원하는 것을 생각했다. 내가 그의 부탁을 들어줄 수 있도록 나에게 도움이 되는 일을 했다. 그는 내가 쉽게 일할 수 있도록 시간과 수고를 들였다. 그렇게 조금이라도 더 노력하면 혹시나 내가 서문을 써줄 수 있지 않을까 생각한 것이다. 내가 불가능한 상황임을 알려주고 거절했는데도 그는 나를 설득하고 도울 길을 끊임없이 찾았다. 즉, 포기하거나 물러서지 않은 것이다. 기회가 완전히 사라지지 않은 한 그는 계속해서 길을 찾았다.

이 책에서 전하는 내용이 바로 *그것*이다. 이 책은 성공에 이르는 길을 논한다. 성공에 이르기까지 스스로를 다잡는 데 쓸 수 있는 습관, 전략, 절차, 마음가짐, 비결, 요령에 대해 말한다. 존이 내게 한 행동이 바로 그가 이 책에서 전하려는 내용의 실제 사례다. 그는 스스로 본보기가 되었다.

학생들이 실습을 진행하는 2시간의 여유를 활용해 PDF를 열고 읽기 시작했다. 와, 주제 한번 독특하군! 이 책은 건강 관리, 옵션 거래, 부동산 투자, 정신적 균형에 관해 말한다. 그리고 퇴사하기, 프리랜서로 일하기, 스타트업에서 일하기, 제품 만들기, 승진하기, 자신을 마케팅하기 등의 주제로 이어진다.

2시간 안에 책을 제대로 읽을 수 없다는 건 명백한 사실이었고 서문을 쓸 생각도 없었으므로 읽다가 건너뛰기를 반복하며 페이지를 넘겼다. 하지만 읽으면 읽을수록 존에게는 전하려는 메시지가 분명히 있고 그 내용이 좋다는 느낌이 들었다. 소프트웨어 개발자의 인생을 업무 외적인 부분까지 전체적으로 다루고 있으므로 개발자라면 누구나 들어야 할 메시지였다.

당신은 이력서 작성 방법이나 연봉 협상 방법을 알고 있는가? 프리랜서로 독립한 후 몸값을 책정할 방법도 아는가? 퇴사한 후 당신에게 닥칠 위험 요소들은 무엇인지 아는가? 스타트업이 투자를 어떻게 유치하는지, TV 시청의 기회비용은 무엇인지 정확히 이해하고 있는가?

이 책은 당신이 마땅히 알고 있어야 할, 이러한 질문들의 답을 알려준다. 책을 제대로 읽어보지는 못했지만 전체적으로 훑어본 것만으로도 이 책의 서문을 써야겠다는 판단이 섰다. 복잡한 IT 업계에서 살아남을 방법을 고민하는 신입 소프트웨어 개발자라면 이 책에서 조언과 영감을 얻을 수 있을 것이다.

존은 내가 이 서문을 작성하게 할 방법을 알아냈다. 시작이 순탄치 않았는데도 말이다. 처음에는 도무지 여유가 날 거라 생각하기 어려운 상황이었다. 하지만 그는 이 책에 적힌 원칙을 활용해서 또 한 번 성공을 거머쥔 것이다!

– 로버트 C. 마틴(밥 아저씨) 엉클 밥 컨설팅(UNCLE BOB CONSULTING LLC)

지은이 서문

이 책을 쓰게 된 배경으로 기막히게 좋은 이야기가 있다면 좋을 뻔했다. 사막에서 명상하고 있노라니 독수리 한 마리가 내 어깨에 내려앉아서 내 귀에 대고 "당신은 소프트웨어 개발자에게 필요한 소프트 스킬을 소개하는 책을 써야 합니다."라고 속삭였다면 얼마나 좋았을까? 아니면 꿈에서 계시라도 받았으면 좋았겠다. 한밤중에 깨어보니 책의 개요가 불현듯 떠올랐다거나 급격히 광기에 사로잡혀 쓸 만한 환상으로 보았다면 말이다.

하지만 현실은 그렇지 않았다. 나는 그저 써야겠다고 느꼈기 때문에 썼다.

소프트웨어 개발자로 사는 동안 다양한 여정을 거쳤다. 길을 제대로 찾을 때도 있었고 그렇지 못할 때도 있었다. 어떤 길은 제대로 잘 찾아갔던 것인지 아직도 확신이 없다. 이 과정에서 도움이나 안내는 거의 받지 못했다. 누군가 나에게 제대로 길을 제시한 적도 없었던 것 같다. 내 잠재력을 최대로 발휘해서 업무뿐 아니라 인생 전반에 걸쳐 소프트웨어 개발자로 성공할 수 있는 방법을 알려준 사람도 만나지 못했다.

물론 내 삶에 영향을 준 사람은 많다. 소프트웨어 개발뿐 아니라 다른 여러 면에서 나에게 가르침을 준 사람도 많다. 나는 그분들에게 내 성공의 일부를 빚지고 있다고 생각한다. 하지만 다음의 모든 정보를 집약적으로 보여준 인물이나 안내서는 만나지 못했다.

- 경력 관리 방법. 그리고 경력 관련 문제를 두고 올바르게 선택하는 방법.
- 효과적인 학습 방법. 생산성을 최대로 높이는 방법. 의욕이 바닥났을 때, 용기를 잃었을 때 극복할 방법.
- 재무관리 및 몸과 마음의 건강을 관리하는 데 필요한 기본 지식. 이러한 요소들이 소프트웨어 개발자이자 한 인간인 나에게 미치는 영향.

내가 이 책을 쓴 이유는 그러한 안내서를 만들고 싶어서였다. 적어도 내가 지금껏 경험을 통해 배운 것, 그리고 내가 만난 다른 개발자, 재무관리 전문가, 운동 전문가, 동기부여 강연자 들이 그들의 경험을 통해 배운 것을 최대한 잘 전달해주고 싶었다. 내가 배우고 경험한 것을 공유하지 않고 썩히기에는 아깝다는 생각이 들어서 이 책을 썼다.

이 책은 당신을 위해서 썼다. 당신의 여정이 조금 더 수월해지길, 당신이 조금 더 나은 사람이 되는 데 도움이 되길, 그리고 무엇보다 당신이 홀로 걷고 있다는 느낌을 받지 않게 되길 바라는 마음을 담았다.

이 글이 당신에게 영감을 주었는가? 그렇다면 좋다. 이제 출발해보자!

어이쿠, 베스트셀러인 이 책의 초판을 쓴 2014년 이후 약 5년간 내 인생과 사고방식은 꽤 많이 바뀌었다. 이 책을 처음부터 끝까지 아예 새로 쓸 수 있을 정도로 말이다.

그렇다고 『소프트 스킬』 개정 2판을 새로 쓰지는 않았다. 『소프트 스킬』을 다시 읽어보니 어떤 주제에 관해서는 훨씬 더 할 말이 많아지고 논할 수 있는 새로운 주제도 꽤 있었지만 대부분의 내용은 여전히 의미가 있었다.

사실 생각하면 할수록 『소프트 스킬』이 인기를 끌 수 있었던 큰 장점은 접근성이 좋다는 점이란 생각이 들었다. 그래서 이 장점을 놓치고 싶지 않았다. 철학이나 고급 마케팅 기법을 공부하지 않은 누구나 이 책을 집어 들고 그 개념을 즉시 이해하게 하고 싶었다.

하지만… 더 이상 동의하지 않는 부분이나 구식이 된 부분을 대폭 수정하고 업데이트하지 않았다는 말은 아니다. 내가 지난 5년간 익힌 철학, 건강, 재무관리에 관한 새로운 정보를 『소프트 스킬』 개정 2판에 추가했다.

우선 삭제한 부분부터 이야기하면, 부록을 전부 없앴다. 원래 이 책에는 금융과 주식시장의 작동 원리, 식습관과 영양의 기본, 건강한 식사에 관해 다룬 4개의 부록이 있었다. 이 주제를 궁금해하는 사람에게는 가치 있는 내용이었지만 이 책의 핵심 임무와는 거리가 있기 때문에 삭제해도 괜찮다고 느꼈다.

같은 맥락에서 옵션 거래에 관해 다룬 장도 없앴다. 흥미롭긴 하지만 크게 추천하는 투자 방식이 아닌 데다 독자가 경로에서 벗어나 버리는, 아주 유혹적인 샛길이 될 수 있기 때문이었다. 다른 부에 있는 몇몇 장도 좋은 내용이긴 하지만 해당 부를 구성하는 데 딱 맞는 내용이라기보다는 독립적인 에세이로 더 적합하다고 느껴져서 삭제했다.

몇몇 장은 더 논리에 맞고 자연스럽게 이어지도록 순서를 바꾸었다. 하지만 어떤 장이든 자신이 원하는 순서로 읽어도 이해가 될 것이다. 이 책의 의도가 본래 그러하기 때문이다.

하지만… 그냥 삭제한 것은 아니다. 이토록 신중하게 삭제한 이유는 친애하는 독자 여러분에게 더 많이 이야기하고 더 많이 공유하고 싶어서, 그리고 그렇게 할 수 있는 공간이 필요했기 때문이다. 새로운 아이디어를 더하고 오래된 아이디어를 다듬으며 많은 장을 업데이트했다. 개정 2판을 낼 때 주로 한 일반적인 작업이다. 그러나 여러분이 진짜 관심을 기울여야 하는 부분은 새로 추가한 장이다.

마케팅을 다룬 2부에는 유튜브에 자신의 브랜드를 구축하는 장을 추가했다. 진정한 자산을 일구는 방법을 다루는 장도 추가했다. 이 장에서는 어린 나이에 은퇴하고 여러 분야에서 수백만 달러의 개인 자산을 창출하는 데 활용한 바로 그 금융 관련 개념을 알려줄 것이다(이 장을 생각하면 가슴이 두근거린다). 단식과 나의 현재 식사 일정에 관한 장도 추가했다. 요즘 나는 하루에 한 끼만 먹는다(이 식습관의 혜택은 놀라울 정도다! 평생 이만큼 건강한 적이 없었다). 마지막으로 지난 몇 년간 내 인생의 방향을 결정하는 타륜 역할을 한 철학적 주제에 관한 장을 추가했다. 바로 스토아 철학이다(놓쳐서는 안 되는 장이다. 사실 그 장부터 읽어도 좋다).

모든 장의 제목도 장의 내용을 더 명확하고 더 직설적으로 표현할 수 있게 다시 지었다. 초판의 재치 있는 제목이 재미있긴 했지만 다시 읽어보니 글쎄… 좀 진부해 보였다. 유머 감각은 나이가 들면 약간 변하는 것 같다.

개정 2판이 초판보다 전반적으로 훨씬 더 마음에 든다. 이번 새로 고침을 통해『소프트 스킬』은 더 일관성 있는 책이 되었다. 이 책의 흥행에 도움이 된 원래 정신과 논조는 그대로이지만 이 책의 초판에, 그리고 솔직히 말해 내 인생에 부족했던 귀중한 인생 조언이 추가되었다. 그러니 이 책을 마음껏 즐기며 여러분의 인생을 바꿀 실질적인 행동을 취할 준비를 마치길.

2020년 캘리포니아 샌디에이고에서
존 손메즈

이 책을 읽어주어 기쁘다. 아마 이 책이 다루는 내용이 무엇인지 궁금할 것이다. 도대체 '평범한 개발자의 비범한 인생 전략'이 무엇일까? 훌륭한 질문이다. 여기서 간략히 답하겠다.

이렇게 생각해보자. 더 나은 코드를 작성하는 방법, 새로운 기술을 배우는 방법, 팀의 일원으로 일하는 방법, 소프트웨어 프로젝트를 이끄는 방법을 알려주는 좋은 책은 시중에 많다. 경력을 발전시키는 방법이나 면접 질문을 통과하는 법을 이야기하는 책도 있다. 하지만 이미 소프트웨어 개발자로 일하는 사람이 더 나아지는 방법을 알려주는 책을 본 적이 있는가?

더 나은 직장에 취직하고 더 많은 돈을 버는 방법뿐 아니라 그 돈을 관리하는 방법, 직장을 떠나 결국 기업가가 되고 싶어 하는 사람에게 그 방법까지 알려주는 책을 본 적이 있는가?

소프트웨어 개발 업계에서 성공적으로 평판을 쌓는 단계를 알려주는 동시에 신체, 정신, 영혼까지 더 강하고 건강해지는 방법을 알려주는 책을 본 적이 있는가?

나도 본 적이 없다. 그래서 그 모든 것을 비롯해 그 외의 주제까지 다루는 책을 쓰기로 했다.

당신이 누구든 간에 이 책은 당신을 위해 썼다. 가볍게 하는 말이 아니다. 이 책에는 면접 과정 통달하기, 이력서 멋지게 작성하기, 블로그 성공적으로 운영하기, 개인 브랜드 만들기, 높은 생산성 유지하기, 극도로 소모적인 번아웃 상황 극복하기뿐 아니라 부동산 투자하기, 체중 감량하기를 다루는 장도 있다.

무엇이든 빠르게 배우는 내 특별한 기술을 소개하는 데 한 부 전체를 할애하기도 했다. '플루럴사이트'라는 온라인 교육 회사를 위해 2년도 채 되지 않는 기간에 온라인 교육과정 55개를 만들 때 사용했던 방법이기도 하다.

농담이 아니라, 정말 당신이 누구든 소프트웨어 개발 경력이 어떤 수준이든, 이 책에는 도움이 될 만한 내용이 있다. 특별한 사람을 만나는 데 관한 장도 있다. 무슨 말인지 알 것이라 생각한다.

이 책에 어떤 내용이 담겨 있고 어떻게 정리되어 있는지 1장에서 더 자세히 설명하겠지만 그에 앞서 이 책을 읽는 데 도움이 될 몇 가지 온라인 자료를 알려주겠다. 이 책의 곳곳에서 유용한 웹사이트 링크를 찾을 수 있겠지만 유용하리라 확신하는 몇 가지 주요 링크를 소개하면 다음과 같다.

온라인 자료

- **보너스 장**

  https://simpleprogrammer.com/softskillsbonus

  혐오와 비판만 일삼는 사람을 대하는 방법에 관한 보너스 장이 있다. 사업이나 블로그를 시작하거나, 자신을 마케팅할 계획이라면 **필독**해야 할 장이고 완전히 **무료**다.

- **심플 프로그래머 블로그**

  https://simpleprogrammer.com

  심플 프로그래머Simple Programmer 블로그에서는 이 책에서 다룬 많은 주제와 관련 있는 방대한 양의 글을 찾을 수 있다. 또한, 나에게 연락하는 가장 좋은 통로이자 내가 매주 무료로 올리는 가치 있는 다른 정보를 볼 수 있는 곳이기도 하다(블로그에 방문했을 때 잊지 말고 이메일 리스트에 가입해서 내가 매주 제작하는 좋은 무료 자료를 받아보길 바란다).

- **심플 프로그래머 유튜브 채널**

  https://youtube.com/simpleprogrammer

  이 책에서 다룬 많은 주제에 관한 동영상을 전부 무료로 공개하는 곳이다. 최신 동영상을 매주 무료로 받을 수 있게 구독을 잊지 마라.

- **불도그 마인드셋 블로그와 유튜브 채널**

  https://bulldogmindset.com, https://youtube.com/bulldogmindset

  불도그 마인드셋Bulldog Mindset은 자기 계발이라는 주제에 집중하기 위해 최근에 만든 회사이자 브랜드다. 여기에서는 스토아 철학에 기반을 둔 사고방식, 건강, 부, 대인 관계 기술에 대해 다룬다. 이 유튜브 채널에서 심플 프로그래머 유튜브 동영상을 일부 찾을 수 있다. 바꾼 이름을 한번 검색해보길 바란다.

- **소프트웨어 개발자로서 자신을 마케팅하는 방법 교육과정**

  https://devcareerboost.com/m

  이 책에서 마케팅에 관한 2부 내용에 흥미를 느꼈다면 이 사이트로 가서 개인 브랜드를 만들고 소프트웨어 업계에 이름을 알리는 자세한 방법을 알려주는 전체 교육과정을 구입하라. 지금까지 내가 제작한 것 중 가장 인기 있는 과정이다.

- **무엇이든 빠르게 배우는 10단계 교육과정**

  https://walazlib.com/course/10-steps-to-learn-anything-john-sonmez

  이 책의 3부 '학습'에서 가르친 내용을 더 자세히 다루는 심화 과정이다. 3부 내용이 마음에 들어서 심층 내용을 보고 싶다면 이 과정에서 자세한 내용을 확인하라.

- **Entreprogrammers**

  https://entreprogrammers.com

  기업가가 되고 싶거나 사업을 하고 싶다면 세 명의 개발자/기업가(개발자 겸 기업가)와 함께 준비하는 무료 주간 팟캐스트를 확인하라.

옮긴이 서문

요즘 한창 사업가로, 요리 연구가로, 방송인으로 주가를 올리고 있는 백종원 씨가 예전에 TV에서 음식 장사가 성공하려면 "맛이 30퍼센트, 나머지가 70퍼센트"라고 말한 적이 있다. 마침 부모님이 식당을 한 경험도 있던 터라 많이 공감했던 기억이 난다. 아마 맛은 있는데 손님이 많지 않은 식당이나 손님은 많은데 맛이 그리 뛰어나지 않은 식당을 경험한 적이 있을 것이다.

비단 식당만 그런 것은 아니다. 개발자 세계에도 비슷한 원칙이 적용된다. 많은 개발자가 처음 사회생활을 시작할 때 개발자 세계에서는 실력만 갖추면 될 거라고 착각한다. 물론 나도 예외는 아니었다. 많은 시행착오를 겪은 지금에 이르러서는 실력의 비중이 생각보다 크지 않다는 사실을 깨달았다. 여전히 가장 중요한 요소라고는 생각하지만, 실력만 좇다 보면 더 큰 부분을 놓칠 수 있다는 뜻이다.

이 책의 저자는 그 큰 부분을 가리켜 '소프트 스킬'이라 했다. 소프트 스킬은 핵심 업무 능력을 의미하는 하드 스킬과 대조되는, 대인 관계, 언어, 습관, 커뮤니케이션, 리더십과 같은 기술을 의미한다. 개발자에게는 대체로 생소하거나 어려운 분야다. 아마도 주변을 둘러보면 프로그래밍 실력은 뛰어나지만 소프트 스킬이 부족해 제대로 인정받지 못하는 동료나 지인 한 둘쯤 어렵지 않게 발견할 수 있을 것이다.

처음에 이 책을 번역하겠다고 선뜻 나선 이유도 많은 개발자에게 도움이 되었으면 좋겠다는 마음이 컸기 때문이다. 번역을 마치고 몇 번을 더 검토한 지금은 생각이 많아졌다. 고민하던 부분은 고민하던 부분대로, 그렇지 않던 부분은 또 그렇지 않던 부분대로 나를 돌아보고 점검하는 계기가 되었다. 특히 마케팅 부분은 이미 실천하던 내용이 많아 꽤 공감할 수 있었고, 생산성 부분은 관련 프로그램을 설치해 볼 정도로 관심이 생겼으며, 건강과 재무 부분에 이르러서는 평소에도 부족하다고 생각하던 터라 조금은 반성하는 마음으로 읽었다.

어떤 이는 흔한 자기 계발서 중 하나로 볼 수도 있고, 어떤 이는 미국과 환경이 다르기 때문에 그다지 유용하지 않다고 생각할지도 모른다. 하지만 이 책의 내용을 그대로 따르지 않더라도 저자가 이 책을 통해 던져주는 화두는 생각해볼 만하다.

어쩌면 온라인 서점 아마존에서 평점으로 별 다섯 개를 주었던 독자들처럼 저자의 생각에 깊이 공감할지도 모르는 일이다.

가능하면 원서에 담긴 내용을 담백하게 전하면서도 저자의 의도나 위트를 그대로 보존하기 위해 나름대로 꽤 노력했다. 그만큼 이 책이 한 명이라도 더 많은 개발자에게 도움이 되었으면 하는 바람이다.

– 이미령, 김태곤

존 손메즈

소프트웨어 개발자이자, 베스트셀러『커리어 스킬』,『소프트 스킬』의 저자다. 또한, 매년 소프트웨어 개발자 140만 명에게 '기술적인 기술Technical skill만으로는 경력이나 인생을 성공적으로 이끄는 데 충분하지 않다.'라는 핵심 메시지를 전달하는 심플 프로그래머 블로그와 유튜브 채널의 창립자다.

의사를 명확하게 전달하고 솔선수범하는 능력, 실패를 딛고 일어서는 정신적 회복력, 개인 건강 수준 향상 같은 '소프트 스킬'에 집중한다면 소프트웨어 개발자는 '유리 천장'을 뚫고 보기 드문 성공을 누릴 수 있다. 존은 이러한 교훈을 17년 이상 개발자로 일하며 몸소 터득했고 초창기 몇 년간 고생하며 겪은 시행착오에 대해서도 솔직하다. 소프트웨어 개발 경력은 10살에 C, C++로 좋아하는 MUD 게임을 위한 가상 세계를 만들며 시작되었다. 19살에 캘리포니아 해변 가까운 곳에서 10만 달러를 상회하는 탐나는 일자리를 얻었을 때 자신의 경력이 정해졌다고 여겼다. 실제로는 C++ 기술로 상사에게 감동을 주지 못한 탓에 그 안락한 직장에서 '해고' 되었다. 마이크로소프트의 치열한 현장 면접에서 화려하게 실패하고 생계를 위해 프로그래밍 외의 다른 일을 하기까지 수년간 좌절과 실망의 연속이었다.

마침내 프로그래밍을 할 줄 아는 것과 성공적이고 전문적인 소프트웨어 개발자가 되기 위한 모든 기술을 갖추는 것 사이에 큰 차이가 있다는 것을 깨닫고 자신에게 부족했던 기술, 리더십, 소통 능력을 발전시키기 시작했다. 그 후 테스트 자동화, 애자일 방법론 분야에서 고액의 보수를 받는 컨설턴트가 되었다. 또한, 기술 교육기관인 플루럴사이트에 55개 교육과정을 개설하며 소프트웨어 개발 분야에서 매우 생산적인 온라인 강사 중 한 명이 되었다. 존은 사실상 33살에 은퇴하고 샌디에이고로 이사했다.

요즘은 심플 프로그래머에서 동영상, 책, 교육과정을 통해 다른 개발자들이 원하는 성공을 거둘 수 있게 도와주는 일에 에너지를 집중하고 있다.

이미령

가치 있는 콘텐츠를 우리말로 공유하려고 자원봉사로 시작한 일이 번역가의 길까지 이어졌다. 모든 일을 재미있게 하는 비결은 아이 같은 호기심을 잃지 않는 데 있다고 믿으며, 사람과 사람, 사람과 컴퓨터 간의 연결 분야에 관심이 많다. 옮긴 책으로는 『시드 마이어』, 『UX/UI의 10가지 심리학 법칙』, 『커리어 스킬』, 『이펙티브 엔지니어』 등이 있다. 개인 블로그(https://everysingle.page)에서 신간 소식, 번역 뒷이야기 등을 전한다.

김태곤

오토매틱Automattic에서 워드프레스WordPress.com라는 서비스를 만들고 있는 프론트엔드 개발자이자 리모트 워커다. 새로운 기술을 배우는 것만큼이나 지식을 나누는 것도 좋아해 오픈 소스 개발은 물론 강의와 번역을 꾸준히 진행하고 있다. 또한, 개인 블로그(http://taegon.kim)와 트위터(@taggon)에서도 웹 기술과 관련한 글을 전한다. 옮긴 책으로는 『누구나 쉽게 배우는 자바스크립트』, 『거침없이 배우는 자바스크립트 & 제이쿼리』, 『객체지향 자바스크립트의 원리』 등이 있다.

개발자를 위한 책은 대체로, 개발을 잘하는 개발자가 되기 위해서는 어떤 개발자가 될지 정해 이러이러한 것을 공부해야 한다는 주제가 대부분이었다. 이 책은 개발자의 길을 가겠다고 정한 사람이라면 한 번쯤 생각해볼 법한 주제들을 다루고 있다. 분명 한 번씩은 포털 사이트에 검색해 봤거나 누군가에게 물어봤을 법한 내용들이었다. 목차에서도 알 수 있듯이, 정말 많은 양의 주제를 다루고 있어 꽤 두껍지만 책 한 권으로 해답을 얻을 수 있다면 괜찮은 것 같다. 목차가 잘 구분되어 있어서 관심 있는 주제를 찾아 읽기 좋았다.

주니어 개발자로 일을 시작하면서 '이런 기술을 공부해야지, 이런 기능을 배워봐야지' 하는 확고한 계획이 생겼다. 그런데 연봉 협상은 어떻게 하고, 어떤 개발자가 되어야 하는지 또는 자산 관리, 건강 관리 등 현실적인 문제는 막연하게 걱정만 하고 제대로 생각해본 적이 없었다. 사실 이런 부분은 누군가에게 이야기를 듣거나 조언을 구할 환경이 못 되었다. 궁합이 잘 맞는 회사 찾는 방법, 승진하는 방법, 프리랜서로 전환하는 방법 등의 소프트 스킬은 같은 회사 사람들에게 물어보기에도 민감한 내용이기도 하고, 나와 비슷한 위치의 사람들에게 들어서는 크게 도움이 되지 않는 내용인데, 책으로나마 간접적으로 알 수 있어서 좋았다. 처음 취업 준비할 때도 막연하게 SI 회사, 솔루션 회사, SM 회사와 대기업, 중견 기업, 중소기업, 스타트업 이렇게 구분하며 준비했지만, 나와 맞는 회사를 찾는다기보다 현실에 맞는 회사에 들어가는 쪽에 더 가까웠다. 그런데 이 부분을 읽다 보니 앞으로 내가 어느 회사 쪽으로 준비해야 할지, 이후 내 커리어와 내 자산을 어떻게 관리해야 할지 밑그림이 완성된 느낌이었다.

전공자라면 비슷한 직무의 사람들이 많고 또 업계 내에서 계속해서 주워듣는 것들이 있었겠지만, 내 경우에는 문과생 비전공자가 국비 수업으로 직무를 바꾼 것이어서 주변에도 동종 업계 사람들이 없었기에 막막했다. 그런 나에게는 백지에 밑그림을 어떻게 그려야 할지 알려주는 책이었다. 꽤 방대한 책이었지만 내 개발 커리어에 확실히 도움이 되는 정보들이었기에, 읽는 데 시간을 투자할 만한 책이었다.

김다혜 / 비즈플로우

코딩을 잘하는 건 개발자에게 숙명이지만, 코딩이라는 건 인생에서 수단에 지나지 않을지도 모른다. 코딩을 잘하면 높은 연봉과 더 좋은 대우를 받을 수 있다는 점은 분명하지만, 삶에는 코딩 외에도 익혀야 할 기술이 많다. 목표도 세워야 하고, 자기 브랜드도 만들어야 하고, 멘토도 찾아야 하고, 커리어를 설계하기도 해야 한다. 이 각각의 주제에 대해 블로그를 참조하거나 유튜브 영상을 여럿 보거나 그것도 아니라면 직접 경험해서 배워가는 게 일반적이다. 거기서 멈추고 싶지 않고 더 잘하고 싶다면 더 알아봐야 한다. 뛰어난 사람들은 어떻게 다른 방식으로 접근하고 문제를 해결해 나갔는지, 여러 문제 상황 속에서 어떻게 조화를 이뤄나갔는지 말이다. 그런 관점에서 이 책은 개발자 인생의 종합 솔루션을 제공하는 종합 비타민이다. 퇴근하고 자기 전에 조금씩 읽으면 좋다.

송진영 / 빅인사이트 데이터분석가

서비스업 5년 차, '사람 대하는 일'을 더 하기 싫어 개발자로 이직했다. 그런데 개발 분야를 공부하는 나를 종종 멈춰 서게 한 것은 '문과 출신 비전공자'로 겪는 어려움이 아니라, '개발자는 평생 공부해야 하는 직업이다', '개발자에게도 소프트 스킬이 필요하다'라는 두 문장이었다.

평생 공부하지 않아도 되는 직업, 소프트 스킬이 필요하지 않은 직업이 존재하기는 할까? 만약 '개발자에게 특히' 필요한 평생 공부와 '개발자에게 특히' 필요한 소프트 스킬이 따로 있다면 그건 무엇일까? 설령 경력이 긴 개발자라도 '무엇이 나를 개발자답게 만드는가'라는 다소 철학적인(?) 의문과 '오랫동안 개발자로 살아가기 위해서는 어떤 행동을 어떻게 해야 하는가'에 대한 실천적인 의문을 끌어내는 두 문장에 대답하기란 결코 쉬운 일이 아닐 것이다.

개발자는, 개발자라는 직업이 '평생 공부해야 하는 직업'이라고 말하면서도 평생 공부해야 하는 그 대상이 새로운 개발 이슈나 기술만은 아니라는 점을 쉽게 간과하곤 한다. 하루는 내가 속해 있는 개발 관련 카카오톡 오픈채팅방에서 '코더와 개발자의 차이는 무엇인가?'에 대한 이야기가 나왔다. 개발자들 모두가 자신을 '단순한 코더'가 아니라 그 이상의 가치가 있는 무엇으로 생각하고 싶어 했다. 그러나 '코더'와 '개발자'를 굳이 나누어야 한다면 그 기준은 개발 실력에 국한되지만은 않다는 게 내 생각이다.

그렇다면 '개발자'가 '개발자'이게 하는 조건은 무엇일까? 나는 그 조건이 개발자에게 특히 필요한 소프트 스킬과 관련이 있을 거라는 확신이 있었지만, 내 생각에 대한 근거를 명쾌하게 제시할 수 있을 만큼 경험이 많지는 않았다.

이 책은 나와 같은 초보 개발자도 위 의문에 대답할 수 있을 실마리를 제공하는 책이다. 이를테면 1부 '경력'에서 저자는 개발자라면 당연히 갖추고 있어야 하는 역량인 '잘게 쪼개기'와, 개발자가 어려워할 법한 역량인 '사업가처럼 생각하기'를 함께 제시한다. 언뜻 보기에 별 관련성이 없어 보이는 두 역량은 프로젝트 과정에서 종종 발생하는 예상치 못한 문제 상황을 능동적으로 해결해 나가는 데 도움이 되는 능력이라는 공통점이 있다.

나는 '사업가처럼 생각하기'가 싫어서 개발자로 이직한 사람이다. 그렇지만 어떤 만화에 나온 말처럼 도망친 곳에 낙원은 없었다. 대신 사람이 싫어질 만큼 고생했던 자영업자 시절이 내게 남기고 간 경험 덕분에 프로젝트 쪼개어 보기, 문제의식 갖기 같은 사업가적(?) 역량을 갖춘 개발자가 될 수 있다는 점을 인정하게 되었다. 이 책을 읽으며, '비전공자 출신'이라는 데서 느끼던 은은한 열등감이 더 나은 개발자가 되어 있을 미래에 대한 상상으로 바뀐 것이다.

그러니 이 책을 읽으려는 분이라면 책을 펴기 전에 자기 자신에게 질문을 던져보길 권한다. 당신이 겪은 개발 외적 경험들이 당신을 더 오래, 더 멀리 가는 개발자로 만들어줄 수 있다는 사실을 이제까지 깨닫지 못했다면, 이 책은 개발과 개발자에 대한 당신의 생각을 확장할 기회가 될 것이다.

정유경 / 한국방송통신대학교 컴퓨터과학과 & ㈜데이터에듀 데이터 컨설턴트

〈소프트 스킬〉은 개발자로 살면서 한 번 이상은 겪게 되는 번아웃, 생산성 하락 등의 다양한 문제를 해결하는 방법과 함께 독학 방법, 일정 관리, 소통, 그리고 개인적인 삶에 필요한 주제들까지 다룬다. 아직 학생으로서 개발하면서 느꼈던 한계점에 대한 주제도 있어서 도움이 많이 되었다.

요즘처럼 꾸준히 공부해야 하는 시대에 개발자에게 도움이 되는 전략을 모아둔 〈소프트 스킬〉을 활용하여 자기 계발해보려 한다.

김채호 / 동서대학교 소프트웨어학과 학생

개발자 커뮤니티에서 잊을 만하면 화두가 되는 논쟁, '하드 스킬이 중요하냐, 소프트 스킬이 중요하냐'에는 명확한 정답이 없다. 또한, 소프트 스킬을 어떻게 향상할 수 있는지에 대한 답은 개인마다 상황이 다르므로 쉽게 대답해주기 어렵다. 이 책의 저자는 이런 어려운 질문에 대해 대부분의 상황에 통용될 수 있는 여러 소프트 스킬을 어떻게 향상시킬 수 있을지 차근차근 설명해준다.
책에서 다루는 전체 내용은 많지만 글 하나하나는 소제목 아래 구성되어 길지 않았다. 또한, 장마다 실천 과제를 제시해서 해당 장을 온전히 이해하고 본인 상황에 맞게 활용할 수 있게 구성했다. 특히 대부분의 장에서 도움받은 책, 논문, 웹 페이지를 알려주어 보충 자료로 활용하면 매우 도움이 될 듯하다.
이 책에는 여러 개발 커뮤니티에서 주기적으로 나오는 고민들(학위 취득, 대기업 vs. 스타트업, 연봉협상 전략, 번아웃 관리, 커리어 패스 설정 등)에 대한 저자의 실제 경험 또는 근거에 기반한 조언들이 담겨 있다. 그 점이 마음에 들었다. 또한, 개발자가 간과하기 쉬운 부분인 재무 관리나 건강, 정신적인 문제까지도 폭넓게 다루고 있다. 경력을 막 시작한 주니어 개발자라면 고민에 대한 답변을 얻어 시행착오를 줄일 수 있을 것이고, 시니어 개발자라면 각 장의 주제에 대해 본인의 방식과 비교하면서 더 나은 방식으로 개선해볼 기회가 될 것이다.

이근호 / Qualcomm AI Research

나는 컴퓨터 공학을 전공하지 않았고, 뒤늦게 개발 공부에 입문하여 취업을 준비하고 있다. 배경이 이렇다 보니 주변에 개발자로 일하는 사람들의 삶을 면밀하게 관찰할 기회가 많지 않았는데, 이 책을 통해 나의 갈증을 어느 정도 해결할 수 있었다. 단지 개발자로서 코딩만 잘하는 법을 알려주는 책이 아닌, 개발자로서 어떻게 살아가면 좋을지, 저자가 어떻게 살아왔는지를 담은 책이었기 때문이다. 개발자로서의 삶을 전체적인 시야에서 바라보면서 어떻게 행동하며 살아야 할지 가이드라인을 제시해준다.
어린 나이부터 일했고 지금은 은퇴하여 다양한 일을 하고 있는 저자가 자신의 삶을 어떤 식으로 이끌어 나갔는지 솔직하면서도 일목요연하게 알려준다. 성공한 경험뿐만 아니라 실패한 경험도 솔직하게 녹여냈다. 경제, 건강, 마인드셋 등 다양한 방면에서 저자가 겪은 경험과 지식으로 인사이트를 주었다.

내용 자체는 그렇게 어렵지 않아 술술 읽혔지만, 중간중간 나의 삶과 생각은 어땠는지 멈춰서 생각해야 할 때가 많았다. 또한, 개발자로서 개발 지식만 가진 게 아니라 다양한 분야로도 전문 지식을 가지고 끊임없이 도전하는 저자로부터 영감을 받기도 했다. 개발자가 되고 나서 읽게 되면 또 다른 인사이트를 얻을 것 같아 곁에 두고두고 읽고 싶은 책이다.

이자윤 / 개발자 준비 중

당장의 취업에 급급했던 시기를 지나면서 소프트 스킬의 필요성을 느끼고 있었다. 작가의 경험이 많이 담겨 있어 개발자의 자기 계발서에 가깝지만, 사실은 개발자가 아니더라도 고민하고 있을 내용이다.

목차를 처음 봤을 때 2부 '셀프 마케팅'이 제일 어려울 거라고 생각했다. 나를 드러내는 것이 쉽지 않아서 마케팅의 필요성도 잘 느끼지 못했기 때문이다. 그러나 책을 읽으며 자신을 브랜드화하여 메시지, 시각 요소, 일관성, 반복 노출로 드러내야 경력도, 나의 인식도 좋아진다는 것을 깨달았고, 블로그나 SNS 운영에 조금 더 시간을 투자해야겠다고 생각했다. 경력 관리와 연봉 협상에도 도움이 될 것 같아 더욱 결심을 굳히게 되었다.

가장 와닿은 내용은 현재 상황에 밀접한 1부 '경력'이었다. 이 책에서 지적한 것처럼 전문 분야를 설명할 때 항상 '일할 때 쓰는 도구'인 언어로만 설명했는데 언어보다는 예를 들어준 운영체제에 관점을 두니 이력서에서 강조할 지점이 달라져 다음 이직에 도움이 될 것 같다.

개발자는 다른 업종에 비해 '비교적' 수평적이고 상하 여부를 떠나 서로의 의견을 나눌 수도 있고, 질문에 여러 사람이 답변해주는 문화가 형성되어 있어 소프트 스킬이 더욱 중요하다. 이 책은 많은 주제를 담고 있어 현재나 미래에 필요한, 또는 길을 잃었을 때 원하는 목차를 골라서 보기 적합하다. 반드시 '해답'이 되진 않더라도 한 곳만 보며 갇혀 있던 생각을 전환하는 데 좋았다. 장마다 실린 내용이 길지 않아 부담스럽지 않게 읽을 수 있었는데, 이것 또한 '소프트 스킬' 중 하나여서 인상 깊었다. '개발자'로서 고민이 생겼을 때, 고민을 덜어 생각의 폭을 넓히기에 도움이 될 책이며, 책의 첫 장부터 나오는 '코드 작성 그 이상의 것'인 책이다.

강지수/백엔드 개발자 5년차

한 마디로 software developer cookbook이다. 개발자의 경력뿐 아니라 셀프 마케팅, 학습, 생산성, 재무관리, 건강, 마인드셋까지 다룬다. 이런 주제까지 다루는 건가 싶은 부분도 꽤 세세하게 다루고 있어서 놀랐다. 프로그래밍 언어와 개발 지식을 넘어서 더 나은 개발자가 되기 위해 무엇을 공부해야 할지 모르겠다면, 더 공부하면 좋을(또는 공부해야만 하는) 것을 '찍어 먹기 좋게' 설명해준다. 더 심도 있는 공부를 위해 읽어볼 만한 책도 추천해서 좋았다. 삶을 리팩터링하고 싶다면 추천한다!

박도희 / APR 프론트엔드 개발팀

책을 읽는 내내 자기 관리에 탁월한 멘토와 1:1 미팅을 하는 기분이었다. 때로는 엄하게, 때로는 진솔하게 자신의 실수까지 언급하며 책을 읽는 내내 나를 이끌어주고, 기술력 향상만 고민했던 나에게 새로운 시각으로 IT 종사자로서의 커리어 발전 방향을 제시해 주었다.

전반적으로 각 장을 짤막하게 구성하여 읽기 편했다. 저자는 개발자로서의 경력보다 컨설팅이라는 비개발자의 경력이 훨씬 길어 보이는데 덕분에 개발자 선배로서의 기술적 커리어 조언보다 비개발자 선배로서의 사회생활 조언이 더욱 상세하고 더 큰 도움이 되었다.

이 책에서 특히 도움이 된 점은 다음과 같다. (1) 대기업/중견 기업/스타트업 회사별 특성을 설명한 부분에서 자신의 성향과 맞는 회사를 잘 고를 수 있게 도와주었고, 특히 스타트업에 대한 상세한 설명은 스타트업 창업을 구상하는 나에게 큰 도움이 되었다. (2) 뽀모도로 기법 등 저자만의 시간 관리 기법이 도움이 되었다. (3) 상세한 10단계 학습 기법이 참신했다. 무언가를 새롭게 공부해야 할 때 10단계 학습 기법을 직접 따라 해볼 예정이다. (4) 연봉 협상에 대해 본인의 노하우를 아낌없이 전수한 점이 인상적이었다.

물론 이 책에도 부족한 점, 아쉬운 점, 단점이 존재한다. 재무 관리, 건강 관리, 인맥 관리 등에서는 저자의 생각에 동의할 수 없는 부분도 있었다. 그러나 장점도 분명하므로 읽으면서 적절히 취사선택하기를 권한다. 개인적으로는 창업을 구상하고 있어서 창업을 고려하는 개발자에 대한 조언이 피가 되고 살이 되었다.

최민주 / KOICA 해외봉사단

목차

3부 학습

5부 재무관리

CHAPTER

1

소프트웨어 개발자의 삶, 새로운 시각으로 바라보라

프로그래밍 책은 보통 프로그래밍 이야기만 한다. 그러나 이 책은 다르다. 다양한 기술을 사용하여 좋은 코드를 작성하는 방법을 알려주는 책은 시중에 넘쳐나지만, 좋은 소프트웨어 개발자가 되는 방법을 알려주는 책은 찾기 어렵다.

좋은 소프트웨어 개발자란 코딩, 문제 해결, 단위 테스트 작성을 능숙하게 잘하는 사람이 아니다. 좋은 소프트웨어 개발자는 자신의 경력을 관리하고 목표를 성취하며 삶을 즐기면서 살아가는 사람이다. 물론 앞에서 언급한 기술도 중요하다. 하지만 C++로 정렬 알고리즘을 잘 구현하는 방법이나 후임 개발자에게 멱살을 잡히지 않을 정도로 그럭저럭 괜찮은 코드를 작성하는 방법은 어디서나 쉽게 배울 수 있다.

이 책은 일에 관해 이야기하지 않는다. 이 책의 주제는 당신이다. 바로 당신의 경력, 삶, 신체, 정신, 영혼에 관해 이야기한다. 당신이 영혼의 존재를 믿는지 모르겠지만 영혼에 관해 이야기한다고 해서 정신 나간 사람으로 취급하지는 말았으면 한다. 나는 페요테 선인장 잎*을 태우며 명상을 즐기는 초월론자가 아니다. 오히려 그 반대인 현실주의자다. 다만, 소프트웨어 개발자의 삶에도 코드 작성 그 이상의 것이 존재한다고 생각할 뿐이다.

소프트웨어 개발은 전체론적인 시각으로 접근해야 한다. 더 좋은 소프트웨어 개발자가 되고 싶다면, 아니 어떤 분야에서든 훌륭해지고 싶다면 삶의 일부 영역에 집중하지 말고 삶을 전체적으로 바라봐야 한다.

이러한 생각이 바로 이 책의 출발지이자 목적지다. 인생의 모든 부분을 책 한 권에서 전부 다루는 것은 불가능하다. 당연한 얘기지만 이렇게 광범위한 주제를 다룰 만한 경험이나 지혜가 있다고 말할 자신도 없다. 이 책에서는 소프트웨어 개발자의 생활 영역 중 핵심적인 부분에만 초점을 맞출 생각이다. 내가 실제로 경험해서 자세히 아는 내용이기에 도움을 줄 수 있다고 생각한다.

이 책을 읽다 보면 연관이 별로 없어 보이는 주제를 서로 엮어둔 것처럼 보이는 것도 있겠지만, 알고 보면 모두 나름의 이유가 있다. 책은 7부로 구성되며 각 부는 소프트웨어 개발자 삶의 각기 다른 측면에 초점을 맞추고 있다. 크게 경력, 신체, 정신, 영혼의 네 가지 주제를 다룬다고 보면 된다.

처음에는 소프트웨어 개발자에게 가장 중요한 경력 이야기로 시작한다. 경력을 적극적으로 관리하는 소프트웨어 개발자를 많이 만나보지 못했기 때문에 1부 '경력'에서는 경력 관리에 도움이 될 내용으로 채웠다. 사내 승진, 컨설팅 회사 설립, 창업 후 제품 출시 등 각자의 목표는 다를 수 있다. 하지만 어떤 목표를 세웠든지 적극적으로 경력을 관리하여 원하는 결과를 얻을 수 있는 여러 방법을 알려주고자 한다. 나는 앞서 말한 세 가지 일을

* 북아메리카 원산인 선인장으로 북아메리카 원주민이 종교의식이나 치료에 사용해온 환각제다. 메스칼린이라는 마약의 원료로 쓰인다.

모두 겪어봤다. 그리고 나와 경력이 비슷한 소프트웨어 개발자를 선발하는 면접관 역할도 수없이 해봤다. 그 덕분에 사람들이 어떤 지점에서 쉽게 실수하는지, 그러한 실수를 피할 방법은 무엇인지 배울 수 있었다. 이외에도 눈에 띄는 이력서 작성 방법, 면접의 달인이 되는 방법, 원격 근무 요령 등 목표와 상관없이 누구에게나 필요한 여러 중요한 기술도 짚고 넘어가겠다.

2부에서는 '셀프 마케팅'이라는 주제로 '자신을 마케팅하는 전략'에 대해 이야기하겠다. 마케팅은 매우 중요하다. '마케팅'이라는 단어를 들으면 어떤 느낌인가? 이 질문에 불편하다고 대답하는 소프트웨어 개발자가 많다. 심지어 듣기만 해도 짜증 난다는 사람도 있다. 하지만 2부를 마칠 즈음에는 생각이 완전히 바뀌어 마케팅이 왜 그토록 중요한지 이해하게 될 것이다. 사실 누구나 자신을 마케팅한다. 능력의 차이가 있을 뿐이다. 2부에서는 어떻게 하면 마케팅을 더 잘할 수 있는지, 정확히 어떤 부분을 마케팅해야 하는지 알려주겠다. 일확천금을 논하는 스팸 메일과는 차원이 다른 전략을 소개하겠다. 자신을 브랜드화하는 방법, 블로그를 똑똑하게 운영하는 방법, 강연, 강의, 저술 등 지금껏 생각해본 적 없는 다양한 활동으로 자신의 이름을 널리 알릴 수 있도록 현실적인 조언을 들려주겠다. 1부에서 배운 경력 관리 방법과 2부에서 배운 마케팅 기술을 결합하면 상상하는 것 이상의 결과를 얻을 수 있다.

경력을 다룬 1~2부를 마친 뒤 3~4부에서는 정신과 관련한 주제를 다룰 것이다. 3부 '학습'부터 시작한다. 소프트웨어 개발자의 삶에서 학습은 매우 중요하다. 소프트웨어 개발자나 IT 전문가라면 대체로 학습을 게을리할 수 없다. 공부하는 방법, 더 정확히 이야기하면 독학하는 방법을 꼭 익혀야 한다. 독학할 줄 알면 말 그대로 자신이 상상하는 모든 것을 스스로 이룰 수 있다. 하지만 기존 교육 제도는 '무엇을 배울 때는 반드시 선생님이 있어야 한다.', '학습은 반드시 일방적으로 가르침을 받는 형식으로 이루어져야 한다.'라는 그릇된 전제를 달고 있다. 안타까울 따름이다. 선생님이나 멘토가 중요하지 않다는 뜻은 아니다. 다만, 지루한 강의를 들으며 열심히 노트에 옮겨 적는 방법이 최고라는 편견을 깨고 싶었다. 자신의 능력과 상식을 잘 활용하되 여기에 약간의 용기와 호기심까지 더하면 얼마든지 좋은 결과를 낼 수 있다. 그래서 내가 경력을 키우기 위해 활용했던 10단계 학습법을 소개할 생각이다. 나는 이 학습법을 사용하여 온라인 교육 기업인 플루럴사이트(http://www.pluralsight.com)에 올릴 개발자 교육과정 55개를 2년 만에 만드는 기록적인 성과를 냈다. 그 외에 좋은 멘토는 어떻게 구하는가, 멘토 역할은 어떻게 하는가, 교육 및 학위가 필요한가 같은 몇 가지 주요 주제도 언급하겠다.

4부 '생산성'에서는 정신의 또 다른 영역인 생산성을 더 높이는 방법에 대해 이야기하겠다. 4부의 목적은 등을 떠밀어서라도 당신을 움직이게 하는 것이다. 낮은 생산성은 성공을 방해한다. 지금 이 순간에도 생산성을 높이려고 노력하는 소프트웨어 개발자가 많다. 다른 모든 면에서 훌륭한 사람이라고 해도 미루는 버릇, 계획 없이 사는 태도, 습관적인 게으름을 극복하지 못하면 기어 1단을 벗어나기 어렵다. 나는 기어 변경이라면 해볼 만큼 해본 사람이다. 그리고 마침내 최고 속도로 고속도로를 질주할 수 있는 방법을 깨우쳤다. 그 체계는 4부에서 소개하겠다. 하얗게 불태운 체력 보충하기, TV의 노예에서 벗어나기, 문제를 끝까지 파고들 동력 얻기, 지루하고 고된 작업 진행하기처럼 까다로운 주제도 다룰 생각이다.

5부 '재무관리'에서는 중요성을 자주 간과하는 개인 재무관리 문제에 대해 이야기한다. 당신이 세계 최고의 소프트웨어 개발자라 하더라도 수입을 효과적으로 관리할 줄 모르면 거리에 나와서 '코딩해 드립니다.'라는 팻말을 들고 동냥하는 신세가 될 수도 있다. 5부에서는 경제 및 개인 재무관리의 세계를 함께 탐색해보고, 재무 관련 문제를 올바르게 판단할 수 있는 방법과 재무관리 계획을 세울 때 바탕이 될 기본 사항을 알려주겠다. 나는 재무 설계사나 펀드 매니저는 아니다. 하지만 개발자가 된 18살 무렵부터 지금까지 전문적으로 부동산에 투자하며 수백만 달러의 순자산을 모았기에 재무관리에는 나름대로 자신이 있다. 하지만 이 주제는 책 몇 권을 들여도 모자랄 정도로 방대하므로 깊이 파고들 생각은 없다. 대신 재무관리의 기본이 되는 수입 관리 방법, 부동산 투자 방법, 부채를 만들지 않는 방법, 그리고 가장 중요한 진정한 부를 일구는 방법에 관해 이야기하겠다. 마지막에는 보너스로 내 이야기를 들려주겠다. 나는 나만의 원칙을 활용해서, 스타트업으로 대박을 터뜨리지 않고도 33세에 실질적으로 은퇴할 수 있었다. 내용을 알고 나면 누구나 나만큼은 해낼 수 있으리라 감히 장담할 수 있을 정도로 쉬운 방법이다.

6부 '건강'에서는 몸 관리라는 흥미로운 주제를 다룰 생각이니 훈련을 시작할 채비를 해두기 바란다. 건강한 체형을 유지하면 수영복을 입었을 때 멋지게 보인다는 장점 외에 정신적, 인지적 측면에서도 이점이 있다. 체중 감량, 근력 향상, 체형 관리에 필요한 모든 내용을 가르쳐 주겠다. 내가 아는 소프트웨어 개발자 대부분이 허약한 과체중 상태다. 그런데도 여기서 벗어날 방도를 찾을 생각조차 하지 않는 무기력한 사람이 많다. 하지만 아는 게 힘이라고 하지 않던가. 나는 보디빌딩 대회에 참가하고 많은 하프 코스 마라톤과 풀 코스 마라톤을 완주했다. 당신이 자기 삶의 주인공답게 사는 데 내 이야기가 조금이라도 도움이 된다면 더할 나위 없이 좋겠다. 6부에서는 식이요법과 영양 관리의 기본을 알려주고, 섭취한 음식이 신체에 어떠한 영향을 미치는지 설명할 것이다. 운동 계획을 세우는 방법, 체중 감량과 근력 향상에 적합한 식단을 짜는 방법도 알려주겠다. 스탠딩 데스크와 같이 종일 컴퓨터 앞에 있는 사람에게 필요한 운동 기구 등 개발자에게 특화된 주제도 빠짐없이 다룰 것이다.

마지막 7부 '마인드셋'에서는 형이상학적인 주제로 넘어가서 환영처럼 나타나는 '기계 속 유령'*을 찾아볼 생각이다. 제목은 '마인드셋'이라고 붙였지만 그렇다고 오해는 말길 바란다. 7부에는 정신 건강을 주제로 실질적이고 실용적인 조언을 담았다. 개인적으로 자기 계발이라는 표현을 그리 선호하지는 않지만, 7부는 자기 계발에 도움이 된다. 7부의 목표는 당신이 성공에 필요한 긍정적인 태도를 갖추도록 돕는 것이다. 고대 스토아 철학이 어떤 내용이고 오늘날 당신에게 어떤 도움을 줄 수 있을지 이야기하겠다. 기술에 뛰어난 이들 중 연애를 어렵게 생각하는 사람이 많으므로 이에 대해서도 간략하게 다룰 생각이다. 그리고 지난 수년 간, 성공한 사람이나 유명한 사람을 만날 때마다 다른 이에게 추천하고 싶은 책 한 권을 꼽아달라고 부탁해서 모은 추천 도서 목록도 공유하겠다.

자, 이제 분석적인 태도는 잠시 접어두고 소프트웨어 개발자의 삶에 신선한 시각으로 접근한 이 책을 편안하게 즐기길 바란다.

---

* 프랑스 철학자 르네 데카르트(René Descartes)는 영혼과 육체가 둘로 분리된다고 주장했다. 이러한 심신 이원론은 근대 서구 철학의 뼈대를 이루었다. 하지만 20세기에 들어 영국 철학자 길버트 라일(Gilbert Ryle)이 이러한 관념은 범주 오류에서 비롯한 실수라고 지적하며 데카르트의 주장대로라면 인간이 '기계 속 유령' 같은 존재나 다름없다고 비판한 바 있다.

Part 1

경력

> 다른 사람을 위해 일한다고 착각하는 건 큰 문제다. 고용 보장의 시대는 끝났다. 경력은 자기 자신을 위해 관리해야 한다. 일자리는 회사 소유지만, 경력은 내 소유라는 사실을 기억하라.
>
> – 얼 나이팅게일Earl Nightingale

자신의 경력을 적극적으로 관리하는 소프트웨어 개발자는 쉽게 찾아볼 수 없다. 하지만 성공한 개발자치고 단순히 운이 좋아서 성공한 이는 없다. 목표를 설정하고 이를 달성하기 위해 계획을 세워 꾸준히 지키는 이가 성공한다. 소프트웨어 개발 업계는 경쟁이 치열해서 이력서를 깔끔하게 만들고 닥치는 대로 일을 맡는 정도로는 성공을 보장할 수 없다. 어떤 행동을 언제 취할지, 또 이러한 계획을 어떻게 진행할지 신중하게 생각하고 결정하는 습관을 길러야 한다.

1부에서는 소프트웨어 개발 경력에서 성취해야 할 목표를 설정하는 과정과 그 성취 방법에 관해 설명하겠다.

CHAPTER

2

다른 이들과 달리 멋지게 시작하라

어느 여름날 공원에 앉아서 불꽃놀이를 감상하고 있다고 상상해보자. 색색의 폭죽이 경쾌한 소리와 함께 멋진 장관을 연출하며 하늘을 수놓고 있다고 말이다. 그런데 그중 하나가 하늘 높이 솟아올라 멋지게 터지지 못하고 픽 사그라져 버렸다. 소프트웨어 개발자로서 당신의 경력을 폭죽에 비유해보면 어떨까? 커다란 소리를 내며 공중에서 멋지게 터지는 폭죽과 공중에 겨우 뜨긴 했으나 조용히 땅으로 떨어지는 폭죽, 당신이라면 어떤 결말을 원하는가?

사업가의 사고방식 갖추기

사회 초년생 무렵부터 이런저런 실수를 범하는 소프트웨어 개발자가 많다. 가장 심각한 실수는 자신의 경력을 사업처럼 생각하지 않는 것이다. 착각하지 마라. 생계를 위해 코드를 작성하는 사람은 중세 시대에 대장간에서 일하는 대장장이와 똑같다. 지금은 시대가 달라져서 대부분 회사에서 일하지만, 기술만 있으면 언제든 다른 곳으로 옮겨 일할 수 있다는 면에서 대장장이와 크게 다를 바 없는 입장이다.

소프트웨어 개발자는 자신의 경력을 사업으로 봐야 한다. 사업을 한다고 생각하면 결정도 사업가답게 할 수 있다. 성과와 상관없이 일정한 급여를 정기적으로 받다 보면 회사원이라는 정체성에 갇히기 십상이다. 회사에 소속되어 일하더라도 자신의 정체성이나 경력은 조직에서 주어진 역할과 별개로 존재한다고 생각해야 한다.

고용주를 당신이 운영 중인 소프트웨어 개발사의 고객이라고 생각하라. 고객이 한 명뿐이고 그 고객이 수익 전부를 책임져주는 상황이라고 해도 자신이 사업을 하고 있다고 생각하면 무력감과 의존성에서 벗어나 자치권과 자주성을 지킬 수 있다. 실제로 고객사 한 곳이 수익 대부분을 채워주는 회사도 많다.

Tip 머슴 같은 태도를 버리고 사업가의 태도를 갖추는 것이야말로 경력 관리의 출발점이다. 이렇게 태도만 바꿔도 경력을 보는 관점이 달라져서 적극적인 경력 관리의 필요성을 인식하고 행동하게 된다.

사업가처럼 사고하는 법

자신을 사업가라 생각하는 것만으로는 별 도움이 되지 않는다. 더 많은 것을 얻으려면 사업가처럼 사고한다는 말의 의미를 제대로 이해해야 한다. 사업가처럼 사고하는 방법은 무엇인지, 그 말의 정확한 의미는 무엇인지 함께 살펴보자.

사업이 성공하는 데 필요한 구성 요소부터 짚고 넘어가자. 우선 제품이나 서비스가 있어야 한다. 제품이나 서비스가 없으면 판매할 거리가 없는 것이므로 이익을 얻을 방법도 없다. 당신은 어떤 제품이나 서비스를 팔 생각인가?

판매할 만한 디지털 제품을 이미 완성해둔 사람도 있을 수 있다. 제품 제작에 대한 내용은 16장에서 자세히 다룰 것이다. 하지만 일반적으로 소프트웨어 개발자는 소프트웨어 개발 서비스를 판매한다. '소프트웨어를 개발한다'는 말은 다양한 활동이나 서비스를 지칭할 수 있는 광범위한 표현이지만, 소프트웨어 개발자가 이러한 서비스를 판매한다고 말할 때는 '아이디어 단계에 있던 계획을, 돈을 받고 실제로 디지털 제품으로 구현'하는 것을 가리킨다.

당신이 제공하는 서비스를 사업으로 생각하면 경력을 보는 관점이 완전히 바뀐다. 회사는 자사의 제품을 꾸준히 수정하고 개선한다. 당신도 그렇게 해야 한다. 당신이 소프트웨어 개발자로서 제공하는 서비스는 유형의 가치를 지닌다. 그리고 당신은 그 가치가 정확히 무엇인지, 그 가치가 다른 수많은 소프트웨어 개발자가 제공하는 가치와 어떻게 다른지 설명할 수 있어야 한다.

바로 이 부분이 2부에서 다룰 마케팅이라는 주제로 연결된다. 제품이나 서비스를 준비하는 것만으로는 부족하다. 수익을 올리고 싶다면 잠재 고객에게 제품이나 서비스를 알릴 수 있는 방법이 무엇인지 찾아야 한다. 전 세계 모든 회사가 이런 중요한 진실을 알고 있기에 마케팅에 많은 자금과 노력을 쏟아붓는다. 당신도 서비스를 판매하려면 마케팅에 관심을 기울여야 한다. 마케팅을 잘할수록 서비스 판매 가격이 높아지고 잠재 고객의 수는 늘어난다.

소프트웨어 개발자 대부분은 자신이 사업가라고 생각하지 않는다. 그래서 화려한 효과 없이 아주 조용히 등장한다. 하지만 당신은 달라야 한다.

- 어떤 서비스를 제공할지, 그 서비스를 어떻게 마케팅할지 고민하라.
- 서비스 개선 방법을 고민하라.
- 소수의 특정 유형 고객에게 필요한 특수 서비스를 제공하는 전문가가 돼라. 일자리가 필요할 때는 일단 고객 한 명만 확보해도 충분하다.

자신이 만든 서비스를 널리 알리고 고객을 찾을 수 있는 최적의 방법이 무엇인지 고민해보라. 한 번 작성한 이력서를 여러 회사나 인사 담당자에게 그대로 돌리는 소프트웨어 개발자가 많다. 자신이 사업을 한다면 이 방법이 잠재 고객을 찾는 가장 좋은, 유일한 방법이라고 생각할까? 당연히 답은 "아니요."일 것이다. 성공한 회사는 고객을 일일이 따라다니지 않고 고객이 자발적으로 제품이나 서비스를 사게 만든다.

2부에서 논의할 다양한 방법을 활용해서 자신을 잘 마케팅하면 당신도 이러한 회사처럼 성공할 수 있다. 구체적인 내용은 아직 모르더라도 고정관념에서 벗어나 사업가처럼 사고하는 것이 핵심이다. 고객을 모을 수 있는 가장 좋은 방법은 무엇인가? 당신의 서비스를 고객에게 어떻게 설명하겠는가? 이 간단한 질문에 답할 수 있다면 경력을 멋지게 시작할 수 있을 것이다.

실천하기

- 여러 기업이 자사의 제품이나 서비스를 차별화하고 광고하는 방법을 찾아보라.
- 자신의 서비스를 장래의 고용주나 고객에게 한 문장으로 설명한다고 생각하고 아이디어를 내보라.
- 사업가의 사고방식을 갖추면 다음 항목이 어떻게 변할지 생각해보라.
  - 업무 방식
  - 재무관리 방식
  - 구직 방식, 고객을 찾는 방식

CHAPTER

3

목표를 설정하고 미래에 대비하라

자신의 소프트웨어 개발 경력을 사업처럼 생각하기로 했다면 이제 사업을 통해 성취할 목표를 설정할 차례다.

세상에 똑같은 사람은 없다. 사람이 다 다르듯이 나보다 더 많은 목표를 세운 사람도, 더 적은 목표를 세운 사람도 있다. 중요한 것은 목표 중 단 하나라도 이루려면 그 목표를 정확히 이해해야 한다는 사실이다. 물론 말보다 실천이 어렵다. 대부분 자신의 목표, 혹은 성취하려는 대상이 무엇인지 구체적으로 자각하지 못한 채 표류한다. 소프트웨어 개발자도 예외는 아니다. 이런 상태는 인간의 본성에 가깝다. 어디에 집중하며 살아갈지 생각하지 않으므로 목적지나 나아갈 방향을 모른다.

바다를 항해하는 배를 떠올려보라. 누구나 승선해서 돛을 올릴 수 있다. 하지만 명확한 목적지나 나아갈 방향을 모르는 배는 바다 위를 정처 없이 떠다니게 된다. 어쩌면 우연히 섬이나 대륙에 다다를 수도 있겠지만, 목적지를 모른다면 착실히 나아가는 것은 불가능하다. 반면 목적지를 정해 놓았다면 모든 수단을 동원하여 원하는 방향으로 배를 몰고 갈 수 있다.

주변에서 경력 관리 목표를 설정한 소프트웨어 개발자를 찾기란 무척 어렵다. 이유가 무엇일까? 나는 '장기적 비전에 헌신하길 두려워하는 사람이 많아서'라고 생각한다. 목표를 하나 정해두고 그 목표에 매진하는 게 무서워서 가능성을 최대한 많이 남겨두고 싶은 것이다. *잘못된 선택이면 어쩌지? 목적지에 도착해서 내가 원치 않는 곳에 와 있다는 사실을 깨달으면 어쩌지?* 진짜 이렇게 되면 무서울 것이다.

이러한 고민을 전혀 하지 않는 개발자도 있다. 인간은 마음대로 하게 두면 주어진 길을 그대로 받아들이는 경향이 있다. 새로운 길을 개척하는 것은 어려우므로 포기하고 누군가 자신에게 제안하는 일을 맡는다. 그리고 더 나은 기회가 생기거나 해고될 때까지 그 자리에 머문다.

당신이 지금껏 경력 관리 목표를 설정하지 못했던 이유가 무엇이든, 이제는 더 미루면 안 된다. 지금 당장 목표를 세워라. 명확한 목표가 없으면 아무리 열심히 살아도 의미가 없다. 목표 없이 인생을 낭비하지 마라.

결정하지 않는 것 **또한** 결정이라는 사실을 잊지 마라. 이것은 아무것도 하지 않겠다는 결정이고, 최악의 결정인 경우가 많다. 많은 사람이 가는 아무 경로나 받아들이는 것보다는 차선의 결정을 내리거나 차선의 경로를 계획하는 것이 나을 때가 대부분이다.

목표 설정 방법

목표를 세우라는 내 의견에 수긍한다면 이제 방법을 논할 차례다. 먼저 큰 목표를 정하고, 거기에 이르기까지 밟아갈 작은 목표들을 세우면 쉽다. 큰 목표는 보통 구체적이지 않다. 먼 미래에 일어날 일을 구체적으로 그리기는 어렵기 때문이다. 하지만 괜찮다. 먼 미래에 성취할 큰 목표가 아주 구체적일 필요는 없다. 단, 방향을 제시할 정도는 되어야 한다. 배를 몰고 미국까지 간다고 해보자. 출발할 때부터 정확한 경도와 위도를 계속 확인할 필요는 없다. 일단 미국 방향으로 가고, 정확한 위치는 목적지 근처에서 찾으면 된다. 출발할 때는 미국이 어느 방향에 있는지 정도만 알아도 된다.

이처럼 큰 목표는 아주 구체적이지 않아도 되지만, 나아갈 방향을 알려줄 정도는 되어야 한다. 최종적으로 어떤 일을 하고 싶은지 생각해보라. 회사의 관리자나 경영자가 되길 원하는가? 소프트웨어 개발 회사를 차리고 싶은가? 기업가가 되어 개발한 제품을 시장에 도입해보고 싶은가? 내 경우에는 개인 사업을 하는 것이 꿈이었다.

큰 목표를 설정하는 일은 전적으로 당신 몫이다. 최종적으로 이루고 싶은 꿈이 무엇인가? 5년 후, 혹은 10년 후에 어떠한 모습이기를 원하는가? 목표 설정은 정말 중요하므로 꼭 생각해보길 바란다.

먼 미래에 성취할 큰 목표를 정했다면 그다음에는 거기에 이르는 길목에 작은 목표들을 세워야 한다. 큰 목표에서 현재 상태까지 거꾸로 생각하는 방법을 써보라. 이미 큰 목표를 성취했다고 가정하고 그 사이에 어떤 단계를 거쳐 왔을지 상상해보라. 큰 목표에서 현재까지 거슬러 온다면 어떤 경로로 왔을지 그려지는가?

목표 설정 단계

나는 한때 45킬로그램 감량이라는 큰 목표를 세웠다. 한참 풀어졌던 자신을 추슬러서 다시 건강한 몸을 만들고 싶었다. 그래서 2주에 2킬로그램씩 감량하자는 작은 목표를 세웠다. 2주마다 이 작은 목표를 달성하는 방식으로 큰 목표를 점점 성취해 나갔다.

큰 목표로 향하는 길목에 작은 목표를 여러 개 세워두고 하나씩 이뤄나가면 결국 최종 목표에 도착한다. 큰 목표에 이르기까지 다양한 크기의 작은 목표를 세워두면 좋다.

팀장급 개발자가 되겠다는 큰 목표를 세웠다고 가정해보자. 여기에 이르도록 도와줄 작은 목표로 한 해 동안 기술 서적 12권을 읽고, 새로운 프로그래밍 언어를 익히겠다는 목표를 세운다. 이 작은 목표를 달성하기 위해 매월 혹은 매일 일정 분량을 읽고 학습하겠다는 더 작은 목표를 세운다.

작은 목표는 꾸준히 노력해 큰 목표에 이를 수 있도록 의욕을 북돋워준다. 작은 목표 없이 큰 목표만 세워두면 문제가 발생해도 바로잡을 시간이 없다. 작은 목표는 수시로 동기를 부여하는 보상 장치 역할도 한다. 매일, 매주 자그마한 성공을 경험하면 계속 성장하는 느낌이 들기 때문에 자부심을 품고 꾸준히 노력할 수 있다. 작은 목표는 큰 목표에 비해 버겁다는 느낌도 덜하다.

이 책의 집필 과정을 예로 들어보겠다. 나는 책이 완성되기까지 일간 목표, 주간 목표를 세워두었다. 평소에는 '책 한 권 쓰기'라는 거대한 목표보다 그날그날의 목표를 생각한다. 매일 그날의 목표를 이룬다면 결국 완성이라는 큰 목표에 도착하기 때문이다.

자신의 미래를 생각해본 적이 별로 없다거나 구체적인 목표가 하나도 없는 사람이라면 책을 잠시 내려놓고 목표부터 설정하라. 어려울 수도 있지만 하고 나면 큰 보람을 느낄 것이다. 당신의 배가 표류하는 일이 없도록 출발 전에 진로를 설정하라.

목표 점검하기

자신이 세운 목표를 주기적으로 살펴보고 필요할 때마다 조금씩 업데이트하라. 실수를 찾기 위해 한참 거슬러 올라가는 것, 과거의 실수를 뒤늦게 깨닫는 것, 두 경우 모두 그리 즐거운 경험은 아니다.

목표는 규칙적으로 점검하는 게 좋다. 그래야 조정이 필요할 때 빠르게 대처하고, 계획을 꾸준히 지킬 수 있다. 매주 주말마다 다음 주 계획을 세우기 전에 목표를 점검하라. 매월, 매 분기, 매년 마찬가지다.

성취한 내용을 장기와 단기로 나누어 살펴보면 진행 속도가 적절한지, 조정이 필요한지 확인할 수 있다.

실천하기

- 시간을 내서 큰 목표를 최소 하나 이상 기록하라.
- 큰 목표를 다음과 같이 작은 목표로 나눠라.
  - 월간
  - 주간
  - 일간
- 큰 목표를 매일 생각할 수 있도록 항상 보이는 장소에 붙여두라.

CHAPTER

4

소프트 스킬은 생각보다 중요하다

이 책은 소프트 스킬soft skill*의 중요성을 꽤 강조한다. 이 책을 읽으면 일상생활이나 일에서 소프트 스킬이 실제로 중요하다는 사실을 어느 정도 깨닫게 될 것이다. 이 장에서는 대인 관계 기술이 중요한 이유를 살펴보고, 이 기술을 습득할 수 있는 방법에 대해 자세히 알아보겠다.

코드 작성이 전부가 아니다

한때 나는 소프트웨어 개발자의 일은 코드를 작성하는 게 전부라고 생각했다. 아마 나 말고도 이렇게 착각하는 사람이 많을 것이다.

알고 보면 개발자도 컴퓨터를 대하는 시간보다 사람을 대하는 시간이 더 길다. 코드를 작성할 때는 일차적으로 사람이 쓸 것을 염두에 두고 해야 한다. 컴퓨터가 이해할 수 있게 만드는 것은 오히려 이차적인 부분이다. 만약

* 전문 지식, 기술력 등 업무 수행에 직접적으로 필요한 능력이 하드 스킬(hard skill)이라면 이러한 하드 스킬을 효율적으로 활용할 수 있게 도와주는 소통 능력, 실행력, 리더십 등 대인 관계와 관련한 정서적 능력이 소프트 스킬(soft skill)이다.

쓸 사람을 신경 쓰지 않아도 된다면 1과 0으로 구성된 기계어로만 코드를 작성해도 될 것이다. 코드를 작성하는 시간이 너무 즐거워서 개발자가 된 사람이라고 해도 좋은 소프트웨어 개발자가 되려면 사람을 잘 대하는 방법을 배워야 한다.

일하는 동안 사람과 소통하는 데 드는 시간이 얼마나 되는지 생각해보면 왜 의사소통 능력을 키워야 하는지 이해할 수 있다. 출근해서 가장 먼저 하는 일이 무엇인가? 당연히 이메일부터 확인할 것이다. 이메일은 누가 보내는가? 작업을 빨리 마쳐야 한다거나 더 잘 만들라는 내용의 이메일을 컴퓨터나 코드가 보내던가? 아니다. 모두 사람이 하는 일이다.

업무 회의에서도 사람을 만난다. 진행 중인 작업에서 문제가 발생했을 때도 동료와 대화하며 해결책을 찾는다. 혼자 앉아서 코드를 작성할 때조차도 사람과 전혀 연관이 없다고 보기는 어렵다. 코드를 작성할 때 참고하는 요구 사항도 사람이 주기 때문이다.

코드 작성이 당신의 주요 업무인 줄 알았다면 다시 생각해보라. 다른 모든 직업이 그러하듯이 소프트웨어 개발자인 당신의 업무도 사람을 대하는 것이다.

대인 관계 기술 배우기

이미 시중에 대인 관계 기술을 다룬 좋은 책이 많다. 7부에서 관련 추천 도서를 소개할 생각이므로 이에 관해서는 길게 이야기하지 않겠다. 그 대신 투입한 시간에 비해 큰 효과를 볼 수 있는 기본 원칙을 몇 가지 소개하려고 한다. 대인 관계와 관련한 책 중 내가 좋아하는 책은 데일 카네기Dale Carnegie가 쓴 『인간관계론(How to Win Friends and Influence

People)』이다. 이 장에서 소개할 내용도 이 책을 많이 참고하였다. 그리고 혐오와 비판만 일삼는 사람을 대하는 방법에 대한 보너스 장(https://simpleprogrammer.com/how-to-deal-with-criticism-when-marketing-yourself)도 잊지 말고 확인하라.

존중하라

사람은 누구나 자신이 중요한 존재로 여겨지길 바란다는 사실을 기억하라. 대인 관계에서 가장 중요하게 생각해야 할 원칙이다. 존중받고 싶다는 바람은 인간이라면 누구에게나 있는 기본 욕망이다. 그리고 이러한 바람은 무언가 성취하려는 가장 근본적인 동기이기도 하다.

다른 사람을 대할 때는 자신이 상대의 이런 기본적인 바람에 어떠한 영향을 미치고 있는지 신경 쓰는 게 좋다. 당신이 상대를, 혹은 상대의 업적을 무시하거나 깎아내린다는 느낌을 주면 상대는 흉포한 태도로 돌변해 강하게 반박할 것이다.

자신의 아이디어를 내세우기 위해 동료의 아이디어를 깎아내리는 실수는 누구나 쉽게 저지른다. 하지만 이 또한 상대를 무시한다는 인상을 주므로 상대가 역으로 당신의 의견을 무시할 가능성이 크다. 상대가 당신의 아이디어를 수용하고 그 가치를 인정하게 하려면 당신이 먼저 상대를 존중해야 한다. 자존심을 무너뜨린 상대의 마음은 절대 얻을 수 없다.

칭찬하라

첫 번째 원칙만 봐도 '원하는 결과를 얻으려고 비판하는 습관'은 고쳐야 한다는 사실을 깨달았을 것이다. 나도 과거에 비판을 일삼는 사람이었다. 그때는 당근보다 채찍이 동기부여에 효과적이라고 생각했기 때문이다. 하지만 완벽한 착각이었다.

부정적인 행동을 질책하는 것보다 긍정적인 행동을 보상하는 게 효과가 훨씬 더 좋다는 사실은 여러 연구를 통해 입증된 바 있다. 특히 여러 사람을 관리하는 자리에 있는 사람은 이 말을 새겨들어야 한다. 사람들에게서 최선의 성과나 긍정적인 변화를 이끌어내길 원한다면 하고 싶은 말을 전부 내뱉지 말고 응원의 말만 하는 법을 배워야 한다.

실수할 때마다 냉혹한 비판으로 일관하는 상사와 한 번이라도 일해본 경험이 있는지 모르겠다. 혹시 있다면 그런 대우를 받을 때 어떤 기분이 들던가? 더 좋은 결과를 내고 싶은 마음이 들었는가? 다른 사람도 당신과 비슷한 느낌을 받을 거라고 생각하면 된다. 동기를 부여하고 열의를 북돋우려면 비판하지 말고 칭찬하라.

상대의 입장에서 생각하라

대인 관계를 성공적으로 구축하려면 자신이 원하는 것에 집중하지 말고 상대에게 중요한 것, 상대가 원하는 것을 생각하라. 당신이 이런 태도를 갖추면 상대는 당신이 무시하거나 비판한다고 오해하지 않는다. 그러면 상대가 마음을 열고 당신의 아이디어를 존중해줄 가능성이 커진다.

동료나 상사와 대화할 때 당신 자신보다 상대에게 집중하라. 그들의 관점으로 세상을 바라보라. 이 대화를 통해 상대는 무엇을 얻으려 하는지, 무엇을 중요하게 생각하는지 살펴보라. 우선 상대의 말을 주의 깊게 들어라. 당신 차례가 돌아오면 당신이 원하는 바를 상대에게 와닿는 방식으로 표현하라. 가능하면 실제로 대화하기 전에 연습해보는 게 좋다. 대화가 어떻게 진행될지 예상해보고, 그에 맞게 당신이 할 말을 준비하라.

상사에게 어떤 기능을 왜 특정 방식으로 구현했는지 아무리 말해봐야 별 의미가 없다. 그보다 그 방식을 사용하면 어떤 이득을 보는지 알려줘라. 이런 의사소통 방법을 몸에 익히면 당신이 만드는 소프트웨어가 일정에 차질 없이 안정성 높은 상태로 출시될 가능성 또한 커진다.

논쟁을 피하라

소프트웨어 개발자는 평소 논리적으로 생각하는 편이다. 그래서 개발자가 아닌 사람도 당연히 자기처럼 논리적으로 사고할 거라고 생각하는 경향이 있다. 뿐만 아니라 확고한 논리를 제시하기만 하면 상대가 자신의 사고방식을 받아들일 거라고 착각하기까지 한다.

인간은 자부심을 느낄 만한 지적 능력을 갖춘 존재인 동시에 매우 감성적인 존재이기도 하다. 정장을 입고 어른인 척하는 성인의 마음속 깊은 곳에는 어린아이의 모습이 그대로 남아 있다. 그래서 어른이 되어도 무시를 당하거나 상처를 입으면 여전히 울고 떼쓰고 싶은 마음이 든다. 다만, 이제 이런 감정을 자제하거나 숨길 줄 알 뿐이다.

그러므로 어떤 수를 쓰든 논쟁을 피하라. 떼쓰는 아이를 달랠 때 논리나 순수이성이 도움이 되겠는가? 마찬가지로 당신이 무시했던 동료에게 당신의 의견을 따르라고 설득할 때도 논리가 아무 힘을 발휘하지 못한다.

> 논쟁에서 이기는 유일한 방법은 바로 논쟁을 시작하지 않는 것이다. 독사나 지진을 만났을 때 무조건 피하는 게 상책이듯 논쟁도 무조건 피하라.
>
> – 데일 카네기, 『인간관계론』

일의 진행 방법에 관해 의견이 갈릴 때는 꼭 전쟁을 선포해야 할 상황인지 생각해보라. 다른 사람도 관련된 문제라면 특히 그렇다. 당신에게는 사소하지만 상대에게는 중요한 일일 경우 당신이 양보해줄 여지가 있다면 양보하고 당신의 실수를 인정하라. 그러면 상대는 오히려 당신을 크게 존경하게 될 뿐 아니라 반대의 입장이 되었을 때 당신에게 양보해주려 할 것이다.

지금껏 대인 관계 문제를 소홀히 여겼다면 지금 당장 고민하기 시작하라. 다른 이와 즐겁게 소통하는 법을 배우면 인생이 훨씬 더 즐거워진다. 대인 관계 기술은 값을 매기기 어려울 정도로 소중한 가치를 지니며 이를 익혀서 얻는 혜택은 평생 지속된다.

프레임 통제

사람을 대하는 데 도움이 되는 정말 중요한, 프레임frame이라는 개념을 이해하면 좋다. 하지만 소개에 앞서 경고부터 하는 것이 좋겠다. 프레임은 주의해서 사용해야 한다. 이 개념은 동료를 괴롭히거나 다른 사람의 의견을 무시할 때 말고 어떤 식으로든 당신에게 도전하거나 당신을 깎아내리는 사람을 대할 때 더 효과적이다. 어떤 상호작용에서든, 특히 누군가 프레임을 통제해서 당신을 괴롭히거나 당신의 의견을 묵살하려고 할 때 무슨 일이 일어나고 있는지 인식할 수 있게 이 개념을 이해하는 것이 중요하다.

두 사람이 대화를 시작하면 두 사람의 프레임은 서로 충돌하고 그중 하나가 승리를 거둔다. 당신의 프레임은 당신이 세상을 바라보는 방식, 현실이라고 믿는 것을 가리키며 상대의 프레임은 같은 대상에 대한 상대의 인식을 가리킨다.

대개 이러한 프레임은 서로 갈등을 일으키며 우세한 하나의 프레임이 대화의 기준이 된다.

예컨대 당신이 타고 있는 차를 한 경찰관이 세웠다고 가정해보자. 상호작용이 시작될 때는 아무것도 잘못한 게 없는데 이상한 경찰이라는 프레임을 가지고 있을지 모른다. 하지만 가까이 다가오는 경찰관의 벨트에 권총집이 보이고 경찰관이 선글라스를 비스듬히 내리며 "제가 왜 당신 차를 세웠는지 아십니까?"라고 물을 때쯤에는 당신의 프레임이 무너지고 그의 프레임이 우위를 차지할 가능성이 높다.

중요한 건 사람을 대할 때 프레임이 존재하고 당신의 프레임이 우세를 유지할 수 있다면 사람들에게 당신이 믿는 현실을 설득할 수 있다는 것이다. 그렇게 하는 한 가지 방법은 당신의 프레임과 상충되는 것이 무엇이든 인정하지 않고, 무관하다고 일축하거나, 터무니없어 보이게 만드는 것이다.

팀장이 되었거나 수업을 가르칠 때처럼 권위를 유지해야 하는 상황에서 특히 효과가 좋다. 이런 상황에서 사람들이 저지르는 큰 실수 중 하나는 누군가가 자신의 말을 끊고 궤도를 벗어나도록 내버려두는 것이다. 프레임 통제에 뛰어나고 교실에 대한 통제력을 잘 유지하는 선생님과 그렇지 못한 선생님을 당신도 본 적 있을 것이다.

어쩌면 다음과 같이 묻고 싶을 수 있다. "존, 이건 논쟁하는 것 같은데, 방금 절대 논쟁하지 말라고 얘기하지 않았나요?" 나 자신과 논쟁할 위협을 무릅쓰고 말하건대, 논쟁과는 다르다. 프레임 통제는 논쟁을 암시하지 않는다. 사실 가장 효과적인 프레임 통제는 논쟁할 필요가 없다고 생각하는 것이다. 명백한 사실을 두고 논쟁을 벌일 이유가 있겠는가?

지혜 '문제아' 다루기

아무리 잘 지내보려 해도 안 되는 사람이 있기 마련이다. 늘 다른 사람을 깎아내리고 모든 일을 부정적으로 보는 이들 말이다. 나는 이들을 '문제아'로 분류하고 피하기 위해 노력한다.

이런 사람을 만났을 때는 바꾸려 하거나 잘 지내보려고 하지 마라. 그냥 교류를 최소한으로 줄여라. 지금껏 걸어온 길을 보면 누가 '문제아'인지 구분할 수 있다. 유독 나쁜 일이 일어나는 기구한 인생을 사는 이들이 있다. 그들은 늘 피해자인 척한다. 이 패턴이 눈에 띄면 최대한 빨리 멀어져라.

만약 동료나 상사로 만나서 도망갈 수 없다면? 그럴 때는 방법이 별로 없다. 그냥 참고 지내거나 다른 부서 혹은 다른 직장으로 옮겨라. 무슨 일이 있어도 그들이 쳐놓은 함정에 빠지지 마라. 어쩔 수 없이 함께 지내야 한다면 감정의 교류를 최소한으로 줄여라.

실천하기

- 일하는 날 중 하루 시간을 내서 다른 사람과 교류한 내용을 모두 기록하라. 이메일, 통화를 포함해서 하루에 총 횟수가 얼마인지 세어보라.
- 데일 카네기의 『인간관계론』을 읽어보라. 한 번에 그치지 말고 여러 번 읽어보라.
- 논쟁에 휘말린다면 최대한 빨리 빠져나오도록 노력하라. 그냥 항복하는 것도 좋은 방법이다. 정확히 말하자면, 항복이 아니라 오히려 상대의 편을 드는 것이다. 의외로 상황이 역전되는 경우도 있다.

CHAPTER

5

지루한 이력서, 어떻게 바꿀까?

관광 안내소에서 알록달록한 지역 명소 광고지를 본 적 있는가? 혹시 그 광고지를 펼쳐본 적도 있는가? 보통 총천연색으로 아름답게 디자인한 세 쪽짜리 소책자 형태다. 아름답다는 말은 과장이 아니다. 아마 직접 보면 관광객의 주머니에서 100달러를 꺼내려고 꽤 공들여 디자인했다는 걸 인정할 수밖에 없을 것이다.

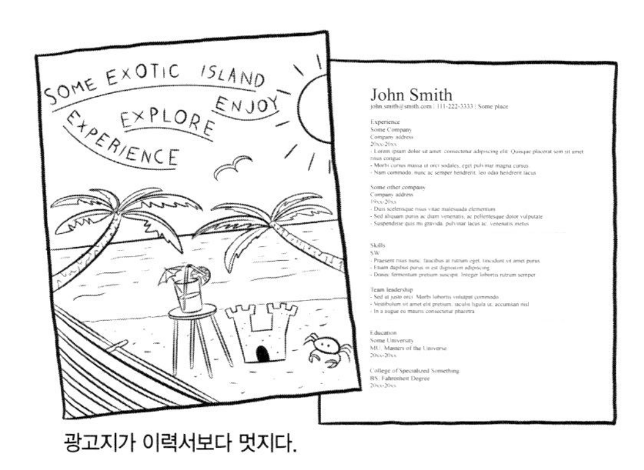

광고지가 이력서보다 멋지다.

자, 이제 이런 광고지와 개발자의 이력서를 한번 비교해보자. 개발자는 보통 하나의 글꼴로 널찍하게 칸을 띄워서 5페이지 정도의 이력서를 만든다. '긍정적인 자세로', '최선을 다해' 같은 상투적인 문구에 비문과 오타를 곁들인 기괴한 결과물이 탄생하곤 한다.

둘 다 다른 사람이 돈을 쓰게 하겠다는 점에서는 목적이 같다. 관광 안내소의 지역 명소 광고지는 놀러 온 이들이 100달러를 쓰게 하려는 것이고, 개발자의 이력서는 인사 담당자가 소프트웨어 개발자에게 연간 60,000~80,000달러, 어쩌면 그 이상의 비용을 지출하게 하려는 것이다.

100달러짜리 상품의 광고에도 이토록 많은 노력과 수고를 들이는데 60,000달러 이상의 상품을 팔면서 그렇게 조잡하게 광고한다는 사실이 이상하게 느껴지지 않는가? 오해하지 말길 바란다. 당신의 이력서가 형편없다고 비판하려는 게 아니다. 당신도 지금까지 다른 소프트웨어 개발자와 마찬가지였다면 아마도 개선할 여지가 있을 거라는 말이다.

당신은 이력서 작성 전문가가 아니다

당신이 만든 이력서가 별로인 이유는 아주 간단하다. 당신은 이력서 작성으로 생계를 유지하는 사람, 즉 이력서 작성 전문가가 아니기 때문이다. 하지만 지역 명소 광고지를 그토록 아름답게 디자인한 사람은 아마 광고지 제작으로 생계를 유지하는 사람일 가능성이 높다.

이력서 잘 쓰는 법을 알려주는 커리어 코칭 관련 책이나 프로그램도 많지만 추천하고 싶지는 않다. 당신은 이력서 작성 전문가가 될 필요가 없기 때문이다. 이력서 작성 기술을 활용할 기회는 평생에 몇 차례 되지 않으므로 굳이 그런 일에 당신의 시간과 재능을 낭비하지 마라. 당신보다 이력서를 더 훌륭하게 써줄 수 있는 전문가는 주위에 무수히 많다.

이렇게 생각해보자. 전문 CEO가 소프트웨어 프로그램을 직접 작성하는 일은 별로 없다. CEO도 얼마든지 IDE 사용 방법이나 소프트웨어 제작 방법을 배울 수 있다. 하지만 당신 같은 소프트웨어 개발자를 고용하는 게 훨씬 더 효율적이다. 당신도 이력서를 더 멋지게 작성하는 방법을 직접 배우며 시간을 낭비하기보다 전문가를 고용하는 게 좋다.

이력서 작성 전문가 고용하기

지금쯤 이력서 작성 전문가를 고용하는 게 낫다는 내 말에 공감하고 있기를 바라면서 방법을 알려주겠다.

세상에는 많은 이력서 작성 전문가가 있다. 인터넷을 잠깐 검색해보면 많은 전문가가 등장한다. 하지만 신중하게 골라야 한다. 소프트웨어 개발자의 이력서는 전문 용어와 기술 용어가 많이 등장해서 다루기 까다롭기 때문이다. 개인적으로 'Information Technology Resume Service(https://itresumeservice.com)'*를 추천한다.

이력서 작성 전문가를 고를 때 고려할 사항

- 기술 산업 친숙도: 당신의 개발 기술을 어떻게 판매할지 모르는 전문가를 고용하는 건 아무런 의미가 없다.
- 확인용 샘플 유무: 기존에 작성한 이력서 샘플을 확인하여 결과물이 어떨지 가늠해보라.

좋은 이력서 작성 서비스는 비용이 그리 저렴하지 않다. 하지만 그 정도 비용을 쓸 만한 가치가 있다. 훨씬 빠르게, 더 높은 연봉을 받는 일자리를 구하게 되므로 비용을 쉽게 돌려 받을 수 있기 때문이다. 전문가가 수준 높

* 미국 업체이므로 영문 이력서 작성 시에 참고하라.

게 잘 작성한 이력서를 받으려면 미국의 경우 300~500달러 정도 들 것이다. 다시 한번 말하지만, 꽤 비싸다. 하지만 덕분에 연봉이 2~3퍼센트만 오른다 해도 그 정도 비용은 1년 안에 금세 되찾을 수 있다.

- 기량을 최대한 잘 보여줄 수 있도록 강렬한 인상을 남길 만한 멋진 이력서를 작성하라.
- 보기 좋고 매력적인 서식에 담아라.

이력서 작성 전문가는 연구 조교가 아니다. 즉, 정보의 사실 관계를 확인하지 않으므로 최대한 많은 정보를 제공하는 것은 당신 몫이다. 전문가의 역할은 그 정보를 최대한 세련된 형태로 가공해서 당신의 능력을 효과적으로 홍보하도록 돕는 것이다.

지뢰 내 이력서니까 다른 사람에게 맡기면 안 될 것 같아요

전문가에게 이력서 작성을 맡기라고 할 때 가장 많이 듣는 말이다. 자신의 이력서를 다른 사람에게 쓰라고 하면 뭔가 '잘못'을 저지르는 느낌이 들어서 스스로 써야 할 것 같다고 말이다. 그러한 관점도 이해한다. 그리고 직접 쓸 수 있다면 직접 쓰는 것도 나쁘지 않다.

그렇지만 웹 사이트 디자인이나 인테리어 디자인을 도와주는 사람은 부담 없이 고용하면서 이력서 작성을 도와주는 사람을 고용할 때만 큰 부담을 느낄 필요가 있을까? 사실 많은 유명인이 자서전을 쓸 때 대필 작가를 고용하곤 한다. 하지만 자기 이름을 작가로 넣는다. 생각만큼 대단한 일은 아니라는 말이다.

지금까지 자신의 이력서는 스스로 작성해야 한다고 생각했는가? 절대적인 진리도 아닌데 고집을 부릴 이유가 없다. 전문가가 당신의 이력서를 작성해 줬다는 사실을 알릴 필요도 없다. 정 마음에 걸린다면 이력서는 당신이 작성하고 전문가에게 '손질'만 맡기는 방법도 있다.

기타 사항

이 장의 제목에 있는 '지루한 이력서'는 전통적으로 만들어온 이력서다. 더 나은 일자리를 구하려면 이력서가 꼭 필요하다. 하지만 관례대로 만들어야 하는 건 아니다.

필요한 이에게 바로 링크를 전달할 수 있도록 온라인 이력서를 작성하고, 이를 바탕으로 링크드인Linkedin 프로필도 만들어두라. 전문 목수라면 자기 연장이 있기 마련이다. 온라인 이력서 없이 웹 개발자 자리에 지원하는 것은 자기 연장도 없이 목수 일을 하겠다는 것이나 다름없다.

서식도 수정하라. 보는 이의 주의를 끌 수 있는 당신만의 개성을 이력서에 더해보라. 이력서를 작성해주는 서비스나 그래픽 디자이너에게 '톡톡 튀는' 독특한 스타일로 만들어 달라고 부탁하라.

비디오 게임 형태로 만든 비디오 게임 개발자의 온라인 이력서를 본 적이 있다(http://simpleprogrammer.com/ss-interactiveresume). 이렇게 멋진 이력서를 만든 주인공은 구직에 별다른 어려움을 겪지 않았을 거라고 확신한다. 당신에게 영감을 줄 멋지고 창의적인 이력서를 모아둔 링크를 공유하니 참고하라(http://simpleprogrammer.com/ss-beautiful-resumes).

소프트웨어 개발자의 이력서가 화려할 필요는 없다. 단, 전문가다운 느낌은 주어야 한다. 10년 전에 썼던 어색한 표현과 오타가 남아 있는 워드 문서를 그대로 제출해도 괜찮을 거라는 생각만 바꾸길 바란다. 전문가다운 이력서가 있으면 일자리를 구하는 데 큰 도움이 된다.

직접 쓰고 싶다면?

전문가에게 의뢰해 쓸 만큼 돈에 여유가 없거나, 직접 해야 하는 일이라고 생각해서 이력서를 스스로 작성한다 해도 충분히 이해한다.

직접 이력서를 쓸 때 도움이 되는 몇 가지 팁을 소개하자면 다음과 같다.

- 온라인 이력서를 만들어두라. 고용주가 이력서를 최대한 쉽게 볼 수 있게 하라. 특히 웹 개발자 자리에 지원할 때는 더욱 중요하다.
- 이력서에 개성을 더하라. 평범한 이력서와 다르게 독특한 요소를 더해서 이력서를 훑어보는 이의 시선을 끌어라.
- 행동과 결과를 연결해서 보여주라. 이력서는 과거에 어떤 행동을 했고, 그런 행동을 통해 어떤 결과가 도출되었는지 보여주어야 한다. 장래의 고용주에게 단순히 당신이 어떤 일을 할 수 있는지 보여주는 데 만족하지 마라. 지금껏 성취한 업적과 당신을 채용했을 때 고용주가 얻을 혜택까지 보여주라.
- 꼭 교정하라. 교정을 철저히 보라. 오타나 맞춤법 실수가 있으면 부주의한 사람으로 보인다.

실천하기

- 현재 구직 중이 아니어도 최신 이력서를 채용 전문가에게 보내서 의견을 물어보라. 여러 이력서를 접하는 채용 전문가는 어떤 부분이 부족한지 알려줄 적임자다.
- 이력서를 작성해주는 서비스를 찾아보고 샘플 이력서를 확인해보라. 당신이 작성한 이력서와 어떤 차이가 있는가?

CHAPTER

6

면접의 달인이 되자

이력서를 쓸 때는 다른 사람의 도움을 받을 수 있지만, 면접을 보려면 직접 가야 한다. 그러므로 면접 보는 기술은 반드시 익혀야 한다. 취직 절차 중 면접이 가장 두렵다는 사람도 많다. 어떻게 진행될지 예측하기 어렵기 때문이다. 경우에 따라 즉석에서 코드를 작성해 보라는 곳도 있다. 이렇게 즉흥적인 주문을 받으면 대부분 당황하기 마련이다. 하지만 면접은 형식상의 절차일 뿐 두려울 것이 없다고 생각할 수 있다면? 면접의 달인이 될 수 있는 방법이 있다면?

기술 면접을 통과하는 전략을 깊이 있게 다루리라 기대했는지 모르지만, 사실 그보다 훨씬 더 중요한 내용을 짚고 넘어가려고 한다. 면접을 시작하기도 전에 유리한 위치를 미리 차지할 수 있는 방법을 알려줄 생각이다. 믿을 수 없다고? 일단 계속 읽어보길 바란다.

면접을 통과하는 가장 빠른 방법

다음 시나리오를 상상해보라. 면접장에 들어가서 면접관과 악수를 나누자 면접관이 당신을 알아보고 밝은 얼굴로 이렇게 말한다. "아, 누구신지 알겠네요. 블로그에서 사진으로 뵈었어요. 블로그에 올리신 글 잘 읽었습니다."

이렇게 면접을 시작했다면 그 회사에 취직할 가능성이 어느 정도일까? 이쯤에서 '그러면 좋기야 하겠지만 내 블로그는 인기가 없어 면접관이 봤을 리 없다.'라고 생각하는 사람도 있을 것이다. 면접관이 당신의 블로그를 보았느냐 보지 못했느냐는 논점에서 벗어난다. 통념에서 벗어나 면접과 직접 관련이 없는 온갖 요소가 채용에 중요한 영향을 미친다는 사실을 말하려는 것이다(인기 블로그를 운영하는 법은 2부 '마케팅'에서 설명할 계획이므로 이 장에서는 다루지 않겠다).

Tip 기술 수준은 훌륭하지만 거만하고 쌀쌀맞게 구는 사람이 기술은 약간 부족하더라도 호감 가는 사람에게 밀리는 경우도 본 적 있다.

오해하지 말길 바란다. 있지도 않은 기술을 내세우는 사람, 유명세나 친화력을 자랑하는 사람이 면접에서 유리하다는 뜻은 아니다. 비슷한 기술을 갖춘 여러 개발자가 같은 자리에 지원했을 때 기술적 소양이 당락을 결정하는 유일한 요소는 아니라는 뜻이다.

간단히 말해 면접을 통과하는 가장 빠른 방법은 면접관이 당신을 좋아하게 만드는 것이다. 여러 방법이 있지만 그중에는 면접을 보기 전에 해둘 수 있는 방법도 있다.

나의 취업기

내가 독립하기 직전에 다녔던 회사는 입사하기 전부터 일찍이 점찍어둔 곳이었다. 꽤 괜찮은 회사처럼 보인 데다 개발자에게 재택근무를 허용했기 때문이었다. 입사 준비하며 회사에 대해 조사하는 과정에서 그 회사에 다니는 개발자들이 블로그를 운영한다는 사실을 알게 되었다. 그래서 그 회사에 근무하는 개발자들의 블로그에 자주 들르면서 성의 있는 댓글을 달기 시작했다.

어느 정도 시간이 지나자 내가 남긴 댓글 덕분에 나를 기억하는 사람들이 생기기 시작했다. 개중에는 내 블로그에 오는 사람도 몇몇 있었다.

그리고 그 회사가 개발자를 모집할 때 지원했다. 입사 문턱이 어느 정도였을까? 물론 면접은 보았다. 하지만 완전히 망치지 않는 한 회사가 일자리를 제안할 확률이 매우 높았다. 게다가 블로그를 통해 나를 알리지 않고 지원했을 때보다 더 높은 자리를 제안받을 가능성도 컸다.

고정관념 벗어나기 그리고 인맥 쌓기

면접의 달인이 되는 열쇠는 면접에 들어가기 전에 전략을 세우는 데 있다. 물론 면접에서 매력을 발산해 면접관의 마음을 사로잡는 방법도 있다. 하지만 그런 매력을 갖춘 사람은 극소수다. 그런 매력이 있는 사람이라면 이 장을 건너뛰어도 좋다.

고용은 개인적인 추천을 통해 이루어지는 경우가 많다. 지원할 자리에 추천을 받아 지원할 수 있는지부터 확인하라. 추천으로 면접을 보는 사람은 추천인의 신용을 빌려오기 때문에 자연히 면접관이 더 좋게 본다. 추천인에 대한 평판, 면접관이 추천인과 맺고 있는 관계가 면접 대상자에게까지 확장된다. 호감과 신뢰감 있는 사람의 추천을 받은 사람이므로 면접관은 긍정적인 마음으로 면접장에 들어온다.

지원하려는 회사에 아는 사람이 한 명도 없으면 어떻게 할까? 추천받을 방법이 있을까? 나는 그 회사에 다니는 개발자들의 블로그를 찾아서 친분을 쌓았고, 그 덕분에 회사에 자리가 났을 때 쉽게 추천을 받을 수 있었다.

고정관념에서 벗어나 회사 내부 인물과 관계를 맺을 수 있는 방법을 찾아보자. 내가 아는 개발자는 지원하려는 회사의 인사 담당자와 연락할 방법을 찾던 중 그 인사 담당자가 지역 동호회 회원으로 매주 모임에 나간다는 사실을 알게 되었다. 그 개발자는 같은 동호회에 가입해서 인사 담당자와 친분을 쌓았다. 나는 그 개발자가 입사를 제안받았을 때 공식적인 면접조차 거치지 않았을 확률이 매우 높다고 본다.

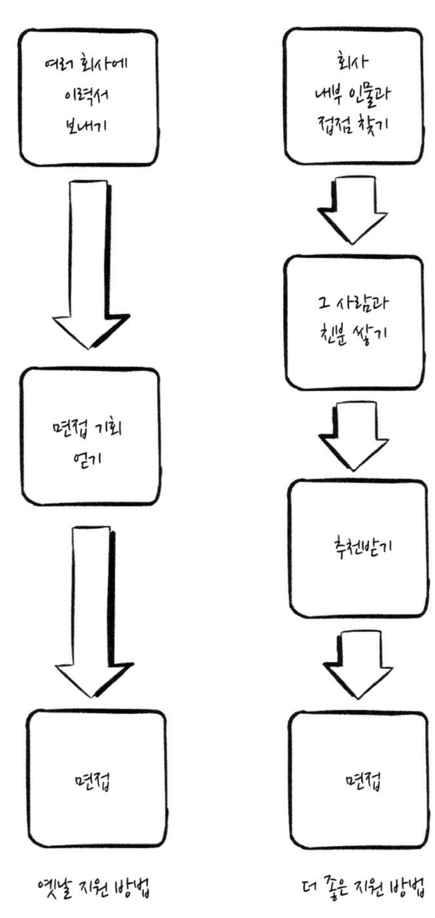

옛날 지원 방법과 더 좋은 지원 방법

'좀 무섭게 들리는데?'라고 생각할 수 있다. 하지만 올바른 방법으로 하는 것이 중요하다. 다른 사람을 이용하거나 스토킹해도 좋다는 뜻이 아니라 상호 혜택을 얻을 만한 인맥을 만드는 것은 타당하다는 이야기다. 인사 담당자는 미리 알고 신뢰할 수 있는 훌륭한 지원자가 생겨서 좋고, 개발자는 일하고 싶은 회사에 취직할 수 있어서 좋다. 비윤리적이거나 지저분한 것이 아니라 똑똑한 것이다.

인터넷과 소셜 미디어 덕분에 회사에 대한 정보를 찾고, 그 회사의 직원들과 친분을 맺는 일이 쉬워졌다. 미리 찾아볼 정도의 성의만 있으면 된다.

인맥을 한 번에 크게 넓히고 싶다면 지역에서 활동하는 사용자 그룹local user group에 가입하라. 매주 혹은 매월 모임을 여는 개발자, 사용자 그룹이 많다. 정기 모임에 참석하고, 발표도 종종 한다면 해당 지역 회사에 근무하는 개발자나 인사 담당자와 쉽게 친분을 맺을 수 있다.

링크드인 같은 사이트에서 사람들에게 직접 연락해서 커피를 마시며 만나고 싶다고 물어볼 수 있다(당연히 당신이 사야 한다). 팟캐스트, 유튜브 채널, 블로그 글을 위해 사람들을 인터뷰하는 것도 누군가를 만나서 인맥을 쌓는 좋은 방법이다. 겹치는 인맥이 있는지도 알아보라. 누군가를 직접 알지 못하더라도 만나고 싶은 사람을 아는 누군가를 알고 있을 수 있다.

이러한 인맥을 만들 때는 자신을 올바른 방식으로 소개하라. 이용당한다고 느끼는 것을 좋아할 사람은 없으므로 연락할 사람과 진정한 관계를 형성하는 것이 좋다. 누군가의 블로그에 댓글을 쓸 때는 대화에 참여하는 동시에 그 블로그와 댓글을 읽을 다른 독자에게 도움이 될 만한 댓글을 남겨라.

직접 연락할 때는 상대에게 도움이 될 제안을 할 방법을 생각해보고 상대에게 진심으로 관심을 가져라. 사람들은 진정성이 없는 상대를 알아챈다. 업무나, 업무와 관련한 주제로 대화를 시작하는 것이 가장 좋지만, 대화의 가지를 뻗어서 약간 개인적인 이야기를 나누는 것도 두려워하지 마라. 단순히 '인맥'을 만드는 것이 아니라 친구를 사귀는 중이라는 점을 잊지 마라.

지뢰 저는 지금 당장 일자리가 필요해요

내가 하는 말에 모두 동의한다고 해도 문제가 하나 있다. 시간이 너무 오래 걸린다. 막 해고되어서 당장 일자리가 필요한 상황이라면 인맥을 구축하거나 좋은 평판을 쌓거나 잠재적 고용주와 관계를 형성할 여유가 없다. 당신이라면 이럴 때 어떻게 하겠는가?

나는 면접관에게 미리 연락해보는 방법을 추천한다. 면접을 보기 전에 만나서 회사나 면접에 관해 질문할 수 있을지 물어보라. 직접 만나기 어렵다면 5분 정도 통화하는 건 가능한지 알아보라. 인사 결정에 영향을 끼칠 수 있는 사람들과 만날 기회를 최대한 많이 만들어라.

좀 지나치다고 생각할지 모르겠다. 나도 가능하면 천천히 가는 방법을 추천한다. 하지만 궁할 때는 이런 방법이라도 써라. 'Health Hero'라는 스타트업을 운영하는 내 친구도 이 방법을 써서 선발되기 무척 어렵다고 소문난 스타트업 엑셀러레이터 프로그램 세 곳에 선발되었다. 그는 주요 의사 결정권자들에게 연락해서 사전 면접을 요청했다. 실제 면접이 시작되었을 때는 이미 모든 면접관이 내 친구에게 호감을 가진 상태였다고 한다.

면접 실전 노하우

면접관이 당신을 알고난 후에 면접이 진행되길 바란다. 하지만 설사 당신을 잘 알고 있다고 하더라도 면접을 치를 방법은 익히고 가야 한다. 당연히 기술 면접을 통과할 수 있는 역량은 갖춰야 한다. 여기에서는 이미 그런 능력을 갖추었다고 가정하고, 그다음으로 해야 할 부분을 이야기하겠다. 바로 그 자리에서 해야 할 일을 충분히 해낼 능력이 있다는 자신감을 보여주는 것이다.

자신이 한 회사의 사장이라고 상상해보라. 고용은 일종의 투자다. 누군가를 고용할 때는 돈과 시간이 들어가므로 투자한 이상의 가치가 돌아오길 바란다. 해야 할 일을 자율적으로 잘 해내는 직원이라면 합격이다. 이런 직원은 관리 비용도 적게 들기 때문에 골머리를 앓을 일도 거의 없다.

나라면 기술은 뛰어나지만 하나부터 열까지 손이 가는 개발자보다 지식이 약간 부족하더라도 해야 할 일이 무엇인지, 어떻게 완수할지 스스로 알아낼 수 있는 개발자를 고용하겠다. 그러므로 당신이 해야 할 일을 알아서 찾고 척척 해내는 사람이라는 점을 면접에서 최대한 부각하라.

물론 필요한 기술을 갖춘 인물이라는 것을 입증하는 게 우선이다. 하지만 어떠한 장애물이 있더라도 투지를 갖고 해낼 인물이라는 확신을 심어준다면 면접관이 호감을 느낄 뿐 아니라 채용 확률도 크게 높아진다는 점을 명심하길 바란다.

나는 코칭하는 개발자들에게 다음 문구를 알려준다. “저는 스스로 할 수 있는 일을 파악하고 실행 방법을 알아내서 완수하는 사람입니다.” 이 마법 같은 문구는 그 사람을 관리할 필요가 없다는 뜻이므로 직원을 고용하는 관리자라면 누구나 듣고 싶어 하는 말이다. 정확히 똑같은 문구를 쓸 필요는 없지만 면접 도중에 자신이 그런 유형의 사람이라는 점은 알리는 게 좋다(그리고 당연히 실제로 그러한 사람이 되어야 한다).

지금 당장 할 수 있는 일

당신이 현재 직장을 구하고 있지 않아도 다음 면접을 미리 준비해 두어서 손해 볼 일은 없다.

무엇보다 기술 수준을 꾸준히 발전시키는 게 가장 중요하다. 필요한 기술을 갖추지 못한 사람이 면접 요령만으로 취직할 수는 없다. 평소에 기술 서적, 관련 블로그를 찾아보고 기술을 발전시키는 습관을 길러라.

당장 필요하다고 느끼지 못하더라도 인맥 관리를 시작하라. 몸담고 있는 분야의 다른 회사 직원들과 친분을 만들어두면 나중에 큰 도움이 된다. 다른 개발자나 인사 담당자의 블로그에 댓글을 남기고 친분을 쌓으면서 인맥을 넓히도록 노력하라.

면접을 연습하라. 연습하기 위해서라도 최대한 많은 면접을 보는 게 좋다. 당장 취직에 관심이 없더라도 말이다. 많이 연습할수록 진짜 중요한 자리에서 긴장하지 않는다.

여기에 자신을 마케팅하는 능력까지 있다면 금상첨화다. 마케팅에 관한 이야기는 2부에서 자세히 하겠다.

실천하기

- 현재 직장을 구하지 않더라도 가고 싶은 회사 목록을 만들고, 아는 사람을 정리해두라.
- 가고 싶은 회사가 있지만 아는 사람이 없다면 아는 사람을 만들 방법을 찾아라.
- 현재 살고 있는 지역에서 활동하는 사용자 그룹을 한 곳 이상 찾아내서 모임에 참여하라. 그리고 거기서 최대한 많은 사람을 만나라.

CHAPTER

7

근무 형태를 선택하라

어느 분야나 다수가 사는 대로 따라 사는 게 편하다. 그냥 남들을 따라 살고 싶은 마음이 들기 마련이다. 소프트웨어 분야에서는 직원으로 일하는 근무 형태가 가장 흔하므로 그렇게 살고 싶은 사람도 있을 것이다. 하지만 꼭 그럴 필요는 없다. 세상에는 프로그래밍 기술을 활용해서 수익을 올릴 방법이 다양하다.

직원으로 일하는 근무 형태 외에 다른 선택지가 있다는 사실을 인식조차 못하는 사람도 많다. 사실 나도 옛날에는 몰랐다. 이 장에서는 도움이 될 몇 가지 선택지를 소개하고, 각 근무 형태에 맞는 성공 방법도 알려주겠다.

1. 직원

소프트웨어 개발자는 직원 형태로 일하는 경우가 가장 많다. 나도 소프트웨어 개발자가 된 이후 거의 직원으로 일했다. 그 외 다른 선택지가 있는지 몰랐고, 그 편이 가장 쉬웠기 때문이다. 직원으로 일한다는 것이 무엇인지 모르는 사람은 없으리라 생각하므로 굳이 정의까지 내리지는 않겠다. 그 대신 직원이 되어서 겪는 장단점을 함께 살펴보자.

직원일 때 누리는 최고의 장점은 역시 안정성이다. 특정 회사를 계속 다닌다는 보장은 없다. 하지만 회사를 바꾸는 한이 있더라도 직원으로 일하면 직장에 다니는 동안은 고정 수입이 들어온다. 따라서 상대적으로 안정성이 높다고 볼 수 있다.

직원으로 일하는 것은 다른 근무 형태에 비해 편하다. 책임 범위가 좁고, 근무하는 방식도 어느 정도 정해져 있다. 월급을 받기 위해 어떤 일을 해야 할지 자신이 직접 정할 필요도 없다.

직원으로 일하면 유급 휴가와 일정 수준의 의료보험도 보장된다. 적어도 미국에서는 그렇다.

직원으로 일할 때의 단점은 대체로 자유와 관련이 있다. 직원일 때는 회사를 위해 오랜 시간 일해야 한다. 자신이 할 일을 마음대로 고르지 못하므로 때로 싫어하는 일을 해야 하고, 근무 시간이나 근무 요일 같은 일정도 다른 사람과 맞춰야 한다.

또한 수입이 미리 정해진다는 말은 어느 정도 한계가 있다는 뜻도 된다. 수입이나 승진 기회 면에서는 '유리 천장'이라 불리는 장벽에 앞길이 가로막히는 경우가 대부분이다. 진로를 수정하지 않는 한 수입이 크게 늘어날 기회나 승진할 기회가 없어지는 시기가 온다는 뜻이다.

장점

- 안정적이다.
- 일하기 편하다.
- 유급 휴가가 있다.
- 의료보험이 지원된다.

단점

- 자유롭지 못하다.
- 수입 증가와 승진에 한계가 있다.

2. 프리랜서

프리랜서로 일하는 소프트웨어 개발자도 꽤 있다. 이 책에서 프리랜서란 특정 회사에 소속되지 않고 한 명 혹은 여러 명의 고객을 위해 시급처럼 정해진 금액을 받고 프로그래밍 작업을 하는 소프트웨어 개발자를 말한다. 독자 중에도 이런 일을 부업으로 해본 사람이 있으리라 생각한다.

이러한 방식으로 버는 돈이 수입의 대부분을 차지하는 사람을 프리랜서로 본다. 주로 파견이라는 형태를 통해 한 고객사를 위해 일하고, 일한 만큼 시간에 따라 보수를 받는 관계는 이 책에서 말하는 프리랜서의 범주에 들지 않는다. 이들이 고객과 맺는 관계는 고용 관계에 가깝다. 반면 프리랜서는 고객과 업무 계약을 맺으며 고객 한 명에게 매이지 않는다.

나도 몇 년간 프리랜서로 일한 경험이 있고 요즘도 가끔 프리랜서 작업을 한다. 나는 늘 독립해서 일하길 꿈꾸었기에 프리랜서가 되면 그 꿈을 이루는 것이라고 생각했다. 다른 사람이 아닌 나 스스로를 위해 일한다면 정말 멋질 거라고 생각했다. 하지만 막상 프리랜서가 되고 보니 상사가 한 명에서 여러 명으로 늘어난 것과 비슷한 상황이 연출되었다.

프리랜서라는 근무 형태에 단점만 있다는 뜻은 아니다. 누군가에게 일거수일투족을 보고할 필요가 없으므로 그 때문에 느끼는 장점도 분명히 있다. 즉, 시간을 자율적으로 쓸 수 있고, 능력이 되는 한 원하는 일을 고를 자유가 있다. 일정이나 동선도 자유롭게 정할 수 있다. 물론 고객은 평소 연락이 잘되고, 기한에 맞춰 일을 끝내주기를 기대할 것이다.

프리랜서로 일해서 가장 좋은 점을 꼽자면 수익 잠재력이 높다는 것이다. 프리랜서의 시급은 직장인에 비해 높은 편이다. 요즘 나는 시간당 300달러(약 30만 원)를 받는다. 그리고 훨씬 더 높은 보수를 받는 프리랜서도 있다.

프리랜서가 된다고 꼭 대단한 재산을 모은다는 말은 아니다. 2부 '마케팅'에서 몸값을 올리는 데 도움이 되는 현실적인 방법을 알려주겠지만 처음부터 시간당 300달러를 받을 수는 없다. 늘 주당 40시간을 채워서 일할 수도 없으므로 시급이 높은 것처럼 보여도 전체 수입은 그렇게 높지 않을 수도 있다. 실제 업무 시간의 대부분은 고객 찾기나 사업과 관련한 다른 일을 하는 데 쓴다. 프리랜서가 되면 단순히 사업가처럼 사고해야 하는 것이 아니라 말 그대로 진짜 사업을 하는 것이다. 세금, 법률 문제, 영업, 의료보험 등 사업과 관련한 모든 것을 스스로 책임져야 한다.

장점

- 시간을 자유롭게 쓸 수 있다.
- 계속 새로운 프로젝트를 할 수 있다.
- 수익이 늘어날 가능성이 있다.

단점

- 일거리를 스스로 찾아야 한다.
- 사업과 관련해서 신경 쓸 문제가 많다.
- 상사가 여럿으로 늘어나는 셈이다.

3. 사업가

사업을 하면 가장 많이 고생하고 가장 안정성도 떨어지는 대신 가장 큰 보상을 받을 수 있다. 과장하는 것처럼 들릴지 모르지만 사실이 그렇다. 사업은 도박과 비슷하다. 사업을 하면 안정성은 기대하기 어렵다. 그 대신 성공하면 진짜 큰돈을 벌 수 있다.

사업을 한다는 건 어떤 의미일까? 사실 나도 잘 모르겠다. 한마디로 정의하기 어렵다. 여러 가지 다른 의미를 띨 수 있기 때문이다. 그렇지만 소프트웨어 개발 사업을 한다면 자신의 소프트웨어 기술을 활용해서 제품을 개발해 사업을 운영하는 경우가 많다. 직원이나 프리랜서는 일한 시간만큼 보수를 받는 데 비해 사업가는 일한 시간만큼 돈을 받는다는 보장이 없는 대신 장기적으로 볼 때 더 큰 수익을 올릴 가능성이 있다.

나는 현재 내가 사업을 하고 있다고 생각한다. 나는 교육 프로그램을 비롯해 여러 종류의 상품을 개발하는 데 많은 시간을 들인다. 개발한 상품은 내가 직접 팔거나 다른 사람을 통해 판다. 이러한 일로 생계를 유지하고 있다. 코딩 작업도 하지만 고객을 위해 코딩하는 일은 별로 없다. 상품이나 서비스를 만들기 위해, 혹은 교육 자료를 개발하기 위해 코드를 작성한다.

이 책을 쓰는 것도 사업의 일환으로 볼 수 있다. 많은 시간을 들여서 책을 쓰는 일은 내게 큰 모험이다. 출판사에서 약간의 계약금을 받긴 했지만, 책 작업에 든 시간을 생각하면 턱 없이 적은 금액이다. 책이 많이 팔려서 내가 들인 노력을 보상받을 만큼의 인세를 받거나 다른 사업 분야의 고객을 모을 수 있는 홍보 자료가 되길 기대한다. 책이 많이 팔리지 않으면 모든 노력이 수포로 돌아갈 수도 있다. 그래도 당신이 이 책을 읽고 있다는 점, 심지어 개정 2판이라는 점을 고려한다면 그럴 가능성은 꽤 낮을 것이다.

소프트웨어 개발 분야에는 나와 완전히 다른 노선을 택한 사업가도 있다. 스타트업을 세워서 벤처캐피털VC 혹은 벤처 투자자라 불리는 외부 투자자에게 자금을 지원받기 위해 노력하는 사람도 있고, 소규모 SaaSSoftware as a Service 회사를 세워서 서비스 사용료로 돈을 버는 사람도 있다. 유명한 개발자 교육사인 플루럴사이트pluralsight도 초기에는 오프라인 수업을 운영하다가 온라인 전용 서비스를 제공하는 게 더 낫겠다고 판단하고, 구독 기반으로 서비스를 이용할 수 있는 SaaS 모델로 옮겨 왔다.

이쯤 되면 사업을 할 경우 큰 장점 두 가지를 쉽게 예상할 수 있다. 바로 완벽한 자유와 무한한 수익 잠재력이다. 사업을 하면 이래라저래라 하는 상사가 없다. 물론 스스로 가장 가혹한 상사가 되는 경우도 있긴 하다. 거취가 자유로워지는 대신 자신의 미래를 스스로 책임져야 하기 때문이다. 제품이 크게 성공하면 수백만 달러 이상을 벌 수도 있다. 그럴 때는 성공한 제품에 시간을 더 많이 투자해서 수익을 기하급수적으로 늘릴 수도 있다.

하지만 사업을 시작한다고 해서 누구나 성공한다는 보장은 없다. 아마도 다른 근무 형태에 비해 가장 고되고 위험한 길일 것이다. 수입에 대한 보장도 전혀 없고, 기발한 생각을 쫓아다니느라 엄청난 부채를 짊어질 수도 있다. 사업가의 삶은 롤러코스터를 타는 것처럼 늘 기복이 심하다. 개발한 상품이 인기를 끌어 천하를 얻은 듯한 날도 있고, 완전히 실패해서 이번 달 월세를 어떻게 내나 고민으로 밤새우는 날도 있다.

사업을 하면 개발 외에도 영업, 마케팅, 인사 및 재무관리 등 익혀야 할 기술이 많다. 개발자나 프리랜서로 일했다면 신경 쓰지 않았을 부분이다. 이 중 몇 가지를 책의 뒷부분에서 다룰 생각이다. 2부에서는 상품을 마케팅하듯 자신을 마케팅하는 방법을, 5부에서는 사업을 하지 않더라도 유용하게 활용할 수 있는 몇 가지 재무관리 방법을 알려주겠다.

장점

- 완전한 자유를 누린다.
- 수익 잠재력이 매우 높다.
- 원하는 일을 할 수 있다.
- 상사가 없다.

단점

- 위험성이 매우 높다.
- 모든 일을 스스로 해야 한다.
- 개발 이외의 기술도 많이 익혀야 한다.
- 업무 시간이 많이 늘어날 수 있다.

당신의 선택은?

소프트웨어 개발자 초년생일 때는 직원으로 일하는 게 적절하다. 위험이 가장 적고, 경험이 없어도 진입할 수 있기 때문이다. 직원으로 일하는 것은 수습생과 비슷하다. 나중에 독립할 마음이 있는 사람도 처음에는 직원으로 시작해서 능력을 키워나가면 좋다.

하지만 일을 시작한 지 얼마 되지 않아 프리랜서 일이나 사업할 기회가 생겼다면? 스스로도 위험을 감수할 마음이 있다면? 조금이라도 어릴 때 불가피한 실패나 실수를 미리 겪고 빨리 자리를 잡는 것도 괜찮다.

프리랜서가 된 많은 소프트웨어 개발자와 대화를 나눠보면 나중에 자신의 선택을 후회한 사람이 많았다. 큰 IT 기업에서 직원으로 일하던 한 친구는 프리랜서가 되겠다는 꿈을 좇기 위해 퇴사했다. 처음에는 좋았다고 한다. 하지만 약간의 자율성과 근무지 선택의 자유를 얻는 대신 새로운 책임이 늘어나고, 한 명의 상사 대신 여러 상사가 생긴다는 것을 곧 깨달았다. 결국은 기업가가 되었고 나중에는 지금 알고 있는 것을 그때 알았더라면 프리랜서 기간을 아예 건너뛰었을 것이라고 털어놓았다.

선택은 당신 몫이다. 어떤 길을 선택하든 나중에 진로를 전환할 수 있다. 회사에서 독립하는 방법은 14장에서 이야기할 생각이다. 쉽지는 않겠지만 가능한 일이다.

실천하기

- 알고 있는 개발자들을 직원, 프리랜서, 사업가의 세 부류로 나누어보라.
- 프리랜서나 사업가가 되고 싶은 마음이 있다면 이미 그 길을 걷고 있는 사람을 만나서 실제로 어떠한지 물어보라. 어떤 경험을 할지 전혀 모르는 상태에서 무모하게 도전하는 것은 좋지 않다.

CHAPTER

8

전문성을 갖춰라

변호사를 선임해본 적이 있는가? 있다면 가장 먼저 무엇을 알아봤는가? 혹시 선임해본 적이 없다 해도 처음에 무엇을 해야 할지 한번 생각해보라.

정답은 '어떤 변호사가 필요한가?'이다. 아무 변호사에게나 연락해서는 안 된다. 변호사는 보통 형사 전문, 사고 전문, 부동산 전문과 같이 한 분야를 정해서 처음부터 그 분야에 대한 전문성을 키우므로 당면한 문제의 분야를 전문적으로 다뤄온 변호사에게 연락해야 한다.

세금 문제나 부동산 문제를 다룰 때 이혼 전문 변호사를 선임해서는 안 된다. 로스쿨을 졸업할 때 그냥 '변호사'가 되겠다고 하는 사람은 없다. 하지만 안타깝게도 소프트웨어 개발자는 그냥 '개발자'가 되겠다고 하는 경우가 대부분이다.

전문성은 중요하다

전문 분야가 분명하지 않은 소프트웨어 개발자가 많다. 소프트웨어 개발자는 대부분 전문 분야를 자기가 사용하는 프로그래밍 언어로 정의하곤 한다. "저는 C# 개발자입니다." 혹은 "저는 자바 개발자입니다."라는 말을 자주 들었을 것이다. 이러한 정의는 범위가 너무 넓다. 프로그래밍 언어만으로는 당신이 어떠한 개발자인지, 실제 어떤 일을 할 수 있는지 상대방이 제대로 알 수 없다. 일할 때 쓰는 도구가 무엇인지 알려줄 뿐이다.

특정 분야의 전문가가 된다는 게 두려울 수도 있다. 한 분야만 바라보느라 혹시 다른 분야에 생긴 기회를 놓칠까 불안할 것이다. 물론 전문성 때문에 기회를 놓치는 일도 생긴다. 하지만 반대로 전문성 때문에 많은 기회의 문이 열린다.

변호사의 예를 다시 생각해보자. 전문 분야가 없는 변호사의 잠재 고객은 변호사가 필요한 모든 사람이다. 하지만 전문성이 없는 변호사를 선임하려는 사람은 거의 없다. 잠재 고객 대부분은 자신의 문제를 전문적으로 다룰 능력 있는 변호사를 고용하고 싶어 할 것이다.

즉, 전문 분야가 없으면 잠재 고객의 범위가 넓어진다는 생각은 일종의 착각이다. 사실은 자신에게 전문가가 필요하다는 것을 인식하지 못하는 사람들로 잠재 고객의 범위가 좁아진다.

전문가가 되면 해당 분야의 전문가가 필요한 사람들로 잠재 고객의 범위가 제한되는 대신, 고용될 가능성이 훨씬 더 커진다. 당신이 전문성을 충분히 갖추었고 해당 시장의 경쟁이 너무 치열하지 않다면, 단순히 소프트웨어 개발자라고 할 때보다 한결 수월하게 일을 구할 수 있을 것이다.

전문성의 범위를 명확히 하라

'C# 개발자'나 '자바 개발자'라는 말이 전문성을 표현하는 데 적합하지 않다고 했으니 이제 그 대안을 소개할 차례다. 답하기 어려운 질문이다. 어떤 목표를 세웠는지, 시장 규모는 어떠한지 등의 상황에 따라서 답이 달라지기 때문이다.

예를 하나 들어보겠다. 처음 개발자가 되었을 무렵 나는 나 자신을 프린터 언어를 전문으로 다루는 소프트웨어 개발자라고 소개했다. 이 정도면 전문 분야를 꽤 구체적으로 표현했다고 생각한다. 나를 고용할 만한 큰 회사는 그리 많지 않았다. 하지만 반대로 프린터 제조업체 입장에서 생각해보라. 프린터 언어를 전문으로 다루는 소프트웨어 개발자 찾기가 얼마나 어렵겠는가?

내 전문성의 가치를 매우 높게 평가해줄 회사는 몇몇 있었으나 이러한 회사가 있는 도시는 많지 않았다. 즉, 내 전문성을 유용하다고 평가하는 시장의 지리적 범위는 꽤 넓었다. 프린터 전문 소프트웨어 개발자가 필요한 회사가 한 도시에 많아봐야 얼마나 되겠는가? 만약 내가 다른 도시로 이사할 가능성을 열어두지 않았다면 시장도 크게 줄어들었을 것이다. 다행히 나는 미국 내 어디든 이사할 마음이 있었고, 그 덕분에 전문성을 바탕으로 쉽게 일자리를 구할 수 있었다.

Tip 전문성이 높아질수록 잠재적 기회가 줄어드는 반면 기회를 잡을 확률은 점점 높아진다.

이번에는 당신이 현재 살고 있는 지역에서 일자리를 구하는 자바 개발자라고 가정해보자. 도시에서는 자바 개발자에 대한 수요가 높은 편이므로 구직 기회의 폭도 꽤 넓고 일자리도 충분하다. 하지만 기회가 많다고 해서 그 자리를 다 얻는 게 아니다. 일할 회사는 어차피 딱 한 군데면 된다.

당신이 살고 있는 지역에서 자바 개발자 일자리가 500곳 정도 있다고 가정해보자. 전문성을 높여서 시장을 좁히기로 마음먹는다면 일자리를 얻을 확률이 높아진다. 그래서 당신은 자바 웹 개발을 전문으로 하기로 한다. 그러면 500곳 중 절반을 제외하고 250곳의 일자리만 남는다. 그 정도면 여전히 일자리는 충분하다. 당신에게 필요한 일자리는 오직 하나라는 사실을 꼭 기억하라.

당신은 전문성을 더 높이기로 한다. 구체적으로 어떤 기술을 선택하느냐의 문제는 논지에서 벗어나므로 자세히 이야기하지 않고 넘어가겠다. 어쨌든 당신은 특정 자바 웹 개발 기술의 전문가가 되기로 한다. 그러면 구직 가능성이 있는 일자리는 50곳으로 줄어든다. 그래도 그 정도면 충분하다. 당신의 전문성이 남은 50곳의 일자리에 명확히 들어맞으므로 실제 일자리를 얻을 확률은 더욱 높아진다.

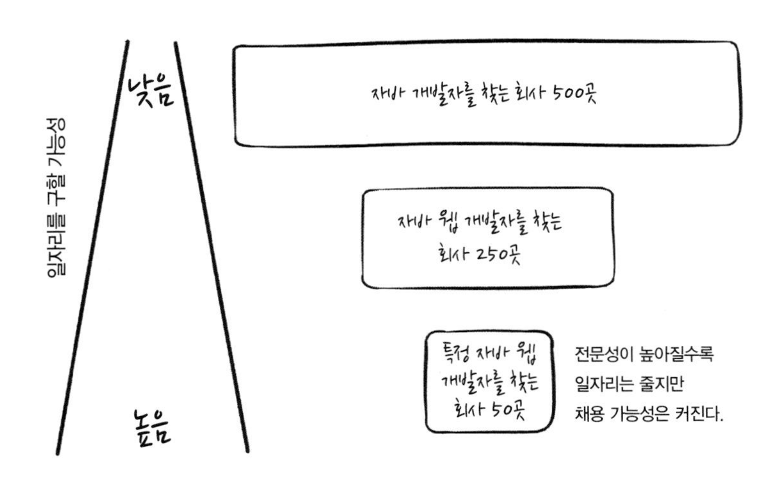

소프트웨어 개발 전문 분야

소프트웨어 개발자가 몸담을 수 있는 전문 분야는 많다. 특정 언어나 플랫폼, 아니면 방법론이나 산업 분야 등 다양한 방법으로 전문성을 나타낼 수 있다.

먼저 '하고자 하는 소프트웨어 개발 분야가 무엇인가?'라는 질문에 대해 답부터 찾아야 한다. UI를 제작하고 프로그래밍하는 프론트엔드 작업을 하고 싶은가? 비즈니스 규칙이나 논리를 적용하는 애플리케이션인 미들웨어 작업을 하고 싶은가? 데이터베이스나 저수준 동작을 다루는 애플리케이션인 백엔드 작업을 하고 싶은가? 세 가지 기술을 모두 익힌 풀스택 개발자가 되는 것도 가능하다. 하지만 이 경우에는 꼭 전문 기술 분야가 있어야 한다. 예를 들어 풀스택 웹 개발자라면 C#과 SQL 서버를 사용한 ASP.NET MVC 웹 사이트 개발을 전문으로 할 수 있다.

임베디드 시스템 개발 분야를 전문으로 다룰 수도 있다. 이 분야는 하드웨어와 밀접하게 연관된 작업을 하며, 주로 기기에 내장된 컴퓨터에서 실행되는 코드를 작성한다. 임베디드 시스템 개발자가 다루는 문제는 웹 개발자가 다루는 문제와 완전히 다르다.

웹 개발에서는 그리 중요하게 여기지 않지만 운영체제별로 전문성을 띠는 것도 가능하다. 윈도, 유닉스, 맥 등 특정 운영체제 전용으로 애플리케이션을 만드는 개발자도 많다.

모바일 애플리케이션 개발이나 특정 모바일 운영체제를 전문적으로 다룰 수도 있다. 모바일 애플리케이션을 전문적으로 작성하는 iOS나 안드로이드 개발자에 대한 수요도 엄청나게 많다.

특정 플랫폼이나 프레임워크를 깊이 파고들어 전문가가 되는 개발자도 있다. 이런 개발자를 찾는 잠재 고객의 수가 적긴 하지만 그 대신 전문성을 내세워 높은 보수를 요구할 수 있다. 고가의 소프트웨어나 프레임워크를 개발하는 데는 높은 전문성이 필요하다. 독일의 거대 소프트웨어 기업인 SAP를 생각해보라. 고가의 소프트웨어 시스템과 통합 솔루션을 전문적으로 개발하며 초고임금을 받는 개발자들도 있다.

전문 분야

- 웹 개발 기술
- 임베디드 시스템
- 특정 운영체제
- 모바일 개발
- 프레임워크
- 소프트웨어 시스템

전문 분야 선택하기

소프트웨어 개발자 대부분은 전문성을 키워야 한다는 내 의견에 동의한다. 하지만 막상 자신의 전문 분야를 고르려니 어렵다며 내게 방법을 묻곤 한다.

그래서 전문 분야를 선택하는 데 도움이 될 몇 가지 팁을 알려주겠다.

- 과거에 근무했거나 현재 근무하고 있는 회사의 주요 고민거리는 무엇인가? 그런 고민을 해결하는 전문가가 될 수 있겠는가?
- 모든 사람이 작업을 꺼리는 분야나 고급 기술자가 부족한 분야가 있는가? 이런 분야의 전문가가 되면 많은 일을 할 수 있다.
- 회의나 사용자 그룹에서 자주 등장하는 주제는 무엇인가?
- 동료들에게 가장 많이 들은 질문, 아니면 개발자 커뮤니티인 '스택 오버플로(Stack Overflow)'에서 가장 많이 본 질문은 무엇인가?

어떤 분야를 골라도 좋으니 한 분야의 전문가가 돼라. 전문성의 정도는 시장의 크기에 따라 달라진다. 최대한 구체적이고 명확하게 하라. 그럴수록 특정 시장 내에서 수요가 높아질 것이다. 전문 분야는 필요할 때 얼마든지 바꿀 수 있으니 걱정하지 마라. 나도 더 이상 프린터 소프트웨어 개발 전문가가 아니다. 전문 분야를 다양하게 바꾼 사람들을 주변에서도 많이 보았다. 내 친구 중에는 과거 마이크로소프트 실버라이트의 전문가였던 존 파파John Papa라는 친구가 있다. 이 친구는 실버라이트 시장이 사라진 뒤 단일 페이지 애플리케이션Single Page Application의 전문가가 되었다.

다양한 언어를 익히면 안 되나요?

전문성을 갖추라는 말을 다양한 기술을 배우지 말라는 뜻으로 오해하고 반박하는 이들을 종종 만난다. 분명히 말하지만 그런 뜻으로 하는 말이 아니다.

'전문성 갖추기'와 '다양한 기술 배우기'가 모순되는 개념처럼 보일지 모르나 그렇지 않다. 다재다능한 소프트웨어 개발자가 되면 얻는 이득이 많다. 여러 기술이나 프로그램, 프로그래밍 언어를 쓸 수 있으면 경력을 발전시키는 데 도움이 될 뿐 아니라 단 하나의 기술이나 프로그래밍 언어만 다루는 사람보다 더 높은 몸값을 받을 수 있다. 하지만 무엇이든 다 할 수 있다는 말은 마케팅에 큰 도움이 되지 않는다.

팀원 중 한 명이 무엇이든 할 수 있는 개발자라면 좋겠지만, 그렇다고 회사에서 그런 사람을 찾아 나서는 일은 거의 없다. 실제 구사하는 프로그래밍 언어가 50가지이며 온갖 기술에 능통하다고 해도 마케팅을 할 때는 전문 분야 하나를 내세우는 게 더 유리하다. 상황에 따라 전문 분야를 바꾸는 한이 있더라도 말이다.

다양한 상황에 적응할 능력을 키우되 눈에 띄는 전문 분야를 갖춰라. 두 가지 능력 중 하나를 택해야 한다면 한 분야에서 전문성을 키우는 일부터 시작해서 나중에 다른 분야까지 확장하는 게 현명하다.

실천하기

- 소프트웨어 개발 분야 중 관심이 가는 모든 전문 분야를 목록으로 정리하라. 넓은 분야에서 시작해 좁은 분야로 나누며 최대한 구체적으로 정리해보라.
- 현재 당신의 전문 분야는 무엇인가? 아직 없다면 전문 분야로 삼을 수 있는 분야를 떠올려보라.
- 유명한 구직 웹 사이트에 가서 당신의 전문 분야에 해당하는 일자리를 찾아보라. 전문성을 더욱 강화한다면 자신에게 도움이 될지, 선택지를 제한하게 될지 생각해보라.

CHAPTER

9

궁합이 잘 맞는 회사를 선택하라

당신이 선택한 회사가 어떤 유형인지에 따라 소프트웨어 개발자로서의 경험은 완전히 달라진다. 일하고 싶은 곳이 막 창업한 스타트업인지, 중견 기업인지, 아니면 막대한 예산을 운용하는 대기업인지 미리 생각해보라.

회사의 크기뿐 아니라 고유한 문화도 직원의 행복이나 회사에 느끼는 안정감, 소속감에 큰 영향을 준다.

일자리 제안을 받아들이기 전에 자신에게는 어떤 유형의 회사가 맞는지 꼭 생각해보라. 직장을 선택할 때 보수나 혜택만 보고 고르기 쉽다. 하지만 훨씬 더 큰 영향을 미치는 부분은 업무 환경이다.

이 장에서는 회사의 크기별 장단점을 비교하고, 일하려는 회사 유형을 어떻게 결정하면 되는지 알려주겠다. 생산하는 제품이 소프트웨어인 회사에서 근무할 때와 단순히 소프트웨어 개발자를 고용하는 회사에서 근무할 때의 차이점에 관해서도 논하겠다.

소기업 및 스타트업

작은 회사는 대부분 스타트업이므로 스타트업 특유의 정신을 지니고 있다. 스타트업 정신이란 보통 빠른 성장, 수익 창출 등 회사의 중대한 목표를 이루기 위해 최선을 다하는 것을 말한다.

스타트업 직원들은 보통 일인 다역을 맡는다. 개발자라 해도 코딩 외에 다른 일을 추가로 할 가능성이 크다. 직원 수가 적어 역할 분담이 제대로 되지 않으므로 여러 일을 해야 한다. 코딩하려고 들어간 회사에서 서버 구축이나 테스트까지 도와주고 싶지 않다면 이러한 환경이 잘 맞지 않을 수도 있다. 하지만 반대로 활기 넘치는 분위기와 도전을 좋아하는 사람이라면 큰 호감을 느낄 것이다.

소기업에서는 개인의 영향력이 매우 크다. 여기에는 장점과 단점, 둘 다 있다. 군중 속에 숨어서 자신이 맡은 일만 잘하면 된다고 생각하는 사람이라면 자신이 한 일이 눈에 잘 띄는 상황이 마냥 좋지만은 않을 것이다. 반대로 자신이 한 일이 어떤 영향을 미치는지 확인하고 싶은 사람에게는 소기업이 단연 최고의 직장이다. 직원 수가 적으면 각자 이바지한 부분이 최종 결과에 직접적인 영향을 미친다. 따라서 당신의 위대한 업적과 엄청난 실수가 만천하에 모두 드러날 것이다.

소기업은 대기업에 비해 안정성이 떨어진다. 소기업 직원은 폐업이나 해고, 지급불능 등의 불상사를 겪을 가능성이 크다. 그 대신 큰 보상이 기다리고 있다. 회사가 모든 난관을 극복하고 잘 성장하기까지, 창업할 때부터 함께 일한 직원은 승진 확률이 높다. 대기업에서 승진으로 임원급까지 올라가기란 하늘의 별 따기다. 하지만 소기업의 창업 멤버는 높은 직급에 빨리 오른다. 보통 신입 직원은 재직 중인 직원보다 낮은 직급으로 들어오기 때문이다.

스타트업에서 일하려면 적은 임금을 받으며 엄청나게 긴 근무시간을 견뎌야 한다. 이렇게 근무하는 개발자 중에 회사가 상장되거나 인수되어서 스톡옵션으로 부자가 될 날만 기다리는 사람도 있을 수 있다. 하지만 그런 바람은 실현 가능성이 거의 없다. 언젠가 이러한 돈벼락을 맞을 거라는 막연한 기대만 품고 스타트업을 선택하려는 사람이 있다면 말리고 싶다. 입사 후 에너지만 빠르게 소진되고 보여줄 만한 성과는 얻지 못하는 경우가 다반사다. 소기업이나 스타트업은 상황이 급변하는 흥미진진한 업무 환경을 좋아하거나 자신이 만든 제품이 성장하는 모습을 지켜보는 게 행복하다고 느끼는 사람이 선택하길 추천한다.

중견 기업

중견 기업의 수가 가장 많으므로 당신이 일하게 될 회사, 혹은 일하고 있는 회사가 여기에 속할 확률이 높다. 중견 기업이란 보통 창업한 지 어느 정도 시간이 흘렀고 수익성 있는 사업을 하고 있지만, 경제지 「포천Fortune」이 선정한 500대 기업 리스트에 오를 정도는 아닌 회사를 말한다.

중견 기업은 소기업에 비해 역할 분담이 잘 되어 있고 안정성이 높다. 때로 중견 기업이 대기업보다 더 안정적인 경우도 있다. 대기업에서는 대규모 인원 감축, 조직 정비가 주기적으로 일어나기 때문이다. 그래서 안정성이 중요한 사람에게는 아마 중견 기업이 가장 잘 맞을 것이다.

중견 기업은 소기업보다 업무가 조금 더 느리게 진행된다. 개인의 영향력은 대기업에 비해 더 드러나는 편이어서 직원 한 명 때문에 회사의 운명이 달라지는 일은 없더라도 군중 속에 숨어 있는 상황을 기대하기는 어렵다. 중견 기업에서는 천천히 그리고 꾸준히 가는 방법이 통한다. 속도가 중요한 죽기 살기 식의 스타트업 정신을 따를 때는 최신 기술을 일찍 수용하고 결정도 빨리 내린다. 하지만 중견 기업에서는 위험을 피하기 위해 일을 천천히 진행한다. 중견 기업에서 최신 기술을 활용하고자 한다면 상사를 설득하기는 어려울 것이다. 위험 요소를 정당화하기 어렵기 때문이다.

장점

- 안정적이다.
- 업무 시간이 그리 길지 않다.

단점

- 변화가 느리다.
- 최신 기술을 기피하는 경향이 있다.

대기업

대기업들은 서로 크게 다르다는 면에서 흥미롭다. 각 기업 고유의 문화가 회사 면면에 깊숙이 스며들어 있다. 업무에 관여하지 않을 것 같은 유명 CEO를 공개적으로 세워두는 대기업도 많다.

대기업의 큰 특징으로는 따라야 할 절차와 의례가 많다는 점을 들 수 있다. 입사할 때부터 여러 차례에 걸쳐 면접을 보면서 공식 절차를 꼼꼼히 따라야 하고, 재직 중에는 모든 일을 기존 절차에 맞추어 진행해야 한다. 그래서인지 대기업에서는 모험가나 무법자 기질이 있는 사람을 별로 환영하지 않는다. 반대로 절차나 체계를 중요하게 생각하는 사람이라면 대기업에서 즐겁게 일할 수 있을 것이다.

대기업에서 일할 때 느끼는 큰 장점은 기회가 많다는 점이다. 나도 과거에 「포천」이 선정한 500대 기업 중 한 곳에서 근무한 적이 있다. 그 회사에서는 다양한 교육 기회가 있었을 뿐 아니라 유료 소프트웨어도 자유롭게 쓸 수 있었다. 직원들이 조직 내에서 배우고 성장할 수 있도록 진로를 지도하는 대기업도 많다. 재미있는 프로젝트에 참여할 기회도 생긴다. 소기업이나 중견 기업에는 세상을 바꿀 거대한 프로젝트를 진행할 만한 예산이 없다. 반면 대기업에서는 거대한 규모의 프로젝트를 진행할 수 있다. 이런 프로젝트에서 개인이 눈에 띄는 업적을 남기기는 어렵겠지만, 그래도 훌륭한 프로젝트에 참여하는 기쁨을 누릴 수 있다.

대기업에서 근무하는 개발자는 자신이 기여한 내용이 별 의미가 없다는 점을 불만으로 꼽는다. 보통 거대한 시스템의 작은 코드 조각처럼 일한다. 소프트웨어 시스템 전체에 손대고 싶은 개발자라면 대기업에서 일하는 게 그리 즐겁지 않을 것이다.

대기업에서 남들 눈에 띄지 않게 조용히 일하는 건 매우 쉽다. 대기업에서 일해보니 간혹 별다르게 하는 일 없이 눈에 띄지 않게 자리를 지키는 직원들도 있다. 이런 직원은 전사적인 규모로 인원 감축이 있지 않는 한 눈에 띄지 않는다. 이러한 자율성에도 장점이 있긴 하다. 가끔은 생산성의 압박에서 벗어나 자신이 중요하다고 생각하는 프로젝트를 해볼 수도 있기 때문이다.

마지막으로 정치 이야기를 빼놓을 수가 없다. 대기업에는 보통 거대 정부에 버금갈 정도로 복잡한 정치 체계가 존재한다. 대기업에서 일할 때는 아무리 피하려고 노력해도 어떤 방식으로든 다른 이들이 펼친 정치 공작의 영향을 받게 마련이다. 다음 장에서 승진을 이야기할 때 다시 언급하겠지만, 대기업에서 근무하려면 복잡한 정치 환경을 헤쳐나갈 방법을 꼭 배워두라. 정치 공작을 철저히 피하고 싶은 사람은 차라리 수평적 관리 구조를 지닌 소기업의 일자리를 알아보라.

장점

- 절차와 의례가 확립되어 있다.
- 다양한 교육 기회를 제공한다.
- 영향력이 큰 프로젝트에 참여할 기회가 있다.

단점

- 형식상의 절차가 많다.
- 거대한 시스템의 작은 코드 조각처럼 일한다.
- 눈에 띄기 어렵다.

소프트웨어 개발사 vs. 일반 회사

어떤 회사에서 일할지 결정할 때 확인해야 할 중요한 부분이 하나 더 남았다. 바로 소프트웨어 개발에 주력하지 않고 시스템 일부를 다룰 소프트웨어 개발자가 필요해서 고용하는 일반 회사인지, 아니면 실제 소프트웨어 제품을 생산하거나 소프트웨어 개발이 주요 서비스인 소프트웨어 개발사인지 알아보는 것이다.

일반 회사와 소프트웨어 개발사는 개발자를 보는 시각이 다르다. 일반 회사에서는 개발자를 존중하고 재량을 폭넓게 보장하는 일이 거의 없다. 소프트웨어 개발 관례도 제대로 갖추지 못한 경우가 많다.

반면 소프트웨어를 직접 개발하는 회사에서는 개발자의 가치를 더 높게 사는 편이다. 이런 차이가 더 좋은 업무 환경으로 직결되지 않을 수도 있지만, 그래도 큰 차이가 있다.

단순히 소프트웨어 개발자가 필요해서 고용하는 일반 회사보다 소프트웨어 개발사가 최신 기술이나 도구를 사용할 확률도 훨씬 높다. 새로운 기술을 다루고 싶다면 소프트웨어 개발사를 찾는 게 좋다.

두 유형의 회사가 보이는 차이점은 애자일Agile 소프트웨어 개발 방법론을 다룰 때 극명하게 두드러진다. 애자일 방법론은 보통 개발 팀이 주도하므로 일반 회사에서는 이를 도입하기를 꺼린다. 애자일 방법론은 결정권자가 강력한 의지를 가지고 추진하는 톱다운top-down 방식으로 적용되어야 하는데 개발자 몇몇이 좋은 방법이라 생각한다고 해서 회사 전체가 변하기란 어렵기 때문이다.

신중하게 선택하라

이 장에서는 소프트웨어 개발자가 일할 만한 회사 유형을 소개했다. 하지만 세상에 똑같은 회사는 없다. 자신에게 어떤 업무 환경, 어떤 회사 문화가 맞을지는 스스로 결정해야 한다. 일을 맡기 전에 그 회사에서 이미 일하고 있는 개발자와 이야기해 보면 입사 후 생활에 관해 현실적인 조언을 들을 수 있을 것이다.

실천하기

- 어떤 환경에서 근무하고 싶은지 생각해보라. 어떤 회사가 이상적이라고 생각하는가?
- 내가 사는 지역에 있는 회사, 과거에 일해본 회사의 목록을 만들어서 각 회사가 어떤 유형에 속하는지 분류해보라.

CHAPTER

10

승진하기

IT 업계에서 일하는 동안 단 한 번도 승진한 적이 없는 사람을 간혹 본다. 노상 한 직급에 머물며 똑같은 일을 한다. 연봉이 오른 적은 있는지 모르겠다. 이런 사람을 본 적이 있는가? 사실 생각보다 많다. 이렇게 막다른 길로 내몰리고 싶지 않다면 미리 대비책을 마련해 두어야 한다. 이 장에서는 아무 발전 없이 한 자리에 머물지 않고 승진하는 방법에 대해 알아본다.

책임 범위를 넓혀라

회사 유형을 막론하고 승진하려면 책임 범위가 넓어져야 한다.

> Tip 당연한 말을 한다고 생각할 수 있다. 하지만 일하다 보면 원하는 것이 돈인지 책임인지, 둘 중에서 고민해야 하는 상황이 자주 벌어진다. 장기적으로 볼 때 책임 범위를 넓히는 쪽을 선택하는 게 현명하다.

돈은 항상 책임의 뒤를 따르기 마련이다. 책임 범위를 늘릴 기회는 절대 놓치지 마라.

그럴 기회가 없어서 기회를 스스로 만들어야 한다면 어떻게 할까? 살다 보면 신설 부서나 새로운 프로젝트를 직접 만들어야 하는 때도 있다. 어떤 회사에서든 당신의 재능으로 개선할 여지를 찾아낼 수 있다. 대신 열심히 찾아야 할 수 있으니 잘 찾아보길 바란다.

아무도 손대고 싶어 하지 않는 분야가 개선의 여지를 찾아볼 적소 중 하나다. 아무도 원하지 않는 레거시 애플리케이션이나 코드 중 문제가 많은 모듈이 있을 수 있다. 바로 이러한 부분이 당신의 제국을 키워나갈 광활한 대지다. 다른 이들이 원하지 않으므로 다툼의 소지도 적다. 이런 늪지대를 비옥한 토지로 만들 수 있다면 당신의 가치가 잘 드러날 것이다.

팀원들의 멘토가 되는 것도 간접적으로 책임 범위를 넓히는 방법이다. 신입이 자리를 잡을 때까지 자청해서 도와주라. 도움이 필요한 사람도 도와주라. 자신의 문제 외에 다른 이들의 문제까지 함께 부딪쳐 해결하다 보면 그 과정에서 많은 것을 배울 수 있을 뿐 아니라 시간이 지날수록 팀의 해결사라는 평판을 얻는다. 이러한 평판은 관리직에 자리 잡는 데 도움이 된다. 당신이 원한다면 말이다.

책임 범위를 넓히는 방법

- 지금까지 등한시해온 문제 중 하나를 골라 당신이 책임지고 이끌어갈 만한 프로젝트로 만들어라.
- 신입 팀원이 업무에 적응할 때까지 도와주는 역할을 맡아라.
- 업무 절차를 기록하고, 이러한 문서를 항상 최신 정보로 채워두는 역할을 맡아라.
- 누구나 피하려 하지만 당신이 맡아서 더 수월하게 하거나 자동화할 수 있는 일이 있는지 찾아보라.

존재감 있게 일하라

당신이 팀에서 가장 똑똑하고, 가장 열심히 일하는 최고의 개발자라고 해도 당신이 이룬 성과를 아무도 모른다면 아무 의미가 없다. 당신이 세운 업적을 상사에게 알릴 방법이 없다면 모든 노력이 물거품이 되고 만다.

새로운 직장에 가면 나는 내가 종일 머무른 장소와 한 일을 꼭 기록한다. 그리고 이렇게 모은 정보를 주별로 요약해서 매주 금요일에 상사에게 제출한다. 나는 이 문서를 '주간 보고서'라고 불렀다. 보고서를 처음 제출할 때, 상사가 더 편하게 일할 수 있도록 매주 이 보고서를 제출하겠다는 말을 덧붙였다.

상사는 보고서를 통해 내 활동을 꾸준히 확인할 수 있었다. 나는 노골적으로 자랑하지 않아도 그 주에 내가 무엇을 성취했는지 이야기할 수 있어 좋았다. 어떤 일을 했는지 드러낼 수 있는 훌륭한 방법이었다. 상사는 내가 하는 일은 잘 알고 있는 데 반해 다른 개발자가 하는 일은 잘 모른다는 이유로 내 생산성이 동료들보다 훨씬 더 높다고 생각하기도 했다.

또한, 주간 보고서는 평가 기간에 참고할 좋은 자료가 되었다. 주간 보고서를 훑어보면 한 해 동안 성취한 내용을 정확히 파악할 수 있을 뿐 아니라 이를 증명할 날짜까지 알 수 있다.

주간 보고서 외에도 조직에서 자신의 업적을 드러낼 방법은 많다. 팀이 다뤄야 하는 주제나 문제에 대해 발표하는 것도 무척 좋다. 점심시간을 활용해 가벼운 주제를 공부하는 '런치 앤 런Lunch and Learn' 시간을 제안하는 것도 좋은 방법이다. '런치 앤 런' 시간에 발표를 맡으면 열심히 일하고 있다는 사실이 잘 드러날 뿐 아니라 특정 분야에 대해 많이 안다는 사실을 보여줄 수도 있다. 게다가 발표를 준비하면서 해당 주제를 제대로 공부할 수 있다. 나는 개인적으로 이 정도 부담이 있을 때 공부가 무척 잘된다고 느꼈다.

존재감 있게 일하는 방법

- 자신의 활동을 매일 기록하라. 기록한 내용을 주간 보고서로 만들어서 상사에게 제출하라.
- 발표나 교육을 자원해서 담당하라. 주제는 팀에 도움이 될 만한 것으로 선택하라.
- 의견을 분명히 밝혀라. 언제 어디서든 기회가 있을 때마다 하라.
- 눈에 띄도록 노력하라. 정기적으로 상사와 만나라. 꼭 자주 만나라.

공부하라

기술이나 지식을 늘리는 것도 승진에 도움이 된다. 교육 수준을 꾸준히 높이면 부진의 늪에 쉽게 빠지지 않을 뿐 아니라 자신의 가치가 전보다 높아졌다는 사실을 객관적으로 증명할 수 있으므로 연봉 협상이나 승진 심사 때 유리하다.

회사에서 학위 과정을 밟아도 좋다고 허락한다면 대학교나 대학원의 고등교육 과정을 이수하는 게 좋다. 미래를 위해 공부할 방법은 그 외에도 많다. 어떤 방법으로든 새로운 것을 배우고 기술 수준을 높이는 게 중요하다. 자기 계발을 위해 끊임없이 노력하고 있다는 것을 드러내줄 자격증을 찾아보거나 교육과정에 등록하라.

나도 사회 초년생 무렵 승진 가능성을 높이고자 열심히 공부해서 마이크로소프트 자격증 최상위 등급 하나를 취득했다. 꼭 해야 하는 일이 아닌데도 열심히 공부하는 모습을 좋게 본 상사가 내 노력을 인정하고 많은 기회를 주었다. 과정은 어려웠지만 결과적으로 경력에는 큰 도움이 되었다.

학습 속도를 높이는 방법은 3부에서 자세히 알려주겠다. 학습 기술은 꼭 익히는 게 좋다. 학습 속도가 빨라질수록 학습량뿐 아니라 기회도 더 많아진다.

소프트웨어 개발 공부에만 집중하지는 마라. 간부급 이상의 높은 자리에 욕심이 있다면 리더십, 관리, 비즈니스 등의 분야도 공부하라. 그리고 배운 내용은 다른 이들과 공유하라. 앞에서 발표를 통해 알고 있는 바를 공유하는 방법에 대해 이야기했다. 그 외에도 블로그 개설하기, 잡지에 기고하기, 책 쓰기, 행사나 콘퍼런스에서 강연하기 등 다양한 방법이 있다. 외부 활동은 전문 분야에서 권위를 쌓는 동시에 현재 몸담은 회사에서 자신의 가치를 높이는 좋은 방법이다.

해결책을 제시하라

아이디어가 실현되지 못하는 이유, 혹은 문제 해결이 어려운 이유를 이야기하는 사람은 어느 조직에나 많다. 그런 사람은 원래 어디에나 많다. 당신은 그런 역을 맡지 마라. 어떤 문제든 해결책을 제시하는 사람, 또 그 해결책을 실행할 수 있는 사람이 돼라.

어떤 회사든 장애물을 쉽게 극복하는 사람이 환영받는다. 해결사라는 평판을 얻으면 승진이 보장된다. 다른 사람들이 해결할 의지나 능력이 없는 문제를 풀어내는 사람은 똑똑한 척하는 사람이나 정치 공작으로 방해하는 사람이 막을 수 없다. 해결사는 어떤 회사에서도 가치 있는 인재로 쉽게 인정받는다.

지뢰 **눈 씻고 보아도 승진 기회가 없어요**

어느 회사나 승진 기회는 있게 마련이다. 하지만 이 장에서 이야기한 방법을 다 썼는데도 어떤 이유에서든 승진이 안 될 때도 있다. 이럴 때는 어떻게 해야 할까?

퇴사하라. 물론 이직할 회사를 먼저 알아보고 난 뒤에 말이다. 간혹 정말 미래가 없는 회사도 있다. 그럴 때는 더 나은 회사를 찾는 게 좋다. 업무 환경이 끔찍하다거나 정신적으로 괴로운 곳, 혹은 연고주의가 앞길을 철저히 막는 곳 등 이유는 모두 다를 수 있다. 그럴 때는 이직도 생각해보길 바란다.

정치 문제 대처법

승진이라는 주제를 논하면서 정치 문제를 빼놓을 수 없다. 하지만 정치 문제를 언급하는 것은 이번이 마지막이 될 것이다. 경력을 개발하려면 정치 문제 외에도 고민해야 할 것이 많다. 어느 조직에나 만연한 정치 문제를 가볍게 생각할 정도로 순진해서 하는 말은 아니다. 하지만 정치 게임에 너무 시간을 들이면 안 된다.

교묘한 계략, 무자비한 야망이 승진에 도움이 될 때도 있다. 그러나 그런 방식으로 오른 자리는 금세 빼앗기기 쉽다. 내 의견에 동의하지 않는 사람도 있을 것이다. 하지만 가치 있는 사람인 척하기보다 실제 가치 있는 사람이 되도록 기초를 튼튼히 다지는 게 좋다.

물론 아예 정치 풍토를 신경 쓰지 말라는 뜻은 아니다. 정치 문제에서 완전히 벗어날 수 있는 사람은 없다. 그러므로 피해야 하는 인물이나 절대 마주치면 안 되는 인물이 누구인지 기본적인 형세 정도는 알아두라.

실천하기

- 현재 직장에서 책임 범위를 넓힐 수 있는 방법에 대해 하나 이상 생각해보라.
- 현재 상사가 느끼는 당신의 존재감은 어떠한가? 존재감을 높일 수 있는 구체적인 방법을 하나 이상 떠올려보라.
- 현재 공부하고 있는 분야는 무엇인가? 가장 공부할 만한 가치가 있는 분야를 골라 내년 한 해 동안 본격적으로 공부할 계획을 세워보라.

CHAPTER

11

전문가 되기

내가 가장 좋아하는 책 『최고의 나를 꺼내라!(The War of Art)』에서 저자 스티븐 프레스필드Steven Pressfield는 전문가와 비전문가의 차이를 다음과 같이 자세히 설명했다.

> 전문가가 된다는 건 사고방식의 전환을 의미한다. 두려움, 게으름, 미루는 버릇, 자기 회의 등에 휘둘리는 일은 비전문가처럼 생각할 때 발생한다. 비전문가는 약속을 어긴다. 비전문가는 포기한다. 비전문가는 역경에 굴복한다. 전문가가 생각하는 방식은 이와 다르다. 전문가는 약속을 지키고 자신이 맡은 일을 완수하며 무슨 일이 있어도 절대 포기하지 않는다.

전문가라면 약속을 지키고 맡은 일을 완수하며 역경에 굴복하지 않아야 한다. 전문가는 약점을 묵묵히 극복하고 최선의 결과를 낼 수 있어야 한다.

이 장에서는 전문가가 된다는 말이 무슨 의미인지, 소프트웨어 개발자로서 전문가가 될 방법은 무엇인지 살펴보겠다.

소프트웨어 개발자에게 전문성이란 큰 자산 중 하나다. 전문가답게 처신하고 전문가 대접을 받아야 더 좋은 일자리, 더 많은 고객을 만날 수 있다.

그뿐 아니다. 전문성이 있어야 자부심을 느끼며 더 기분 좋게, 더 오랫동안 성공적으로 경력을 유지할 수 있다.

이런 사람이 전문가다

간단히 말해 전문가는 맡은 일과 경력을 진지하게 생각하는 사람이다. 때로 옳다고 생각하는 바를 실천하기 위해 손해를 감수하고 어려운 결정을 내릴 용기가 있는 사람이다.

품질이 정상 범위 이하로 떨어져도 좋으니 최대한 빠르게 코드를 보내달라는 요청을 받았다고 상상해보자. 어떻게 하겠는가? 이러한 요청을 반복적으로 받는다면? 일자리를 잃을 수도 있다는 각오로 옳다고 생각하는 바를 주장할 수 있겠는가? 당신은 어떤 원칙을 지키는가? 스스로 지키는 품질 수준은 어느 정도인가?

전문가라는 이름은 노력하여 얻을 만한 가치가 있다. 일을 맡겼을 때 제대로 완수할 것이라고 믿을 수 있는 사람이 전문가다. 전문가는 일에 있어서만큼은 입에 발린 말을 하지 않고, 불가능한 부분이 있을 때나 잘못된 길로 가려고 할 때 알려준다.

전문가라고 해서 모든 답을 알지는 못한다. 하지만 자신의 기술 수준을 철저히 파악해두고 발전하고자 꾸준히 노력한다. 전문가는 답을 모를 때 스스럼없이 인정한다. 그런데도 결국 해결책을 찾아내리라 믿을 수 있다.

무엇보다 중요한 특징은 전문가라면 스스로 설정한 높은 작업 품질 수준을 한결같이 지킨다는 점이다. 전문가는 구급차를 불러야 할 정도로 큰 문제가 발생하지 않는 한 약속을 어기지 않는다.

전문가

- 자신이 지킬 원칙을 세워둔다.
- 임무를 제대로 완수한다.
- 틀린 부분, 모르는 부분을 스스럼없이 인정한다.
- 한결같다.
- 책임을 진다.

비전문가

- 다른 사람이 시킨 일을 한다.
- 작업을 끝내는 데 의의를 둔다.
- 뭐든지 아는 척한다.
- 믿고 의지할 수 없다.
- 책임을 지지 않으려 한다.

좋은 습관을 길러라

자, 이번에는 전문가가 될 방법을 배울 차례다. 당신이, 혹은 당신의 작업물이 비전문가처럼 보인다면 어떻게 해야 할까? 어떻게 하면 전문가다운 느낌을 낼 수 있을까?

전문가가 되려면 좋은 습관부터 길러라. 매일 별 고민 없이 습관에 따라 비슷한 패턴으로 움직인다. 인생을 바꾸려면 먼저 습관을 바꿔야 한다. 물론 말처럼 쉬운 일은 아니다. 나쁜 습관은 고치기 어렵고, 새로운 습관은 쉽게 길러지지 않는다.

그래도 전문가가 되고 싶다면 전문가다운 습관을 길러야 한다. 나는 업무에 스크럼 회의를 활용하는 팀에서 일한 경험이 있다. 스크럼 회의란 하루에 한 번씩 모여서 지금까지 한 일과 앞으로 할 일, 업무 방해 요소에 관해 이야기하는 것이다. 나를 비롯한 나머지 사람들은 즉석에서 생각나는 의견을 말했다. 그에 반해 늘 자신이 할 말을 준비해서 스크럼 회의에 들어오는 개발자가 한 명 있었다. 바로 이러한 습관이 전문가다운 습관이다.

그 외에 전문가에게 꼭 필요한 습관으로 시간 관리 기술을 들 수 있다. 현재 시간을 어떻게 관리하는가? 아침이면 오늘 어떤 일을 할지 예상할 수 있는가? 일상적인 일을 처리하는 데 어느 정도 시간이 들지 예상할 수 있는가? 매일 계획을 세워서 시간을 효과적으로 관리하는 습관을 길러라. 전문가라면 그날 꼭 마쳐야 하는 일이 무엇인지, 마칠 때까지 시간이 얼마나 들지 대략 예상할 수 있어야 한다.

앞의 두 가지 예는 소프트웨어 개발 전문가가 길러야 하는 습관의 일부에 지나지 않는다. 스스로 설정한 전문성의 기준에 도달하기까지 어떤 습관을 길러야 할지 스스로 결정해야 한다. 습관이 중요한 이유는 습관을 바탕으로 일관성이 생기기 때문이다. 일관성이 있어야 다른 이들이 당신을 신뢰할 수 있다. 습관에 관해 다룬 책으로 찰스 두히그Charles Duhigg의 『습관의 힘(The Power of Habit)』을 추천한다.

옳은 일을 하라

소프트웨어 개발자는 기술적으로, 윤리적으로 어려운 문제에 자주 부딪힌다. 전문가가 되고 싶다면 이 두 가지 면을 모두 고려해서 옳은 선택을 해야 한다. 보통 기술 문제는 윤리 문제에 비해 더 객관적이므로 해결 방안이 여러 개 있을 때 최선의 안을 고르는 것도 쉬운 편이다. 하지만 윤리 문제는 때로 정답이 없다. 간혹 명확한 답을 내지 못할 때도 있다.

소프트웨어 개발자는 고객을 최우선으로 두고 자신이 옳다고 생각하는 방향으로 일을 진행하면서 어려움을 느끼는 경우가 많다. 때로 이러한 신념을 지키느라 불이익을 감수해야 하는 경우도 있다.

나는 소프트웨어 개발자 겸 작가로 활동하는 밥 마틴Bob Martin을 참 좋아하는데 그가 거절을 주제로 쓴 좋은 글(http://simpleprogrammer.com/ss-no)을 소개하고 싶다. 그는 개발자와 상사의 관계를 의사와 환자의 관계에 빗대어 이야기했다. 팔을 다친 환자가 너무 아프니까 팔을 잘라달라고 의사에게 요구한다고 생각해보라. 당연히 의사는 "안 된다."라고 할 것이다. 하지만 이와 비슷한 상황이 개발자와 상사 간에 일어난다면? 현실 속 개발자는 상사가 화낼 것을 두려워하며 코드를 절단해버린다.

전문가는 필요할 때 "아니요."라고 말할 줄 알아야 한다. 상대가 고용주라 하더라도 말이다. 밥 마틴은 전문가라면 어떤 희생을 감수하고라도, 설사 해고되는 한이 있더라도 넘지 말아야 할 선이 있다고 이야기한다. 눈앞의 득실만 따져보면 잃는 게 많은 것처럼 보인다. 하지만 장기적으로는 꾸준히 옳은 쪽을 선택할 때 더 많은 것을 얻는다. 그리고 그래야 편안히 숙면을 취할 수 있다.

전문가는 일의 우선순위를 정할 줄도 알아야 한다. 비전문가는 일의 우선순위를 스스로 결정하지 못하고 끊임없이 다른 사람에게 의존하느라 쓸데없는 부분에 시간을 허비한다. 반면 전문가는 해야 할 일을 가늠하고 우선순위를 정한 뒤 업무에 착수한다.

지뢰 "아니요."라고 말할 여유가 전혀 없다면 어떻게 하나요?

원래 말로 하기는 쉬워도 행동으로 옮기긴 어렵다. 일자리를 잃어도 상관없다는 마음으로 "아니요."라고 말할 여유가 전혀 없는 처지라 해도 이해한다. 이 말 한마디로 엄청난 비극의 서막이 열릴 수 있음을 잘 알기 때문이다.

생계를 위해 일이 꼭 필요할 때는 어쩔 수 없겠지만, 다음에 똑같은 상황에 처했을 때 "아니요."라고 말할 수 있는 입장이 되도록 노력하라. 일자리를 꼭 지켜야 하면 해야 할 말을 하지 못하는 처지에 놓인다. 그럴 때는 선택지가 줄어들 뿐 아니라 다른 이들이 당신을 마음대로 휘두를 가능성 또한 높아진다.

이런 상황에서는 가능한 한 빨리 빠져나오라. 직장을 잃을까 두려워서 마땅히 해야 할 일을 하지 못하는 상황에 다시는 처하지 않도록 돈을 모아라. 윤리적 고뇌를 계속하지 않아도 되는 직장, 개인 의견이 존중되는 직장을 찾아보는 것도 좋다.

어쩔 수 없이 하기 싫은 일을 해야 하는 때도 있다고 생각하고 주도권을 쥘 수 있는 위치, 혹은 최소한 동등한 상태라도 될 수 있는 자리에 있도록 늘 노력하라.

타협하지 말고 꾸준히 자기를 계발하라

전문가는 자기가 만드는 결과물의 품질을 높이기 위해 항상 노력해야 한다. 처음부터 원하는 수준을 낼 수 없더라도 꾸준히 노력하다 보면 자기가 설정한 목표에 도달하는 날이 온다. 그런데 자기가 원하는 수준에 이를 수 없다는 생각이 들 때, 많은 사람이 난관을 헤쳐나가는 쪽보다 목표를 낮추는 쪽을 선택한다는 게 문제다.

그리 중요하지 않은 세부 사항까지 모두 정해둔 품질 기준에 미치도록 노력하는 게 중요하다. 진정한 전문가는 자신이 하는 일의 모든 영역에 높은 기준을 적용한다. 하브 에커T. Harv Eker는 『백만장자 마인드의 비밀(Secrets of the Millionaire Mind)』에서 "하나를 보면 열을 안다."라고 했다. 일부 기준을 낮추면 어느 순간 다른 영역까지 침범한다. 이렇게 한번 타협하기 시작하면 다시 되돌리기 어렵다.

모름지기 전문가라면 자신의 강점과 약점을 정확히 알고 있어야 한다. 자신의 강점을 살려라. 물론 약점을 개선하는 방법도 있지만, 그보다 자신의 강점을 유리하게 활용하는 게 더 현명하다.

자신이 설정한 높은 기준에 도달해 전문가로 인정받으려면 자신의 기술 수준을 잘 알고 이를 향상하도록 계속 노력해야 한다. 일하는 데 도움이 되는 새로운 무엇을 배우기 위해 늘 노력하라. 적당히 만족하는 나쁜 습관에서 벗어나 항상 발전을 꾀하라.

실천하기

- 자신이 전문가라고 자부할 수 있는가? 만약 그렇다면 그 이유는 무엇인가? 반대로 전문가가 아니라면 그 이유는 무엇인가?
- 어떤 습관이 있는가? 나의 하루를 지켜보면서 최대한 많은 습관을 찾아보라. 이를 좋은 습관과 나쁜 습관, 두 부류로 나누라. 그다음에는 길러야 할 좋은 습관을 찾고, 실제로 이 습관을 어떻게 기를지 계획까지 세워보라.
- 다른 사람들은 당신을 어떻게 생각하는가? 당신을 잘 아는 2~3명에게 당신의 좋은 습관 2개, 나쁜 습관 2개를 알려달라고 부탁하라. 그들이 당신을 정확히 알아서라기보다 자기 자신을 평가하려면 자신이 남들에게 어떤 인물로 여겨지는지를 아는 것이 중요하기 때문이다.
- 마지막으로 "아니요."라고 말한 때가 언제인가? 아직 이런 일을 경험한 적이 없는가? 만약 상사가 옳지 않다고 생각되는 일을 지시한다면 어떻게 할지 생각해보라.

CHAPTER

12

동료, 상사와 잘 지내기

2022년에 '경영진'이 아닌 '상사'라는 구식 단어를 제목에 쓰는 게 이상하다고 생각할지 모르지만, 그렇게 한 데는 이유가 있다. 그리고 그 이유는 이 장에서 할 이야기와 연관이 깊다.

알다시피 코드 작성 말고 사람을 대하는 일도 소프트웨어 개발자로서 해야 할 매우 중요한 일이다. 이러한 개념은 4장에서도 다뤘지만 이 장에서는 특히 가장 많이 정기적으로 대해야 할 사람, 즉 상사와 동료를 대하는 방법에 관해 실용적인 조언을 하고자 한다.

직장에서 두 그룹의 사람을 어떻게 다루느냐에 따라 (근무 환경을 즐기며 승진하는) 즐거운 경험을 하느냐 (싫어하는 사람들이 있는 두려운 직장에 가서 인생의 아무런 발전도 기대할 수 없는 하찮은 일을 하는) 지옥 같은 삶을 사느냐를 가를 수 있다.

누가 상사인가?

왜 관리자나 경영진 대신에 '상사'라는 표현을 썼는지 여전히 궁금할 것이다. 궁금한 마음에 답을 찾아 이 장을 대충 훑어보지 않도록 바로 답을 알려주겠다.

소프트웨어 개발자가 노동 환경에서 직면하는 큰 문제 중 하나는 사업의 상업적 측면과 지휘 계통을 이해하지 못한다는 것이다. 사실 이 문제는 소프트웨어 개발 세계에만 국한되지 않고 다양한 직업 환경에서 반복되는 문제로 보인다. 소프트웨어 개발 세계에서는 특히 합의를 중심으로 하는 환경이 일반적이므로 문제가 된다.

많은 소프트웨어 개발자의 성격 유형이 공격적이지 않아서 그런 것인지는 모르겠지만 이유가 무엇이든 생각이 다른, 지능이 뛰어난 사람들이 가득 찬 방 안에서 합의가 도출될 확률은 매우 낮다. 모든 사람이 다른 사람들이 동의하기를 기다리기 때문에 회의가 지연되거나 진행 속도가 느려진다. 합의를 중심으로 하는 개발은 타협을 중심으로 하는 개발이 되어버리는 경향이 있으며, 타협을 중심으로 하는 개발은 대부분의 문제에 최적의 해결책이 아니다.

결국 누군가가 책임지고 지휘해야 한다. 그 사람을 관리자나 경영진이라고 부르면 더 부드러워지긴 하지만 궁극적으로 당신을 고용하고 해고하고 해야 할 일을 알려주는 사람이라면 그 사람이 당신의 상사다.

그냥 이를 이해하고 받아들이면 소프트웨어 개발자로서의 삶을 수월하게 사는 데 도움이 된다. 심지어 깨닫지 못하고 있는 순간에도 경력에 큰 해가 되는 실수를 저지르지 않도록 막아주기 때문이다.

당신이 아무리 높은 수준의 기술을 가지고 있고, 일이 일정한 방식으로 진행되어야 한다고 생각하더라도 변하지 않는 사실이 있다. 당신은 일을 하도록 회사가 고용한 사람이고, 그 회사 또는 회사의 의지를 대표하는 사람이 당신이 무슨 일을 어떻게 해야 할지를 정하는 최종 결정권자라는 것을 인식해야 한다.

받아들이기 쉽지 않겠지만 일단 받아들이면 회사 전체의 책임과 부담을 떠안고 소프트웨어를 어떻게 제작해야 할지에 집중하기보다 주어진 변수 내에서 할 수 있는 최선의 업무를 하는 데 집중할 수 있으므로 일하기가 쉬워진다.

권위 받아들이는 법 배우기

대수롭지 않아 보일 수 있지만 그렇지 않다. 직장에서 일어나는 투쟁과 갈등의 상당 부분이 자신 위에 있는 권위를 받아들이지 않고 싸우려 한 일의 직접적인 결과로 발생한다. 자신의 의견을 표현한 뒤 최종 결정이 어떻게 내려지든 받아들이는 법을 배우면 경력에 대한 필요 이상의 스트레스와 불안을 상당히 줄일 수 있다(정말이다. 이 장에 언급한 실수는 모두 내가 저질렀던 실수다).

이 말이 자신에게 주어진 일이 잘못되고 비윤리적이더라도 아무 말 없이 그냥 해야 한다는 뜻일까? 아니다. 절대 아니다(더 자세한 내용은 11장을 살펴보라). 이 말은 복종하거나 그만둘 의지가 있어야 한다는 뜻이다. 상사와 권력 다툼을 벌이는 건 대개 옳든 그르든 당신의 패배와 부정적인 결과를 초래할 것이다.

지희 **'복종'은 나약한 것이 아닌가요?**

아니다. 자발적 복종은 나약하지 않다. 사실 당신이 고를 수 있는 아주 강력한 선택지다. 자신이 패배했다는 것을 알거나 힘이 있는 자리에 있지 않다는 것을 인식하는 데 반항하려는 본능을 거슬러 복종하려면 힘이 필요하다.

다른 방식으로 보면, 지도자가 되려면 좋은 추종자여야 한다는 점도 생각해볼 수 있다. 군대의 지휘 체계를 떠올려보라. 상관의 모든 명령을 불복종하고 다투는 고위 장교를 좋은 지도자라고 생각하겠는가? 그가 자신의 부대를 아주 능숙하게 지휘하리라 생각하는가? 아마 그렇지 않을 것이다.

나약함은 복종하거나 그만두는 것 외에 다른 것을 하려고 하는 것이다. 권위에 다투고 거역하는 것은 행동의 결과를 받아들이지 않고 제멋대로 구는 것이다.

요약하면 복종은 복종을 강요당했을 때만 나약한 것이다. 자발적으로 권위에 복종하기로 한다면 자신의 자주권을 유지하는 것이다.

어려운 상사 대하기

소프트웨어 개발자로 일하는 동안 온갖 '어려운' 상사를 만나고 대해야 할 가능성이 높다. 나는 그랬다.

업무의 모든 세부사항을 일일이 챙기고 자율권을 전혀 보장하지 않는 깐깐한 상사를 대해야 할 수 있다. 가끔 언어 폭력에 의지하는 성마른 상사를 대해야 할 수 있다. 어떻게 그 자리까지 갔는지 의심스러운 뭐… 그냥 멍청한 상사를 대해야 할 수도 있다. 그래서 이러한 상황에 대처할 좋은 전략을 세워두는 것이 중요하다.

각 상황은 매우 다르더라도 어떤 상황에서든 어려운 상사를 대하는 데 도움이 될 일반적인 조언을 몇 가지 해주겠다.

첫 번째, 상사와 관련하여 당신이 해야 할 주된 임무는 상사를 멋지게 보이게 하는 것이다. 뭐라고요? 존, 방금 뭐라고 한 거예요? 그 깐깐하고 멍청하고 성마른 인간을 좋아 보이게 해야 한다고요? 미안하지만 그건 못하겠어요. 나는 그 사람이 자기가 매고 있는 큰 넥타이에 걸려 넘어지면 좋겠다고요.

알았다. 약간의 반감이 느껴졌던 것 같은데 그래도 괜찮다. 그게 정상이니까. 하지만 이렇게 생각해보자. 오피스The Office라는 시트콤을 본 적 있는가? 재미있지 않은가? 그 작품에 등장하는 상사 캐릭터 마이클 스콧Michael Scott은 약간 멍청하고 성미는 확실히 급하고… 뭐 좋다. 관리를 아예 안 했으니 깐깐하지는 않았다. 무슨 말을 하려는지는 이해했을 것이다.

어쨌든 이 프로그램이 재미있는 이유는 그것이 TV 프로그램이고 당신에게 영향을 미치지 않기 때문이다. 자신의 직장 생활을 시트콤이라고 생각해봐야 한다. 좀 이상하다는 것은 알지만 살다 보면 통제할 수 없는 일과 통제할 수 있는 일이 있다는 것을 깨닫는다. 통제할 수 있는 일은 별로 없지만 자신의 태도와 인식은 언제나 통제할 수 있다.

예를 들어보겠다. 당신이 소스 제어 시스템에서 주석 처리된 코드를 제거하기로 했다는 이유로 얼굴이 울그락불그락한 상사가 사무실로 찾아왔다고 가정해보자(참고로 일어났던 일이다). 말 그대로 죽은 코드였기 때문에 코드베이스에 그 코드를 남길 이유가 없으며, 필요할 때 언제든 소스 제어 시스템에서 다시 가져올 수 있다고(당연히 그게 소스를 제어하는 이유니까) 크게 화를 내고 다툴 수도 있다.

그렇게 하면 논쟁에서 지든 결국 동의를 얻어 내든 상황은 종료되겠지만 이러한 갈등, 그리고 이 멍청한 인간을 위해 일해야 한다는 생각 때문에 종일 당황하고 스트레스에 시달릴 것이다.

아니면… 그들을 마이클 스콧 역할을 맡은 코미디언인 스티브 커렐Steve Carell이라고 생각하는 방법도 있다. 즉, 여전히 자신의 의견을 주장할 수 있지만 이 모든 상황을 재미있는 일이라 여기고 즐기는 쪽을 선택하는 것도 가능하다. 그들이 코드 베이스에 주석 처리된 죽은 코드를 반드시 남겨야 한다고 우긴다면 그 일을 일기에 남겨서 언젠가 소프트웨어 개발자로 살아가기에 대한 스탠드업 코미디를 할 때 쓸 수 있는 에피소드로 저장해둘 수 있다.

핵심은 모든 일을 너무 심각하게 받아들일 필요는 없다는 것이다. 특히 통제할 수 없는 일이라면 말이다. 다른 사람을 통제할 수는 없다. 그 상황이나 일이 정말 마음에 들지 않는다면 그만두고 다른 일을 찾으면 되지만, 만약 그 회사에 계속 다닐 생각이라면 최대한 잘 지내는 것이 낫다. 작은 일에 너무 신경 쓰지 마라. 알고 보면 모두 작은 일이다.

짜증 나는 동료는 어쩌죠?

이쯤이면 이 장의 절반이 넘었는데 아직 당신을 미치게 하는 성가신 동료를 대하는 방법은 언급조차 되지 않았다. 그렇게 생각하는가? 뭐, 좋은 소식은 이미 했다는 것이다. 알다시피 짜증 나는 동료를 대할 때는 어려운 상사를 대할 때와 거의 똑같은 태도를 취할 수 있다.

다시 한번 시트콤 오피스를 예로 들겠다. 재미있고 좋아하는 프로그램이라 그렇다. 잠시 드와이트 슈루트Dwight Schrute 이야기를 해보자. 현실에서의 그는 **매우** 짜증 나는 동료일까? 맞다. TV 프로그램에서는 아주 웃기지만 그렇게 알랑거리는 사람을 대해야 한다고 상상해보라. '누구보다 내가 더 잘 알지.', '난 항상 옳아.', '나야말로 사무실의 해결사지.'라고 생각하는 사람.

그런데 짐Jim은 그를 어떻게 대하는가? 그는 재미있어 한다. 그는 드와이트의 짜증 나는 행동과 독선주의를 '드와이트가 또 무슨 일을 할지, 그의 새로운 장난에 드와이트가 어떻게 반응할지를 신나서 회사에 가고 싶게 만드는 재미있는 일'로 여긴다.

자, 오해는 없길 바란다. 동료의 스테이플러를 젤리 틀에 넣는 짓궂은 장난을 치라는 얘기가 아니다. 하지만 짜증 나는 동료를 그저 직장이라는 TV 프로그램에 나오는 재미있는 등장인물로 볼 수는 있다.

HP에 있을 당시 매일 일은 하지 않고 복도를 어슬렁거리는 동료가 있었다. 화가 나서 경영진에게 보고하거나 질책해야 한다고 생각했을까? 아니다. 그냥 내 머릿속에서 그에게 '떠돌이'라고 이름표를 붙여놓고 그가 회사 여기저기를 오래 돌아다니는 모습을 재미있게 보았다.

이 장에서 지금까지 내가 이야기한 것을 설명하는 단어가 있다. 'levity'* 다. 이는 'serendipity'†와 함께 내가 좋아하는 단어 중 하나다.

'사악'하지 않은 동료나 상사는 어떻게 대할까요?

지금까지 부정적인 경우를 주로 다뤘다. 별문제가 없다면 이미 잘 지내고 있는 사람들과는 어떻게 지낼지 배울 필요가 없기 때문이다. 하지만 직장에서 대인 관계를 원만히 유지하고 본인이 짜증 나는 동료나 어려운 상사가 되지 않기 위해 어떻게 처신하면 좋을지 짧게 언급하고자 한다.

모든 것은 공감에서 시작된다. 공감은 단순히 타인의 감정을 신경 쓰는 것을 넘어서서 상대의 입장이 되어보는 것이다. 더 많이 공감할수록 다른 사람을 더 이해하고, 사람들이 당신을 싫어하지 않게끔 행동할 수 있다.

짜증 나는 동료가 짜증 나고, 어려운 상사가 어려운 가장 큰 이유는 그들에게 공감 능력이 부족하기 때문이다. 그들이 공감할 수 있다면 자신의 행

* '마음이 가볍다'라는 의미로 상황을 무겁고 심각하게 보기보다 가볍게 보라는 뜻.
† '뜻밖에 발견한 행운'이라는 뜻.

동을 주변 사람들이 어떻게 느끼게 하는지 알 수 있고 그에 대해 신경을 쓸 것이기 때문에 그와 같이 행동하지 않았을 것이다.

그러므로 근무 환경에서 잘 지내는 사람이 되기 위해 할 수 있는 가장 좋은 일은 자신의 행동을 주변 사람들이 어떻게 느낄지를 생각하는 것이다. 만만한 사람이 되어서 사무실을 돌아다니며 남의 기분을 맞추라는 것이 아니라 사려 깊은 사람이 되라는 뜻이다.

다른 사람과 의견이 다를 때 상대가 수긍할 수 있는 방식으로 자신의 의견을 전달하는 외교적인 사람이 되도록 노력하라. 동료, 상사를 비롯해 도움이 필요한 누구에게나 도움의 손길을 내미는 사람이 되도록 노력하라. 자신이 좋아 보이려 하기보다 다른 사람이 좋아 보이게 할 방법을 항상 고민하는 사람이 되도록 노력하라.

사람을 대하고 대인 관계 기술을 발전시키는 일은 평생 해야겠지만 아마 이것이 직장에서 발전시킬 수 있는 가장 가치 있는 기술일 것이다. 사람, 특히 어려운 사람을 대하는 방법을 배우고 다른 이들과 훨씬 더 잘 지내는 사람이 되기 위해 자신의 행동을 다듬는 데 시간을 투자하라. 그리고 상황이 심각해져서 더는 못 참겠다고 느낄 때 'levity', 이 단어를 기억하라.

실천하기

- 현재 직장에서 당신을 해고할 권한이 누구에게 있는가? 누구인지 확실한 경우도 있고 확실히 알기 어려운 경우도 있다. 조직도를 살펴보고 누구인지 알아내라.
- 상사가 내린 결정 중에 자신이 동의하지 않는 결정이 무엇이었고 이를 어떻게 처리했는지 떠올려보라. 더 나은 방법은 무엇일지 생각해보라.
- 자신이 시트콤 촬영장에서 일한다고 상상해보라. 등장인물은 누구일까? 당신은 어떤 등장인물일까? 상황이 무겁게 느껴질 때 동료들과 재미있는 시트콤에서 연기하고 있다고 상상해보라.

CHAPTER

13

기술을 신봉하지 마라

종교가 있는가? 당신이 종교인이든 아니든, 피비린내 나는 수많은 참혹한 전쟁이 종교를 둘러싸고 일어났다는 것에 대해 당신도 동의할 것이다.

이 장에서 종교가 본질적으로 좋은지 나쁜지 논하고 싶은 마음은 없다. 다만, 맹목적인 믿음은 분쟁을 일으키기 쉽다는 사실을 지적하고 싶다.

소프트웨어 개발을 할 때도 마찬가지다. 특정 기술을 신봉하면 생명의 기원이나 신의 존재에 관한 신앙과 마찬가지로 싸움이 일어날 가능성이 매우 커진다. iOS냐 안드로이드냐를 두고 살인까지 저지르지는 않겠지만 아무도 보지 않을 때 서로 치고받는 정도의 일은 일어날 수 있다.

기술을 신봉하지 않을 때 경력을 발전시킬 가능성이 훨씬 더 크다. 이 장에서는 그 이유를 함께 생각해보자.

누구나 기술을 신봉한다

진짜 누구나 기술을 신봉한다. 공감하는가? 누구나 최고라고 편애하는 기술이나 프로그래밍 언어가 있다. 적어도, 개발자는 대개 그렇다. 이는 매우 자연스러운 현상이다. 누구나 자신이 하는 일에 열정을 품기 마련이고, 열정과 열의가 있는 곳에서는 격한 논쟁이 일어난다. 프로 스포츠를 떠올리면 무슨 말인지 쉽게 이해할 수 있을 것이다.

사람들은 대부분 자기가 아는 기술이라는 이유로 특정 기술을 신봉하는 경향이 있다는 게 문제다. 사람은 누구나 자기가 선택한 안이 최선이라고 믿는다. 그래서 반대 의견을 들으면 자신이 무시당했다고 느낀다. 세상에 존재하는 모든 기술을 잘 알고, 자기가 가장 훌륭한 선택을 했다고 확실하게 결론을 내릴 수 있는 사람은 아마 없을 것이다. 보통은 자기가 아는 것을 선택하고 최고의 선택을 했다고 단정한다. 그래야 사는 게 한결 쉬워지기 때문이다.

인간의 자연스러운 본성이기는 하지만 이러한 성향은 문제를 일으킬 소지가 많다. 경험을 바탕으로 한 믿음에 독단적으로 매달리면 같은 믿음이 있는 사람하고만 어울리면서 다른 사람들을 배척한다. 그렇게 똑같은 생각만 끊임없이 반복되는 커뮤니티는 더 이상 성장하지 않는다. 이미 모든 답을 알고 있기 때문이다.

굳이 최고 수준의 기술을 고르고 나머지를 열등하게 여길 필요가 없다. 이 사실을 깨닫기 전까지는 나도 특정 운영체제, 특정 프로그래밍 언어, 심지어 특정 텍스트 에디터를 지나치게 신봉하던 시절이 있었다.

나쁜 기술은 없다

모든 기술이 훌륭하다고 볼 수는 없겠지만 많은 이가 쓰는 기술이라면 대부분 괜찮은 정도는 된다. 괜찮지 않은 기술이 성공해서 널리 사용되기는 어렵기 때문이다. 시간이 지나면 상황이 변하므로 모든 기술이 항상 훌륭할 수는 없다. 그 대신 만들어진 뒤 적어도 한 번쯤은 괜찮았던, 어쩌면 훌륭했던 시절이 있었다는 사실을 깨닫는 게 중요하다.

이러한 관점을 지니면 문제를 해결할 방법이 하나가 아니라 여러 개 있다는 사실을 인정하게 된다. 프로그래밍 언어, 프레임워크, 운영체제뿐 아니라 텍스트 에디터조차도 최고라고 할 수 있는 하나를 꼽기는 어렵다. 당신이 다른 기술보다 더 좋아하는 기술이 있을 수도 있고, 다른 프로그래밍 언어보다 생산성이 더 좋은 언어도 있을 수 있다. 그래도 그 언어가 최고라고 말할 필요는 없다.

생각의 전환점

나도 오랫동안 이런 사실을 받아들이지 못했다. 왜 맥보다 윈도가 뛰어난지, 왜 C# 등의 정적 언어가 펄이나 루비 같은 동적 언어보다 뛰어난지 목소리를 높이곤 했다. 이제 와 말하기 창피하지만 나와 생각이 다른 개발자를 비난하기도 했다. 어떻게 감히 기술에 대해 나와 다른 생각을 할 수 있지?

하지만 자바 프로젝트 팀을 이끌어본 뒤에 내 생각이 완전히 바뀌었다. 처음에는 이 팀을 맡아야 할지 많이 망설였다. 그때까지 나는 C#에 주력하는 .NET 개발자였다. 아, 물론 .NET이 등장하기 전에는 C++를 신봉했다. 자바로 작업한다는 건 생각만 해도 싫었다. 자바는 우아한 C#과 비교도

할 수 없는 저급한 언어였다. 람다 식도 쓰지 못하는 자바 코드를 어찌 즐겨 쓸 수 있겠는가?*

그러나 결국 그 일을 맡기로 했다. 거절하기 힘든 좋은 기회였고 계약직이니까 1년 정도는 참을 수 있으리라 생각했다. 그리고 그 결정은 내 경력에서 신의 한 수에 가까웠다. 그렇게 싫어하던 언어였는데 막상 작업해보니 자바라는 언어가 그리 나쁘지만은 않았다. 왜 C#보다 자바를 더 좋아하는지 이해할 수 있게 되었고 동시에 모든 기술을 새로운 관점에서 바라보게 되었다.

자바 프로젝트를 진행한 몇 년 동안 그전에 배웠던 것보다 더 많은 것을 배웠다. 그때까지는 가지고 있는 도구 몇 가지만 반복적으로 사용했는데 갑자기 모든 문제를 해결할, 새로운 도구가 가득 들어 있는 공구함을 얻은 기분이었다.

그 후 자바에 그랬듯 다른 프로그래밍 언어에도 마음을 열었다. 심지어 동적 언어까지 받아들이기로 했다. 그렇게 각각의 언어를 다루며 배운 내용 덕분에 더 나은 개발자가 될 수 있었다. 운영체제, 프레임워크에 대한 고집도 더는 내세우지 않았고, 판단하기 전에 일단 사용해보기로 했다. 이때의 경험이 아니었다면 이 책도 쓰지 못했을 것이다. 어쩌면 『왜 C#이 최고이고 나머지는 모두 형편없는가』라는 책을 썼을지도 모른다.

여지를 남겨두라

내가 말하려는 바는 선택의 여지를 남겨두라는 것이다. 다른 기술을 무시하면서까지 당신이 고른 기술이 최고라고 주장해봐야 당신에게 득이 될 게

* 당시 저자의 생각이 그랬다는 뜻이다. 2014년 발표된 자바 8은 람다 표현식(lambda expression)을 지원한다.

없으니 말이다. 그러한 관점을 고집하면 결국 당신만 상처받는다.

당신이 이미 알고 있는 기술이 최고라고 우기지 않고 열린 마음으로 기술을 대할 수 있다면 당신 앞에 조금 더 많은 기회의 문이 열릴 것이다.

실천하기

- 좋아하는 기술, 다른 기술보다 낫다고 생각하는 기술을 목록으로 정리해보라.
- 목록에 있는 각 항목에 매력을 느끼는 이유는 무엇인지, 어떤 근거로 내린 결론인지 생각해보라. 경쟁 기술도 실제 사용해 봤는가?
- 싫어하는 기술을 한 가지 고르고 그 기술을 좋아하는 사람을 찾아보라. 그 기술을 왜 좋아하는지 솔직한 의견을 자유롭게 들려달라고 부탁하라. 이왕이면 당신이 직접 사용해보면 더 좋다.

CHAPTER

14

이렇게 독립하라

오랫동안 직장에서 나와 사업을 시작할 날을 꿈꾸었다. 회사에서 일하는 게 갑갑했고, 독립해서 더 잘할 수 있을 거라고 생각했다. 문제는 방법이었다.

당시 주변에는 쳇바퀴 같은 삶에서 벗어나 홀로서기에 성공한 사람이 없었기 때문에 단지 이렇게 다른 사람을 위해 일하는 게 행복하지 않다고 느꼈을 뿐 독립할 방법조차 몰랐다.

사업에 뜻이 없고, 앞으로도 회사원이 누리는 혜택을 계속 누리고 싶은 사람도 있다. 그렇게 생각해도 전혀 이상하지 않다. 하지만 나처럼 독립해서 스스로 자신의 상사가 되어 나를 위해 일할 날을 꿈꾸는 사람이라면 이 장을 계속 읽어나가길 바란다.

똑똑하게 처신하기

직장을 관두고 자기를 위해 일할 수 있는 쉬운 방법을 알고 싶은가? 그냥 상사에게 퇴사하겠다고 말하면 된다. 그게 전부다. 통장에 잔액이 넉넉히 남아 있길 바란다. 퇴사한 이후에는 혼자 모든 것을 책임져야 하기 때문이다. 행운을 빈다.

물론 이 방법이 최선은 아니다. 하지만 조바심이 나고 대안을 떠올릴 여유가 없어지면 그냥 이 방법을 선택할 가능성이 크다. 나도 그랬다. 통장에 남은 돈은 몇 달치 여유밖에 없는데 뚜렷한 계획도 없이 회사를 그만두고 나와서 창업과 프리랜서의 길로 뛰어들었다. 하지만 이런 위험을 감수할 가치가 있을까?

대개 결과는 그리 아름답지 않다. 몇 달이 지나면 사방에 피가 튀기 시작한다. 통장과 신용카드가 피를 흘리고, 멋지고 아름답게 보였던 상황이 극도로 험악해진다. 머리에 총구가 겨눠진 상태로 사업을 하기란 정말 어렵다. 이럴 때는 공포에 질려 현명한 판단을 내리는 게 불가능해진다.

겁주려고 하는 말은 아니지만 현실을 파악하기도 전에 다음 단계로 가고 싶은 조바심으로 가득 차 있다면 이 말을 듣고 두려움을 느꼈으면 좋겠다. 반대로 현실적인 계획을 세워서 독립하려면 내 이야기가 도움이 될 것이다. 우선 새로 시작한 일이 자리를 잡을 때까지 당신을 지탱해줄 충분한 부수입 경로부터 만들어 두어야 한다.

나도 과거에 뚜렷한 계획 없이 무모하게 도전했다. 그런 경험을 통해 깨달은 게 있다. 새 사업이 자리를 잡기 전에 수입이 뚝 떨어지더라도 안전하게 받쳐줄 부업부터 만들어 두어야만 성공적으로 도약할 수 있다는 것이다.

직장을 그만두기 전에 확실한 계획부터 세워라. 어떤 사업을 꿈꾸든지 부업으로 먼저 시작하길 간곡히 권한다. 당신을 지탱해줄 충분한 부수입거리가 생긴 뒤에 도전하라. 시간과 노력이 많이 드는 길이라는 것은 잘 안다. 하지만 단지 재정적인 면만 고려해서 이 방법을 권하는 게 아니다.

지뢰 **저금해둔 돈이 없는데 이미 직장을 그만두었어요. 전 어떡하죠?**

아이고, 집을 담보로 대출받기 전에 이 장을 읽길 바랄 뿐이다. 만약 이미 회사를 나와 사업을 시작한 상황이라면 현실을 빨리 직면해야 한다.

이런 상황에서는 생산성을 높여줄 습관을 기르고, 정말 열심히 일해서 성공 기회를 높이는 방법밖에 없다. 지출은 최소로 줄여야 한다. 케이블 방송이나 모든 스트리밍 서비스를 포기해야 할 수도 있다. 그렇게 해서라도 도전 기간을 최대한 늘리는 게 좋기 때문이다.

현실 감각을 키워라. 얼마나 더 버틸 수 있을지, 그 기간을 늘리려면 무엇을 해야 할지 신중하게 생각하라. 상황이 여의치 않으면 언제 포기하고 다시 회사로 돌아갈지 계획을 세워라. 도전은 나중에 다시 해도 된다. 엄청난 카드 빚을 지고, 집을 담보로 잡히고, 친구나 가족에게 손을 벌릴 정도로 장래가 위태로워지지 않게 하라.

이런 경험은 당신만 하는 게 아니다. 나도 처음에는 혼자 어떻게든 해보려고 하다가 똑똑하게 처신하지 못해서 다시 직원 신분으로 돌아가야 했던 일이 두 번이나 있었다.

독립 준비하기

독립하는 건 예상보다 훨씬 더 어렵다. 경제적으로 쪼들리지 않도록 회사를 나오기 전에 부업으로 시작하는 게 좋다는 이야기는 이미 했다. 그러나 이 과정이 필요한 진짜 이유는 독립하는 게 어떤 느낌인지 경험해볼 기회가 되기 때문이다.

회사를 위해 일하느라 매일 같이 출근하다 보면 자기를 위해 일하는 게 훨씬 더 쉽고 즐거울 거라고 생각한다. 물론 자기를 위해 일하면 큰 보람을 느낄 수 있다. 하지만 일이 엄청나게 많아진다. 특히 초기에는 더욱 일이 많다.

그런데 퇴사하기 전에는 얼마나 일이 많아질지 예상할 수 없고, 퇴사한 뒤에는 깨달아봐야 이미 늦었다는 게 문제다. 그래서 부업처럼 시작해서 어느 정도 자리를 잡은 다음 독립하기를 강력히 권한다.

부업으로 먼저 해보면 일의 양이 어느 정도인지 감을 잡을 수 있다. 예비 사업가는 사업을 한다는 게 얼마나 어려운지, 개발과 관련 없는 일을 얼마나 많이 해야 하는지 전혀 모른다.

회사에 다니면서 부업처럼 사업을 시작하면 회사를 운영하면서 극심한 업무 시간을 견디는 게 어떤 건지 체험해볼 수 있다. 그리고 실패하더라도 생계에는 지장이 없으므로 스트레스 때문에 생기는 위궤양과 흰머리도 피할 수 있다.

그런데도 여전히 부업으로 시작할 필요를 느끼지 못하는 사람이 있다면 중요한 이유를 하나 더 알려주겠다. 사업은 보통 실패한다. 첫 사업은 특히 그렇다. 사업으로 생계를 유지할 정도로 자리를 잡으려면 여러 차례 실패를 겪은 뒤에라야 가능하다. 열심히 모은 돈을 한 번에 써버리길 바라는가, 아니면 자리 잡을 때까지 기회가 여러 번 있기를 바라는가?

업무량은 얼마나 늘어날까?

아주 솔직하게 이야기하겠다. 나 정도면 꽤 성실한 편이라고 생각했는데도 직장에 근무할 당시에는 내 능력의 반도 일하지 않았다.

독립해서 어떻게 시간을 쓰는지 확인해보지 않았다면 아마 깨닫지도 못했을 사실이다. 막 독립한 무렵에는 업무 시간으로 하루 8시간을 온전히 쓰는 것도 너무 어려웠다. 직장 다닐 때 근무 시간이 8~10시간 정도였는데 독립한 후에는 8시간 근무가 왜 그리 어려웠을까? 그리고 왜 내가 한 일이 8시간짜리 업무량에 훨씬 못 미쳤던 걸까?

나는 시간을 어떻게 쓰는지 일지에 꼼꼼히 기록하고 계산해서 답을 찾았다. 하루 동안 실제 일하는 시간은 4시간 정도밖에 되지 않았다. 아마 다른 사람이 말해줬다면 믿지 못했을 것이다. 지금도 믿기 어렵지만, 숫자는 거짓말을 하지 않으니 받아들이는 수밖에 없다. 최선을 다해 열심히 일한다고 생각했는데 매일 내 잠재력의 반만 사용한 셈이다.

그러자 직장에서 매일 어느 정도 일했는지 궁금해졌다. 그래서 근무일에 어떻게 시간을 보냈는지 돌이켜보고 어떻게 시간을 썼는지 생각해봤다.

일단 주어진 근무 시간은 8시간이었다. 여기서 업무와 상관없이 사람들과 친교를 나누는 1시간을 뺐다. 몇몇이 모여 이런저런 대화를 나누는 일이 자주 있었는데 이런 시간을 더하면 평균 하루 1시간 정도였다. 그중 일부는 업무와 관련한 내용이긴 했지만 그다지 생산적인 시간이라고 볼 수는 없었다.

이제 7시간이 남는다. 여기서 또 2시간을 뺐다. 이메일 확인하고 답하는 시간, 게시판이나 메모를 확인하는 시간, 해봐야 별 의미 없는 회의에 참석하는 시간 등 실제 일을 한다고 보기 어렵거나 내가 꼭 있을 필요가 없던 시간이 그 정도 되었다.

여기서 또 1시간을 뺐다. 그냥 게으름을 피우는 시간이었다. 페이스북 메시지를 확인하거나 개인적인 이메일에 답하는 등 빈둥거리는 시간이 있기 마련이다. 이런 시간을 모아서 합치니 하루에 1시간 정도 되었다.

그러면 남는 시간은? 4시간이다. 근무 시간 8시간 중 보통 4시간 정도 일했다. 아마 이보다 더 적게 일한 날도 있을 것이다. 하지만 여기서 끝나지 않는다. 남은 4시간 동안 얼마나 열심히 일했는지도 생각해야 한다.

나는 이런 차이를 그냥 조깅할 때와 사자가 뒤에서 쫓아오고 있어서 죽기 살기로 뛰어야 할 때의 차이에 비유하곤 한다. 다른 사람을 위해 일할 때와 독립해서 자기를 위해 일할 때의 차이는 그만큼 크다. 자기를 위해 일할 때는 훨씬 더 열심히 해야 한다. 일할 때만 통장에 돈이 입금되기 때문이다.

그렇다면 직장에 다닐 때는 평균 절반 정도 열심히 한다고 추정할 수 있다. 즉, 일상적인 근무일 중 진짜 열심히 생산적으로 일하는 시간은 2시간 정도다. 가끔 야근이라도 하는 날에는 똑같은 결과를 위해 10시간을 들인다고 보면 된다.

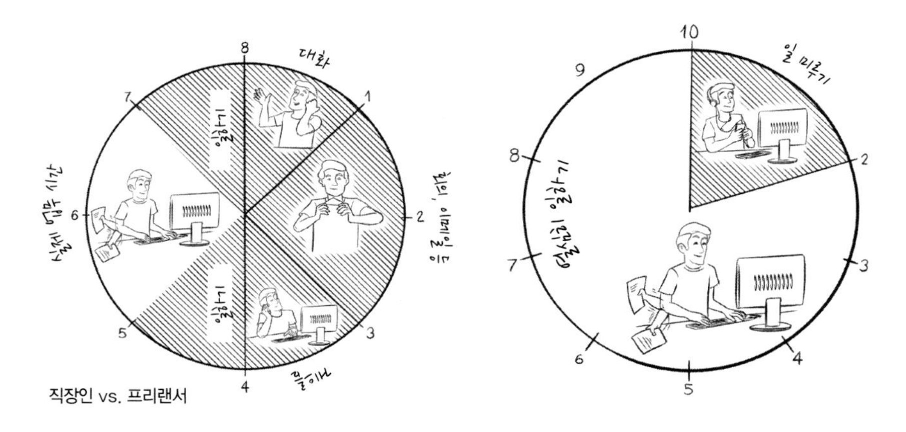

직장인 vs. 프리랜서

이 이야기를 통해 지적하고 싶은 점은 두 가지다. 첫째, 독립해서 일할 때는 직장에서 근무할 때보다 훨씬 더 열심히 일한다. 똑같은 시간을 일해도 일하는 양이 더 많다. 그러므로 이런 업무량을 견뎌내기 위한 준비가 필요하다. 그리고 일에 대한 열정이 독립해서 일하는 데 도움이 되는 것은 사실이나 열정이 계속될 거라고 자신하지 마라. 열정은 시간이 지나면 사라지기 마련이고 들쭉날쭉할 때도 많다. 관련된 책으로 칼 뉴포트Cal Newport의 『액트 빅, 씽크 스몰(So Good They Can't Ignore You)』을 추천한다.

둘째, 독립한 후에 하루 8시간씩 일할 계획을 짜는 건 불가능하다. 사업에 전념하기 위해 직장을 그만둘 무렵에는 내 사업에 쓰는 시간이 8시간으로 늘어날 거라고 예상했다. 직장 다닐 때는 내 일을 부업으로 했기 때문에 저녁에 3~4시간 정도밖에 투자하지 못했는데 독립하면 하루 8시간만 일해도 원래보다 2배를 더 일하는 것이나 다름없다고 생각했던 것이다. 하지만 완벽한 착각이었고, 그 때문에 낙담해서 포기할 생각까지 했다.

직장을 그만두기 전에 실제 얼마나 일을 해야 할지 현실적으로 예상하고 막중한 업무량을 이겨낼 수 있도록 대비할 필요가 있다. 현재 직장에서 하루에 몇 시간 일하는지 확인하고 매일 6시간씩 꾸준히 생산적으로 일할 수 있을지 보라. 직장 생활과 부업을 병행하면 하루에 8시간, 혹은 그 이상의 시간을 제대로 채워서 일할 때 어떨지 미리 경험해볼 수 있을 것이다.

실행에 옮기기

자, 이제 독립하기로 결심했다. 회사를 위해 일하는 게 진력났다. 하지만 어떻게 실현할 것인가? 내가 제시하는 그림이 유일한 정답은 아니겠지만, 그래도 참고할 수 있도록 바람직한 독립 과정을 이야기로 만들어 들려주겠다.

조는 경력 10년의 소프트웨어 개발자다. 개발 일을 좋아하고, 독립해서 프리랜서로 일하길 원하는 사람이다. 그는 고객을 자유롭게 고르고 언제 어떤 일을 할지 스스로 결정할 수 있기를 바란다.

그는 꽤 오랫동안 독립을 준비해온 사람답게 생활비를 줄이고 현금을 모으는 일부터 시작했다. 독립한 후 자리를 잡기까지 여유가 좀 있기를 바라며 첫 한 해를 버틸 수 있는 생활비를 저축했다.

조는 프리랜서로 일하는 첫해 동안 1년치 생활비의 절반은 벌 것이라 예상했기 때문에 저축한 돈으로 2년 정도 버틸 수 있으리라 생각했다. 2년 정도면 사업이 잘될지 충분히 확인할 수 있는 시간이다. 혹시라도 1년치 연봉에 해당하는 금액을 저축했다고 오해하지 마라. 1년간 여유롭게 살 정도의 금액이 아니라 생계를 유지할 정도의 금액만 저축했다. 꿈을 위해 그 정도는 희생할 용의가 있었다.

조는 직장에 다니면서 매주 약 15시간 정도 프리랜서 일을 했다. 아침에 2시간 정도 시간을 내서 주당 5시간은 새로운 사업을 준비하고 광고를 만드는 데 쓰고, 나머지 10시간은 수입이 되는 일을 하는 데 썼다. 독립한 후에 너무 큰 압박을 느끼지 않도록 퇴사 6개월 전부터 이렇게 준비하여 퇴사한 후에도 어느 정도 수입이 들어올 수 있게 해두었다.

그는 이미 1년 전에 퇴사일을 달력에 표시해 두었다. 그리고 퇴사일 2주 전에 회사에 사직 의사를 밝히고 꿈을 실천하기 시작했다. 재정적으로나 정신적으로나 준비된 사람이었다.

지뢰 **위험한 고용 계약**

현재 고용 계약서에 회사에 근무하는 동안 한 일이 모두 회사 소유라고 적혀 있다면 이 장에서 알려준 내용을 그대로 따르다가 매우 곤란한 상황에 처하게 될 수도 있다.

이렇게 고약한 계약서가 간혹 있으므로 부업을 시작하기 전에 현 직장과의 계약 관계를 꼭 살펴보기 바란다. 고용 계약서 어딘가에 당신이 만든 모든 것이 회사 소유라는 말이 적혀 있다면 그러한 상황에 적절하게 대처할 수 있도록 변호사와 먼저 상의하길 바란다.

나는 변호사가 아니므로 제대로 된 법률 조언을 해줄 능력은 없다. 지금 하는 말은 그저 개인적인 의견일 뿐이다. 먼저 근무 외 시간에 만든 것까지 모두 회사 소유라는 조건으로 계약했다면 이 조항을 삭제할 수 있는지 알아보라. 만약 어렵다면 아예 새로운 직장을 찾아보는 것도 방법이다. 이런 계약서는 드라콘법* 수준의 악법이라 생각한다. 회사가 직원의 자유 시간까지 제한하려는 것은 직원을 노예처럼 부리겠다는 말과 똑같다. 하지만 어디까지나 내 개인적인 의견일 뿐이다.

근무 시간에 만든 것이나 회사 자원을 활용해서 만든 것이 회사 소유라고 명시한 고용 계약서도 있다. 이런 계약을 했다면 상황이 더 복잡해진다. 나라면 내 자유 시간을 활용해 부업을 했던 시간과 내가 사용한 자원을 꼼꼼히 적어둘 것이다. 그 정도면 어떻게 일했는지 증명할 좋은 자료가 되리라 생각한다. 그래도 조심하길 바란다. 혹시라도 문제가 생기면 변호사와 상담해보길 권한다.

회사와 문제가 생기지 않을까 걱정될 때는 실제로 문제가 생기는 경우가 많다. 사적으로 하는 일을 철저히 비밀로 하거나 완전히 드러내거나 둘 중 하나를 선택하라. 어차피 양쪽 모두 나름의 위험 요소가 있다. 소유권에 문제가 생기지 않도록 부업 일지를 꼼꼼하게 작성하라는 게 내가 할 수 있는 최상의 조언이다.

* BC 600년경 드라콘이라는 법률가가 제정한 아테네 최초의 성문법이다. 사소한 잘못에도 사형을 선고해 '피로 쓴' 악법이라 평가된다.

실천하기

- 매월 생계에 필요한 금액이 얼마인지 정확히 계산해보라. 생각보다 금액이 클 수도 있다. 빨리 자유를 찾고 싶다면 수입이 줄어도 생계를 유지할 수 있도록 생활비를 절약하는 방법을 찾아야 한다.
- 매일 일한 시간을 기록하라. 현재 매일 일하는 시간이 얼마나 되는지 확인하라. 그중 진짜 열심히 생산적으로 일하는 시간은 얼마나 되는지도 계산해보라. 결과는 예상을 크게 빗나갈 수도 있다.

CHAPTER

15

프리랜서로 일하기

독립해서 사업을 시작하는 방법 중에 프리랜서가 있다. 프리랜서란 특정 고객이 아니라 여러 고객에게 고정된 가격이나 시급을 받으며 일하는 사람을 가리킨다.

프리랜서가 되고 싶은 마음이 있다 해도 막상 실천하기는 어렵다. 나도 직원으로 일하며 오랜 시간 프리랜서가 되는 날을 꿈꾸었다. 프리랜서로 일하는 개발자가 많다는 사실만 알았지 어떻게 고객을 찾고 서비스를 홍보하는지 몰랐기에 실제 독립은 어떻게 해야 할지 고민하곤 했다.

이 장에는 처음 독립할 무렵 내가 궁금해하던 내용을 담았다. 장차 프리랜서가 되고 싶거나 이미 사업체를 운영하고 있는 이에게 실질적으로 도움이 될 조언을 해주겠다.

시작하기

퇴사 과정을 다룬 14장을 읽었다면 직장을 그만두기 전에 자기가 할 사업을 부업으로 시작하라는 조언을 기억할 것이다. 프리랜서가 되어 꾸준히 일을 받기는 정말 어려우므로 프리랜서가 될 마음이 있는 사람은 이 장을 특별히 주의해서 보길 바란다.

프리랜서가 된 후 가장 두려운 상황은 일이 없어서 수입이 뚝 끊기는 것이다. 일을 충분히 확보하지 못했을 때 혹은 한 고객의 일을 마치고 다음 고객을 찾아다녀야 할 때 스트레스가 무척 심하다. 일이 잔뜩 몰려서 거절해야 하는 상황이 훨씬 낫다.

이렇게 되려면 시간을 들여서 사업을 일으켜야 한다. 지속적으로 일을 맡기는 단골과 새로이 찾아오는 고객이 꾸준히 있어야 한다. 작은 간판을 하나 내걸었다고 해서 고객이 제 발로 찾아오지는 않는다. 고객이 찾아올 때까지, 땅을 일구는 농부의 마음으로 끊임없이 노력해야 한다.

지인에게 물어보라

어떻게 일을 시작할까? 첫 고객은 지인을 통해 만나는 게 가장 좋다. 이미 당신을 알고 있는 사람은 당신을 신뢰할 가능성이 크다. 이러한 신뢰는 프리랜서로 첫발을 내디딜 때 특히 큰 도움이 된다. 퇴사하기 전에 SNS로 친구나 지인에게 프리랜서 일을 시작해서 일거리를 찾고 있다고 알려라. 할 수 있는 일, 해결할 수 있는 문제를 정확히 밝혀라. 이럴 때 전문성이 있으면 큰 도움이 된다. 전문성에 대한 자세한 내용은 8장에서 확인하라.

제공할 서비스가 필요할 것 같은 사람들의 목록을 만들고, 개인적으로 이메일을 보내라. 할 수 있는 일과 당신을 고용해야 할 이유를 정확히 적어

라. 많이 보낼수록 일을 얻을 확률도 높다. 일을 줄 만한 사람을 찾을 때까지 하라. 지속적으로 이메일을 보내서 어떤 일을 할 수 있는지 최대한 널리 알려라. 오랜 시간 성실하게 하면 보답받는 날이 온다.

부업에 투자할 시간을 다 채워서 일을 더 이상 받을 수 없어 거절하는 상황이 올 때까지 하라. 주당 40시간을 채우는 것은 10~20시간 채우는 것보다 훨씬 더 어려우므로 부업 시간조차도 다 채우지 못한다면 회사를 그만두지 않는 게 좋다.

고객을 구할 최고의 방법

고객을 찾을 다른 방법도 있으므로 주변에서 찾기 어렵다 해도 크게 신경 쓰지 마라.

구인 게시판에 자신의 서비스를 광고하는 프리랜서가 많다. 심지어 유료 광고를 내거는 사람들도 있다. 하지만 시간을 들여서 수고하기만 하면 돈을 내지 않고도 고객을 찾을 수 있는 훨씬 쉬운 방법을 알려주겠다.

내가 소개할 방법은 인바운드 마케팅inbound marketing이다. 무료 서비스를 제공해서 잠재 고객이 스스로 찾아오게 하는 방법인데 더 자세한 내용은 2부에서 소개할 생각이다.

여러 차례에 걸쳐 이야기하지만, 개발자는 블로그를 운영하는 게 좋다. 블로그는 인바운드 마케팅을 펼치기 좋은 공간이다. 블로그 포스트를 보고 방문한 사람이라면 고객이 될 가능성이 있기 때문이다. 블로그에서 별도의 가치를 제공하거나 댓글을 통해 상담해주는 대신 당신이 보내는 이메일을 정기적으로 받아보게 하라.

이메일 마케팅은 제품이나 서비스를 광고하는 매우 효과적인 방법이다.

당신이 운영하는 서비스에 관한 정보를 그 서비스에 관심 있는 사람들의 이메일로 보낼 수 있다.

인바운드 마케팅은 저술 활동, 무료 온라인 강연, 콘퍼런스 강연, 팟캐스트 운영 혹은 다른 사람이 운영하는 팟캐스트에 참여하기 등 제공할 서비스와 관련한 무료 콘텐츠를 제공하는 방식으로도 할 수 있다.

인바운드 마케팅의 유일한 단점은 시간이 오래 걸린다는 것이다. 일할 시간을 채우고 남을 정도로 잠재 고객을 많이 유치할 수 있도록 다양한 콘텐츠를 준비해 두어야 한다. 그래서 회사를 그만두지 않은 상태에서 지금 당장 시작하길 추천하는 것이다. 인바운드 마케팅은 장기적으로 더 많은 일을 받는 것은 물론 몸값을 올리는 데도 도움이 된다. 몸값 책정에 대해서는 바로 이어서 이야기하겠다.

인바운드 마케팅 아이디어

몸값 책정하기

당신의 서비스에 관심 있는 몇몇 고객을 만났다고 생각해보자. 아니면 이미 일을 시작했다고 가정해도 좋다. 얼마를 받고 일할 생각인가?

몸값 책정은 고객을 구하는 것 다음으로 프리랜서가 어려워하는 문제 중 하나다. 많은 프리랜서가 청구해야 할 금액, 청구할 수 있는 금액 모두 너무 낮게 생각하는 경향이 있다.

청구해야 할 금액에 관해 먼저 이야기해보자. 현재 재직 중인 직장에서 시급 50달러를 받는다고 가정해보자. 이 정도면 미국에서 꽤 괜찮은 수준이다. 하지만 프리랜서일 때 똑같은 금액을 청구하면 절대 같은 생활 수준을 유지할 수 없다. 이유를 설명해 주겠다.

직원으로 근무하면 시급 50달러 외에 의료보험, 휴가 등 다른 혜택을 받는다. 그러나 독립해서 일하는 자영업자는 세금을 내야 한다. 그렇다. 스스로 일자리를 만들면 세금을 직접 내야 한다. 정확히 이야기하면 직장인도 세금을 내야 하지만, 고용주가 대신 낸다. 그래서 시급 50달러에 이러한 추가 금액을 더하면 약 65달러가 된다.

뿐만 아니라 사업 운영에 들어가는 비용도 있다. 직장에 다닐 때는 전기나 컴퓨터 장비, 인터넷 등의 비용을 회사에서 내준다. 하지만 프리랜서가 되면 이 모든 금액을 자신이 내야 한다. 회계사나 회계 장부 담당자를 고용하는 비용, 법무 관련 수수료, 그 밖에 소기업 운영 관련 추가 비용도 내야 할 것이다. 이 모든 추가 비용을 감당하려면 돈을 더 많이 벌어야 한다.

마지막으로 고려해야 할 사항은 일이 늘 있으리라는 보장이 없다는 점이다. 직원으로 일할 때는 주당 40시간 기준으로 월급을 받는다. 적어도 미국에서는 그렇다. 그래서 40시간을 어떻게 채울지 고민할 필요가 없다. 정확히 말해 일을 하든 안 하든 출근해서 책상에 앉아 있는 한 월급이 나온다.

하지만 프리랜서는 다르다. 프리랜서에게는 일이 끊기는 시기가 종종 찾아온다. 그 시기가 일 년에 한 번이 될 수도 있고 어쩌면 매주 한 번이 될 수도 있다. 또 이메일 확인, 컴퓨터 OS 설치 등 비용을 청구할 수 없는 일도 해야 한다.

이런 여러 이유를 고려하여 프리랜서가 직장인일 때와 같은 수준으로 순수익을 올리려면 시급 75~100달러를 받아야 한다. 하지만 프리랜서로 전향한 직후에는 직원일 때 받던 시급이나 그보다 약간 높은 정도의 시급을 청구하는 경우가 많다. 그러면 생활이 겨우 유지되는 정도에 그친다. 앞에서 언급한 모든 요소를 고려해서 계산해보기 전까지는 그 이유조차 깨닫지 못한다.

프리랜서가 되면 직원으로 근무할 때 받던 시급의 약 두 배를 받아야 한다. 하지만 안타깝게도 보통 자신의 몸값을 그렇게 책정하지 않는다.

직원일 때

- 50달러/시간 – 없음 = 50달러/시간

프리랜서일 때

- 100달러/시간 – 자영업 세금 – 전기 요금, 수도 요금, 사무실 월세 – 회계사, 회계 장부 담당자 비용 – 비용을 청구할 수 없는 시간 = 50달러/시간

하지만 당신에게 필요하다고 해서 상대방이 청구한 금액을 그대로 지불하리라 기대할 수는 없다. 청구할 수 있는 금액은 시장에서 결정된다. 그래서 인바운드 마케팅의 중요성을 강조하는 것이다. 해당 분야에서 유명해질수록 더 높은 금액을 청구할 수 있다.

더블 유어 프리랜싱Double Your Freelancing이라는 서비스를 운영 중인 내 친구 브레넌 던Brennan Dunn은 자신의 몸값을, 대부분의 프리랜서처럼, 다른

사람들이 청구하는 금액을 기반으로 책정하지 말고 고객에게 제공하는 가치에 따라 책정해야 한다고 주장한다.

생계 유지에 필요한 청구 금액은 알고 있어야 한다. 그러나 그 금액, 혹은 그 이상의 금액을 받도록 시장에서 인정받는 일은 당신에게 달려 있다. 몸값 자체에 집중하기보다는 당신이 하는 일이 고객에게 그만큼 가치를 지니도록 노력하는 게 중요하다. 자신이 하는 일을 일개 상품으로 만들지, 아니면 고객의 수익을 높이는 가치 있는 서비스로 만들지는 하기 나름이다. 단순한 상품이라 생각하면 훨씬 몸값이 싼 다른 개발자들과 입찰 경쟁을 벌여야 한다. 구매자는 최대한 싸게 상품을 사려고 하는 것이 시장의 논리다.

하지만 당신이 제공한 서비스를 통해 고객이 비용을 절감하거나 사업을 확장할 수 있다면 서비스가 제공하는 가치에 따라 금액을 청구할 수 있다. 그래서 전문성이 중요하다.

예를 들어보겠다. 나는 테스트 자동화 프레임워크 제작과 관련한 컨설팅을 제공하는 전문가다. 내 전문 분야의 잠재 고객과 이야기할 때는 보통 자동화 프레임워크 제작에 얼마나 큰 비용이 드는지, 실수를 했을 때 처음부터 다시 진행하려면 얼마나 더 많은 금액을 써야 할지 알려준다. 그리고 나는 자동화 프레임워크 제작 경험이 풍부하므로 무엇을 해야 할지 정확히 알고 있다는 점을 강조한다.

내 시급은 300달러로 꽤 높은 편이지만 자동화 프레임워크를 제작해본 적 없는 일반 개발자를 고용하는 것보다 오히려 비용이 크게 절감된다는 사실을 알려준다. 나 같은 전문가와 1시간 일하면 비전문가와 20시간 헤맬 비용을 아낄 수 있다고 말이다.

실제로 그렇다. 사실이라고 확신하는 상태에서 하는 말이므로 상대방을 틀림없이 설득할 수 있다. 내 서비스에 지불한 비용이 금세 회수될 뿐 아니라 더 높은 가치를 지닌다는 점을 강조하는 게 핵심이다. 그러면 단순히 어떤 기술을 구사할 수 있는지 말하는 개발자가 더 저렴한 금액을 제시한다고 하더라도 나를 고용할 확률이 더 높아진다.

둘 중 어떤 주장이 더 설득력 있는가?

"저는 웹 사이트를 디자인할 수 있습니다. HTML5, CSS, 웹 디자인을 능숙하게 다룹니다. 동종 업계 회사 웹 사이트 제작 경험 또한 많습니다."

아니면

"현재 귀사의 웹 사이트가 최대 트래픽을 내고 있습니까? 트래픽이 고객으로 잘 전환되고 있습니까? 대부분 소규모 기업의 웹 사이트는 그렇지 않습니다. 하지만 저는 트래픽의 고객 전환율을 높이도록 설계한 맞춤형 웹 사이트를 제작할 수 있습니다. 제 도움을 받아서 고객 수가 두 배, 세 배로 늘어난 소규모 기업이 많습니다. 귀사에도 이와 똑같은 도움을 드릴 수 있습니다."

마지막으로 한마디 덧붙이겠다. 지금까지 당신이 제시한 금액을 거절하거나 너무 높다고 말한 잠재 고객이 단 한 명도 없었다면 금액을 올려보라. 금액이 높다고 거절하는 고객이 등장할 때까지 올려라. 당신이 제공하는 서비스를 기꺼이 제값 주고 살 고객은 생각보다 많다. 내가 아는 프리랜서 중에도 이러한 방법을 인바운드 마케팅, 가치를 강조하는 홍보 방식과 함께 잘 활용해서 몸값을 두 배 이상 높인 사람이 많다.

실천하기

- 당신이 만든 서비스를 이용할 가능성이 있는 사람이나 그런 사람을 소개해줄 만한 사람을 모두 모아서 목록으로 만들어라.
- 목록에 있는 사람들에게 보낼 이메일 서식을 만들어라. 구사하는 기술을 설명하는 데 그치지 말고 제공할 서비스가 상대에게 어떤 가치가 있는지 이야기하라.
- 먼저 목록에 있는 사람 일부에게 SNS 메시지나 이메일을 보내서 답변을 받아보라. 받은 피드백을 참고해 전체에게 보낼 이메일을 만들어라.

CHAPTER

16

첫 제품 만들기

일반인이 IT 관련 사업을 하려면 맞춤 소프트웨어를 개발해줄 사람을 비싼 돈을 주고 고용해야 할 것이다. 하지만 소프트웨어 개발자는 자신이 떠올린 아이디어를 구현할 능력이 있다. 그래서인지 소프트웨어 개발자 중에는 직접 제품을 개발해서 창업하는 이들이 꽤 많다.

소프트웨어 개발자가 만드는 제품에는 소프트웨어뿐 아니라 책이나 동영상 같은 콘텐츠도 포함된다.

이 장에서는 첫 제품을 만들어서 사업이라는 멀고 험난한 길을 출발할 때 알아야 할 것들을 살펴보겠다. 무엇보다 이제 발을 디디려고 하는 이 길이 쉽지 않다는 것을 꼭 기억하기 바란다.

사용자 찾기

사업을 처음 시작한 소프트웨어 개발자는 일단 제품이 있어야 한다고 생각한다. 그래서 사용자를 찾기 전에 제품부터 만드는 실수를 저지른다. 이렇게 되면 있지도 않은 문제를 해결하겠다고 헛수고하는 불상사가 발생할 수 있다.

나는 늘 문제 해결을 염두에 두고 제품을 제작한다. 이 책도 그렇게 탄생한 제품이다. 해결할 문제가 없는 제품은 목적이 없다. 목적이 없으면 고객도 없다. 고객이 없다는 것은 곧 수익도 없다는 뜻이다.

어떤 제품은 특정 부류의 사람만 겪는 특별한 문제를 해결하기도 한다. 치과 의사가 환자를 관리할 때 쓸 소프트웨어, 소프트웨어 개발자에게 리액트 자바스크립트React JavaScript 라이브러리로 UI를 만드는 방법을 알려주는 책 등을 예로 들 수 있다.

이와 반대로 누구나 일반적으로 겪는 문제를 해결하는 제품도 있다. TV 프로그램이나 비디오 게임 같은 오락용 제품은 심심하고 지루하다는 일반적인 문제를 해결해준다.

제품이 어떤 문제를 해결하든 제품을 만들기 전에 문제와 그 문제를 겪고 있는 사용자부터 정확히 파악해야 한다.

제품을 만들고 싶다면 겪고 있는 문제를 제품으로 해결하려는 사용자부터 구별해야 한다. 사용자가 해결하려는 문제에 대해 어느 정도 감을 잡았는가? 그것만으로는 부족하다. 문제가 아직 해결되지 않았는지 또는 해결되긴 했는데 그리 훌륭한 수준은 아닌지 조사해서 정확히 파악해야 한다.

사용자가 가는 곳이나 사용자가 속한 공동체에 가서 흔하게 발생하는 문제가 무엇인지 알아내라. 사용자가 반복적으로 불편을 느끼는 지점은 어디인가?

많은 소프트웨어 개발자가 자신이 활동하는 분야에서 명성을 쌓고 이름을 알릴 방법을 묻는다. 내 블로그에 와서 질문하는 사람도 많다. 그 덕분에 나는 '자신을 홍보할 방법을 몰라서 고민하는 소프트웨어 개발자가 많다.'라는 사실을 문제로 인식할 수 있었다. 이런 문제가 있다고 자발적으로 와서 털어놓는 사람이 많았기 때문에 비교적 쉽게 문제를 찾은 것이다. 블로그를 운영하면 혜택이 따른다는 사실을 다시 한번 깨닫길 바란다.

이러한 문제를 해결하기 위해 '소프트웨어 개발자가 자신을 홍보하는 방법(How to Market Yourself as a Software Developer, https://simpleprogrammer.com/ss-htm)'이라는 강의를 만들었다. 대상 사용자가 갖고 있는 특정 문제를 정확히 인식한 상태에서 제작에 착수했기 때문에 제작에 들어가기 전부터 이미 이 제품의 성공을 어느 정도 예상할 수 있었다. 성공 여부를 미리 확인하는 요령도 알고 있는데 이 부분은 잠시 후에 이야기해 주겠다.

원하는 사용자도 없는데 덮어놓고 제품부터 만든 다음 사줄 사람을 찾으려 애쓰는 개발자가 많다. 답에서 시작해서 질문을 찾는 게 훨씬 어렵기 때문에 이러한 방식으로 일을 진행하면 위험 부담이 크다.

내가 '소프트웨어 개발자가 자신을 홍보하는 방법'을 만들 때는 사용자가 먼저 와서 자신의 문제를 알려줬다. 이런 순서로 일을 진행하면 수월하게 제품을 팔 수 있다. 사용자를 찾으러 다니기보다 사용자 스스로 당신 가까이 오게 하라. 이 주제는 2부 셀프 마케팅에서 더 자세히 다룰 생각이니 2부에 있는 내용을 충분히 활용해서 당신의 이름을 널리 알려라. 당신이 유명해져서 당신 주변으로 모여든 사용자들은 당신이 만들 제품을 기꺼이 구매하려고 할 것이다.

유명인이 제품을 만들고 판매할 때 바로 이 방법을 활용한다. 유명인 주변에는 이미 사용자가 모여 있다. 덕분에 유명인은 사용자의 요구와 문제를 파악하기 쉽다. 주변에 있는 사용자를 염두에 두고 제품을 출시하면 자연히 성공한다. 카일리 제너Kylie Jenner를 예로 들어보자. 카일리는 21세에 최연소 자수성가 백만장자가 되었다. 위대한 업적이고 그녀의 사업 감각이 뛰어난 것은 사실이다. 하지만 그녀가 만든 메이크업 제품을 비롯한 화장품이 이만큼 큰 성공을 이끌어냈다고 보는가? 아니면 SNS와 TV 리얼리티 프로그램을 보고 모인 엄청난 규모의 팔로워 덕분에 회사가 크게 성장하고 제품이 아주 잘 팔릴 수 있었다고 보는가?

물론 카일리 제너만큼 성공하긴 어려울 수 있겠지만, 당신도 당신이 만든 제품이 성공을 거두기 바란다면 블로그, 팟캐스트, 강연, 동영상 등 여러 매체를 활용해서 사용자부터 모아야 한다. 내 블로그나 팟캐스트, 혹은 내가 한 다른 일을 통해 나를 알게 되어 이 책을 구매한 독자도 있을 것이다. 이렇듯 사용자를 먼저 모으는 방법의 장점은 내 사례에서도 여실히 드러난다.

시장 시험하기

사용자가 누구이고, 해결하려는 문제가 무엇인지 알아냈다고 해도 제품을 제작하기 전에 시장부터 시험해봐야 한다. 잠재 고객이 제품을 실제로 구매할 의사가 있는지 검증하는 단계다.

앞서 '소프트웨어 개발자가 자신을 홍보하는 방법' 강의를 제작하기 전에 성공 여부를 가늠한 방법에 대해 뒤에서 자세히 말해 주겠다고 했다. 이제 감춰두었던 그 이야기를 하려 한다. 사실 나는 제작에 들어가기 전부터 강의, 즉 제품을 판매했다.

어떻게 했느냐고? 간단히 말하자면 이렇다. 사용자들에게 사달라고 부탁했다. 실제 제작에 들어가기 수개월 전 제품을 구상할 무렵부터 대상 사용자에게 어떤 제품을 만들지 설명하고, 제작되기 전에 사면 대폭 할인한 가격에 팔겠다고 제안했다. 약간 이상하게 들릴 수도 있다. 그렇지만 계획 중인 제품이 출시되었을 때 사람들이 살 의향이 있는지 큰 수고를 들이지 않고 미리 확인할 수 있는 좋은 방법이었다. 출시 3개월 전에 판매할 수 있다면 실제 제품을 출시했을 때도 문제없이 판매할 수 있으리라 생각했다.

이렇게 하면 된다. 간단한 판매용 페이지를 만들어서 어떤 문제를 해결할 수 있는 제품을 만들 생각인지 알려라. 제품에 어떤 기능을 넣을지, 실제 제품 출시는 언제인지도 언급하라. 사전 주문을 하면 가격을 할인해주고 출시와 동시에 제품을 받을 수 있게 해준다고 하라. 만약 제품이 완성되지 않는다거나 받아본 제품이 만족스럽지 않다면 환불해줄 것이므로 문제가 있을 때 돈을 확실히 돌려받을 수 있다는 내용도 넣어라.

사전 주문하는 사람이 별로 없다면 어떻게 해야 할까? 그때는 문제를 정확히 못 짚어낸 건 아닌지 돌이켜본 뒤 제품 내용을 변경해도 되고, 흥미를 보이는 사람이 적어 제작에 들어가지 못했다고 사전 주문한 이들에게 사과 인사를 한 뒤 돈을 환불해주면 될 것이다.

내 경우에는 사전 주문 페이지를 올린 첫날 7명이 구입했다. 이 정도면 이대로 밀고 나가더라도 시간 낭비가 아니라는 자신감을 얻을 수 있었다. 그리고 제품 제작 중에 개선점에 대한 피드백을 요청할 수 있을 정도로 큰 관심을 보인 구매자도 몇 명 만날 수 있었다.

작게 시작하라

사업을 하겠다는 이유로 회사부터 그만두지 말라는 이야기는 이미 되풀이해서 말했다. 그 못지않게 반복해서 하고 싶은 말이 또 하나 있다. 바로 작게 시작하라는 것이다. 사업을 막 시작할 즈음에는 첫 제품부터 대단한 성공을 이루려고 오로지 그 꿈만 바라보는 이들이 많다.

처음 사업에 뛰어들어서 만든 제품은 보통 실패한다는 사실을 꼭 알았으면 좋겠다. 두 번째, 세 번째 제품도 마찬가지다. 보통 여러 번 실패를 거친 뒤에야 진짜 성공을 맛보게 된다. 단 한 번의 시도에 모든 것을 쏟아부어서 당신의 미래가 그 시도의 성공 여부에 달린 상황을 만들면 실패한 후에 다시 시도할 자원과 의지를 송두리째 빼앗기게 된다. 부디 그런 상황은 만들지 말길 바란다. 작게 시작하라. 첫 번째 제품은 부업으로 만들어보라.

작게 시작하면 결과도 빠르게 볼 수 있다. 제작 주기가 짧아서 실행 결과가 빨리 나오기 때문이다. 거창한 제품을 만들려고 하면 결과를 확인하기까지 오랜 시간과 노력이 들 것이다.

직접 해보라

이 장에서 알려준 모든 내용에 공감한다고 해도 어디서부터 시작해야 할지 전혀 감이 오지 않을 수 있다. 걱정하지 마라. 나도 첫 번째 제품을 만들 때 지금 당신과 똑같은 느낌이었다. 당시 나는 어떤 제품을 만들지도 몰랐을 뿐 아니라 만든다 한들 어떻게 팔아야 할지도 몰랐다.

쉬운 일이라고 하면 거짓말이다. 배워야 할 게 많다. 하지만 적어도 시작하기는 쉽다. 요즘은 온라인 판매가 무척 쉬워져서 쓸 수 있는 자원이 수없이 많다.

제품 사업 입문에 관한 책부터 몇 권 읽어보길 권한다. 사업을 시작하는 방법에 관해 다룬 나의 무료 초급 강좌(https://simpleprogrammer.com/ss-buildabusiness)도 도움이 될 것이다.

에릭 리스Eric Ries의 『린 스타트업(The Lean Startup)』도 추천한다. 당

신이 사업을 시작한다면 아마도 소프트웨어 개발과 관련한 소기업이 될 것이다. 이 책에서 그런 소기업이 어떤 조직인지, 어떻게 시작할지 많은 것을 배울 수 있다.

하지만 무엇보다 실제로 도전하고 실패하는 과정이 곧 많이 배울 수 있는 기회다. 맞다고 생각하는 것을 시도해보되 실패했을 때는 실패 원인이 무엇인지 알아내고 다시 다른 방법으로 시도해보는 과정을 아마 여러 차례 거쳐야 할 것이다. 성공한 제품을 만든 이들도 모두 똑같은 과정을 거쳤다.

실천하기

- 제품을 제작하기 위해 분석해볼 만한 대상 사용자 그룹을 다양하게 떠올려보라.
- 그중 한 그룹을 선택해서 그 사용자들이 모이는 온라인 또는 오프라인 커뮤니티를 알아내라. 커뮤니티에 직접 가입해서 그들에게 어떤 문제가 있는지 들어보라. 그중 해결할 만한 문제를 한두 개 정도 골라보라.
- 그 문제를 이미 해결한 사람이 있는지 알아보라. 이미 경쟁이 심한 시장이라면 뛰어드는 것을 권하지 않는다.

CHAPTER

17

스타트업 창업을 꿈꾸는가?

스타트업 창업은 많은 소프트웨어 개발자가 꿈에 그리는 일이다. 스타트업에는 엄청난 보상을 얻을 가능성과 막대한 위험 부담이 동시에 존재한다. 내 주변에는 오랜 시간 스타트업 창업에 매달렸으나 결국 실패해 도전하지 않은 것만 못한 상황에 부닥친 소프트웨어 개발자가 많다.

좋은 아이디어가 있고 끝까지 가보려는 열정이 있다면 맨땅에 회사를 세우는 위험도 감수해볼 수 있다. 아마 아이디어보다 열정이 더 중요할 것이다.

이 장에서는 스타트업이 무엇인지, 스타트업을 창업하려면 어떻게 해야 하는지, 창업자가 짊어져야 할 위험 요소와 받게 될 보상은 무엇인지 알아보겠다.

스타트업 기초

스타트업은 수익성이 좋은 대기업이 되기까지 회사를 키울 좋은 비즈니스 모델을 찾고자 노력하는 신생 회사를 가리킨다. 만약 당신이 오늘 회사를 차린다면 스타트업이 될 것이다.

엄밀히 말해 모든 신생 회사를 스타트업으로 간주할 수 있지만, 스타트업이라고 하면 보통 두 종류로 나뉜다. 우선 외부 투자자로부터 투자를 유치해서 회사를 빨리 키우려는 의도로 설립된 스타트업이 있다. 가장 흔히 접하는 스타트업 유형이다. 여러 대형 기술 회사가 투자자의 투자를 받고 성공적으로 자리를 잡았다. 스타트업 용어나 논의 대부분이 이러한 유형과 관련이 있다.

두 번째 유형은 자력으로 운영하는 부트스트랩 스타트업bootstrapped startup이다. 부트스트랩 스타트업은 창업자가 모든 자금을 대는 회사다. 부트스트랩 스타트업을 운영하는 이는 투자자에게서 자금을 조달하려고 노력하지 않으며 큰 돈벌이에 관심이 적을 수도 있다. 간접비가 적게 들기 때문에, 이런 회사는 외부에서 자금을 조달하는 스타트업보다 규모가 작은 대신 실패할 확률도 낮다. 그리고 회사 지분이 외부로 많이 빠져나가지 않으므로 창업자가 회사를 잘 통제할 수 있다.

이 책은 이후 여러 장에 걸쳐 부트스트랩 스타트업 창업을 다루므로 이 장에서는 외부 투자를 받아서 성장하려는 스타트업을 집중적으로 다루겠다. 지금부터 스타트업이라고 하면 외부 투자를 받으려고 노력하는 스타트업을 가리킨다고 생각하라.

모 아니면 도

대부분 스타트업의 목표는 큰돈을 버는 것이다. 외부 투자는 회사 규모를 빨리 키우기 위해 받는다. 스타트업 창업자는 보통 '철수exit 전략'을 세워둔다. 가장 많이 쓰는 철수 전략은 회사를 일정한 규모까지 키워서 큰 회사가 인수하도록 하는 것이다. 인수되면 창업자와 투자자는 큰 수익을 얻는 동시에 회사의 불확실한 미래에 대한 책임을 털어버릴 수 있다.

스타트업을 세울 때는 앞일도 미리 생각해 두어야 한다. 창업자는 회사를 오래 운영하고 싶겠지만 투자자는 대부분 빨리 투자 수익을 내 현금을 만지고 싶어 한다. 이 사실을 반드시 염두에 두어야 한다.

스타트업을 벗어나는 방법으로 주식 상장도 많이 쓰인다. 주식을 공개하는 것은 회사 가치에 해당하는 주식을 일반인에게 판매하는 것이다. 주식을 팔면 창업자와 투자자는 꽤 큰 소득을 올릴 수 있다.

창업자인 당신이 어떤 철수 전략을 세워 두었든지 외부 투자를 받았다면 투자 수익을 기다리는 투자자가 있다는 사실을 잊으면 안 된다. 투자를 받은 이상 자기 마음대로 하겠다고 고집을 피울 수는 없다. 스타트업은 보통 홈런을 노리고 세우는 것이기 때문이다.

이런 사고방식에는 큰 보상의 가능성과 막대한 위험이 동시에 도사리고 있다. 스타트업은 보통 실패한다. 외부 투자를 받는 스타트업 75퍼센트가 실패한다는 통계도 있다. 사람에 따라 다르게 느끼겠지만, 내게는 꽤 위험한 수준이다. 수년 동안 엄청난 강도로 일해봐야 인생 수업료만 호되게 치르고, 모든 노력이 수포가 되는 일이 허다하다는 사실을 스타트업을 세우기 전에 꼭 생각해보길 바란다.

스타트업 생애 주기

스타트업에는 다양한 문화가 있다. 각각 어떻게 기능하는지 알려주는 책도 수없이 많을 정도로 알아야 할 내용이 많기에 이 짧은 장에서 자세히 다루는 것은 무리다. 이 장에서는 일반적인 스타트업의 생애 주기를 최대한 간략히 단계별로 보여주겠다.

창업하기 전에 어떤 회사를 세울지 생각해두기 마련이다. 보통은 큰 회사가 경쟁사로 쉽게 진입하지 못하도록 특별한 지적 재산을 바탕으로 회사를 세운다. 즉, 새로운 기술, 혹은 특허 등으로 보호할 방법이 있는 아이디어가 스타트업 후보로 적당하다. 식당을 비롯해 누구나 쉽게 따라 할 수 있는 경쟁력 없는 아이디어는 스타트업 후보로 적당하지 않다. 좋은 스타트업은 크게 성장할 잠재력도 갖추고 있어야 한다. 트위터, 드롭박스, 페이스북 등의 사례를 떠올려보라.

좋은 아이디어를 찾았다면 혼자 창업할 것인지 공동 창업자를 고용할 것인지 정해야 한다. 둘 다 각기 장단점이 있다. 하지만 스타트업에는 보통 두 명 이상의 공동 창업자가 있다. 스타트업 액셀러레이터accelerator나 인큐베이터incubator*에게 선택받으려면 공동 창업자를 한 명 이상 구하는 게 좋다. 액셀러레이터에 대해서는 이어서 조금 더 이야기하겠다.

액셀러레이터

스타트업 초기에는 스타트업 액셀러레이터 프로그램에 지원해서 도움을 받으면 좋다. 액셀러레이터는 회사 주식을 받는 대가로 창업 초기에 자금을 소액 지원해주는 프로그램을 가리킨다. '와이콤비네이터Y Combinator'가 대표

* 액셀러레이터와 인큐베이터 모두 스타트업을 초기에 지원해주는 역할을 하지만 인큐베이터가 조금 더 초기부터 관여한다는 차이점이 있다. 자세한 내용은 http://besuccess.com/2013/08/accel_vs_incu에서 확인하라.

적인 예다. 와이콤비네이터는 드롭박스 같은 여러 유명 스타트업을 초기에 도와준 액셀러레이터 플랫폼이다.

액셀러레이터는 지원 과정이 꽤 긴 편이지만 그 정도 수고할 만한 가치가 있다. 액셀러레이터 프로그램은 스타트업이 순조롭게 설립되도록 몇 달 간 집중적으로 도와준다. 이미 스타트업을 한두 개 이상 성공적으로 설립한 경험이 있고, 막 시작한 스타트업의 멘토가 되어 피가 되고 살이 되는 조언을 해줄 수 있는 사업가들이 액셀러레이터 프로그램을 운영한다. 엑셀러레이터는 스타트업이 자신의 아이디어를 투자자들에게 효과적으로 홍보해서 자금을 유치할 수 있도록 돕고, 데모데이*도 주최한다. 데모데이는 스타트업이 잠재 투자자들에게 자신의 아이디어를 보여줄 수 있는 기회다.

액셀러레이터 프로그램에 선발되지 못했다면 창업하지 않는 게 좋다. 혼자서 모든 것을 감당하기에는 시장의 경쟁이 매우 치열한 데다 프로그램에 선발되어 받는 혜택이 엄청나다. 나 또한 몇몇 액셀러레이터 프로그램에 선발된 스타트업의 공동 창업자였다. 다만, 오랜 고민 끝에, 혹독한 스타트업 라이프 스타일이 내게 맞지 않는다는 결론에 이르러 회사를 떠났다.

자금 유치하기

액셀러레이터 프로그램의 선발 여부와 상관없이 첫 라운드 자금 유치 여부가 스타트업의 첫 이정표이자 스타트업의 생사를 가늠하는 기준이 된다. 자금 유치 첫 라운드는 보통 시드 펀딩seed funding이라고 부르고, 이렇게 막 첫발을 뗀 스타트업에 투자하는 이를 가리켜 엔젤 투자자angel investor라고 한다. 엔젤 투자자는 개인 투자자인 경우가 많다. 초기에 하는 투자는 위험

* 와이콤비네이터가 스타트업을 키우기 위해 진행한 프로그램의 이름이었으나 현재는 스타트업이 투자자들 앞에서 사업 모델과 제품을 소개하고 평가받는 행사를 가리키는 보통명사가 되었다.

부담이 큰 대신 보상이 클 가능성 또한 크다. 물론 공짜로 하는 것은 아니고, 보통 회사 주식을 일정 비율 요구한다.

지뢰 주식 배분은 어떻게 해야 하나요?

막 세운 회사의 주식은 매우 조심스럽게 나눠줘야 한다. 주식은 스타트업의 혈액이다. 주식이 없으면 당신이 기울인 수고를 보상받을 방법이나 투자자에게 나눠줄 몫이 없어진다. 주식을 얼마나, 누구에게 나눠줄 것인지 조심스럽게 결정하기 바란다.

고약한 처지에 놓이는 스타트업 창업자도 많다. 회사에 이바지한 것도 없이 소중한 주식을 잡아먹는 존재로 전락한 악질 공동 창업자를 만나는 경우다.

주식을 배분할 때는 신중을 기하라. 회사 주식을 나눠줄 때 실제 무엇을 나눠주고 있는 것인지 꼭 깨닫길 바란다. 주식 배분은 피할 수 없는 일이다. 일부는 반드시 나눠줄 수밖에 없다. 하지만 나눠주기 전에 숙고하라.

시드 머니를 받은 시점이 스타트업을 시작할 적기다. 아마 시작은 그전에 했겠지만, 자금을 유치하면 직원을 고용해서 회사 규모를 키워나갈 수 있다. 현실적으로 이 시점에 수익이 나기를 기대하긴 어렵다. 사실 비즈니스 모델을 구현하고 개선하느라 시드 머니가 바닥을 보일 때까지 계속 구렁으로 빠져 들어갈 공산이 크다.

시드 머니가 떨어졌어도 여전히 아이디어에 성공 가능성이 엿보인다면 이제 진짜 투자를 받을 시점이다. 시드 펀딩 이후에 받는 첫 번째 투자 라운드를 '시리즈 A'라고 부른다. 시리즈 A 라운드에는 벤처 투자자가 개입하기 시작한다. "벤처 투자자를 만나라."라는 이야기가 나오기 시작하면 벤처 투자자에게서 회사를 키울 큰 투자금을 받을 때가 되었다는 이야기다. 벤처 투자자는 스타트업에 많은 자금을 주는 대가로 많은 주식을 받아간다. 시리즈 A 라운드 자금을 유치한 이후에는 창업자의 지분보다 투자자의 지분이 많아도 이상할 것이 없다. 특히 여러 사람이 공동으로 창업한 상황이라면 창업자들 간에도 지분을 나눠야 하므로 창업자 1인당 지분은 더욱 줄어든다.

수익을 올리고 크기를 키우기 위해 노력하다 보면 시리즈 A 이후에도 초기 자금이 바닥날 때마다 여러 라운드에 걸쳐 자금을 유치하곤 한다. 더 이상 자금을 유치하지 못할 때까지 이 주기를 반복하고, 스스로 수익을 내거나 인수되는 상황에 이르게 된다.

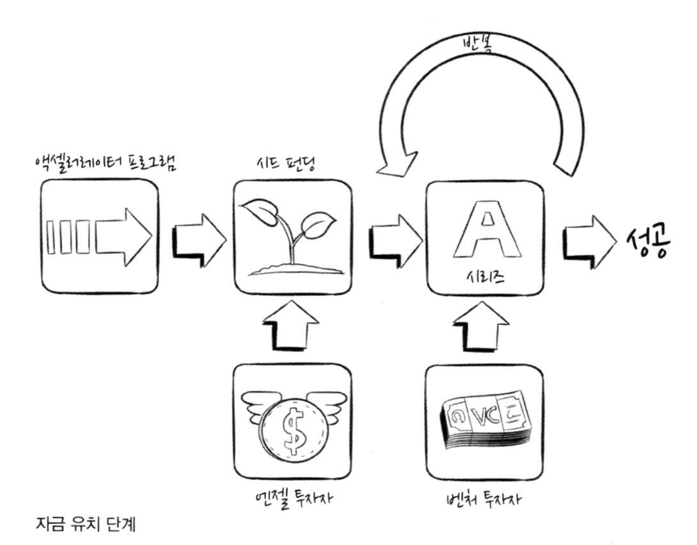

자금 유치 단계

전체 과정을 간략히 그린 것이니 스타트업 창업 절차를 이해하는 데 도움이 되었으면 좋겠다.

실천하기

- 마음에 드는 스타트업 한두 곳을 골라서 역사를 살펴보라. 어떻게 창업했는지, 어떻게 외부 자금을 유치했는지 주의해서 보라.
- 창업자가 한 명인가? 아니면 여러 명인가?
- 창업자가 다른 회사를 성공적으로 창업했던 경력이 있는가?
- 그 스타트업이 자금을 유치한 시점은 언제인가? 받은 금액은 얼마였나?
- 그 스타트업이 액셀러레이터 프로그램을 거쳤는가?

CHAPTER

18

재택근무 생존 전략

요즘은 원격으로 재택근무를 하는 소프트웨어 개발자가 점점 늘어나고 있다. 사무실을 없애고 아예 원격 방식만 활용해서 일하는 개발 팀도 있으니 말이다. 만약 프리랜서가 되거나 사업을 시작한다면 집에서 혼자 일하는 시간이 늘어날 것이다.

재택근무가 꿈의 근무 형태에 가깝다고 생각하는 이도 있겠지만, 막상 잠옷 바람으로 일해보면 생각보다 불편한 점, 극복해야 할 문제도 많다. 이 장에서는 재택근무가 실제 어떻게 이루어지는지 살펴보고 외로움을 떨쳐내는 방법, 자발적으로 일하는 방법에 관해 이야기해 보겠다.

나 홀로 일하면 이런 점이 어렵다

재택근무를 막 시작할 무렵 나는 부푼 기대에 차 있었다. 아침에 일어나 출근 걱정 없이 집에서 일할 수 있다면 더할 나위 없이 행복할 거라고 말이다. 물론 재택근무에는 장점이 많다. 하지만 예상치 못한 문제 또한 많다는 것을 얼마 지나지 않아 깨달았다.

첫 번째 문제: 시간 관리

첫 번째 문제는 예상하기 쉽다. 바로 시간 관리다. 집에는 사무실에 없는 온갖 방해 요소들이 산재해 있다. 집에는 종일 페이스북을 하며 시간을 보낸다 해도 눈치 주는 사람이 없다. 집중 좀 하려고 하면 택배 기사가 초인종을 누르고, 조금 지나면 '출출한데 간식이나 먹을까?' 하는 생각이 든다. 배우자나 아이들은 오며 가며 수시로 말을 건다. 그렇게 한 일도 없이 하루가 순식간에 지나가버린다.

재택근무를 막 시작한 사람들은 되는 대로 일해도 일을 곧 마칠 수 있으리라 생각한다. 낮에는 다른 일을 하더라도 밤에 일하면 된다고 말이다. 하지만 저녁에는 또 다른 방해 거리가 등장해 결국 컴퓨터 앞에 앉지도 못하고 잠자리로 직행한다. 이렇게 미루는 습관은 업무 흐름을 엉망으로 망쳐놓는 주범이다.

이런 문제를 해결하려면 시간을 철저하게 관리하는 수밖에 없다. 일할 시간을 골라서 매주 일정을 짜고 지켜나가라. 일정은 규칙적이고 반복적일수록 좋다. 가족과 친구 들은 프리랜서로 재택근무를 하는 내가 왜 일반 회사원처럼 업무 시간을 아침 9시~오후 5시로 정해두는지 의아해하곤 한다. 하지만 나는 그 시간에 일해야 업무에 진지하게 임할 수 있다. 자신은 집중이 흐트러지지 않고 시간을 현명하게 잘 쓸 수 있다고 장담하지 마라. 미리 계획을 세워두지 않으면 반복해서 유혹에 빠지는 게 인간이다. 다 경험해보고 하는 말이니 진지하게 들어주길 바란다. 나도 과거에는 장담하다가 낭패를 본 경험이 많다.

두 번째 문제: 자발적으로 일하기

결론부터 말하겠다. 스스로 절제력, 자제력이 부족하다고 느끼는 사람이라면 재택근무를 재고하라. 시간 관리 다음으로 재택근무자를 가장 힘들게 하는 것이 바로 자발성이다. 시간 관리와도 연관이 있지만 시간을 효과적으로 관리할 줄 아는 사람조차 아무것도 하고 싶지 않다는 마음은 금세 들 수 있다.

사무실에서 근무할 때는 이런 마음을 잠재울 특효약이 있다. 바로 해고될까 두려워하는 마음이다. 업무 시간에 사무실에서 잠을 자거나 모바일 게임에 열중하는 모습을 상사가 본다면 당장 짐 싸들고 나와야 하는 사태가 벌어질지 모른다. 하지만 재택근무를 할 때는 당신이 무엇을 하는지 아무도 지켜보지 않는다. 그래서 평소 자발적으로 일할 능력, 또 간혹 일하기 싫을 때도 마음을 다잡을 자제력을 갖춰야 한다. 자발성에 관해 다룬 책으로 다니엘 핑크Daniel Pink의 『드라이브(Drive)』를 추천한다.

앞에서 이야기했듯이 자제력이 부족한 이에게는 가망이 없다. 의욕을 일으킬 온갖 방법을 가르쳐준들 TV와 비디오 게임, 페이스북의 유혹을 절대 떨쳐버릴 수 없을 것이다. 반대로 자제력이 어느 정도 있는 사람이라면 이 장을 마저 읽어라. 자발성 문제도 노력하면 극복할 수 있다.

정해둔 업무 시간을 지키는 것이 매우 중요하다. 이미 언급한 부분이니 또 길게 이야기하진 않겠다. 하지만 어떤 방식으로든 시간을 꼭 정해두라. 정해둔 업무 시간이 있으면 일하기 싫은 기분을 극복하고 제때 일을 마치는 게 수월해진다. 최대한 규칙적으로 일하는 습관을 들여라. 의욕이 떨어졌을 때 습관이 당신을 도와준다. 잠들기 전 양치할 기운이 없다가도 습관 때문에 억지로라도 하게 되는 것처럼 말이다.

방해나 유혹이 될 만한 것은 일하는 장소에 두지 않는 게 좋다. TV가 바로 옆에 있다면 지루할 때 켜고 싶은 유혹을 견디기 어렵다. 의지로 유혹을 극복할 수 있다고 절대 장담하지 마라. 삶의 다른 영역에서도 마찬가지다. 유혹을 느낄 만한 요소는 아예 멀리하고 사는 게 낫다. 이에 대해서는 6부 건강에서 더 자세히 이야기하겠다.

나는 일할 의욕이 전혀 없을 때 아주 간단한 요령으로 극복한다. 우리끼리니까 하는 얘기지만 사실은 지금도 이 방법을 쓰는 중이다. 자리에 앉아 타이머를 15분 맞춰두고 일하기 시작한다. 15분 동안은 무조건 일해야 한다. 아무리 하기 싫어도 딴짓하지 말고 눈앞에 있는 일에 집중해야 한다. 그렇게 15분간 집중해서 일하고 나면 계속 일하기가 더 쉬워진다. 어떤 일이든 15분 정도 온전히 집중하면 하는 일에 몰입해서 계속해나갈 의욕이 살아난다. 나는 이것을 관성이라고 부른다.

세 번째 문제: 외로움

처음에는 집에서 일하면 편하기만 할 것 같았다. 귀찮게 하는 이가 없으니 그저 업무에 집중할 수 있으리라고 말이다. 맞는 말이긴 하다. 재택근무 초기에는 회사 다닐 때 사무실에서 다른 이들과 이야기하느라 시간을 많이 낭비했다는 사실을 깨닫기도 했다. 집중할 줄 알게 되자 빠른 속도로 훨씬 많은 업무를 해낼 수 있었다.

하지만 시간이 지나자 조용하고 평화로운 분위기가 조금 부담스러워졌다. 창밖에서 생명체의 흔적을 찾는 날도 있었다. '오, 저기 개랑 산책하는 사람이 지나가네. 나가서 말이라도 걸어볼까?' 아, 나가기 전에 바지는 입고 있는지 먼저 확인해야 한다. 물론 내 얘기는 아니지만 말이다. 좀 지나친 것 같으니 묘사는 이쯤 하겠다. 혼자 있는 시간이 길어지면 당신에게 해롭다는 것이 핵심이다.

자신의 경력을 적극적으로 관리하는 활동이다. 분명한 목적의식을 가지고 자신에 대해 어떤 메시지를 전달할지 선택한 뒤 이러한 메시지를 잠재 고객이나 사용자에게 활발히 알려야 한다.

이해하기 쉽도록 블록버스터 영화 광고에 빗대어 마케팅을 생각해보자. 같은 영화를 광고한다면 여러 매체를 사용해도 똑같은 핵심 메시지를 전달해야 한다. 예고편은 이 핵심 메시지를 담은 구체적이고 명확한 그림을 제시한다. 그리고 다양한 매체와 경로로 이 메시지를 증폭한다.

왜 마케팅이 중요한가

이 장을 시작할 때 트리뷰트 밴드도 유명 록 밴드에 견줄 만한 재능이 있을지 모른다고 했다. 하지만 둘의 성공 수준에는 큰 차이가 있다. 나는 이 차이가 주로 마케팅에서 온다고 본다. 크게 성공한 록 밴드는 아무 무대에나 서는 트리뷰트 밴드보다 대체로 마케팅을 잘한다.

트리뷰트 밴드가 마케팅을 못했는지는 알 수 없다. 하지만 재능은 비슷한 수준이고 운의 문제를 제외한다고 가정하면 그 외 유일한 결정 요인은 마케팅이다.

마케팅이 성공을 보장할 수는 없다. 하지만 자신의 의지대로 해볼 수 있는 매우 중요한 요소다. 다른 분야에서도 이와 비슷한 일을 쉽게 찾아볼 수 있다. 요리사의 세계를 예로 들어보자. 뛰어난 재능을 지닌 빼어난 요리사라고 해서 모두 유명하지는 않다. 그러나 고든 램지Gordon Ramsay, 레이첼 레이Rachel Ray처럼 수백만 달러의 수입을 벌어들이는 유명 요리사들은 물론 재능도 뛰어나겠지만, 그 재능을 활용해서 자신을 잘 마케팅했기에 그렇게 성공할 수 있었을 것이다.

소프트웨어 개발 분야도 이와 똑같다. 당신이 세상에서 가장 뛰어난 소프트웨어 개발자라고 해도 당신의 존재를 아무도 모른다면 의미가 없다. 물론 취직은 수월하게 할 수 있을지 모르지만, 당신의 실력을 마케팅할 줄 모른다면 잠재력을 최대치까지 발휘하기는 어려울 것이다.

언젠가는 일류 개발자들과 동등한 기술 수준에 이르는 날도 올 것이다. 경력이 10년 정도 되면 많은 소프트웨어 개발자가 그런 수준에 이른다. 그 정도 수준이 되면 더 발전하기가 어려워진다. 다른 이들도 비슷한 경지에 이르러 있으므로 개인적 재능의 중요성은 훨씬 낮아진다.

하지만 여기서 한 걸음 더 내딛는 방법이 있다. 마케팅 방법을 배워서 유명 가수나 요리사처럼 존재감을 드러내는 것이다. 그러면 마케팅을 모르는 다른 개발자보다 훨씬 많은 기회를 얻을 수 있다.

지뢰 **마케팅할 거리가 없어요**

전문가가 아니라고 해서 마케팅하지 못할 이유는 없다. 사실 마케팅 방법에 대한 고민은 소프트웨어 개발의 특정 분야에서 전문가가 되도록 노력하는 계기가 된다.

어떤 개발자든 무언가 특별한 점이 있다. 어떤 사람은 관점이 독특하고, 어떤 사람은 배경이 독특하다. 다른 소프트웨어 개발자나 의뢰인이 관심 있을 법한 취미를 가진 사람도 있을 수 있다. 초보자나 아마추어라는 점도 마케팅을 잘하면 장점이 될 수 있다. 세상에는 자신과 수준 차이가 크지 않은 사람이 자신의 처지를 더 잘 이해하고 더 잘 가르칠 거라고 믿는 사람도 많다.

마케팅을 피하기 위해 비전문가라는 핑계를 대지 마라. 경력이 아무리 적더라도 자신의 브랜드를 잘 만들고 홍보하면 이득을 볼 수 있다.

자신을 마케팅하는 방법

자신을 마케팅하는 게 중요하다는 말에 공감했길 바란다. 그렇다면 이제 마케팅하는 방법을 이야기할 차례다. 소프트웨어 개발 분야의 고든 램지가 되려면 어떻게 해야 할까?

쉽다고 거짓말할 생각은 없다. 성공은 하루아침에 이루어지지 않는다. 특히 장기적인 성공은 짧은 시간에 할 수 있는 일이 아니다. 하지만 노력할 의지가 있다면 누구나 할 수 있다. 이 장에서는 마케팅의 핵심 개념을 간략하게 알려주고, 다음 장부터는 마케팅하는 방법을 자세히 설명하겠다.

마케팅은 개인 브랜드를 만드는 데서 시작한다. 여기서 브랜드란 당신을 대표하는 무언가를 의미한다. 모두를 만족시키는 사람이 될 수는 없다. 어떤 사람이 되고 싶은지, 그 이미지를 어떻게 표현할지 잘 생각해봐야 한다. 누구나 자신 또는 자신이 만든 것을 본 사람에게 일종의 친근감을 주고 싶어 한다. 브랜드를 만들면 이러한 목표를 이룰 수 있다.

전달할 메시지를 정하고 브랜드를 만든 뒤에는 이를 전달할 방법을 찾아야 한다. 메시지를 전달할 매체는 여러 종류가 있지만, 소프트웨어 개발자에게는 블로그를 가장 추천한다. 인터넷에 블로그라는 근거지를 만들어라. 블로그는 전달할 메시지를 완벽히 통제하고, 다른 사람의 플랫폼이나 규칙에 얽매이지 않아도 되는 유일한 장소다.

이 전략은 존경하는 기업가 친구인 팻 플린Pat Flynn에게 배운 것이다. 그는 이를 'Be everywhere' 전략이라고 불렀다. 간단히 말해 장소 불문 마케팅 전략이다. 고객이 트위터, 팟캐스트, 온라인 동영상 등 어디서나 당신을 쉽게 만날 수 있게 하라. 어디를 보더라도 당신이 눈에 띄도록 하라.

마케팅 채널

- **블로그 포스트**: 개인 블로그에 쓰든 다른 사람의 블로그에 쓰든 상관없다.
- **팟캐스트**: 직접 팟캐스트를 운영하거나 다른 팟캐스트에 게스트로 참여하라.
- **동영상**: 유튜브 같은 사이트에 시의적절한 동영상이나 교육용 동영상을 올려라.
- **잡지 기사**: 소프트웨어 개발 잡지에 기고하라.
- **책**: 내가 이 책을 쓴 것처럼 당신도 책을 써라. 자가 출판을 해도 좋다.
- **코드 캠프**: 코드 캠프는 대부분 누구에게나 강연 기회를 준다.
- **콘퍼런스**: 인적 네트워크를 형성하는 좋은 방법이다. 강연자로 나서면 더 좋다.

시간을 많이 들여서 꾸준히 해야 한다. 블로그에 쓴 글, 인터뷰한 팟캐스트, 기고한 기사나 출간된 책, 이 모든 것이 자신을 마케팅하고 개인 브랜드의 인지도를 높이는 데 도움이 된다. 결국에는 활동하는 분야에서 권위를 인정받고 따르는 사람이 늘어난다. 평판이 높아진 덕분에 더 크고 좋은 기회를 잡을 수 있고, 경력은 더욱 성공적으로 성장한다.

각각의 방법은 뒤이어 더 자세히 설명할 것이다. 하지만 이 모든 것이 다른 사람에게 가치를 전달하는 당신의 능력에 달려 있다는 점을 다시 한번 강조하고 싶다. 사람들이 당신을 따르고 당신이 하는 말에 귀 기울이게 하려면 가치를 제공해야 한다. 고민하는 문제에 대해 해답을 주어도 좋고, 그냥 즐겁게 해주는 것도 좋다. 아무런 가치를 제공하지 못하는 마케팅은 오래가지 못한다. 아무도 주목하지 않기 때문이다.

참고: 아무리 자신을 제대로 마케팅하더라도 주의할 점이 있다. 어떤 종류의 자기 홍보든 혐오하는 이들이 항상 있기 마련이다. 따라서 대처하는 방법을 배우는 수밖에 없다. 도움이 되고자 혐오와 비판만 일삼는 이들을 슬기롭게 대하는 방법에 관하여 보너스 장을 작성했다(https://simpleprogrammer.com/softskillsbonus).

실천하기

- 아직 블로그가 없다면 개설할 것을 권한다. 만약 개설한다면 어떤 주제를 집중적으로 다루겠는가?
- 새 블로그에 올릴 포스트를 최소 20개 이상 생각해보라.
- 실제 블로그 개설 일정을 짜고, 콘텐츠를 만들어보라.
- 유튜브 채널은 어떤가? 유튜브에 더 매력을 느낀다면 유튜브 채널을 개설하고, 위 세 항목을 유튜브 채널을 위해 수행하라.
- 소프트웨어 개발자로서 자신을 마케팅할 수 있는 모든 방법을 목록으로 작성하라.

CHAPTER

20

존재감을 드러내줄 브랜드 만들기

브랜드는 곳곳에 스며들어 있다. 펩시, 맥도날드, 스타벅스, HP, 마이크로소프트 등 어디를 가든 각종 브랜드가 끊임없이 등장한다.

브랜드는 상표 이미지가 아니다. 브랜드라는 말을 들으면 보통 맥도날드의 황금빛 아치형 로고 같은 특정 이미지를 떠올린다. 하지만 브랜드에는 로고를 넘어서는 무언가가 있다. 브랜드는 소비자의 기대치를 설정하는 일종의 약속이다.

이 장에서는 브랜드의 구성 요소와 마케팅할 때 당신의 존재감을 제대로 드러내줄 브랜드 구축 방법을 설명하겠다.

브랜드란 무엇인가?

주변에서 흔히 볼 수 있는 유명 브랜드를 몇 가지 떠올려보라. 스타벅스를 예로 들어보자. 스타벅스는 많은 사람이 알아보는 유명한 브랜드다. '스타벅스 브랜드라면 익숙한 초록색 로고가 전부지.'라고 생각할 수도 있다.

하지만 그렇지 않다. 로고는 브랜드를 떠올리는 시각적 암시일 뿐 브랜드 자체가 될 수는 없다.

지금 스타벅스 매장에 있다고 생각해보자. 매장 안에서 시각적, 청각적으로 어떤 경험을 하게 될지 예상되는가? 공간이나 가구 배치, 조명은 어떤가? 눈을 감고 스타벅스 매장 내부의 분위기를 상상해보라.

주문받는 바리스타와 계산대는 어떤 모습인가? 주문받을 때는 뭐라고 하는가? 메뉴에는 익숙한 편인가? 음료 가격과 품질도 예상할 수 있는가?

보다시피 브랜드는 로고 하나로 표현할 수 있는 대상이 아니다. 브랜드는 제품 혹은 서비스에 대한 기대의 총합이다. 로고는 브랜드를 떠올리게 하는 시각적 장치일 뿐이다. 브랜드에는 시각적 요소만 있는 게 아니다. 브랜드가 전하는 감성, 브랜드를 접할 때 생기는 기대까지 포함해야 한다. 그래서 브랜드는 약속이다. 당신이 기대하는 방식으로 당신이 기대하는 특정한 가치를 전달하겠다는 약속이다.

브랜드 구성 요소

브랜드를 만들려면 메시지, 시각 요소, 일관성, 반복 노출이라는 네 가지 요소가 필요하다. 네 가지 요소를 모두 갖추어야 브랜드를 성공적으로 만들 수 있다. 개인 브랜드를 만드는 데 도움이 되는 각 요소를 자세히 살펴보겠다.

가장 중요한 요소는 메시지다. 메시지가 없는 브랜드는 목적도 없다. 메시지란 브랜드를 통해 전달하려는 내용, 떠오르게 하려는 느낌을 말한다. 개인 브랜드를 만들려면 브랜드를 나타낼 핵심 메시지가 있어야 한다. 브랜드를 통해 어떤 메시지를 전하고 싶은가? 나는 'Simple Programmer'라는 브랜드를 만들 때 복잡한 것을 단순하게 만들겠다는 메시지를 전달하고자 했다. 즉, 복잡한 개념을 잘게 나눠서 누구나 이해할 수 있게 만들겠다는 것이 내 메시지였다.

두 번째로 시각 요소가 필요하다. 시각 요소만으로 브랜드를 설명할 수는 없지만 시각 요소는 매우 중요하다. 우선 브랜드를 시각적으로 간단하게 나타낼 로고가 필요하다. 하지만 그것만으로는 부족하다. 좋은 브랜드라면 시각 요소를 최대한 많은 곳에 활용해야 한다. 브랜드를 나타내는 색상과 스타일을 정해서 브랜드의 인지도를 높이고, 브랜드가 전하는 메시지를 널리 알려야 한다.

자기 이름으로도 로고를 만들 수 있다. 이름을 로고로 사용하는 일은 꽤 흔하다. 웹에서 '개인 브랜드 로고'라고 검색하면 영감을 얻을 수 있는 좋은 사례를 많이 찾을 수 있다.

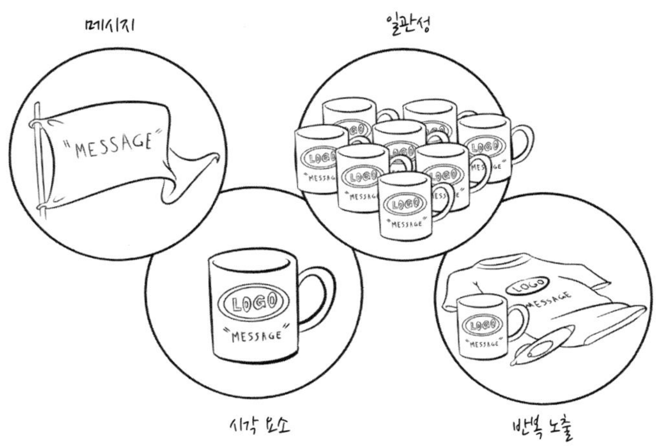

브랜드를 구성하는 네 가지 요소

다음은 일관성이다. 멋진 메시지와 시각 요소를 준비했다 해도 일관성이 없으면 브랜드에 대한 기대를 키울 수 없다. 심지어 브랜드에 대한 기대를 꾸준히 저버리는 경우도 있다. 만약 맥도날드가 지점마다 다른 메뉴를 다른 가격으로 판매한다면 어떤 일이 벌어지겠는가? 맥도날드라는 브랜드의 가치가 크게 떨어질 것이다. 사람들이 맥도날드에 갈 때는 맥도날드에서 경험하리라 기대하는 바가 있다. 일관성이 없으면 브랜드가 주는 경험이 끊임없이 달라지고, 브랜드의 의미가 퇴색한다.

개인 브랜드를 만들려는 개발자가 흔히 저지르는 실수는 일관성을 놓치는 것이다. 다시 말해 메시지 내용, 전달 방법, 전달 시기 모두 일관성이 없는 때가 많다. 일관성을 잘 유지할수록 개인 브랜드를 통해 전하려는 핵심 메시지가 더 많은 사람에게 전달되고, 메시지를 들은 사람들이 내용을 기억할 가능성도 크다.

이는 브랜드의 마지막 요소로 이어진다. 바로 반복 노출이다. 위의 요소를 모두 훌륭하게 만든다 해도 브랜드를 딱 한 번 본 사람이 이를 기억할 확률은 낮다. 시선을 사로잡는 멋진 로고라 하더라도 한 번밖에 보지 못한다면 무슨 의미가 있겠는가? 브랜드를 만드는 목적은 사람들이 로고를 보았을 때 혹은 이름을 들었을 때 당신이 누구인지, 당신이 대변하는 가치는 무엇인지 기억하고 기대하게 만드는 데 있다.

당신 이름이 최대한 널리 알려지도록 활발히 활동하라. 블로그, 기고, 강연, 동영상, 팟캐스트 등 온갖 매체를 활용하라. 브랜드를 더 널리 퍼뜨리고 자주 노출할수록 당신과 당신의 브랜드를 기억하는 사람은 늘어난다.

브랜드 만들기

개인 브랜드를 만들려면 전달할 메시지부터 정의해야 한다. 메시지를 정의하려면 시장부터 골라야 한다. 모든 사람을 위해 모든 일을 하는 사람이 될 수는 없다. 사용자의 폭을 좁히고 틈새시장을 공략해야 한다. 8장에서 말한 전문성과 비슷한 맥락이다. 공략할 만한 작은 시장을 고르거나 브랜드에 적용할 만한 특징을 가려내야 한다.

'DataGrid Girl'로 유명한 소프트웨어 개발자 마시 로빌러드Marcie Robillard의 사례는 이러한 전략을 잘 구사한 예라고 볼 수 있다. 그녀는 ASP.NET 데이터그리드 컨트롤 분야를 틈새시장으로 선택하고, 'DataGrid Girl'이라는 브랜드를 만들었다. 틈새시장을 집중적으로 잘 공략한 덕분에 이 브랜드는 성공적으로 자리를 잡았다. 유명 팟캐스트 '.NET Rocks'에 그녀의 강연이 여러 차례 올라왔다. 아마 'ASP.NET Datagrid'라는 검색어의 트래픽도 상당히 많았으리라 생각한다.

틈새시장을 찾아서 그와 관련한 브랜드를 만들어라. 구체적일수록 좋다. 좁은 시장에 집중할수록 고객과 직접 소통할 확률이 높아지고, 브랜드 인지도를 더 쉽게 구축할 수 있다.

틈새시장을 고르기가 쉽지는 않다. 열정을 느끼는 분야를 선택해도 되지만, 열정은 시간이 지나면서 변할 수 있다. 순수하게 전략적인 관점에서 결정하는 게 가장 좋다. 그 시장에서 무엇을 얻을 수 있는가? 시간을 들여서 생각해보라. 그리고 필요하다면 시장을 바꾸는 것도 두려워하지 마라.

틈새시장을 골랐다면 이제 메시지를 생각할 차례다. 태그라인tagline이란 브랜드를 표현할 수 있는 한두 문장의 문구를 말한다. 태그라인부터 만들어라. 내 태그라인은 '복잡한 것을 단순하게 만들기'다. 내가 무슨 일을 하고 싶은지 태그라인을 보고 알 수 있어야 한다.

엘리베이터 피치elevator pitch도 함께 만들어라. 엘리베이터 피치란 엘리베이터를 이용하는 짧은 시간 안에 생각을 간결하게 정리해서 이야기하는 것을 가리킨다. 상상해보라. 누군가 디너 파티에서 당신이 하는 일에 대해 물어오고, 당신은 엘리베이터를 타고 가는 동안 이에 대해 설명해야 한다고 말이다.

당신의 고유성을 드러내는 요소는 무엇인가? 다른 사람들이 당신에게 기대하는 것은 무엇인가? 당신이 어떤 일을 하는지, 당신만 전달할 수 있는 고유의 가치는 무엇인지 엘리베이터 피치를 통해 명확히 알려주어야 한다.

엘리베이터 피치를 미리 준비하면 브랜드의 일관성을 유지하는 데 도움이 된다. 사람들이 브랜드에 대해 물어볼 때, 매체에서 브랜드를 거론할 때 항상 똑같은 메시지를 전달할 수 있기 때문이다.

브랜드의 핵심을 정했다면 이제 시각 요소를 만들어라. 시각 요소는 지금까지 정의한 내용을 모두 담고 있어야 한다. 시각 요소는 메시지를 전달하고, 브랜드가 표현하는 내용을 떠올리도록 해야 한다.

브랜드의 시각 요소를 만드는 데 큰돈을 쓸 필요는 없다. 하지만 그래픽 디자인 실력이 뛰어나지 않다면 디자인 전문가의 도움을 구하는 편이 좋다. 지금껏 나는 피버Fiverr(http://simpleprogrammer.com/ss-fiverr) 서비스를 이용해서 여러 제품의 브랜드와 서비스 브랜드를 만들었다. 덕분에 로고 대부분을 5달러 정도로 저렴하게 제작할 수 있었다. 뛰어난 재능이 있는 이들이 그토록 저렴한 가격으로 서비스를 제공한다니 참 좋은 세상이다. 업워크UpWork 같은 서비스를 이용하면 프리랜서를 고용할 수도 있다. 이러한 방법을 활용해서 로고 및 다른 시각 요소를 저렴한 가격에 디자인할 수 있다.*

* 국내에도 크몽(http://kmong.com) 같은 프리랜서/아웃소싱 사이트가 있다.

브랜드를 만드는 순서

- 메시지를 정의하라.
- 틈새시장을 선택하라.
- 태그라인을 만들어라.
- 엘리베이터 피치를 만들어라.
- 시각 요소를 만들어라.

여기까지다. 틈새시장에 집중하여 명확하고 일관성 있는 브랜드를 만들고, 메시지를 잘 정리하여 전달하려고 노력하는 것만으로도 이미 다른 경쟁자보다 앞서 나가고 있다. 그러나 앞에서 말한 것처럼 메시지와 시각 요소만으로는 부족하다. 강렬한 인상을 남기는 브랜드가 되려면 일관성과 반복 노출이 필요하다. 이후 다섯 개 장을 통해 일관성 있는 브랜드를 만드는 방법과 블로그, SNS, 강연 등으로 메시지를 전파하는 방법에 대해 함께 살펴보자.

실천하기

- 친숙하다고 느끼는 유명 브랜드 중 한두 개를 골라서 심도 있게 연구해보라. 그 브랜드는 어떤 메시지를 전달하는지, 메시지를 전달하기 위해 로고와 시각 요소를 어떻게 활용하는지 확인해보라.
- 브레인스토밍을 통해 개인 브랜드를 만들 틈새시장을 찾아보라. 최소 10~15개 정도 아이디어를 내고, 가장 좋은 것 2~3개를 선택하라. 그중 당신의 개인 브랜드로 활용할 것을 하나 골라보라.

CHAPTER

21

블로그 성공적으로 운영하기

블로그는 소프트웨어 개발자가 자신을 마케팅할 수 있는 좋은 매체이므로 경력 관리에 관심이 있는 소프트웨어 개발자라면 누구나 블로그를 운영해야 한다.

직접 만날 수 있는 사람의 수는 한계가 있다. 자신을 마케팅하고 인적 네트워크를 넓힐 다른 방법이 필요하다. IT 업계에서 일하는 동안 지금까지 만난 사람이 몇 명인지 생각해보라. 몇백 명, 많으면 몇천 명 정도일 것이다. 하지만 블로그를 잘 운영하면 수십만 명과 교류할 수 있다.

블로그는 저비용으로 손쉽게 자신을 마케팅하는 수단이다. 내 이름을 매우 효과적으로 알릴 수 있다. 운영이 잘되는 블로그에는 매일 수백, 수천 명이 방문한다. 방문자가 일자리나 자문 역할을 제의하는 때도 있고, 사용자가 되어 제품을 구매해 주기도 한다.

솔직히 말해 내가 지금껏 이룬 성과도 대부분 블로그의 공이 컸다. 만약 블로그를 개설하지 않았거나 잘 운영하지 못했더라면 이 책도 없었을 것이다.

블로그가 중요한 이유

취업 원서에 포함되는 이력서는 두 페이지 정도다. 면접에 들어가서 면접관과 대화하는 시간은 길어야 1~2시간이다. 이력서와 짧은 면접만으로 소프트웨어 개발자의 기술을 평가하거나 그 자리에 적합한 사람인지 알아보기는 어렵다.

하지만 그 개발자가 블로그를 운영하면서 정기적으로 업데이트한다고 생각해보자. 아마도 블로그에는 코드 샘플을 비롯해 소프트웨어 개발의 여러 측면을 기술적으로 심도 있게 분석한 내용 등 그 개발자에 대한 정보가 풍부하게 담겨 있을 것이다. 소프트웨어 개발자를 평가하는 방법으로 그 사람의 블로그를 읽어보는 것보다 더 좋은 방법은 생각하기 어렵다.

이 정도만 해도 블로그를 운영할 만한 가치가 있다. 그런데 이게 끝이 아니다. 블로그는 더 좋은 일자리를 구하고, 소프트웨어 개발자로서 역량이나 의사소통 능력을 높이는 데 도움이 된다. 상상도 못할 온갖 기회를 얻을 수 있다.

스콧 핸슬먼(http://www.hanselman.com), 밥 아저씨Uncle Bob Martin(http://blog.8thlight.com)* 등 유명 개발자들을 생각해보라. 모두 블로그를 운영한다.

프리랜서이거나 프리랜서로 일하는 데 관심이 있는가? 블로그를 운영하면 직접 나가서 의뢰인을 찾아다니지 않아도 의뢰인이 찾아오게 할 수 있다(15장 참고). 직접 당신을 찾아온 의뢰인은 당신을 고용할 가능성, 더 높은 보수를 기꺼이 지급할 가능성이 훨씬 크다.

* 오브젝트 멘토(Object Mentor)를 창립한 로버트 C. 마틴의 별명이다. 저서로는 『클린 코드(Clean Code)』, 『UML 실전에서는 이것만 쓴다(UML for Java programmers)』, 『클린 소프트웨어(Agile software development)』 등이 있다.

블로그 트래픽이 높아지면 제품을 판매하는 플랫폼으로도 활용할 수 있다(16장 참고). 꾸준히 들어오는 방문객이 있다면 그들의 관심사와 관련한 제품을 만들어서 트래픽을 고객으로 전환하는 것도 가능하다.

블로그를 잘 운영하면 업계에서 명성을 쌓는 데도 도움이 된다. 여러 소프트웨어 개발자가 블로그의 성공에 힘입어 명성을 얻었다. 스택 익스체인지Stack Exchange와 스택 오버플로Stack Overflow의 공동 창업자인 제프 애트우드Jeff Atwood가 좋은 사례다. 그의 블로그 '코딩 호러Coding Horror'는 크게 성공했는데 이 블로그에 모인 사용자가 스택 오버플로의 성공에 직접적인 도움을 주었다. 다른 공동 창업자 조엘 스폴스키Joel Spolsky도 블로그를 통해 만났다. 조엘 스폴스키 역시 '조엘 온 소프트웨어Joel on Software'라는 유명 블로그를 운영하는 블로거다.

블로그를 통해 누리는 혜택은 경제적 영역에만 그치지 않는다. 블로그를 운영하면 의사소통 기술도 배울 수 있다. 생각을 정리해서 글로 옮기는 실력은 쉽게 길러지지 않는 만큼, 얻었을 때 큰 가치가 있다. 정기적으로 글을 쓰면서 글쓰기를 훈련하면 의사소통 기술이 발전한다. 이렇게 얻은 의사소통 기술은 인생의 여러 분야에 도움이 된다. 게다가 블로그에 정기적으로 글을 올리기 위해 공부하면서 자신이 활동하는 분야의 새로운 기술과 최신 동향 또한 자연히 파악할 수 있다.

글쓰기 실력을 키우면 의도를 명확히 전달하는 능력도 발전하기 때문에 코드 작성 실력도 더 좋아진다. 또한, 더 매력적으로 의견을 전달할 수 있게 된다.

블로그 만들기

블로그가 필요하다는 말에 이제는 공감하는가? 그렇다면 다행이다. 여기까지 공감했다면 시작하는 방법도 궁금할 것이다.

시작은 무척 쉽다. 워드프레스 호스팅이나 블로거 같은 무료 서비스를 활용하면 5분 내에 블로그를 만들 수 있다. 하지만 블로그를 개설하기 전에 먼저 몇 가지 생각해봐야 할 부분이 있다.

무료 서비스를 이용하는 방법이 가장 손쉽게 블로그를 개설하는 방법임은 확실하다. 하지만 가장 좋은 방법이라고 보기는 어렵다. 무료 서비스는 블로그의 테마나 레이아웃을 마음대로 구성하기 어렵고, 설령 모양은 자유롭게 수정하더라도 유료 광고나 장바구니 기능을 마음대로 넣지 못할 수 있다. 지금 당장은 중요해 보이지 않겠지만, 나중에 블로그가 유명해지면 무료 서비스로 제공하지 않는 기능이 필요할 수도 있다.

다행히 무료 호스팅 플랫폼을 대체할 방법도 있다. 추천하는 방법은 Wordpress.org에서 구할 수 있는 워드프레스 소프트웨어(http://simpleprogrammer.com/ss-wordpress)다. 워드프레스를 손쉽게 호스팅할 저렴한 유료 호스팅 서비스가 많기 때문이다. 호스팅 이용 가격은 한 달에 8~10달러밖에 되지 않는다. 워드프레스는 이미 거대한 생태계가 조성될 정도로 널리 사용되고 있어서 블로그 확장용 플러그인, 마음에 드는 형태로 재구성할 수 있는 테마 등을 쉽게 찾을 수 있다. 이 소프트웨어와 유료 호스팅 서비스를 결합하면 꽤 저렴한 가격으로 훨씬 자유롭게 블로그를 운영할 수 있다.

Wordpress.com에서 제공하는 무료 워드프레스 호스팅 서비스에서 블로그를 시작할 수도 있다(Wordpress.com의 워드프레스 호스팅 서비스와 Wordpress.org의 워드프레스 소프트웨어를 헷갈리지 않게 주의하라. 후자는 유료 호스팅 서비스에 설치해서 사용해야 한다). 처음에는 Wordpress.com 서비스를 사용해도 큰 무리가 없다. 하지만 나중에 블로그에 플러그인이나 광고를 추가하고 싶을 때 유료 호스팅으로 옮기려면 과정이 꽤 번거롭다. 그래서 아예 저렴한 유료 호스팅 서비스로 시작하길 권하는 것이다.

유료 호스팅을 이용하겠다면, 클릭 한 번으로 워드프레스 소프트웨어를 설치해주는 서비스가 많다. 그러한 서비스를 쓰면 몇 분 만에 설치가 완료된다. 무료 호스팅처럼 쉽게 이용할 수 있는데 원하는 대로 재구성할 수 있다는 장점까지 있다.

블로그를 VPSVirtual Private Server에 호스팅할 수도 있다. VPS를 통하면 클라우드에서 동작하는 운영체제를 사용할 수 있고, 그 안에 직접 블로그를 설치할 수도 있다. 가격 대비 얻는 것이 가장 많은 방법이긴 하지만, 가장 어려운 방법이기도 하다. 내 블로그 'Simple Programmer(http://simpleprogrammer.com)'도 VPS에 호스팅하고 있는데 처음 접하는 사람에게 추천하고 싶지는 않다.

무료 호스팅을 쓸 생각이라면 고유 도메인 이름을 꼭 등록하라. 무료 호스팅 서비스의 디폴트 설정은 해당 서비스 도메인 이름으로 된 블로그 주소를 할당하도록 되어 있다. 블로그에 디폴트 주소를 그대로 쓰지 말고, 비용을 내서 고유 도메인을 등록하여 사용하라. 나중에는 트래픽 대부분이 구글 같은 검색 엔진에서 유입될 것이다.

구글은 도메인에 링크된 사이트의 수가 얼마나 많은지에 따라 웹 페이지와 도메인에 페이지 랭크page rank라는 값을 할당한다. 나중에 유료 호스팅으로 블로그를 옮길 때 검색 엔진에서 할당한 관련성 점수나 페이지 랭크를 그대로 가져가고 싶다면 반드시 고유 도메인 주소로 시작하는 게 좋다. 이 문제도 나중에 해결할 방법이 있기는 하지만 그만한 수고를 할 가치는 없으니 처음부터 현명하게 선택하길 바란다.

블로그를 만드는 단계

- **호스팅 선택하기**: 무료, 유료, VPS
- 블로그 개설하기, 또는 블로그 소프트웨어 설치하기
- 환경 설정 및 재구성하기
- 첫 글 올리기!

성공 비법

자, 이제 블로그를 개설하고 글을 몇 개 올렸다. 다음에는 무엇을 해야 할까? 아무도 읽는 사람이 없다면 블로그를 운영해봐야 별 의미가 없으므로 트래픽을 올릴 방법을 알아야 한다. 이 장의 제목 또한 블로그 '성공적으로' 운영하기가 아니던가?

블로그를 성공적으로 운영하고 싶을 때 필요한 단 한 가지 요소는 바로 꾸준함이다. 블로그를 성공적으로 운영하는 이들을 많이 만나봤는데 그들의 공통점은 포스트를 많이 올린다는 것이다. 몇 년째 매일 블로그에 글을 써온 사람도 있었다.

걱정하지 마라. 꼭 매일 글을 올릴 필요는 없다. 물론 블로그를 시작한 첫해 동안은 매주 두세 개 정도 글을 쓰면 좋다. 글을 정기적으로 올리는 게 무엇보다 중요하다. 글을 자주 올릴수록 성공에 빨리 가까워진다. 최소 일주일에 한 번 이상은 글을 올리길 강력히 권한다. 그 정도 속도로 글을 올리면 1년간 52개의 포스트가 모인다. 이 점이 중요한 이유는 앞서 이야기했듯이 트래픽 대부분이 구글 같은 검색 엔진에서 오는데 블로그 포스트가 많을수록 인터넷 검색을 통해 유입되는 트래픽이 많아지기 때문이다. 그렇게 되려면 물론 좋은 글을 올려야 한다. 단순히 글이 많은 것은 아무 도움이 되지 않는다.

꾸준히 한다고 해서 반드시 블로그가 성공하리라는 보장은 없다. 물론 몇 년간 매일 글을 올릴 정도로 꾸준히 한다면 성공에 많이 가까워지리라 생각한다. 하지만 콘텐츠의 수준 또한 신경 써야 한다. 콘텐츠가 중요한 이유는 두 가지다. 첫째, 콘텐츠 수준이 높으면 사람들이 블로그에 재방문할 확률, RSS 리더나 이메일로 구독할 확률이 높아진다. 가치 있는 콘텐츠를 제공해야 탄탄한 독자층을 확보할 수 있다.

둘째, 콘텐츠 수준이 높으면 다른 웹 사이트에 더 많이 링크된다. 검색 엔진은 그 웹 페이지가 다른 웹 페이지에 얼마나 많이 링크되었느냐를 기준으로 해당 웹 페이지의 품질을 판단한다. 콘텐츠의 수준이 높을수록 소셜 미디어를 통해 공유되는 횟수, 다른 웹 사이트에 링크되는 횟수가 늘어날 확률이 높다. 링크된 웹 사이트의 수가 많을수록 검색 트래픽이 높아진다. 아주 단순한 이야기다. 그러므로 사람들이 읽고 공유하고 싶어 할 만한 내용을 쓰는 게 좋다.

스트레스를 받으라는 뜻에서 한 말은 아니다. 블로그에 쓰는 글이 완벽할 필요는 없다. 이제 막 시작한 사람이 훌륭한 글을 쓰기는 어렵다. 하지만 생각나는 대로 대충 올리기보다 형식, 구성, 맞춤법 등을 생각하면서 좋은 콘텐츠를 만들기 위해 꾸준히 노력하면 실력이 점점 좋아질 것이다.

좋은 콘텐츠는 다양한 형태로 존재할 수 있다. 실제 경험을 공유해도 좋고, 블로그 방문자가 재미있게 볼 만한 흥미로운 이야기를 올려도 좋다.

좋은 글을 쓰려고 노력하면서 꾸준히 올리는 것, 이 두 가지를 지키면 아마 성공할 것이다. 그렇게 생각하는 근거가 무엇이냐고? 내 주변에는 소프트웨어 개발자가 많다. 그들을 만날 때마다 블로그가 있는지, 있다면 매주 업데이트하는지 물어본다. 운이 좋으면 100명 중 1명이 손을 든다. 즉, 좋은 콘텐츠를 꾸준히 올리는 것만으로도 성실하게 자신을 마케팅한다는 면에서는 상위 1퍼센트 안에 드는 것이다.

지뢰 어떤 내용을 써야 할지 모르겠어요

블로그를 만들고 싶지만 시작하지 못하는 사람, 시작은 했지만 금방 그만두는 사람이 많다. 무엇을 쓸지 모르거나 쓸 내용이 없다고 느끼기 때문이다.

이 문제를 해결할 가장 좋은 방법은 브레인스토밍을 통해 미리 다양한 아이디어를 내고 포스트 주제로 적합한 아이디어를 골라 꾸준히 적어두는 것이다. 그러면 어떤 글을 써야 할지 생각나지 않을 때 참고할 수 있다.

너무 훌륭한 글을 써야 한다는 강박이나 다른 사람이 어떻게 생각할지에 대한 걱정, 둘 다 버려라. 대단히 훌륭하다고 생각하지 않는 글도 가끔 올릴 수 있다. 나도 정말 별로라고 생각한 포스트를 가끔 올린다. 지나고 보면 그런 글이 큰 인기를 끄는 경우도 있다.

글을 쓰는 데 도움이 될 만한 방법을 하나 알려주겠다. 글 쓸 주제로 다른 사람과 대화하거나 토론해보는 것이다. 간혹 다른 사람과 이야기한 덕분에 아주 좋은 글이 나오기도 한다. 지인들과 나눈 대화를 바탕으로 글을 쓰면 아마 여러 페이지를 채울 수 있을 것이다.

물론 이외에도 블로그를 성공적으로 운영할 방법은 많다. 이 장을 마치기 전에 그중 몇 가지에 관해 함께 이야기해 보자.

트래픽 늘리기

블로그를 막 시작했을 때는 트래픽을 모으기 어렵다. 검색 엔진으로 유입되는 수도 적고, 당신의 글을 링크할 확률도 낮다. 이럴 땐 어떻게 해야 할까?

처음 시도해볼 만한 전략은 다른 사람의 블로그에 댓글을 쓰는 것이다. 주제가 비슷한 다른 개발자의 블로그를 찾아가서 성의 있는 댓글을 쓰고, 기회가 될 때 자신의 블로그 링크를 넣어라. 댓글을 쓸 때 프로필에 블로그 링크를 넣었다면 따로 넣지 않아도 된다.

이 전략으로 효과를 보려면 다소 품이 든다. 하지만 사람들은 성의 있는 댓글을 고마워하므로 다른 블로거들과 관계를 맺는 데 도움이 된다.

단, 다른 사람의 블로그에 당신의 블로그 링크만 남기는 스팸성 댓글을 달거나 진짜 가치 있는 정보를 모조리 써버리고 오는 일은 없도록 하라. 둘 다 당신의 블로그로 사람을 불러 오려는 목표에는 도움이 되지 않는다. 매일 꾸준하게 여러 블로그에 댓글을 남기다 보면 댓글을 남겼던 다른 블로그에서 당신의 블로그로 유입되는 방문자 트래픽이 늘기 시작할 것이다. 당신이 남긴 댓글의 수준이 높을수록 당신의 블로그에 있는 내용에도 관심을 가질 확률이 높다. 다른 사람의 블로그 글에 대한 의견을 당신 블로그에 남겨도 좋다. 이는 트래픽을 높일 좋은 전략이다. 상대방이 당신 블로그 글의 링크를 본인 블로그에 남겨준다면 더할 나위 없이 좋을 것이다.

SNS에 블로그 포스트를 공유하거나 이메일 서명을 비롯해 프로필을 작성할 수 있는 온라인 공간에는 모두 블로그 링크를 넣는 것도 초기에 트래픽을 높이는 좋은 방법이다. 예상만큼 트래픽이 많이 발생하지는 않겠지만 그래도 해볼 만한 방법이다.

콘텐츠를 쉽게 공유할 수 있게 만들어서 다른 이들이 잘 퍼뜨릴 수 있도록 하라. 워드프레스 소프트웨어를 이용한다면 콘텐츠에 공유 버튼을 붙이는 다양한 플러그인을 활용할 수 있다. 심지어 워드프레스 소프트웨어에는 이미 공유 기능이 내장되어 있다. 블로그 글 하단에 버튼을 넣어 독자가 쉽게 당신의 블로그 글을 공유하거나 구독하게 할 수 있다.

마지막으로 콘텐츠 수준이 괜찮거나 논란의 소지가 많은 흥미로운 콘텐츠라면 용기 있게 레딧Reddit, 해커 뉴스Hacker News 같은 소셜 뉴스 사이트에 올려보라. 다만, 한 가지 주의할 점이 있다. 이런 사이트에는 자주 드나 들며 다른 사람을 괴롭히는 데 재미를 붙인 사람들이 있다. 나도 해커 뉴스에 공유한 글이 악성 댓글로 난도질된 경험이 있다. 이런 종류의 공격을 덤덤히 견딜 수 있어야 한다. 대신 이런 사이트에서 인기를 얻으면 블로그 하루 조회 수 수만 번을 달성할 수 있다. 또 수많은 웹 사이트에서 당신의 블로그를 링크할 것이다. 결론은 해볼 만하다는 말이다.

성공은 장담할 수 없다

이 장에 나온 모든 내용을 잘 따르면 무조건 성공한다고 말할 수 있으면 좋겠지만, 현실은 그렇지 않다. 그래도 성공할 확률이 확실히 높아지긴 할 것이다. 블로그가 크게 인기를 끌려면 운이 따라줘야 한다. 한 가지 분명한 사실은 좋은 콘텐츠를 꾸준히 올리지 않고 성공한 사람은 없다는 것이다.

블로그는 하나의 경로에 지나지 않는다. 블로그 운영이라는 경로를 추천하는 이유는 진입 장벽이 가장 낮고 투자한 시간 대비 마케팅 측면에서 가장 큰 효과를 낼 수 있다고 보아서다. 하지만 유튜브, 팟캐스트, 강연, 책, 기사 등 다른 매체 형태를 선택해도 좋다. 사실 다음 장에서 유튜브에 대해 이야기할 것이다.

실천하기

- 좋아하는 개발자 블로그가 있는가? 블로그를 몇 개 선택해서 글을 올리는 주기와 분량을 확인하라.
- 아직 블로그가 없다면 시작해보라. 오늘 개설하고 첫 글을 올려라. 글을 올릴 일정을 정하고 그대로 실행해보라.
- 최소 일 년 동안 꾸준히 블로그를 관리해보라. 결과가 나오기까지는 시간과 노력이 든다. 트래픽이 느는 시점은 보통 일 년 정도 지나서다.
- 블로그 글 주제로 쓸 아이디어를 목록으로 정리해두고, 새로운 아이디어가 떠오를 때마다 목록에 추가하라. 글을 써야 할 때 아이디어가 많으면 편리하다.

CHAPTER

22

유튜브로 브랜딩하기

소프트웨어 개발자 대부분에게 자신을 마케팅하는 가장 좋은 방법으로 블로그를 추천하지만, 도전할 의향이 있다면 존재감을 확실히 드러낼 수 있는 더 효과적이고 개인적인 방법이 있다.

블로그는 누구나 만들고 생각을 적을 수 있지만 동영상이나 동영상 튜토리얼을 만들어서 자신의 지식을 공유하려면 특별한 기술과 높은 수준의 투자가 필요하다.

이 장에서는 유튜브와 동영상이 자신을 따르는 청중의 수를 늘리고 자신을 마케팅하는 데 전반적으로 좋은 선택인 이유에 관해 이야기하겠다. 어떤 채널을 만들지 정하고 시작하는 방법에 대해 구체적인 조언도 해주겠다. 마지막으로 빠르게 시청자를 키우고 이름을 알릴 수 있도록 빠르게 콘텐츠를 만들고 카메라 촬영에 자연스럽게 임하는 내 최고의 비법도 알려주겠다.

유튜브와 동영상이 브랜드를 만드는 데 좋은 선택인 이유

방법을 논하기에 앞서 이유부터 이야기해 보자.

소프트웨어 개발자로서 자신을 마케팅하는 방법은 꽤 다양하다. 앞 장에서 블로그를 다루며 말했듯이 블로그는 추천하는, 믿을 만한 마케팅 수단이다. 하지만 일부 사례에서는 동영상이 더 나을 수 있다.

가장 큰 이유는 연결에 있다. 동영상은, 다른 매체는 근접할 수도 없는 방식으로 시청자와 연결될 길을 제공한다. 누군가가 당신을 동영상에서 본다는 것은 당신이 TV에 출연한 것이나 마찬가지다. 그들의 마음속에서 당신은 실제 유명인이 된다. 그러한 스타 효과는 브랜드를 만드는 데 강력한 효과를 낸다.

동영상은 자신의 재능을 훨씬 더 잘 보여줄 수 있고 실제 코딩 능력도 입증할 수 있다. 그리고 훨씬 더 개인적인 인상을 준다. 동영상을 만들면 단순한 튜토리얼이라 할지라도 목소리 분위기와 화면에 보여주는 내용을 통해 훨씬 더 많은 개성을 담을 수 있다.

마지막으로 동영상은 만들기 어렵다. 그게 왜 장점이냐고? 진입 장벽이 높은 일은 언제나 좋다. 경쟁이 적기 때문이다. 동영상을 만드는 사람이 적으므로 동영상을 만들면 더 돋보일 것이다. 카메라 앞에 서는 것은 무섭다. 동영상을 만들고 편집하는 방법은 배우기 어렵고 시간이 오래 걸린다. 즉, 그러한 일을 헌신적으로 기꺼이 한다면 감히 발을 들이는 사람이 훨씬 적은 곳에서 비행하는 혜택을 누릴 수 있다.

자, 도전할 의향이 있다면 이제 시작해보자!

틈새시장 고르기

유튜브 채널을 개설하려고 할 때 가장 먼저 해야 할 일은 어떤 틈새시장을 공략할지 생각하는 것이다. 소프트웨어 개발에 관해 자신이 아는 모든 것을 공유하는 다목적 유튜브 채널을 개설하고 싶겠지만, 집중할 아주 좁은 틈새시장을 골라야 성공할 가능성이 훨씬 더 커진다. 구체적일수록 좋다.

유튜브 시청자라면 자신이 구독한 몇 가지 채널을 생각해보라. 나도 동영상을 공개하는 족족 모두 시청하는 몇 가지 채널이 있다. 그 채널의 콘텐츠가 내가 관심 있는 주제를 매우 구체적으로 다루기 때문이다.

선택한 틈새시장에서 세계 최고가 될 합당한 가능성이 있을 정도로 작은 틈새시장을 고르도록 노력하라. 이 책의 다른 장에서도 틈새시장 고르기에 관해 이야기한 바 있으므로, 다시 이야기하지는 않겠지만 유튜브에서는 이 부분이 훨씬 더 중요하다는 점은 언급하겠다. 바로 유튜브 알고리즘의 작동 방식 때문이다.

예전에는 유튜브를 검색해서 보는 경우가 많았지만 요즘 유튜브 동영상 조회 수는 대부분 추천 콘텐츠에서 온다. 유튜브가 사용자의 동영상 시청 기록을 토대로 흥미를 느낄 만한 다른 동영상을 진짜 잘 골라서 보여준다는 뜻이다. 유튜브 알고리즘은 채널과 콘텐츠를 분류하고 특정 콘텐츠 유형을 시청할 가능성이 높은 시청자 유형을 식별하는 복잡한 머신 러닝 알고리즘을 통해 이러한 작업을 수행한다.

즉, 유튜브가 당신의 콘텐츠를 최대한 구체적으로 분류하여 당신의 동영상을 시청할 가능성이 높은 사람에게 추천할 수 있게 하는 것이 매우 중요하다.

개설할 수 있는 채널 유형

틈새시장을 고르는 것은 좋은 출발점이지만, 이것만으로는 충분하지 않다. 콘텐츠 주제를 정했다면 다음 단계는 어떤 종류의 콘텐츠를 만들지 정해야 한다.

유튜브 채널에 만들 수 있는 콘텐츠 형식은 다양하다. 카메라로 자신의 얼굴을 촬영하며 자신의 주장을 조리 있게 설명하는, 시사성 있는 동영상을 즐겨 만드는 사람도 있다. 자신이 선택한 틈새시장에 관한 최신 소식을 전하는 기자 역할을 하는 사람도 있다. 특정 언어나 기술로 프로그래밍하는 방법이나 사례를 들어서 기술 문제를 해결하는 방법만 보여주는 동영상 시리즈를 공개하는 튜토리얼 채널을 운영하는 사람도 있다.

심지어 프로그래밍을 주제로 한 유머 채널을 만들거나, 유명한 개발자만 인터뷰하는 채널을 개설할 수도 있다. 또 다른 방법으로 하나 이상의 형식을 결합한 혼합형 접근법을 선택할 수도 있다.

중요한 것은 시간을 내서 어떤 채널, 어떤 콘텐츠를 만들지 생각하는 것이다. 그래야 좋은 콘텐츠 제작 계획을 세울 수 있고, 이는 일관성을 유지하는 데도 도움이 된다.

유튜브 채널 시작하기

어떤 시청자를 공략하고 어떤 콘텐츠를 만들지 정했으니 이제 시작할 차례다.

먼저 해야 할 일은 채널 이름을 잘 짓는 것이다. 가장 좋은 이름은 채널의 주제를 명확히 설명하는 이름이다. 너무 화려하고 기발하기보다 단순하고 기억하기 쉽고, 잠재적 구독자에게 채널에서 기대할 수 있는 내용을 정확히 알려주는 이름을 추천한다.

다음으로 디자인과 분위기를 일관되게 유지할 수 있도록 채널의 로고와 브랜딩을 고민한다. 채널에 쓸 커버 아트가 필요하고 모든 동영상 시작 부분에 넣을 수 있는 인트로 영상도 만들면 좋다.

이렇게 기본 준비를 마쳤다면 몇 가지 동영상 아이디어를 구체화하고 녹화를 시작할 시점이다. 너무 많이 생각하지 않는 것이 정말 중요하다. 대신 바로 콘텐츠 제작에 돌입하라. 내가 코칭한 많은 개발자가 유튜브 채널을 개설하고 싶어 했는데도 시작하지 못했다. 모든 것을 완벽하게 해야 한다고 걱정하느라 동영상을 만드는 것을 불편해했기 때문이다. 그렇게 느끼는 것은 정상이다. 하지만 다음 두 섹션을 통해 성공을 위해 제대로 전진하는 데 도움이 되는 몇 가지 팁을 알려주겠다.

콘텐츠 파이프라인 만들기

채널의 성공을 보장하는 아주 중요한 작업은 콘텐츠 파이프라인을 만드는 것이다. 콘텐츠 파이프라인이 있으면 양질의 콘텐츠를 훨씬 더 빠른 속도로 제작할 수 있다.

처음 시작하는 유튜버 대부분은 무엇을 할지, 어떻게 할지 계획하지 않는다. 이는 큰 실수다. 많은 시간을 낭비하고 효율을 떨어뜨리기 때문이다.

콘텐츠 파이프라인을 만들 때 가장 먼저 해야 할 일은 콘텐츠 아이디어 목록을 길고 멋지게 만드는 것이다. 동영상 주제 서른 개를 떠올린 상태에서 시작하라. 정확한 제목은 없어도 되지만 동영상 아이디어가 많으면 도움이 된다. 동영상을 만들어야 할 때 다음에 어떤 동영상을 만들어야 할지 정하느라 시간을 많이 낭비하지 않고, 있는 아이디어 중에 하나 고르면 된다.

동영상 제작 과정을 처음부터 끝까지 어떻게 진행할지 실제 계획을 세우는 것도 중요하다. 동영상을 처음 만들 때는 당연히 과정을 모르겠지만 동영상을 제작하면서 동영상을 만드는 과정을 적고 체계화하라. 이렇게 하면 중요한 단계를 건너뛰는 일이 없고 동영상 제작 속도가 빨라져서 동영상을 많이 만들 수 있다. 꼭 직접 하지 않아도 되는 동영상 제작 과정은 누군가를 고용해 맡길 수도 있다.

동영상을 제작하는 기본 과정은 다음과 같다.

- 녹화할 동영상 주제를 고른다.
- 동영상 대본이나 간략한 개요를 작성한다.
- 동영상을 녹화한다.
- 동영상을 편집한다.
- 동영상을 유튜브에 올린다.
- 동영상 제목, 설명, 태그를 작성한다.
- 동영상 공개 일정을 잡는다.
- 공개한 동영상을 SNS에 공유한다.

각자의 정확한 작업 과정은 선호하는 작업 방식에 따라 더 상세하고 구체적일 것이다.

카메라 촬영에 자연스럽게 임하기

유튜버가 되고 싶어 하는 사람들이 본궤도에 오르지 못하게 막는 가장 큰 문제, 카메라 기술에 관해 이야기하며 이 장을 마무리하겠다.

그냥 카메라를 켜고 녹화를 시작하면 되는 간단한 일이라고 생각할지 모르지만 그렇지 않다. 사실 카메라 앞에서 능숙하게 촬영에 임하는 건 대부분이 타고나는 재능이 아니다. 첫 번째 동영상을 녹화할 때는 대개… 음, 별로다. 현재 불도그 마인드셋이라고 부르는 내 채널에서 가장 오래된 동영상 몇 개를 찾아보라. 화면상에서 아무 존재감 없이 매우 높은 목소리와 안절부절못하는 태도로 엉망진창의 내용을 횡설수설하는 내 모습을 볼 수 있다.

그런데 어떻게 나아졌을까? 답은 매우 간단하다. 많이 찍었다. 카메라 앞에 편하게 설 수 있을 때까지 동영상을 녹화하고 편집하고 또 녹화하기를 계속해 나갔다. 모든 것이 완벽하기를 기대하지 않았다. 아주 훌륭하지 않은 동영상이라도 올렸다. 그렇게 하다 보면 계속 나아질 것을 알았기 때문이다.

이런 방식으로 진행하면 시간이 지날수록 카메라 기술이 발전하고 동영상을 통해 개성이 드러나는 것을 볼 수 있으리라 약속한다. 아, 마지막으로 알려주는 한 가지 팁은 동영상은 언제든 **편집**할 수 있으니 계속 모든 것을 다시 찍지 않아도 된다는 것이다. 그냥 자연스럽게 촬영하고 후반 작업에서 실수를 편집하면 된다. 행운을 빈다!

그 외 유용한 팁

유튜브를 시작하기 위해 더 알아야 할 것이나 필요한 장비가 무엇인지 궁금할 수 있다. 장비부터 얘기해보자.

솔직히 요즘은 스마트폰 카메라면 충분하다. 별도의 마이크조차 필요 없다. 진짜다. 내가 스마트폰 카메라로 찍어 올린 동영상을 보고 사람들은 어떻게 그렇게 화질이 좋은지 묻는다. 지금은 여러 종류의 카메라, 조명 장비, 마이크가 있지만 꼭 필요한 것은 아니다. 막 시작할 때는 특히 그렇다. 화면 녹화나 튜토리얼 동영상을 만들 때는 단순한 화면 캡처 소프트웨어만 있으면 된다. 내가 가장 좋아하는 것은 캠타시아Camtasia다.

지식은 얼마나 알아야 하냐고? 유튜브의 야생 세계에서는 무슨 내용이든 상관없지만 조금 공부해서 해가 될 건 없다. 내 친구 션 커넬Sean Cannell이 운영 중인 씽크 미디어Think Media라는 채널에, 유튜브를 시작할 때 도움이 되는 동영상이 몇 편 있다. 이 친구가 출간한 『유튜브 시크릿(Youtube Secrets)』이라는 책도 읽으면 도움이 될 것이다. 하지만 나는 그냥 바로 시작하는 것을 추천한다. 동영상을 만들기 시작하면 무엇이 필요한지 알게 될 것이고, 그렇게 하는 것이 무언가를 배우는 최고의 방법이다.

실천하기

- 유튜브 채널을 개설한다면 어떤 틈새시장을 대상으로 할지 생각하고 조사해보라. 채널 이름을 짓고 공략할 시청자, 다룰 주제, 만들 동영상의 유형을 정하라.
- 채널을 개설하고 동영상을 올려라. 큰일처럼 보인다는 것은 나도 안다. 하지만 이것이 시작하는 최고의 방법이다. 그냥 뛰어들어라. 녹화할 주제를 정하고 한번 해보라.

CHAPTER

23

어떤 가치를 제공할지 고민하라

성공한 사람이 되려 하지 말고, 가치 있는 사람이 되기 위해 노력하라.

– 알버트 아인슈타인Albert Einstein

지금까지 해야 할 일에 관해 이야기했으니 이제 어떤 콘텐츠를 제작해야 할지 이야기해 보자. 열심히 마케팅하고 있는데 아직도 성공이 멀어 보인다면 자신의 이익만 좇느라 다른 사람에게 진정한 가치를 제공하지 못하고 있는 것은 아닌지 되돌아보라. 블로그에 글을 올리고, 소셜 미디어를 통해 이를 공유하고, 강연하고, 책이나 기사를 쓰는 등 자신을 홍보하는 데 최선을 다하고 있다고 해도 당신이 하는 말, 당신이 전하려는 내용이 도움이 되지 않는다면 사람들의 관심을 끌지 못할 것이다.

누구나 자신의 이익을 먼저 생각한다. 당신이 얼마나 성공했는지, 왜 상대가 당신의 성공을 도와야 하는지 관심을 갖는 사람은 없다. 상대는 당신이 자신의 성공을 어떻게 도울 수 있는지에 관심이 있다. 마케팅이 성공하려면 다른 사람들도 당신처럼 성공할 수 있도록 도와주어야 한다.

지그 지글러Zig Ziglar는 이러한 원리를 “다른 사람이 원하는 바를 얻도록 도와주면 당신이 원하는 바를 얻게 된다."라는 말로 표현했다. 이것이 셀프 마케팅의 기본 전략이며 다른 어떤 방법보다 효과적이다.

사람들이 원하는 것을 제공하라

원하는 것을 주려면 먼저 무엇을 원하는지 알아야 한다. 그러나 물어봐도 진실을 말해주지 않기 때문에 원하는 바를 정확히 알기 어렵다. 일부러 거짓말을 하는 건 아니다. 자신이 정말 무엇을 원하는지 아는 사람이 별로 없어서 생기는 일이다. 결혼을 앞둔 신부가 완벽한 웨딩드레스를 찾듯이, 평소에는 막연하게 생각하다가 원하는 것이 눈앞에 나타나서야 비로소 알아차린다.

따라서 사람들이 무엇을 원하는지 알아내는 건 당신 몫이다. 사람들이 보내는 신호를 해석해서 그들이 어디로 향하는지, 거기에서 얻으려는 가치가 무엇인지 파악해야 한다. 따르는 사람이 많다면 더 쉽게 답을 낼 수 있다. 따르는 사람이 많지 않다면 사람들이 어디에 관심을 보이는지 직접 나서서 찾아봐야 한다. 당신이 선택한 틈새시장과 관련 있는 커뮤니티에 가서 어떤 이야기가 많이 나오는지 확인하라. 업계 전체 경향은 어떠한가? 사람들이 걱정하는 문제는 무엇이고, 당신이 해결해줄 만한 부분은 무엇인가?

콘텐츠를 만들 때는 조사하면서 발견한 문제의 해결책을 제공하는 데 정확히 초점을 맞춰야 한다. 프레임워크나 기술의 특정 부분에 관심이 있다해도 사람들이 관심을 보이지 않는다면 의미가 없다. 블로그에 올린 콘텐츠는 사람들이 진짜 간지러워하는 곳을 긁어주어야 한다. 콘텐츠가 사람들에게 진짜 필요하고, 진짜 걱정하는 부분을 해결할 수 있어야 그들이 원하는 진정한 가치를 제공할 수 있다.

90퍼센트는 무료로 제공하라

콘텐츠를 무료로 제공하는 게 망설여질 수도 있다. 나는 매주 블로그 포스트 세 개, 유튜브 동영상 한 개, 팟캐스트 두 개 등의 콘텐츠를 무료로 올린다. 나는 콘텐츠의 90퍼센트를 무료로 제공해야 한다고 굳게 믿는다. 수고한 대가를 금전으로 보상받는 게 잘못됐다는 뜻은 아니다. 다만, 진짜 가치 있는 콘텐츠를 무료로 제공하면 오히려 성공에 더 빨리 이를 수 있다고 생각한다.

무료로 공개한 포스트, 동영상, 팟캐스트 등의 콘텐츠는 유료 콘텐츠보다 훨씬 더 빠른 속도로 공유될 것이다. 무료 콘텐츠 링크는 트위터나 이메일을 타고 손쉽게 확산되므로 유료 콘텐츠보다 보는 사람이 월등히 많다.

콘텐츠를 무료로 배포한다는 말은 사람들이 당신이 만든 콘텐츠의 가치를 무료로 확인할 수 있다는 뜻이다. 현재는 무언가 팔 생각이 없을 수 있다. 하지만 무언가를 팔기 시작한다면, 당신이 제공하는 무료 콘텐츠가 가치 있다는 걸 아는 사람들은 쉽게 지갑을 열 것이다. 또한, 그들은 고마운 마음에 당신에게 보답하고 싶어서 당신이 만든 제품을 지원해주려 할 것이다.

기껏 열심히 만들어서 무료로 배포하면 시간 낭비가 아니냐고 반문하는 이도 있을 수 있다. 하지만 미래를 위한 투자로 생각하라. 가치 있는 콘텐츠를 무료로 배포하는 방식으로 마케팅하면 당신은 사람들에게 가치를 베푸는 사람이라는 평판을 얻는다. 이러한 평판은 돈으로 환산하기 어려운 소중한 가치를 지닐 뿐 아니라 고액 연봉이 보장된 좋은 일자리를 구하거나 더 많은 고객을 얻는 데도 도움이 되며 출시한 제품을 성공시키는 데도 큰 도움이 될 수 있다.

성공의 지름길

무슨 일을 하든지 '사람들에게 어떤 가치를 제공할 것인가?'라고 자문해 보라. 블로그 글을 쓰든 동영상을 녹화하든 다른 어떤 활동을 하든지 말이다. 나도 이 책을 쓰면서 어떤 말을 써야 당신에게 도움이 될지 끊임없이 고민한다. 당신에게 도움이 될 정보를 어떻게 전달할까? 어떻게 해야 가치를 줄 수 있을까?

사람은 누구나 자기 자랑을 한다. 하지만 성공에 한층 가까워지려면 다른 사람의 문제를 풀어주고, 순수하게 다른 사람에게 도움이 될 방법을 고민해야 한다. 세상에서 가장 훌륭한 안드로이드 개발자라고 말하는 건 별로 득이 없다. 대신 상대가 안드로이드 앱에 관한 문제로 고민할 때 그 문제를 해결해 주어라. 그럴 때 그 사람은 당신이 훌륭하다고 생각한다.

어떤 매체로 마케팅하든지 이러한 자세를 반드시 유지하라. 이전 장에서는 블로그와 유튜브 채널 운영에 관해 이야기했고 여러 매체를 활용한 마케팅 방법은 다음 장에서 다룰 것이다. 그러나 사람들의 문제를 해결하고 그들에게 가치를 전달해야 한다는 사실을 깨닫지 못한다면 어떤 방법을 쓰든 성공할 수 없다.

이타적인 태도를 지녀라

이타적인 태도가 성공에 도움이 된다는 말이 잘 와닿지 않을 수도 있다. 그런데 알고 보면 생산성이 뛰어난 사람은 대부분 남을 잘 도와준다. 이유가 뭘까? 아마 여러 요인이 복합적으로 작용할 것이다. 다른 사람을 더 많이 도와주는 사람일수록 더 많은 상황, 더 많은 문제를 접한다. 그리고 이를 통해서 더 많은 사람과 연결된다. 또한, 다른 사람을 잘 도와주다 보면 그 과정에서 자연스레 문제 해결 방법을 연습하게 된다. 그리고 자신이 진짜 문제에 봉착했을 때 의지할 사람도 많아진다.

이건 단순한 추측이 아니다. 나는 와튼스쿨의 애덤 그랜트Adam Grant 교수에 관한 흥미로운 기사(http://simpleprogrammer.com/ss-giving-secret)를 본 적이 있다. 조직 심리학 분야에서 큰 성과를 올린 바 있는 그랜트 교수는 이타적인 행위가 자신의 발전에 도움이 되는 이유를, 연구를 통해 증명했다.

실천하기

- 어떤 유형의 콘텐츠가 가장 가치 있다고 생각하는가? 가치가 뛰어나서 하나도 빼놓지 않고 읽고 싶은 블로그나 팟캐스트가 있는가?
- 당신이 선택한 대상 사용자나 틈새시장에 제공할 수 있는 가장 큰 가치는 무엇인가? 당신이 모으려는 사람들에게 가장 가치 있는 콘텐츠는 무엇인가?

CHAPTER

24

#SNS 활용하기

오늘날 소셜 미디어는 많은 사람의 삶에서 큰 영역을 차지하고 있다. 페이스북, 트위터, 인스타그램, 링크드인 등의 서비스는 사람들을 연결하고 정보를 공유하는 데 중요한 역할을 한다. 마케팅 방법을 고민하는 소프트웨어 개발자라면 SNS로 자신의 이미지를 관리하는 방법을 배워야 한다.

소셜 미디어 전문가들은 브랜딩과 마케팅에서 소셜 미디어가 얼마나 중요한지 강조한다. 나는 중요하다는 말에는 기본적으로 동의하지만, 전문가들이 말하는 만큼 효과적이라고는 생각하지 않는다. 어쨌든 사용자에게 최대한 많이 노출되려면 소셜 미디어를 통해 브랜드를 홍보할 방법은 알고 있어야 한다.

이 장에서는 소셜 미디어 활용 전략을 세우고, 주요 SNS를 살펴보면서 소셜 미디어로 메시지를 널리 퍼뜨릴 방법을 알려주겠다.

팔로어 늘리기

소셜 미디어를 만들고 가장 먼저 해야 할 일은 팔로어를 모으는 것이다. 아무리 열심히 메시지를 홍보해도 듣는 사람이 없으면 아무 의미가 없다.

SNS 팔로어를 모을 전략은 많다. SNS의 종류에 따라 사용하는 방법도 달라진다. 하지만 대부분의 SNS에서 통하는 가장 쉬운 방법은 다른 사람을 팔로우하고, 나를 팔로우해 주기를 요청하는 것이다. 이렇게 쉬운 방법이 있는데도 누군가 먼저 와서 팔로우해 주고 말 걸어주기를 손 놓고 기다리는 개발자가 많다. 당신이 먼저 관심을 보일 때 다른 사람들도 당신에게 관심을 보인다.

블로그 글 마지막 부분이나 이메일 서명 등 온라인 프로필상에 SNS 링크를 넣는 방법으로도 팔로어를 모을 수 있다. 쉽게 찾을 수 있게 해두어야 사람들이 찾아온다. 블로그 글 끝에 트위터를 팔로우해 달라고 써도 괜찮으니 두려워 말고 해보라.

서두르지 마라. 네트워크를 키우려면 시간이 필요하다. 며칠 만에 팔로어를 늘려준다는 수상한 유료 서비스의 유혹에 넘어가지 마라. 이런 서비스는 보통 실제 사람이 만든 계정이 아닌 가짜로 만든 계정으로 팔로어의 수를 늘려주므로 돈만 버릴 뿐 아무 의미가 없다.

소셜 미디어 효과적으로 활용하기

소셜 미디어 활용 전략의 핵심은 팔로어를 모으고, 이렇게 모은 팔로어들이 열광하게 만드는 것이다. 팔로어였던 이들이 당신의 팬이 되어서 당신이 만든 콘텐츠에 더욱 관심을 기울이고, 다른 이들에게 공유하며 활발히 당신을 홍보하게 해야 한다. 그렇게 업계에서 평판을 쌓는 것이다. 그러려면 어떻게 해야 할까?

다시 한번 말하지만, 이 역시 가치의 문제다. SNS를 통해 가치 있는 콘텐츠를 지속적으로 제공한다면 사람들은 당신을 존경하고 신뢰할 것이다. 반대로 부적절한 콘텐츠, 불쾌한 콘텐츠, 혹은 아침에 먹은 음식 같은 시시콜콜한 사생활 콘텐츠만 꾸준히 올린다면 팔로어들이 떠날 가능성이 크다.

그렇다면 다른 이에게 가치 있는 콘텐츠란 무엇일까? 답은 간단하다. 당신이 유용하거나 흥미롭다고 느끼는 내용이면 된다. 당신에게 가치가 있다면 다른 이에게도 가치가 있을 확률이 높다. 단, 기준을 적당히 높게 잡아라. 당신이 특정 분야의 좋은 정보를 잘 선별해서 올린다고 소문이 나면 사람들은 당신이 올리는 콘텐츠를 주의 깊게 보고 공유하려고 할 것이다.

나는 팔로어들이 관심을 가질 만한 다양한 콘텐츠를 골고루 섞어서 올리려고 노력한다. 소프트웨어 개발과 관련한 블로그 포스트, 뉴스 기사, 인용문, 요령뿐 아니라 팔로어의 반응을 끌어낼 수 있는 질문도 포함한다.

- **블로그 포스트**: 인기 있는 블로그 글이나 당신이 직접 작성한 글을 공유하라.
- **뉴스 기사**: 소프트웨어 개발에 관한 흥미로운 기사를 올려라. 이왕이면 당신이 공략할 틈새시장과 관련한 것이면 더 좋다.
- **인용문**: 영감을 주는 유명한 인용문은 늘 인기가 좋다.
- **비법과 요령**: 다른 사람들이 보고 고마워할 법한 특별한 요령을 공유하라.
- **유머**: 가끔은 재미있는 글을 올려도 좋다. 다만, 부적절한 내용은 아닌지, 진짜 재미있는지 생각해보고 올려라.
- **질문**: 사람들의 참여와 소통을 끌어내는 좋은 방법이다.
- **홍보**: 홍보는 최소로 줄여서 조금만 하라.

당신이 작성한 글이나 콘텐츠는 무엇이든 올려도 좋다. 다만, 당신이 판매하는 컨설팅 서비스나 제품, 책에 관한 광고는 최소로 줄여라. 콘텐츠의 90퍼센트를 무료로 나눠주라고 했던 것처럼 SNS에서도 광고는 자제하고 팔로어에게 가치 있는 내용으로 90퍼센트를 채워라.

SNS 관리하기

소셜 미디어 계정은 활발하게 활동하면서 꾸준히 관리하지 않으면 효과가 크게 떨어진다. 하지만 일은 일대로 하면서 트위터, 페이스북, 인스타그램, 링크드인 등 다양한 SNS를 활발히 관리한다는 것은 꽤 부담스러운 일이다.

각종 소셜 미디어를 섭렵하려면 매일 시간을 많이 투자해야 하므로 상황이 허락하지 않는다면 가장 열심히 관리할 플랫폼을 1~2개 정도 고르는 게 좋다.

사실 나는 소셜 미디어에 시간을 많이 투자하지 않는다. 시간을 너무 빼앗긴다는 생각이 들어서 가능한 한 피하려고 노력하는 편이다. 그래도 활발히 활동한다는 느낌을 줄 필요는 있다고 생각해서 방법을 찾았다.

바로 '버퍼Buffer'라는 SNS 관리 프로그램을 활용하는 것이다. 이와 비슷한 프로그램이 시중에 많으니 원하는 것을 선택하라. 이런 도구를 활용하면 모든 소셜 미디어에 글을 올리는 일정을 한 번에 관리할 수 있다. 나는 매주 초 버퍼를 통해 각 소셜 미디어 채널에 올릴 글이 담긴 체크리스트를 확인한다. 다양한 종류의 콘텐츠를 골라서 일정에 따라 각기 다른 시간에 게시하게 설정해둔다. 공유할 만한 흥미로운 콘텐츠를 발견하면 주 중에 추가할 수도 있다. 어떤 상황이든 각 SNS 계정으로 매일 최소 두 건의 콘텐츠가 올라오게 설정해 두었다. 또 새로운 블로그 포스트나 유튜브 동영상이 올라올 때마다 모든 소셜 미디어 계정에 자동으로 공유된다.

이러한 SNS 관리 프로그램을 사용하면 적은 시간으로도 SNS를 잘 관리할 수 있으므로 강력히 추천한다. 나는 버퍼 덕분에 일주일에 1시간 정도만 들여 SNS를 꽤 효율적으로 관리하고 있다.

추천 SNS

자신을 마케팅할 생각이 있다면 주요 SNS 계정은 만들어두는 편이 좋다. 기술이나 경력과 관련이 있는 SNS는 특히 필요하다. 당신의 브랜드를 대표하는 페이지나 프로필을 만들어두는 것도 추천한다. 단, 개인 계정과 브랜드 계정을 둘 다 관리하려면 부담이 될 수 있다.

트위터를 쓰는 개발자가 많은 만큼 트위터 계정을 만들기를 권한다. 만나기 어려운 사람들을 만나려면 트위터를 쓰는 편이 좋다. 트위터에서는 다른 사람을 멘션*할 수 있다. 유명인도 멘션할 수도 있다. 상대가 답할 가능성도 꽤 높은 편이다. 몇 초면 할 수 있기 때문에 이메일에는 답장하지 않는 사람도 멘션에는 답할지 모른다. 트위터는 블로그 글이나 기술 관련 뉴스를 공유하기에도 좋다. 또 글자 수 제한 덕분에 글을 간단명료하게 쓸 수 있어 좋다.

다음으로 추천하는 것은 전문가용 SNS인 링크드인이다. 링크드인은 온라인 이력서를 올려두고 다른 전문가들과 교류할 수 있게 해주는 서비스다. 전문적인 콘텐츠를 원하는 사용자들이 모이는 곳이므로 블로그 글과 같은 콘텐츠를 공유하고 네트워크를 확장하기 좋다. 링크드인 그룹을 활용하면 당신이 겨냥하는 특정 틈새시장에 관심 있는 사람들과 관계를 맺을 수도 있다.

링크드인 기능 중 사람들이 충분히 활용하지 못하고 있는 것이 하나 있다. 바로 지인에게 추천endorsement을 부탁하는 기능이다. 나는 사람들이 이 훌륭한 기능을 잘 활용했으면 한다. 링크드인 프로필에 올린 직장별로 동료나 상사에게 추천해 달라고 하는 기능이다. 언뜻 부탁하기 부담스럽다고 생각할지 모르나 프로필에 추천이 있는 것과 없는 것은 차이가 매우 크다. 추천은 당신을 모르는 사람에게 호감을 주는 데 매우 효과가 큰 사회적 검증

* 메시지상에 특정인의 아이디를 입력하는 것을 말한다. 멘션이 들어간 메시지는 상대의 타임라인에도 뜬다.

장치다. 언제 마지막으로 아마존에서 물건을 구매했는가? 그때 후기를 보며 사람들이 강력 추천한 제품을 찾지 않았는가? 후기를 궁금해하는 심리가 쇼핑할 물건을 고를 때뿐만 아니라 다른 데서도 적용된다고 생각하라.

페이스북과 인스타그램은 트위터나 링크드인만큼 중요하진 않지만 그래도 계정을 개설하길 추천한다. 이 두 플랫폼은 개인 계정뿐 아니라 사업용, 브랜드용 계정으로도 활용할 수 있다. 대상 사용자를 만나거나 특정 프로그래밍 언어, 혹은 특정 기술에 관심이 있는 사람들과 직접 교류할 수 있는 좋은 페이스북 그룹이 많다.

실천하기

- 현재 소셜 미디어를 어떻게 활용하고 있는가? 소셜 미디어 타임라인을 살펴보고 다른 사람이 당신 혹은 당신의 브랜드에 관해 어떤 인상을 받을지 생각해보라.
- 소셜 미디어 활용 계획을 세워라. 각 네트워크에 어떤 콘텐츠를 공유하고 싶은지, 매주 콘텐츠를 어떻게 공유할지 전략을 세워라. 그리고 공유한 내용 중 어떤 콘텐츠가 가장 인기 있는지 살펴보라.

CHAPTER

25

강연, 강의 그리고 발표

사람들을 만나고 자신을 마케팅할 수 있는 효과적인 방법으로 강연이나 강의를 들 수 있다. 다른 매체에 비해 작은 규모로 이루어지긴 하지만, 청중 앞에 서서 직접 그들에게 이야기하며 가장 강한 인상을 남기는 방법이기도 하다.

나는 무대에 올라 강연이나 발표를 할 때 활력을 느낀다. 청중과 직접 소통하며 실시간 피드백에 맞춰 적응하다 보면 다른 매체에서는 찾을 수 없는 활기를 느낄 수 있다.

콘퍼런스 무대에서 하는 강연이 아닌 회사에서 하는 발표만으로도 경력에 큰 도움이 된다. 당신이 자신의 아이디어를 얼마나 잘 전달하는지, 동료나 상사에게 미치는 영향은 어느 정도인지 보여줄 좋은 기회이기 때문이다.

문제는 입문하기 쉽지 않다는 것이다. 경험이 전혀 없으니 어떻게 기회를 얻어야 할지 모르고, 두려울 수도 있다. 무대에 올라 사람들 앞에서 이야기하는 건 쉽지 않은 일이다. 경험이 없다면 더욱 그렇다.

이 장에서는 강연이나 강의가 경력에 중요한 이유를 살펴보고 아직 경험이 없는 사람은 어떻게 입문할 수 있는지, 또 이미 경험이 있는 사람이 발전할 방법은 무엇인지 이야기하겠다.

강연은 왜 강한 인상을 주는가

록 콘서트나 밴드 공연에 직접 가봤는가? 음악은 앨범을 사서 집에서 들어도 그만인데 왜 공연에 갔는가? 음질 면에서는 집에서 헤드폰을 쓰고 듣는 게 더 나을지도 모른다. 극장에 가서 연극을 보는 것도 마찬가지다. 영상으로 감상해도 같은 내용일 터인데 말이다.

정확히 설명하기는 어렵지만, 현장에서만 느끼는 유대감이 있다. 녹화된 영상이나 앨범을 집에서 감상할 때는 이런 느낌을 받을 수 없다. 이와 마찬가지로 똑같은 콘텐츠라 하더라도 무대에 올라 사람들과 직접 대면하며 나누면 다른 매체를 이용할 때보다 더욱 강한 인상을 준다.

현장에서 직접 강연을 들은 이들은 당신을 기억하고 개인적 유대감을 느낄 확률이 훨씬 높다. 좋아하는 밴드를 콘서트에서 직접 본 순간은 기억하지만, 앨범을 들은 순간은 잘 기억하지 못하는 것과 똑같은 이치다.

강연은 쌍방향 매체로 봐야 한다. 아니 적어도 그렇게 활용할 수 있다. 강연 현장에서는 청중이 질문을 던지고 참여할 수 있다. 청중과 이런 방법으로 상호작용하면 빠르게 신뢰를 얻을 수 있으므로 당신의 메시지를 전하는 팬이 될 가능성 또한 높아진다. 우연이겠지만 이 글을 쓰고 있는 지금 이 순간 마케팅에 관한 내 강연에 참석했던 개발자가 나와 내 블로그를 다른 이에게 소개하는 트윗을 올린 것을 보았다. 만약 그 사람이 강연장에서 나를 직접 보지 못했다면 이런 종류의 유대감은 생기지 않았으리라 생각한다.

아마 강연을 통해 경력을 발전시킨 개발자를 여러 명 보았을 것이다. 내 친구 존 파파가 좋은 예다. 처음에는 소규모 강연으로 시작했지만 지금은 전 세계를 오가며 다양한 기술에 관해 이야기한다. 강연자로 이름을 알린 덕분에 그는 많은 기회를 얻었다.

강연 입문하기

이쯤이면 강연이 해볼 만한 가치가 있다는 내 말에 공감하는 사람도 있을 것이다. 첫 번째 기회를 잡기가 가장 어려우므로 어떻게 입문하는지부터 이야기해 보자.

강연 경험이 전혀 없는 사람이 큰 콘퍼런스에서 강연할 기회를 얻기는 어렵다. 하지만 꼭 그렇게 시작할 필요는 없다. 소규모 강연부터 시작해서 강연 기술을 키우면 된다. 능숙해지려면 시간이 필요한 법이니 연습 기회는 많으면 많을수록 좋다.

시작하기에는 사내 발표가 좋다. 회사에 근무하는 동안 다양한 주제로 발표할 기회가 있기 마련이고, 특히 자신이 일하는 분야와 관련한 강연 기회가 많이 찾아온다. 팀에서 사용하는 기술 혹은 팀에 필요한 분야에 관해 발표하겠다고 자원하라. 전문가인 척할 필요는 없다. 배운 내용을 공유한다는 마음으로 성의껏 임하라. 사실 언제나 이런 태도로 임하는 게 좋다. 전문가인 척하는 사람이 너무 많다. 그보다 솔직하고 겸손한 태도가 좋다. 결점도 약점도 있는 인간적인 태도는 사용자와 신뢰를 구축하는 데 큰 도움이 된다.

사용자 그룹도 사람들 앞에서 말하는 연습을 하기에 좋은 장소다. 일반적으로 대도시 지역에는 소프트웨어 개발자를 위한 다양한 사용자 그룹이 있다. 주변에서 참석할 만한 사용자 그룹을 쉽게 찾을 수 있을 것이다. 사용자 그룹에 참석한 지 어느 정도 시일이 지난 뒤에 특정 주제로 발표해도 좋을지 물어보라. 사용자 그룹에서는 대체로 발표할 사람을 환영하는 분위기이므로 흥미를 끌 만한 주제를 골랐다면 기회를 줄 것이다. 너그러운 소규모 청중 앞에서 이야기해볼 좋은 기회일 뿐 아니라 거주하는 지역 인근의 회사, 혹은 인사 담당자에게 존재를 알릴 좋은 기회이기도 하다.

전 세계 곳곳에서 매년 열리는 여러 코드 캠프도 좋은 기회다. 보통 코드 캠프에서는 특정 주제에 대해서 어느 정도 강연 경력이 있는 사람을 찾는다. 이런 기회를 활용해서 매년 최소 한 번은 코드 캠프에서 강연해보라. 무료 행사라서 대부분 부담 없이 참가할 수 있으므로 혹시 망치더라도 그리 심각하게 생각할 필요는 없다.

이렇게 어느 정도 연습한 후에는 개발자 콘퍼런스에 참여하라. 이 지점부터 약간의 경쟁이 시작된다. 행사에 따라 '구관이 명관'이라는 선입견이 작용하기도 한다. 하지만 한번 입문하면 매년 많은 기회를 얻을 수 있다. 이러한 행사는 대부분 교통비를 포함한 모든 경비를 지원한다. 내 주변에는 이런 행사에 강연자로 참석하느라 전 세계를 여행하는 소프트웨어 개발자가 많다. 강연비를 별도로 받지 못할 때도 있지만, 대신 이런 기회가 아니면 가보기 어려운 다양한 곳에 가서 인적 네트워크를 넓힐 기회를 얻는다. 프리랜서라면 참석하는 행사의 규모가 클수록 더 많은 일을 얻을 수 있을 것이다.

지뢰 **사람들 앞에 서는 게 무서워요**

괜찮다. 사람들 앞에서 이야기하는 것을 두려워하는 사람은 원래 많다. 그럴 때는 어떻게 하는 게 좋을까? 여러 사람이 함께 모여 연설 연습을 하는 '토스트마스터즈(Toastmasters, http://www.toastmasters.org)' 같은 모임에 참석하는 것도 좋은 방법이다. 편안한 분위기에서 사람들 앞에 나서는 연습을 하다 보면 두려운 마음을 극복하는 데 도움이 된다. 아니면 이미 잘 아는 소수의 사람이 모인 자리에서 일어나 이야기하거나 발표하는 등 작은 일부터 시작할 수도 있다. 편하게 느껴질수록 점점 더 큰 행사에 나서라.

인간은 적응력이 매우 강하다. 무엇이든 반복해서 하다 보면 적응한다. 공수 부대원도 비행기에서 처음 뛰어내릴 때는 무서울 것이다. 하지만 여러 차례 낙하를 성공하면 두려운 마음이 사라진다. 사람들 앞에 나서는 것도 마찬가지다. 반복해서 하다 보면 적응해서 두려운 마음이 사라질 것이다.

강의는 어떨까?

강의는 명성과 수입을 동시에 쌓는 좋은 방법이다. 나도 온라인 강의를 운영하면서 수입이 늘었을 뿐 아니라 전문가라는 평판을 얻었다.

과거에는 강의 자리를 얻기가 어려웠으나 요즘은 온라인으로 누구나 쉽게 강의를 개설할 수 있다. 물론 오프라인 강의를 해도 좋지만 강의가 본업이 아니라면 훨씬 간단한 온라인 동영상 강의를 하는 것도 괜찮다.

유튜브 같은 무료 동영상 공유 사이트에 간단한 스크린캐스트 영상을 올리는 것으로 시작해보라. 스크린캐스트는 자신의 컴퓨터 화면을 녹화해서 만든 강의를 말한다. 보통 무언가 하는 방법을 다른 사람에게 알려주기 위해 많이 사용한다. 스크린캐스트로 다른 개발자들에게 어떤 개념을 명확히 설명할 수 있다면 그 분야를 잘 아는 전문가로 명성을 쌓을 수 있다. 그러면 더 좋은 일자리로 옮기거나 그 분야의 전문가를 찾던 의뢰인에게서 일을 받는 데 도움이 된다.

무료 강의는 당신을 홍보할 수 있는 좋은 방법이다. 그러나 처음에는 무료로 시작하더라도 나중에는 콘텐츠를 유료로 팔고 싶어질 수 있다. 그럴 때 동영상 강의 콘텐츠를 유료로 전환하는 방법이 몇 가지 있다.

우선 플루럴사이트처럼 개발자 교육을 전문으로 하는 회사들이 있다. 내가 만든 온라인 동영상 교육 콘텐츠 대부분은 플루럴사이트에 만든 것이다. 하지만 콘텐츠를 유료로 구매해서 인세 지급 방식으로 수익을 공유하는 회사도 있다(실제로 영상 콘텐츠 부서가 있는 출판사가 많다). 책을 쓰는 것과 비슷하다고 생각하면 이해하기 쉽다. 한 회사에서 콘텐츠를 만들면 비슷한 회사가 유사한 콘텐츠를 만들어 달라고 의뢰하는 일이 많다. 마케팅이나 판매는 걱정하지 않아도 괜찮다. 그 회사의 기존 사용자가 구매할 것이기 때문이다. 보통 이런 사이트는 일종의 오디션을 거쳐서 일을 주므로 도전한다고 해서 받아준다는 보장은 없다. 하지만 밑져야 본전이니 한 번쯤 도전해봐도 좋다.

회사를 거치지 않고 혼자서 하고 싶다면 콘텐츠를 직접 판매할 수도 있다. 나는 '소프트웨어 개발자가 자신을 홍보하는 방법' 강의를 내 웹 사이트에서 잘 팔았다. 이 방법의 단점은 마케팅, 콘텐츠 배포, 수강료 수금까지 직접 해야 한다는 것이다.

'유데미Udemy' 같은 온라인 교육 회사를 이용해 이러한 단점을 보완할 수 있다. 유데미는 누구나 콘텐츠를 올릴 수 있는 대신 수익의 상당량을 가져가는 플랫폼이다. 고객 확보를 위한 마케팅은 스스로 해야 한다. 내가 아는 소프트웨어 개발자 몇몇은 그 플랫폼에서 좋은 성과를 거뒀다.

실천하기

- 살고 있는 지역의 사용자 그룹을 전부 찾아서 정리하라. 당신에게 강연 기회를 줄 만한 코드 캠프의 목록도 만들어라. 편하게 이야기할 수 있는 주제를 골라서 강연하겠다고 제안하라.
- 소프트웨어 개발자를 위한 무료, 유료 강의를 웹에서 찾아보라. 훌륭한 강사들의 강의 방식을 분석해보라.
- 스크린캐스트 형식의 짧은 강의를 만들어서 유튜브 같은 사이트에 공개하라.
- 강의할 수 있는 주제를 정리해보라.

CHAPTER

26

이름을 알리는 글쓰기

글을 잘 쓰고 싶다면 독자와 연결되는 게 중요하다. 지금 이 글을 읽는 당신도 나와 연결된 느낌을 받았으면 좋겠다. 이 장을 다른 말로 시작할 수도 있지만, 나와 당신이 더 강하게 연결되길 바라는 마음에서 이렇게 직접 이야기하는 방식을 선택했다.

내가 글을 잘 썼다면 지금 이 글을 읽는 당신은 나와 대화하고 있다고 느껴야 한다. 이야기는 단순한 정보가 아니다. 이야기는 당신의 생각을 다른 사람에게 전해주는 강력한 매개체다. 이야기를 통해 생각을 전달한다. 이야기가 독자의 관심을 끈다면 독자의 주의가 집중되고, 그들에게 어떤 가치를 제공한다. 그러면 당신과 독자가 서로 연결되어 독자는 당신 편이 된다.

저술 활동이 중요한 이유

영어에는 'write a book on the subject'라는 표현이 있다. 전치사 'on'을 쓴 이유는 책이 어느 정도의 무게, 즉, 영향력을 갖고 있기 때문이다. 책을 쓴 사람은 신뢰를 받는다. 업계에서 신뢰를 얻고 싶다면 책을 내라. 소프트웨어 개발 잡지에 기고하는 것도 마찬가지다. 사람들은 보통 특정 주제에 관한 책이나 기사를 쓴 사람을 그 분야의 전문가라고 생각한다. 자신을 마케팅할 방법을 찾고 있는 사람이라면 전문가로 보여서 나쁠 것 없다.

책 표지에 이름을 실으면 신뢰만 얻는 것이 아니다. 책은 당신의 메시지를 집중적으로 전달할 수 있는 수단이다. 책을 읽는 사람은 꽤 오랜 시간 주의를 집중한다. 보통 책 한 권을 읽으려면 10~15시간 정도의 시간이 든다. 당신의 메시지에 다른 사람이 그 정도의 시간을 바쳐서 귀 기울여주는 매체는 찾기 어렵다. 책을 통하면 메시지를 온전한 형태로 독자에게 전달할 수 있다.

잡지 기사로는 책의 분량만큼 콘텐츠를 전달하기 어렵다. 하지만 기사를 통해서도 상당한 시간 동안 메시지를 전달할 수 있다. 집중 시간, 전달 범위 면에서 블로그 글보다 잡지 기사가 훨씬 낫다.

저술로 돈을 벌긴 어렵다

책이나 기사를 쓰면 큰 수익을 보기 때문에 글을 쓴다고 생각하는 개발자가 많다. 하지만 책으로는 수익을 내기 어렵다. 책은 명성을 얻는 수단으로 생각해야 한다.

책을 써서 수익이 괜찮은 때는 거의 없다. 저자가 받는 수익은 극히 일부다. 잡지 기사 하나를 쓰는 데도 시간이 꽤 들지만 보수는 매우 적다. 저술 활동을 통해 직접적인 수익을 올릴 거라고는 기대하지 않는 편이 좋다. 물론 엄청나게 운이 좋아서 대박 베스트셀러 작가가 되는 예외도 있지만 말이다.

그래도 전혀 수익성이 없다고는 볼 수 없다. 앞서 이야기했듯이 책이나 기사를 써서 얻는 진짜 수익은 이름을 널리 알려서 얻는 신뢰에서 온다. 출판업계는 저자 수준을 한번 검증하는 역할을 한다. 이러한 평가에서 합격점을 얻어 출간하게 되면 간접적으로 큰 수익을 올릴 많은 기회를 얻는다.

책을 낸 작가는 콘퍼런스 강연자로 초청받거나 특정 분야의 권위자로 인정받는다. 그러면 더 많은 의뢰인, 더 좋은 일자리가 찾아오기 마련이다.

역설적이게도 이 책의 개정 2판을 만드는 동안 이 책은 매우 큰 성공을 거두어서 기대보다 훨씬 더 큰돈을 벌었고, 그다음에 자비 출판한 『커리어 스킬』이라는 책은 현재 매월 10,000달러의 수익을 내고 있다. 그러므로… 내가 한 말이 일반적인 사실이긴 하지만 만약 많은 청중이 있고 책을 제대로 마케팅하는 방법을 안다면 책으로도 큰 수익을 올릴 수 있다. 청중을 모으는 데 투자해야 할 또 다른 이유다.

출간하기

이쯤에서 이 책이 내가 일반적인 출판 방법으로 출간한 첫 번째 책이었다는 사실을 고백해야겠다. 책을 출간한 다른 많은 작가와 이야기해 봤는데 모두 출간 기회를 얻기 어렵다고 했다. 특히 첫 책이라면 말이다. 무명인 저자와 일하는 위험을 굳이 감수하려는 출판사가 별로 없기 때문이다. 사실 출간을 계약했다 해도 책을 완성하지 못하는 작가도 많다. 그만큼 어려운 작업이다.

출간 기회를 얻으려면 우선 책의 주제를 명확하게 정의해야 한다. 그 주제에 관한 시장도 이미 형성되어 있어야 하며, 그 분야의 전문가라는 사실도 입증해야 한다. 당신이라는 브랜드의 틈새시장이 이미 형성되어 있다면 일이 한결 수월하게 진행된다. 경쟁이 적은 전문 분야를 명확히 확립했기 때문이다. 하지만 틈새시장이란 말은 잠재 독자층이 적다는 뜻도 되므로 출판사를 설득할 적절한 방법을 찾아야 한다.

미리 시장에 이름을 알려놓을 필요도 있다. 블로그로 시작해서 소규모 잡지에 기고하는 순서를 추천한다. 전문 분야에서 저술 이력과 명성을 쌓을수록 점점 더 큰 출판사와 일할 기회가 생긴다. 출판사는 이미 탄탄한 독자층이 있는 저자를 선호한다. 그 책을 살 고객이 확보되었다는 뜻이기 때문이다. 독자층이 얼마나 큰지 보여줄 수 있다면 출판사를 더 쉽게 설득할 수 있다.

마지막으로 명확한 제안서를 작성해 두어야 한다. 우선 제안서의 글솜씨가 좋아야 하고 책의 목적, 대상 독자, 이 책이 성공할 수 있는 근거, 당신이 이 책의 적임자인 이유를 확실히 보여주어야 한다. 잡지 기사라면 제안서 대신 초록, 즉 기사의 내용을 짧게 요약한 글을 쓰면 된다. 제안서나 요약이 훌륭할수록 제안을 수락할 가능성이 커진다.

지휘 **글쓰기는 자신 없어요**

나도 자신이 없기는 마찬가지다. 그러나 지금 나는 이 책을 쓰고 있다. 학교 다니는 내내 가장 못한 과목이 작문이었다. 수학, 과학뿐 아니라 역사마저도 고급반에 속했지만, 작문은 간신히 평균을 왔다 갔다 하는 수준이었다. 지금처럼 글쓰기가 경력에서 많은 부분을 차지하는 날이 오리라고는 상상조차 못 했다.

어떻게 이렇게 되었는지 궁금한가? 나는 블로그를 시작한 이후 하루도 빠짐없이 글을 쓴다. 초창기 글은 형편없었지만 점차 나아졌다. 물론 지금도 위대한 작가가 되었다고 생각하지는 않는다. 여전히 어렵다고 느낄 때도 있지만 적어도 내 생각과 아이디어를 표현하는 방법은 깨우쳤다고 생각한다.

글을 잘 쓰지 못해도 괜찮다. 걱정은 버려라. 일단 쓰면서 꾸준히 연습하는 것이 중요하다. 시간이 지나면 점점 나아질 것이다.

자가 출판

꼭 일반적인 방법으로 책을 낼 필요는 없다. 요즘은 자가 출판으로 성공하는 사례도 많다. 특히 독자층이 분명한 책이라면 말이다. 나도 이 책을 내기 전에 자가 출판으로 책을 몇 권 내서 내 책을 스스로 판매하는 방법을 배울 수 있었다. 큰 출판사 수준의 자원과 유통망을 갖추지 못한 대신 많은 경비를 쓸 일도 없고 수익이 대부분 내게 돌아온다는 장점도 있다.

처음에는 자가 출판으로 시작하는 것도 좋다. 혼자 할 수 있고 쉽다는 게 장점이다. 마감 준수를 요구하는 출판사와 실제로 계약하기 전에 책을 쓸 역량이 있는지 확인해볼 좋은 방법이기도 하다.

자가 출판에 활용할 수 있는 서비스도 많다. 개발자에게 유명한 서비스로는 '린펍Leanpub'이 있다. 문서를 간단히 꾸밀 수 있는 마크다운Markdown이라는 언어로 글을 쓰면 린펍이 책 형태로 만들어서 판매하고 수익금을 거둬들인다. 그 대신 수익 일부를 수수료로 내야 하는데 수수료 비율도 꽤 낮은 편이다.

아마존 킨들의 자가 출판 프로그램인 'Kindle Direct Publishing'을 이용하면 책을 아마존에 쉽게 올릴 수 있다. '스매시워즈Smashwords', '북베이비BookBaby' 같은 서비스는 아마존을 포함해 다양한 경로에 책을 유통해준다. 이런 서비스는 책을 전자책 포맷으로 변환해 주기도 한다.

물론 전통 출판 방식에 따라 낸 책이 신뢰성 면에서는 더 도움이 될 것이다. 하지만 자가 출판으로 내더라도 이름을 널리 알리는 데는 도움이 된다. 그리고 부수입도 꽤 올릴 수 있다. 내 주변에는 자가 출판을 통해 매년 10,000~20,000달러의 수익을 올리는 지인이 두 명이나 있다.

실천하기

- 아마존에서 소프트웨어 개발 도서 중 베스트셀러를 보고 어떤 책이 많이 팔리는지 확인하라.
- 책을 쓰기 전에 잡지 기사처럼 짧은 글에 먼저 도전하라. 크게 유명하지 않은 소프트웨어 개발 관련 잡지를 찾아서 기사 요약을 보내보라.

Part 3

학습

교육의 진정한 효과는 학교에서 배운 모든 것을 망각한 후에 드러난다.

– 알버트 아인슈타인Albert Einstein

소프트웨어 개발 분야는 항상 변한다. 매일 새로운 기술이 등장하기 때문에 어제 배운 것이 오늘은 무의미해진다.

이렇게 빨리 변하는 분야에서 살아남으려면 학습 능력이 매우 중요하다. 고인 물처럼, 기술을 발전시키지 않는 소프트웨어 개발자는 금세 뒤처져 구닥다리 레거시 시스템 작업이나 담당하게 된다. 이런 운명을 맞이하고 싶지 않다면 학습 방법을 배워라.

3부에서는 독학할 수 있는 방법을 가르치는 것이 목표다. 새로운 기술을 빨리 익힐 수 있게 도와주는 10단계 학습법을 알려주겠다. 나는 이 방법을 활용해서 1년 만에 개발자 교육과정을 30개나 만들었다. 멘토를 찾는 방법, 다른 이의 멘토가 되는 방법, 잠재력을 최대치로 끌어올려 정보를 스펀지처럼 흡수하는 방법에 관해 유용한 조언을 해주겠다.

CHAPTER

27

학습 방법 익히기

학교교육에 문제가 있다는 말을 하고 싶지는 않다. 하지만 학교에서 굳어진 학습 습관 때문에 졸업하고 나면 더 이상 배울 필요가 없다고 생각하거나 스스로 배우지 못하고 가르쳐주는 사람이 있어야만 배울 수 있다고 생각하는 것은 문제다. 이렇게 생각하면 기술이나 지식이 발전할 여지가 제한되므로 결과적으로 큰 손해를 본다.

소프트웨어 개발자라면 반드시 혼자 공부하는 법을 익혀야 한다. 주니어급 웹 개발자가 되려면 프로그래밍 언어를 최소 세 개는 알아야 한다. 매일 새로운 기술이 등장하는 소프트웨어 개발 분야에서 살아남으려면 독학은 필수 기술일 수밖에 없다.

독학하는 법은 학교에서 배울 수 없다. 학교교육 시스템은 개인이 아닌 집단을 대상으로 한다. 집단을 쉽게 관리하기 위해 선생님 말씀을 잘 듣고 따라야 제대로 배울 수 있다고 가르친다. 따라서 독학하는 법은 독학으로 익힐 수밖에 없다.

학습 과정 해부하기

사람은 어떻게 학습하는지, 학습한다는 게 어떤 의미인지 고민해본 적이 있는가? 사람들은 흥미를 느끼는 주제는 거의 무의식적으로 배운다. 그래서 흥미롭게 들은 이야기는 대체로 일부러 적어두거나 외우지 않아도 다른 사람에게 그대로 전할 수 있다.

무언가를 배울 때는 직접 해보는 게 가장 좋다. 눈으로 보기만 하면 금세 잊어버리는 것도 몸으로 해보면 기억할 확률이 높아진다. 여기서 한 걸음 더 나아가 배웠던 것을 다른 사람에게 가르치면 기억을 더 잘하는 수준을 넘어서 내용을 깊이 있게 이해할 수 있다. 사람마다 학습 방법이 다르다는 주장도 낭설이라고 한다. 직접 해보거나 다른 사람을 가르치는 능동적 학습 방법은 다른 방법보다 효과가 큰, 최고의 방법이다.

> 교육의 궁극적인 목표는 지식을 쌓는 게 아니라 행동하는 데 있다.
>
> – 허버트 스펜서Herbert Spencer

이렇게 생각해보자. 한 번도 자전거를 타보지 않은 사람이 자전거를 처음 타면 십중팔구 넘어질 것이다. 자전거 타는 방법을 설명한 책이나 동영상을 보고, 심지어 자전거 역학에 관한 강의를 듣는다 해도 결과는 매한가지다. 자전거에 대해, 자전거를 타는 방법에 대해, 어떤 자전거가 가장 좋은지에 대해 잘 안다 해도 실제로 연습하지 않는다면 자전거 타는 방법은 배울 수 없다.

그런데 소프트웨어 개발자는 프로그래밍 언어나 프레임워크 관련 기술 서적을 읽으면 책 속의 모든 정보를 습득하리라 기대한다. 그런 방법으로는 기껏해야 대상에 대한 정보를 축적할 뿐 기술을 제대로 익힐 수 없다.

독학하기

배우고 싶은 게 있을 때는 어떻게 해야 할까? 가장 좋은 방법은 배운 바를 행동에 옮기는 것이다. 나아가 배운 내용을 완전히 체득하고 더 깊이 있게 이해하려면 배운 내용을 다른 사람에게 가르치는 것이 좋다. 독학할 때는 배운 내용을 최대한 빨리 행동으로 옮기는 데 집중해야 한다.

배우려면 바로 실행에 옮기자. 설령 자신이 무엇을 하고 있는지 모르더라도 말이다. 지식이 충분히 쌓여서 대상을 가지고 놀 경지에 이르면 호기심과 창의성을 한껏 발휘해볼 수 있다. 인간은 활발하게 놀 때 더 많은 정보를 습득하고, 더 중요한 의문을 품곤 한다.

선뜻 와닿지 않을 수도 있지만, 놀이는 꽤 효과적인 학습 방법이다. 이런 예는 동물에게서 쉽게 찾아볼 수 있다. 새끼 동물은 많이 노는데, 놀면서 생존에 필요한 중요 기술을 익힌다. 새끼 고양이가 쥐 잡는 법을 어떻게 배우는지 본 적 있는가? 인간도 똑같다. 자기가 무엇을 하는지도 잘 모른 채 활발히 놀면서 배운다.

다른 예를 들어보겠다. 어릴 적 나는 '매직 더 개더링Magic the Gathering'이라는 카드 게임을 하곤 했다. 너무 재미있는 게임이라 몇 시간이고 지루한 줄 몰랐다. 재치와 창의성에 운까지 따라줘야 상대를 이길 수 있다는 사실이 날 사로잡았다.

어느 정도 시간이 지나자 게임에 사용하는 카드 수천 장을 거의 다 외우는 경지에 이르렀다. 카드 이름만 대면 역할과 승률까지 정확하게 읊을 수 있었다. 아직도 꽤 많은 카드 정보를 기억한다. 카드 수천 장을 놓고 일부러 공부해서 외웠을까? 당연히 아니다. 그럴 필요가 없었다. 그저 재미있게 게임을 했을 뿐이다. 자연스러운 탐구심, 호기심 덕분에 별다른 노력을 하지 않고도 방대한 정보를 기억할 수 있었다.

놀이를 하다 보면 동기부여가 될 뿐 아니라 학습 속도도 엄청나게 빨라진다. 어떤 대상에 대해 알고 싶을 때는 그에 관한 책을 읽기보다는 직접 가지고 놀기를 권한다. 제대로 하고 있는지 걱정하지 마라. 그저 재미있게 놀면서 어떤 부분이 궁금해지는지 확인하라.

놀다 보면 점점 궁금한 게 많아질 것이다. 그럴 때 정보를 찾아 읽으면 된다. 궁금해서 자료를 찾을 때는 알고 싶은 욕구가 충만하고, 답을 찾고자 하는 질문도 명확하다. 즉, 무엇이 중요한지 안다.

자료에서 배운 내용을 다시 놀이에 적용하라. 새롭게 알아낸 내용을 놀이에 잘 활용할 수 있는지, 고민하던 문제는 해결되었는지 확인하라. 다시 새로운 영역을 탐험하면서 새로운 질문을 찾아라. 이 과정을 반복하면 놀이를 통해 발견한 문제를 해결하면서 천천히 지식이 쌓인다. 이렇게 얻은 정보는 더 이상 단순한 글자가 아닌, 특별한 의미가 된다.

마지막으로 다른 사람을 가르쳐서 익힌 지식을 단단히 다져라. 지식을 쌓고 나면 막 배운 재미있는 지식을 누군가에게 알려주고 싶어 입이 근질근질해진다. 바로 이런 게 놀이의 위력이다. 가르친다고 해서 꼭 거창할 필요는 없다. 배우자와 대화하는 것, 블로그에 글을 쓰는 것도 모두 가르치는 일에 포함된다. 습득한 정보를 당신의 언어로 정리해서 밖으로 꺼낸다는 것이 중요하다.

이러한 생각을 바탕으로 10단계 학습법을 개발했다. 자세한 내용은 이어지는 장에서 설명하겠다. 당신이 학습을 시작하기 전에, 조금 더 형식을 갖추고 배울 내용을 정리하도록 도와줄 몇 가지 준비 과정을 도입했다. 하지만 핵심 원리는 놀고 실험하며 배운 내용을 다른 사람에게 가르치는 것이다. 누구에게나 자연스러운 이 간단한 절차가 독학을 통해 무언가 배우는 가장 순수하고 단순한 방법이다.

실천하기

- 최근에 독학한 것은 무엇인가? 어떤 방법을 사용했는가?
- 최근에 어떤 취미나 관심사 때문에 무척 흥분되었던 적이 있는가? 그 취미나 관심사에 대해 얼마나 알고 있는가? 배우기 위해 엄청나게 노력했는가? 아니면 놀이하듯 자연스럽게 배웠는가?

CHAPTER

28

10단계 학습법

나는 지난 수년간 새로운 기술, 프로그래밍 언어, 프레임워크 등을 빠르게 익혀야 한다는 어마어마한 압박에 시달렸다. 내가 자초한 일이긴 했다. 능력을 크게 넘어서는 일에 다짜고짜 뛰어든 건 나였으니 말이다. 이유야 어쨌든지 그 덕분에 독학용 반복 시스템을 개발할 수밖에 없었다.

무엇이든 빠르게 익힐 수 있는 10단계 학습법을 총 세 개의 장을 통해 소개할 생각이다. 우선 정확히 어떤 시스템이고 어떻게 진행하는지 설명해 주겠다.

기본 개념

개발자가 된 초기에는 관련 도서를 찾아서 처음부터 끝까지 꼼꼼히 읽은 후에 실습해보는 방식으로 공부했다. 이 학습법은 속도가 매우 느렸고, 중간에 모르는 부분들이 등장해서 책을 자주 뒤적여봐야 했다.

구체적인 목표가 없고 시간이 충분할 때는 이렇게 학습해도 큰 문제가 없었다. 어쨌든 결국에는 원하는 것을 배울 수 있었고, 시간이 들어서 그렇지 책을 꼼꼼히 읽는 것도 어렵지 않았다. 하지만 빨리 배워야 한다는 압박을 느끼는 상황이 늘어나면서 이 방법의 문제점이 드러났다. 책을 다 읽을 시간이 점점 없어졌고, 책에 담긴 내용을 학습한다기보다 참고용으로만 활용하는 경우도 많아졌다.

배워야 하는 내용을 짧은 시간에 독학으로 익힐 좋은 방법을 찾아야 했다. 때로는 일주일 남짓한 시간에 특정 주제를 제대로 습득한 뒤 다른 사람을 가르쳐야 하는 상황도 발생했다. 이러한 상황이 되자 배워야 하는 내용이 무엇인지 알아내고, 꼭 필요한 정보만 담긴 가장 좋은 자료를 찾아야 했다.

기술을 익히는 데 필요한 세 가지 핵심 사항은 다음과 같다.

1. **출발점** – 배우려 하는 기술을 사용하기 위해 알아야 할 기본 사항은 무엇인가?
2. **학습 범위** – 배워야 하는 범위는 어느 정도인가? 배운 내용을 어떻게 활용할 수 있는가? 자세한 내용은 나중에 더 찾아볼 수 있으므로 처음부터 모든 내용을 상세히 배울 필요는 없다. 그 기술로 어떤 일을 할 수 있는지 큰 그림을 볼 수 있으면 된다.
3. **기본 사용법** – 해당 기술을 제대로 사용하게 되었을 때 기본적인 이용 사례와 가장 흔하게 접하는 상황은 무엇인가? 평소에 80퍼센트 비중으로 사용하게 될 20퍼센트의 핵심 기술은 무엇인가?

출발점, 학습 범위, 기본 사용법만 알면 어떤 기술이든 쓸 수 있다. 나머지 부분은 차차 익히면 된다. 처음부터 세세한 부분까지 배우려 들면 중요한 부분과 그렇지 않은 부분이 섞여버려서 시간을 낭비한다. 하지만 이 방법을 활용하면 진짜 중요한 부분에 집중할 수 있다. 부족한 부분은 더 자세한 내용이 필요한 순간에 참고 자료를 찾아서 보충하면 된다. 기술 서적을 처음부터 끝까지 꼼꼼히 읽더라도 실제 활용하는 부분은 매우 적은 경우가 많지 않던가?

나는 이런 방법을 활용해서 프로그래밍 언어 'Go'*를 몇 주 정도의 짧은 시간에 배운 경험이 있다. 이 언어로 할 수 있는 일의 큰 그림을 보고 싶어서 처음에는 Go를 활용한 코드 작성법을 빠르게 배우는 데만 집중했다. 그러자 Go의 범위가 얼마나 큰지, 사용할 수 있는 라이브러리는 무엇이 있는지 대략 이해할 수 있었다. 그 후에는 필요할 때마다 익혀둔 지식을 확장해서 활용할 수 있었다.

10단계 학습법

이 세 핵심 사항의 조각을 맞추는 것은 예상만큼 호락호락하지 않았다. 새로운 기술의 사용법 익히기, 80퍼센트 비중으로 사용할 20퍼센트 핵심 부분 찾아내기, 기술 범위를 간략히 소개하는 글 찾기 등 헤쳐 나갈 난관이 많았다. 이러한 정보를 찾으려면 심지어 책을 여러 권 읽어야 할 때도 있었다.

이러한 문제를 해결하기 위해 필요한 정보를 확실히 찾을 수 있도록 미리 조사를 해둔 후, 다음 단계로 나아가는 데 지장이 없도록 모아둔 정보를 정리해 두어야 했다.

10단계 학습법은 크게 둘로 나뉘는데 앞부분에 해당하는 1~6단계는 다음과 같이 진행한다. 우선 자신이 모르는 부분이 어딘지 파악할 수 있을 정도로 기본부터 이해한 뒤 그 정보를 활용해 어느 범위까지, 어떤 수준까지 학습할 것인지 정한다. 다음에는 학습에 도움이 될 다양한 자료를 찾는다. 마지막으로 학습 계획을 세우고 목표를 이루는 데 실제 도움이 될 만한 자료만 선별한다.

* 2009년 구글에서 발표한 프로그래밍 언어다.

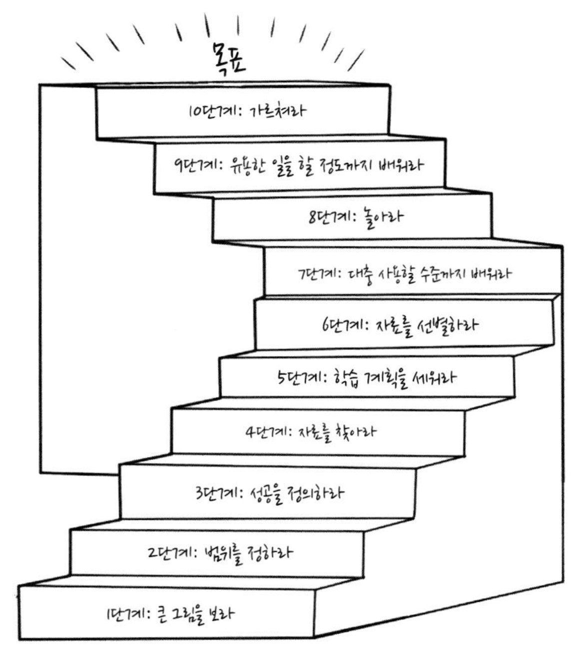

10단계 학습법

이러한 기초 작업으로 무엇을 어떻게 배울지 정하면 이제 7~10단계에 해당하는 뒷부분이 시작된다. 여기에 이르면 한 단계씩 학습 계획을 지켜 나가면서 '배우고 실습하고 배우고 가르치는LDLT: Learn, Do, Learn, Teach' 절차를 실행한다. 이렇게 목표에 더 가까워질수록 해당 분야에 대한 이해가 깊어진다.

1~6단계에서는 조사에 집중하며 반복 없이 한 번만 진행한다. 하지만 7~10단계는 모듈별로 반복한다. 단순히 강의나 서적에서 정보를 습득하는 데 그치지 않고, 명확한 성취 목표를 설정한 후 실습해보며 그 목표를 향해 꾸준히 나아가므로 이 학습법은 효과적일 수밖에 없다.

이 방법이 무언가를 빠르게 배울 유일한 길일까? 혹은 이 방법에 어떤 신비로운 능력이 있는 것일까? 물론 그렇지는 않다. 하지만 실용적인 방법임에는 틀림없다. 정말 중요한 부분만 선별해서 공부하므로 무엇이든 빠르게 배울 수 있다. 또 놀이를 통해 스스로 깨우친 내용을 다른 사람에게 가르치는 방법을 활용하므로 정보가 당신의 뇌에 단단히 새겨진다. 이어지는 두 개의 장을 통해 실제 과정에 대해 자세히 다룰 텐데, 세부 내용은 마음껏 고쳐 써도 좋다. 마음에 들지 않거나 효과가 없는 부분은 빼고 자신에게 잘 맞는 부분만 남겨라. 자신에게 가장 적합한 독학 방법은 스스로 깨우쳐야 한다. 당신의 미래는 바로 거기에 달려 있다.

실천하기

익숙한 기술을 하나 골라서 다음 항목을 정의해보라.

- 처음 배울 때 알아야 할 기본 내용은 무엇인가?
- 배워야 하는 범위는 어느 정도인가?
- 80퍼센트 비중으로 사용하게 될 20퍼센트의 핵심 기술은 무엇인가?

CHAPTER

29

1~6단계: 한 번 실행하라

1~6단계는 무엇을 어떻게 배울지 정확히 알기 위한 사전 조사 단계다. 목표 달성에 도움이 될 자료를 선별하고, 계획을 세울 것이다.

1~6단계는 학습 주제별로 한 번만 하면 된다. 7~10단계는 5단계에서 세운 학습 계획에 따라 모듈별로 반복해서 실행한다. 1~6단계는 비록 한 번만 실행하지만 미래의 성패가 달린 중요한 단계다. 1~6단계를 거치면 선정한 주제를 공부할 준비가 끝난다. 기초를 잘 다질수록 목표를 더 쉽게 달성할 수 있다.

1단계: 큰 그림을 보라

학습은 원래 어렵다. 무언가를 처음 배울 때는 무엇을 배워야 할지조차 알 수가 없다. 전 미국방장관 도널드 럼즈펠드Donald Rumsfeld는 이를 "unknown unknowns(무엇을 모르는지 모른다)."라고 표현했다.

보통은 자신이 무엇을 모르는지도 모르는 상태로 책을 읽기 시작한다. 그래서 무엇을 모르는지 찾는 일은 나중으로 미뤄진다. 하지만 이런 방식으로 접근하면 내용을 잘못 이해할 가능성이 매우 크다. 선정한 주제에 관해 최소한의 지식은 갖춘 상태에서 공부를 시작하는 게 좋다. 그래야 부족한 부분이 정확히 어디인지, 그 부분을 메꿀 가장 좋은 방법은 무엇인지 스스로 알아낼 수 있기 때문이다.

1단계는 배울 주제의 큰 그림을 보는 단계다. 시야를 넓혀서 전체적으로 주제를 바라보라. 무엇을 모르는지, 주제의 범위가 얼마나 넓은지 이해되는가?

디지털 사진을 공부하기로 했다고 가정해보자. 우선 인터넷으로 디지털 사진을 검색하여 블로그 글이나 기사를 훑어보기 시작할 것이다. 아마 몇 시간 정도 조사하면 디지털 사진이라는 주제의 범위가 어느 정도인지, 하위 주제로는 무엇이 있는지 알 수 있을 것이다.

주제에 관한 기본 조사가 완료되면 1단계가 마무리된다. 인터넷 검색을 주된 방법으로 활용하되 혹시 관련 도서가 있다면 서론 정도는 읽어보면서 전체 내용을 훑어보라. 하지만 시간을 너무 많이 쓰지 않도록 주의하라. 앞에서 이야기했듯이 1단계의 목표는 학습에 들어가는 게 아니다. 앞으로 배울 주제에 어떤 내용들이 있는지, 범위가 어느 정도 되는지 큰 그림을 보는 일에 주력하라.

2단계: 범위를 정하라

선택한 주제가 어떠한지, 범위는 어느 정도인지 기본 개념을 잡았으니 이제 집중적으로 학습할 영역을 명확히 정하자. 어떤 일을 하든지 범위부터 명확히 정의해야 한다. 학습도 마찬가지다.

디지털 사진을 배우기로 했다는 가정을 이어가보자. 이쯤 되면 학습해야 할 분량이 정확히 어느 정도인지, 어떻게 나눠서 공부해야 할지 알고 싶을 것이다. 짧은 시간 안에 디지털 사진에 관한 것을 전부 배우기란 불가능하다. 그러므로 어떤 영역에 집중해서 어느 정도 범위까지 배울지 미리 정해야 한다. 가장 관심 있는 분야가 인물 사진이라면 아예 인물 사진으로 범위를 한정하는 게 좋다.

너무 방대한 주제를 탐구하겠다고 덤비다가는 포기하기 십상이다. 예를 들어보겠다. '물리학'을 배우겠다는 결심은 비현실적이다. 집중해서 배우기에는 너무 방대한 주제이므로 주의가 흐트러지기 쉽다. 아마 일생을 바쳐도 물리학의 모든 분야를 배우기는 어려울 것이다. 배우려는 범위를 명확히 해야 한다. 앞 단계에서 얻은 정보를 활용해서 집중적으로 학습할 영역을 선택하여 현실적인 목표를 세워라.

방대한 주제를 작은 영역으로 나눌 수 있는 몇 가지 예를 살펴보자.

원래 주제 대 적당한 크기로 나눈 주제

- **C# 배우기**: 간단한 콘솔 응용 프로그램 제작에 필요한 C# 기초 배우기
- **사진 배우기**: 인물 사진 촬영용 디지털 사진 기술 배우기
- **리눅스 배우기**: 우분투 리눅스 설치 및 설정 방법과 기본 기능 배우기

각 예는 C# 같은 광범위한 주제를 작은 주제로 나누었다. 무한대로 늘어날 수 있는 주제를 초점이 명확한 범위로 좁힌 것이다. 작은 주제에는 학습 목적 또한 적어두었다. 사진 배우기는 디지털 사진으로 범위를 한정하고, 인물 사진을 배우겠다는 목적을 명시했다. 목적이 있으면 그에 맞춰 학습하므로 범위를 정의하는 데 도움이 된다.

2단계에서는 1단계에서 모은 정보를 활용해서 배우려는 영역을 적절한 크

기로 줄여야 한다. 학습 목적을 생각해서 적정 학습 범위를 설정하라.

학습 범위를 넓혀 다양한 하위 분야를 접하고 싶다는 유혹을 느낄 수도 있다. 하지만 유혹을 이겨내고 최대한 목적에 맞는 영역에 집중하도록 노력하라. 한 번에 하나씩 배우는 수밖에 없다. 목표를 달성한 후에 해당 주제에 속하는 다른 하위 분야를 선택해서 더 배우면 된다. 일단은 가능한 한 좁은 범위의 주제를 설정해서 이를 달성하는 데 집중하라.

범위를 정하기 어려울 때는 시간부터 제한하라. 시간이 일주일밖에 없다면 그 시간 안에 학습할 수 있는 양은 정해져 있다. 몇 달의 여유가 있다면 조금 더 큰 주제를 택해도 될 것이다. 배우는 이유, 쓸 수 있는 시간을 고려해서 적정한 범위로 주제를 한정하라.

3단계: 성공을 정의하라

성공을 정의하기 전에는 목표를 정할 수도 없고, 목표를 달성했다는 사실을 확인할 수도 없다. 학습에 돌입하기 전에 성공 기준을 명확히 정의하라. 목표가 무엇인지 정확히 알면 목표에서부터 거슬러 오면서 목표에 이르는 길을 생각해볼 수 있다.

디지털 사진의 예로 돌아가보자. 가지고 있는 디지털카메라의 모든 기능을 익히고 각 기능을 언제, 어떤 이유로 사용하는지 다른 사람에게 설명할 수 있을 정도로 배우는 것을 성공 기준으로 삼을 수 있다.

열심히 노력해서 도달할 성공을 명확하고 간결하게 한 문장으로 정의하는 것이 3단계의 목표다. 무엇을 배우는지에 따라 문장은 달라질 것이다. 어쨌든 성공 기준을 명확하게 잡아 목표 달성 여부를 잘 평가할 수 있어야 한다.

좋은 기준은 모호하지 않고 명확하다. 성취하려는 바를 애매모호하게 정의하지 말고 목표를 성취했을 때 이룰 결과 혹은 결과물을 명시하라. 성공 기준의 나쁜 예와 좋은 예를 소개하자면 다음과 같다.

나쁜 기준

- C# 기초를 배우겠다.
- 디지털카메라로 좋은 사진을 찍겠다.
- HTML로 웹 페이지 만드는 법을 익히겠다.

좋은 기준

- C#의 주요 기능을 활용해서 간단한 응용 프로그램을 만들겠다.
- 내 디지털카메라의 모든 기능이 각각 어디에 있는지, 각 기능을 어떤 상황에서 어떤 이유로 쓰는지 익히겠다.
- HTML5를 활용해서 이력서와 포트폴리오를 담은 내 홈페이지를 만들겠다.

성공 기준은 학습을 통해 달성할 목표에 따라 정해야 한다. 모든 단계를 마쳤을 때 목표를 이루었는지 확인할 수 있게 하라. 구체적인 목표를 제시해서 꾸준히 학습하는 데도 도움이 되어야 좋은 목표다.

4단계: 자료를 찾아라

학창 시절 리포트를 제출하곤 했을 것이다. 어떤 학생이 딱 한 권만 참고해서 리포트를 쓴다면 어떤 평가를 받을까? 아마 'F'를 받을 것이다. 달랑 책 한 권, 자료 하나만 보고도 충분히 조사했다고 생각하는 태도는 졸업한 뒤에도 좋은 평가를 받지 못한다.

디지털 사진을 공부하는 사람이라면 일단 카메라 사용 설명서를 읽어볼 것이다. 하지만 그게 전부라고 생각하면 오산이다. 인터넷에는 디지털 사진과 관련한 다양한 웹 사이트가 있다. 특정 브랜드의 카메라를 다룬 사이트도 있을 것이다. 디지털 사진과 관련한 책을 찾아서 볼 수도 있고, 전문가를 찾아서 조언을 구할 수도 있다.

선택한 주제에 대해 최대한 다양한 자료를 찾아보도록 노력하라. 꼭 책이 아니어도 좋다. 요즘은 인터넷에도 다양한 콘텐츠가 있으므로 어떤 주제를 선택하든지 손쉽게 수많은 자료를 찾을 수 있다.

4단계에서는 선택한 주제에 관해 가능한 한 많은 자료를 찾아라. 이때 자료의 수준은 크게 신경 쓰지 마라. 브레인스토밍 단계라고 생각하면 된다. 나중에 가장 적합한 자료를 선별하는 과정이 있다. 지금은 최대한 다양한 자료를 모으는 것에 집중하라.

인터넷 검색도 좋은 방법이다. 나는 보통 아마존에 관련 서적이 얼마나 있는지부터 확인한다. 그리고 구글에서 동영상, 블로그 글, 팟캐스트 등 다른 유형의 콘텐츠가 있는지도 확인한다. 고전적인 방법을 택해 도서관에 가 보는 것도 좋다. 어떤 방법을 써도 좋으니 다양한 자료를 모으는 데 집중하라. 한 가지 자료에만 기대어 편견을 갖지 않도록 주의하면서 최대한 많은 자료를 접하도록 노력하라.

자료의 종류

- 책
- 블로그 글
- 온라인 동영상
- 해당 주제의 전문가
- 팟캐스트
- 소스 코드
- 프로젝트 사례
- 온라인 콘텐츠

5단계: 학습 계획을 세워라

책은 보통 여러 장으로 나뉘어 있다. 장이 진행될수록 내용이 점진적으로 전개된다는 사실을 알고 있는가? 좋은 기술 서적이라면 각 장에서 다음 장에 나올 내용의 기초를 다져놓는다.

자료는 모았으니 이제 이것을 참고로 무엇을 어떤 순서로 배울지 정리할 차례다.

이쯤 되면 디지털 사진의 어떤 하위 분야를 공부할지 고를 수 있어야 한다. 훑어본 자료를 바탕으로 디지털 사진이라는 큰 주제를 작은 주제로 나눌 수 있어야 한다.

어떤 주제든지 학습 순서는 어느 정도 정해져 있기 마련이다. A에서 시작해서 B로 갔다가 마지막에 Z에 도달하는 순서 말이다. 무작위로 습득한 정보 조각은 큰 도움이 되지 않는다. A 지점에서 Z 지점까지, 모든 주요 지점을 빠뜨리지 않고 최소의 시간을 들여서 순서대로 밟아올 올바른 길을 찾아야 한다.

5단계에서는 자신만의 학습 순서를 찾아라. 선정한 주제로 책의 목차를 잡는다고 생각해보라. 실제로 학습 순서는 책의 목차와 매우 비슷하다. 최종 목표에 도달하기까지 한 단계씩 학습해나갈 일련의 모듈을 만든다고 생각하라.

나는 5단계에 이르면 4단계에서 고른 책 여러 권을 뒤적이며 목차를 살펴본다. 배울 주제를 다른 사람이 어떻게 가르치는지 보면 학습 계획을 세우는 데 도움이 된다. 만약 저자가 다른 책 다섯 권이 똑같은 콘텐츠 모듈을 같은 순서로 정리했다면 이와 비슷한 학습 계획을 세우는 게 좋다.

특정 책의 목차 그대로 학습 계획으로 쓰라는 뜻은 아니다. 필요하지 않은 내용이 포함된 책, 정리가 잘 되어 있지 않은 책도 많다. 이런 자료는 익혀야 할 내용이 무엇인지, 어떤 순서로 익혀야 할지 큰 그림을 보는 데 참고할 용도로만 사용하는 게 좋다.

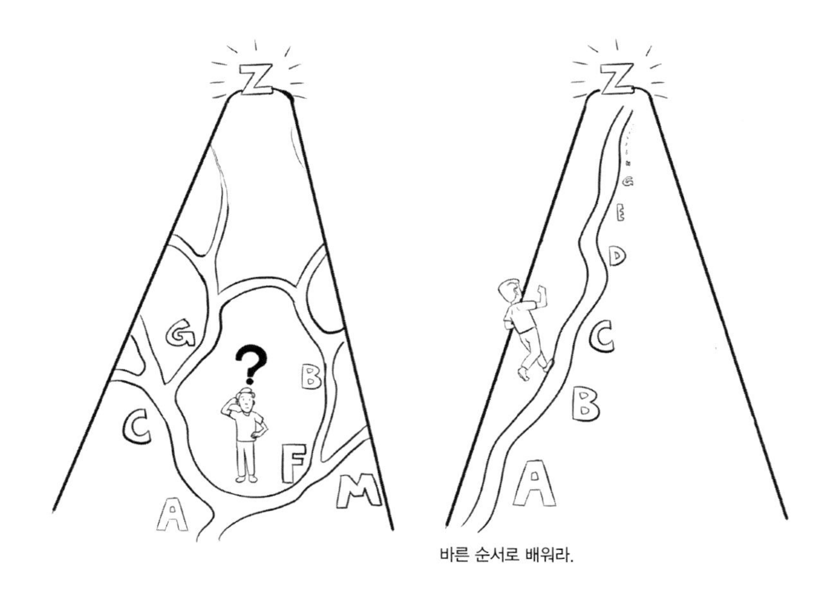

바른 순서로 배워라.

6단계: 자료를 선별하라

학습 범위와 순서를 깨달았으니 이제 자료를 선택할 차례다. 4단계에서 주제와 관련한 자료를 최대한 많이 모았다. 5단계에서는 이를 활용해 학습 계획을 세웠다. 이제 자료 중에서 목표 달성에 도움이 될 가치 있는 자료만 고를 시간이다.

디지털 사진과 관련한 책, 블로그 등 다양한 자료를 모았을 것이다. 하지만 모든 자료가 학습 계획에 적합할 리 없으니 모든 자료를 활용하는 일은 불가능하기도 하고, 불필요하기도 하다.

책 10권, 블로그 포스트 50개를 모두 읽는 수고를 할 필요는 없다. 그렇게 하면 중복되는 정보가 많을 것이다. 그러므로 설정한 목표를 이루는 데 가장 도움이 되는 자료만 골라라.

출전 선수를 선발하는 농구 코치가 되었다고 상상해보면 쉽다. 모든 선수에게 기회를 주고 싶어도 모든 선수를 코트에 내보낼 수는 없다. 감당할 만한 수준까지 자료의 양을 줄여라.

6단계에서는 4단계에서 모은 모든 자료를 검토해 학습 계획에 적합한 자료를 찾는 데 집중하라. 자료의 품질도 검증하라. 나는 책을 살 때 아마존 후기를 참고해서 가격 대비 가장 만족도가 높으리라 예상되는 한두 권으로 추린다.

6단계까지 완료하면 학습 계획의 첫 번째 모듈을 시작할 준비를 마친 셈이다. 7~10단계는 학습 계획의 각 모듈을 목적지에 도달할 때까지 반복할 것이다.

실천하기

- 배우고 싶은 주제를 하나 골라서 1~6단계를 직접 해보라. 학습법을 익히기 위한 연습이니 간단한 주제를 고르기 바란다. 단순히 읽는 것만으로는 별 도움이 되지 않으니 꼭 직접 해보라.

CHAPTER

30

7~10단계: 반복해서 실행하라

이제 재미있는 단계다. 다음 4개의 단계는 학습 계획에 정의한 모듈별로 반복해서 실행한다. 7~10단계의 목표는 '배우고 실습하고 배우고 가르치는' 절차를 통해 학습하는 것이다. 우선 놀이를 시작할 수 있는 수준까지만 기술을 배운 뒤, 가지고 놀듯이 실제로 써보면서 궁금한 부분을 정리한다. 그리고 그 기술을 잘 활용할 수 있을 정도까지 더 배워라. 마지막으로 배운 내용을 다른 이에게 가르쳐라. 가르치는 과정을 통해 이미 배운 내용을 더욱 깊이 이해하고 확실히 기억할 수 있게 될 뿐 아니라 부족한 부분도 채울 수 있다.

7단계: 대충 사용할 수준까지 배워라

사람들은 무언가를 배울 때 흔히 두 가지 실수를 저지른다. 하나는 잘 모르는 상태에서 너무 빨리 실전에 뛰어드는 것이고, 또 하나는 너무 오래 준비하느라 행동에 옮길 적절한 시기를 놓치는 것이다. 이 둘 사이의 균형점을 잘 찾아서 알맞은 시점에 실전으로 돌입해야 학습 효과가 가장 크다. 누구나 그렇게 하기를 바랄 것이다.

7단계의 목표는 8단계에서 그 기술을 놀듯이 다뤄볼 수 있는 수준의 정보를 얻는 것이다. 프로그래밍 언어나 프레임워크 같은 기술을 예로 든다면 'Hello, world!' 같은 기본 프로그램을 만들거나 개발 환경을 설정하는 단계다. 만약 사진을 배운다면 다양한 광원과 각 광원이 내는 효과를 실험해 보는 정도의 단계에 해당한다.

7단계에서는 너무 깊은 내용까지 파고들지 않도록 주의하라. 모든 자료를 다 섭렵하고 싶다는 욕심이 들기 쉽다. 하지만 오히려 그러한 유혹에 넘어가지 않아야 성공에 가까워진다. 실제로 그 기술을 사용해보는 데 꼭 필요한 최소한의 내용만 배워라. 자료를 훑어보거나 요약, 소개 부분만 확인해서 어떤 기술인지 기본 정보를 습득하는 데만 집중하라.

새로 산 게임기에 팩을 꽂기 전에 설명서를 대충 훑어보고 바로 게임을 했던 적이 있는가? 7단계에서 배워야 하는 수준이 딱 그 정도다. 게임기를 조금 가지고 논 후에 다시 설명서를 꼼꼼히 보는 단계는 8단계에 해당한다. 7단계에서는 바로 게임을 시작할 정도의 기본 사항만 익히면 된다.

8단계: 놀아라

8단계는 재미있는 동시에 무서운 단계다. 말 그대로 놀면 되기 때문에 재미있다. 하지만 제한이 전혀 없다는 점에서는 무서울 수 있다. 8단계에서는 규칙이 없으므로 마음대로 하면 된다. 원하는 것은 무엇이든 해보라.

얼핏 보기에는 8단계가 그다지 중요해 보이지 않는다. 하지만 기존의 학습 방법을 생각해보면 이 단계가 왜 중요한지 이해할 수 있다. 사람들은 대부분 책이나 동영상 등의 자료에서 최대한 많은 정보를 습득한 후에 행동에 옮기려 한다. 누군가 만들어둔 방법을 그대로 답습하는 셈이기 때문에 그 방법으로는 중요한 부분을 파악하기 어렵다.

8단계를 디지털 사진에서 빛의 효과를 배우는 사람에 빗대어보면, 빛을 바꿔가며 사진이 어떻게 달라지는지 실험해 본다거나 야외에서 빛이나 환경을 바꾸면서 사진을 찍어보는 단계다. 실험 결과는 실험이 끝나기 전에는 알 수 없다. 이런 방법으로 대상을 직접 탐구하면 다양한 질문이 떠오를 것이다.

내가 추천하는 방법은 모든 자료를 꼼꼼히 보기 전에 이처럼 먼저 대상을 가지고 놀며 실험해보는 것이다. 이 방법을 쓰면 대상을 실제로 경험하면서 배운다. 가지고 놀다 보면 자연스레 궁금증이 생긴다. 어떻게 작동되나? 이렇게 하면 어떤 결과가 나올까? 이 문제는 어떻게 풀어야 할까? 이런 궁금증을 따라가면 어떤 부분이 정말 중요한지 자연히 알게 된다. 자료를 확인한다는 것은 질문에 대한 답을 찾는 과정이나 다름없으므로 큰 보람을 느낄 뿐 아니라 중요한 부분을 잘 인지하고 있기 때문에 찾은 내용을 더 잘 기억한다.

8단계는 7단계에서 배운 내용을 토대로 실제 행동하는 단계다. 결과를 걱정하지 말고 편하게 탐색하라. 새로운 기술이나 프로그래밍 언어를 배우는 중이라면 이 단계에서 작은 프로젝트를 만들어서 어떤 결과가 나오는지 확인해보는 것도 좋다. 답을 찾지 못한 질문은 따로 적어두라. 그에 대한 답은 9단계에서 찾으면 된다.

9단계: 유용한 일을 할 정도까지 배워라

호기심은 학습에 꼭 필요한 요소다. 독학을 할 때는 특히 더 중요하다. 어린아이는 호기심 덕분에 매우 빠르게 학습한다. 어린아이는 세상이 어떻게 돌아가는지 궁금해하면서 끊임없이 세상을 이해하기 위해 질문한다. 안타깝게도 나이가 들수록 무엇이든 당연히 여기면서 그러한 호기심이 대부분 사라진다. 그래서 학습 속도가 느려지고 공부는 지루하다고 생각하게 된다.

9단계 목표는 잃어버린 호기심을 되찾는 것이다. 8단계에서 대상을 가지고 놀면서 스스로 답을 찾지 못한 질문도 있었기를 바란다. 이제 그 답을 찾을 차례다. 9단계에서는 모든 자료를 찾아보며 학습 대상을 깊이 있게 이해해야 한다.

디지털 사진의 예를 다시 들어보겠다. 8단계에서 빛 조절을 실험하며 궁금했던 점에 대한 답을 이제 찾아야 한다. 빛을 비롯해 디지털카메라를 가지고 노는 도중에 떠오른 질문의 답을 자료에서 모두 찾아보라.

독서, 동영상 시청, 다른 이에게 묻기 등 다양한 방법으로 선별한 자료를 모두 활용하여 8단계에서 궁금했던 질문의 답을 찾아라. 이때가 자료에 깊게 파고들어 가능한 한 많이 배우는 시기다.

언제든 8단계로 돌아가서 새로운 질문을 찾아봐도 좋다. 보고 듣고 실험하며 학습 대상을 완벽하게 이해할 때까지 충분히 시간을 들여라.

하지만 모은 자료를 전부 봐야 한다는 책임감은 갖지 않아도 된다. 궁금했던 답을 찾는 데 집중하라. 책을 처음부터 끝까지 꼼꼼하게 읽는다고 누가 금딱지를 주지 않는다. 자료는 학습 대상을 가지고 놀면서 궁금했던 내용을 찾는 도구에 불과하다.

3단계에서 정의한 성공 기준도 기억하라. 학습 내용이 최종 목표와 어떤 관련이 있는지 항상 떠올려라. 배우고 익히는 모든 모듈은 최종 목적지에 이르는 여정의 일부여야 의미가 있다.

10단계: 가르쳐라

> 내게 말하라. 그러면 잊을 것이오. 나를 가르쳐라. 그러면 기억할 것이오. 내가 직접 해보게 하라. 그러면 배울 것이다.
>
> – 벤자민 프랭클린Benjamin Franklin

가르치기를 두려워하는 사람이 많다. 다른 사람은 몰라도 과거의 나는 확실히 그랬다. 해볼까 싶다가도 내가 다른 사람에게 가르칠 자격이 있는지, 확실하게 아는 것인지, 자꾸 회의적인 생각이 들곤 했다. 하지만 어떤 주제를 깊이 이해하려면 가르쳐야 한다. 그것이 유일한 방법이다.

상대보다 한 걸음만 앞서 있어도 충분히 상대를 가르칠 수 있다. 배우는 사람보다 멀찍이 앞서가는 전문가는 배우는 사람의 입장을 이해할 수 없어서 가르치는 데 오히려 어려움을 느낄 수 있다. 초보자의 입장이 어떠한지 잘 모르므로 자신이 쉽다고 생각하는 부분은 대충 넘어가기 십상이다.

누군가에게 빛이 디지털 사진에 미치는 영향을 가르쳐보고 싶다면 여러 방법이 있다. 다양한 광원이 사진에 어떤 영향을 주는지 보여주는 간단한 동영상을 찍어서 유튜브에 올릴 수도 있다. 또는 친구나 동료 중에 이런 분야에 관심이 있는 사람을 찾아서 배운 내용을 설명해줄 수도 있다. 후자가 훨씬 더 간단할 것이다.

9단계에서는 안전지대를 벗어나 누군가를 실제 가르쳐보길 권한다. 배운 내용을 다른 사람에게 설명하는 일은 자신이 제대로 배웠는지 확인할 유일한 방법일 뿐 아니라 빠뜨린 부분을 찾아낼 좋은 방법이기도 하다. 다른 사람을 가르치기 위해 정보를 정리하다 보면 자신이 배운 주제를 분석하고 이해할 수 있다. 나도 누군가를 가르친 경험이 학습에 큰 도움이 되었을 뿐 아니라 경력과 전문성까지 크게 키워주었다.

배운 것을 다른 사람에게 가르칠 방법은 많다. 블로그에 글을 쓰고 유튜브에 동영상을 올려보라. 배운 내용을 가족에게 이야기해 주는 방법도 좋다. 핵심은 배운 내용을 다른 사람이 이해할 수 있도록 정리하는 시간을 갖는 것이다. 그러한 과정을 통해 이해했다고 생각한 많은 부분이 의외로 명확히 정리되어 있지 않다는 사실을 깨닫게 될 것이다. 또한, 배운 내용을 복습하다 보면 머릿속에 있던 정보들 간에 보이지 않던 연관성이 조금 더 보이기 시작하고 이를 더 단순한 형태로 만들 수 있다.

건너뛰고 싶다는 생각이 들더라도 반드시 해보길 바란다. 겉핥기로 공부하는 수준을 벗어나 깊이 있게 이해하고 오래 기억하는 데 큰 도움이 되기 때문이다.

가르치는 경험을 해볼 방법

- 블로그 글 작성하기
- 유튜브 동영상이나 튜토리얼 만들기
- 발표하기
- 친구나 가족과 대화하기
- 온라인 포럼에 올라온 질문에 답하기

마지막 조언

독학으로 배우려면 열심히 노력해야 하지만 그 길의 끝에는 값을 매길 수 없을 만큼 소중한 보상이 기다리고 있다. 10단계 학습법이 순식간에 사람을 똑똑하게 만들어주는 비법은 아니다. 그러나 체계적인 학습법이므로 단순히 호기심에 이끌려 배울 때보다 더 많은 내용을 습득할 수 있다.

당신에게 잘 맞지 않거나 불필요한 단계가 있으면 과감히 건너뛰어라. 중요한 것은 단계가 아니고 이 학습법의 기반이 되는 기본 개념이다. 핵심은 꾸준히 성과를 낼 수 있는 독학 시스템을 개발하는 것이다.

실천하기

- 29장에서 만든 학습 계획 모듈을 7~10단계에 적용하면서 학습 실험을 마무리한다.
- 실험 중에는 어떤 단계도 생략하지 마라. 우선 이 학습법이 자신에게 잘 맞는지 제대로 확인해 본 후에 수정하라.

CHAPTER

31

멘토 찾기

영웅이 등장하는 이야기나 영화에는 대부분 영웅의 성장기가 등장한다. 이때 영웅에게는 멘토가 있다. 멘토는 영웅에게 자신의 지혜를 나눠주고, 그가 성장할 수 있도록 도전 의식을 북돋는 역할을 한다.

소프트웨어 개발자에게도 멘토는 어마어마한 도움이 된다. 훌륭한 멘토는 온갖 시련을 겪으며 깨달은 조언을 해주므로 간접적으로 많은 것을 배울 수 있다. 멘토가 성패를 경험하며 이미 닦아놓은 길을 따라가는 것만으로 큰 교훈을 얻을 수 있다. 좋은 멘토가 있으면 기술 습득 속도 또한 훨씬 빨라진다.

하지만 원래 인생에 쉬운 일이란 없으므로 좋은 멘토를 찾는 일도 쉽지 않다. 엑스윙을 타고 데고바계까지 날아가는 정도*는 아니라 해도 어느 정도 수고를 감수해야 한다. 이 장에서는 어떤 멘토를 찾을지, 어떻게 찾아야 할지 살펴본다. 그리고 멘토에게 당신이 시간을 들일 가치가 있는

* 영화 〈스타워즈 에피소드 5: 제국의 역습〉에 주인공 루크 스카이워커가 R2D2와 함께 엑스윙을 타고 자신의 스승인 마스터 요다가 은둔하고 있는 데고바계에 가서 제다이가 되기 위해 수련받는 내용이 등장한다.

사람이며, 당신의 멘토가 되면 서로에게 윈윈이 된다고 설득할 방법을 알려주겠다.

멘토의 자질

멘토의 모습은 다양하다. 모순되게 들릴지 모르나 개인이 이룬 업적과 멘토로서의 능력이 항상 일치하지는 않는다. 선수에 비해 운동 능력이 떨어지는 프로 팀 코치나 감독, 운동을 그리 많이 하는 것처럼 보이지 않는 유명인들의 트레이너처럼 말이다. 수많은 사람에게 감동적으로 동기를 부여하는 강연자가 정작 자신은 그다지 훌륭하게 살지 못하는 일도 꽤 있다.

그렇다고 엉망진창으로 살아가는 실패자를 멘토로 삼으라는 말은 물론 아니다. 다만 자신이 대단한 성공을 이루지 못했다고 해서 좋은 멘토가 되지 못할 거라고 섣불리 판단하지 마라. 때로는 인생의 나락을 경험한 이들이 훌륭한 스승이 되는 일도 있으니 말이다.

알코올 중독자 갱생회AA: Alcoholics Anonymous나 종교 모임을 떠올려보자. 이런 모임의 멘토 중에는 한때 비참한 실패를 경험한 뒤 이를 극복하고 다른 사람의 회복을 도와주는 이들이 많다.

그러면 어떤 멘토를 찾아야 할까? 당신이 하려는 일을 성공적으로 해낸 사람이거나 타인이 그와 같은 성공을 거두도록 도와준 경험이 있는 사람을 찾아야 한다. 전자도 좋다. 하지만 후자가 더 훌륭한 멘토가 되는 경우가 많다. 다른 사람들이 자신의 목표를 이루도록 많은 도움을 준 사람일수록 당신에게도 똑같은 도움을 줄 수 있는 가능성 또한 크다.

그 사람에게 받는 인상과 실제 그 사람이 성취해서 증명한 것 사이에는 차이가 있다. 둘을 나누어 생각하는 일이 쉽지 않다는 것은 안다. 하지만 누군가에게 도움을 구할 때는 자기가 아는 것이 정답이라는 생각을 버려야 한다. 정말 정답을 알고 있다면 누구의 도움도 필요하지 않을 것이다. 당신의 분석이 틀릴 수 있다는 가능성을 열어두라. 멘토를 고를 때는 당신의 판단이 때로 틀릴 수 있다고 가정하고, 당신의 논리와 추측보다 상대가 성취한 바를 바탕으로 판단하라.

수영을 배울 때 어땠는가? 수영을 배우기 전에는 머릿속에 수영하는 방법이나 물의 위험성에 관한 온갖 잘못된 정보로 가득 차 있다. 몸이 물에 뜨지 않고 가라앉을 거라고 생각한다. 하지만 자신이 수영을 잘 모른다는 사실을 인정하고, 당신보다 훨씬 많이 알고 있는 수영 강사의 말을 믿어야 한다.

자신의 판단이나 추측보다는 성과를 기반으로 멘토를 선택하라. 당신이 하려는 바를 이미 성취했거나 당신보다 성공에 더 가까운 이를 찾아라. 이르려는 수준에 자신은 아직 도달하지 못했을지라도 다른 이가 도달하는 데 도움을 준 사람을 찾아라.

멘토의 자질 체크리스트

- 당신이 하려는 일을 해본 적 있는 사람인가?
- 당신이 하려는 일을 하도록 다른 이를 도와준 경험이 있는가?
- 어떤 일을 성취한 경험이 있는 사람인가?
- 당신과 잘 지낼 수 있는 성격인가?

멘토 찾기

이제 어떤 사람을 찾아야 되는지 알았으니 어디서 찾아야 할지를 알려주겠다. 입맛대로 빌려 쓸 수 있는 멘토 가게가 있다면 좋겠지만 아직 그런 곳은 없다(http://simpleprogrammer.com/ss-clarity에서 비슷한 서비스를 볼 수 있기는 하다. 시간당 보수를 주고 다양한 분야에서 활동하는 멘토와 대화를 나누거나 인생의 다양한 영역에 대해 조언을 구할 수 있는 코치를 고용해도 된다).

개인적으로 아는 사람, 친구나 가족의 지인 중에 찾을 수 있다면 가장 좋다. 직접 찾아보거나 다른 사람에게 물어보는 방법은 당신의 인맥 네트워크 안에 있는 멘토를 찾기에 좋은 방법이다. 직접 아는 사이이거나 가까운 지인과 아는 사이이므로 시간을 내줄 가능성이 크다는 것도 장점이다.

인적 네트워크의 범위가 좁아서 찾기 어렵다면 다른 방법을 강구해야 한다. R2D2와 함께 엑스윙에 오르기 전에, 살고 있는 지역의 모임부터 찾아보길 권한다. 지역마다 취미나 목표가 같은 사람들이 만나는 여러 종류의 모임이 있기 마련이다. 소프트웨어 개발자 멘토를 찾는다면 '밋업닷컴(Meetup.com)' 같은 사이트에서 우리 동네에 소프트웨어 개발자 모임이 있는지 확인해보라. 이 사이트에는 사업가 모임 또한 꽤 많은 편이다.

지역 모임에 모인 사람들의 기술 수준은 다양하다. 이러한 모임에는 지역사회 발전에 이바지할 기회를 찾거나 아니면 지도할 새 멘티를 찾는 백전노장 개발자도 있기 마련이다. 혹시 그룹 내에서 멘토를 찾을 수 없다 해도 멘토를 찾을 좋은 방법을 알려주거나 자신이 아는 적당한 사람을 소개해줄 사람은 만날 수 있을 것이다.

승진에 관심이 있는 사람은 근무하는 회사 내에서 멘토를 찾는 것도 현명한 방법이다. 자신의 상사나, 그 상사의 상사라도 좋다. 같은 회사에서 근무하는 시니어 개발자는 훌륭한 멘토가 될 수 있는데, 그들이 앞서 간 길을 그대로 따라갈 확률이 매우 높기 때문이다. 그리고 회사 내 높은 지위에 있는 이와 인맥이 있어서 나쁠 일은 없다. 하지만 분명 조심해야 할 부분이 있다. 상사는 당신이 더 좋은 회사를 찾아 퇴사할까 봐 멘토링해 주고 싶은 마음이 없을 수 있다.

이러한 안타까운 역학 관계 때문에 심지어 의도적으로 당신의 발전을 방해하려는 사람도 있을 수 있다. 하지만 나는 '상사'이자 내 회사를 운영하는 사업가로서 이렇게 말하고 싶다. 나는 사람들이 결국 퇴사할 수밖에 없을 정도로 훌륭해지길 바란다. 왜냐고? 그렇게 떠난 이들은 나에게 좋은 사람들을 보내줄 것이고 이들은 발전하면서 놀라운 업적을 남길 것이기 때문이다. 게다가 세상에는 업보라는 것이 있는데 제로섬 게임의 관점을 버리고 사람들을 선의로 대할 때 좋은 업을 쌓을 수 있다. 핵심은 상대가 어떤 의도를 가지고 있는지 잘 알아야 한다는 것이다.

가상 멘토

이 모든 방법을 다 써도 멘토를 찾을 수 없다면 어떻게 해야 할까? 그럴 때는 직접 멘토를 만들 수도 있다.

내가 부동산 투자 분야에 처음 발을 들일 무렵 내 주변에서는 경험자를 찾을 수 없었다. 부동산 투자 전문가를 아는 것도 아니었고, 부동산 투자자 지역 모임에 가입할 생각도 못 했다. 그래서 내가 내 멘토를 직접 만들기로 했다. 책을 통해서 말이다.

나는 부동산 투자를 다룬 좋은 책을 찾아서 가상의 멘토에게 많은 것을 배웠다. 단순히 책에 쓰인 글자를 읽는 데 그치지 않고 그들이 어떠한 결정을 내렸는지, 왜 그런 결정을 내렸는지 이해하기 위해 노력했다.

물론 실제로 멘토가 있었다면 더 좋았으리라 생각한다. 하지만 정 찾기 어렵다면 실제 멘토가 되어주길 바라는 인물을 가상의 멘토로 삼아라. 인터넷을 통해 실제 그 사람에게 연락을 취해 조언을 구한다면 금상첨화일 것이다.

나는 『생각하라! 그러면 부자가 되리라(The Master Key to Riches)』라는 책을 좋아하는데, 그 책의 저자 나폴레온 힐Napoleon Hill도 자신이 원하는 멘토를 찾을 수 없어서 상상으로 가상의 멘토를 만들었다고 이야기한다. 그는 자신이 되고자 하는 유명인의 책을 읽고 그들과 대화를 나누는 상상을 해봤다고 한다. 자신에게 어떤 조언을 할지, 자신의 질문에 어떤 답을 할지도 상상해봤다. 약간 이상하게 들릴 수도 있다. 하지만 또 다른 고전인 『맥스웰 몰츠 성공의 법칙(New Psycho-Cybernetics)』의 저자인 맥스웰 몰츠Maxwell Maltz도 이와 똑같은 조언을 한 바 있다.

멘토 설득하기

딱 맞는 멘토를 찾았다 하더라도 그들이 멘토가 되어주리라는 보장은 없다. 큰 성공을 거둔 인물은 무척 바쁘기 때문에 대개 여유 시간이 없다. 그러면 당신이 거두어들일 만한 멘티라는 사실을 어떻게 입증하겠는가?

멘토의 도움에 상응하는 대가를 지불하는 것도 방법이 될 수 있다. 이때 낼 수 있는 대가로는 배우겠다는 열의를 보여주는 것, 무급으로 일하는 것을 들 수 있다. 무급으로 일하라는 조언이 적절한지 고민하긴 했다. 하지만 무료 봉사하겠다는 사람을 거절하는 사람은 세상에 별로 없다. 요령을 배우는 대가로 일을 도와줄 의사가 있다고 말한다면 멘토가 되어달라는 당신의 부탁을 들어줄 가능성이 커질 것이다.

하지만 당신이 무료 봉사를 할 시간적, 재정적 여유가 없을 수도 있다. 아니면 멘토의 도움이 그렇게 크게 필요하지 않거나, 무료 봉사를 해준다 해도 상대가 거절하는 경우도 있을 수 있다. 이럴 때는 어떻게 해야 할까?

Tip 식사를 대접하겠다고 제안하고, 식사 중에 조언을 구하는 것도 좋은 방법이다.

인내하라. 한 번만 거절당해도 쉽게 포기하는 사람이 많다. 당신은 그러지 않았으면 좋겠다. 난관이 있더라도 극복하고 다시 일어나길 바란다. 끈기가 있다고 반드시 보상받는다고 볼 수는 없지만 혹시라도 열매를 얻는 날이 있다면 그 열매가 생각보다 달다는 사실을 깨닫게 될지 모르니 말이다. 예의 바르게 행동해야 한다는 것만 잊지 마라. 상대를 불편하게 할 행동을 하거나 당연한 권리를 주장하는 듯 공격적인 태도를 취하지 않도록 하라.

실천하기

- 멘토를 찾기 전에 멘토에게 무엇을 바라는지 정확히 알아야 한다. 왜 멘토가 필요한지, 멘토에게서 무엇을 얻길 바라는지 자신의 생각부터 정리하라.
- 훌륭한 멘토가 되어줄 만한 사람의 목록을 만들어보라. 좋은 멘토가 되어줄 만한 사람이 있는지 지인들에게도 물어보라.
- 멘토에게 어떤 대가를 지불할 수 있을지 생각해보라.

CHAPTER

32

멘토 되기

멘토가 있으면 좋다. 하지만 당신이 누군가의 멘토가 되는 게 더 좋다. 소프트웨어 개발 경력이 화려하지 않은 사람이라도 누군가에게 도움이 될 수 있다.

지역사회 발전에 이바지하는 건 좋은 일이다. 옳은 일이기도 하고 당신이 얻는 것도 엄청나게 많다.

이 장에서는 멘토가 되어서 얻는 혜택은 무엇인지, 좋은 멘티를 고르는 방법은 무엇인지 살펴보자.

멘토의 자격

개발자는 보통 자기는 멘토가 될 자격이 없다고 생각한다. 당신도 자신이 누군가를 지도하거나 도울 자격을 갖추지 못했다고 생각하는가?

나는 당신을 잘 모른다. 이 책을 읽는 것으로 보아 개발자일 거라고 짐작하는 정도다. 그런데도 당신이 특정 분야에서 누군가의 멘토가 될 수 있다고 100퍼센트 장담할 수 있다. 특정 분야에서 누군가보다 한 걸음만 앞서도 뒤따라오는 사람을 도울 수 있다. 단 한 발자국만 앞서 있으면 도와줄 수 있으므로 전체 경력 수준은 크게 중요하지 않다.

잠시 당신보다 한 발짝 뒤에 있는 누군가를 떠올려보라. 당신이 이미 알고 있는 것을 배우려는 다른 개발자 말이다. 당신이 그 분야의 전문가가 아니더라도 지식을 공유해서 그 개발자를 도울 수 있을까?

나는 그렇다고 생각한다. 모든 문제의 정답을 알고 있거나 한 번도 실수하지 않아야만 멘토가 될 수 있는 게 아니다. 객관적이기 어려운 당사자의 문제를 외부의 시선으로 객관성 있게 바라보고 해결책을 제시해줄 수 있다면 멘토로서 충분하다. 물론 관찰에 그치지 말고 멘토인 자신의 지혜와 경험까지 곁들여서 이야기해 준다면 더 좋을 것이다. 하지만 때로는 제삼자의 관점에서 이야기해 주는 것만으로도 도움이 된다.

나는 내 문제를 전혀 모르는 누군가가 내 이야기를 귀담아듣고 내가 보지 못하는 점을 이야기해준 것만으로 큰 힘을 얻은 적이 있다. 살다 보면 관심을 기울이는 것이 멘토로서 해야 할 일의 전부인 때도 있다. 실제 이런 역할을 하고 고액의 보상을 받는 인생 상담 코치들도 있다.

인간은 모두 스스로 보지 못하는 부분을 보아줄 누군가가 필요하다. 자신의 문제나 상황이라면 시야가 좁아지기 쉽기 때문이다. 타이거 우즈Tiger Woods도 골퍼의 코치를 받는다. 골프 실력은 타이거 우즈가 훨씬 뛰어나겠지만, 타이거 우즈가 보지 못하는 부분을 코치가 보는 것이다. 관찰력과 인내력이 있으면 누구나 멘토가 될 수 있다. 멘티의 이야기에 공감하고 격려해주며 가끔 동기부여가 필요할 때 따끔하게 조언해줄 수 있으면 된다.

멘토가 받는 선물

인간은 자신이 이타적이라고 생각하곤 하지만 솔직히 인간은 거의 사리사욕에 따라 움직이는 존재다. 멘토가 되면 사회 발전에도 기여하고 다른 사람에게도 도움이 되어 좋다. 인간에게는 공동체 정신이나 이타심도 분명 존재하므로 이 해석도 틀린 말은 아니다. 하지만 나는 당신이 얻을 실질적인 혜택을 말해주고 싶다.

10단계 학습법에서 이미 언급한 바 있고, 뒤에 나오는 장에서도 더 이야기하겠지만 가르치는 것은 아주 좋은 학습 방법이다.

멘토가 되면 보통 멘티보다 더 많은 것을 배운다. 해당 주제에 대한 자신의 생각을 정리하고 새로운 관점에서 바라볼 기회가 되기 때문이다. 멘토 역할을 하려면 '왜?'라는 질문과 씨름해야 한다. '이 말은 왜 옳은가?', '이 일을 할 때 왜 이 방법을 써야 하는가?' 등의 질문 말이다. 사람은 '왜?'라는 질문을 마주해야 지금까지 자신이 그 답을 모르고 있었다는 사실을 깨닫는다. 다른 사람을 돕기 위해 답을 찾는 동안 해당 주제를 깊이 있게 이해할 수 있으며, 때로는 생각이 완전히 달라지기도 한다.

멘토링은 복권과 비슷하다. 당신이 도와줬던 사람이 어느 날 갑자기 당신을 능가하는 실력자가 되어 당신을 도와줄 수도 있다. 씨앗을 심는 일로도 생각할 수 있다. 심어놓은 씨앗이 어느 날 당신보다 큰 나무로 자라서 그늘을 선사하는 일도 있다. 실제로 내 멘티였던 사람들이 내게 큰 도움을 줄 수 있는 위치에 오르는 일이 꽤 있었다. 사람은 자신이 어려울 때 도와준 사람을 기억하기 마련이다.

마지막으로 당신 마음에 자리 잡은 이타심 덕분에 멘토가 되면 기분이 좋아진다는 사실도 언급하고 싶다. 다른 사람의 삶에 긍정적인 영향을 주었다는 사실은 꽤 큰 보람이다. 특히 대가를 지불할 수 없는 사람을 도와주면 기쁨은 배가 된다. 멘토가 되어 누군가를 도와주면 다른 사람을 도울 때만 느껴지는 진정한 행복을 알 수 있다. 또한, 이를 통해 자기 삶의 새로운 목표와 의미를 찾을 수 있다.

멘토가 얻는 혜택

- 사회에 이바지하고 다른 사람을 도와주며 행복을 느낀다.
- 무언가 깊이 있게 학습할 수 있다.
- 훗날 멘티가 당신을 도와주는 일도 생긴다.
- 다른 사람의 성장을 도우면서 당신도 함께 성장한다.

좋은 멘티 알아보기

시간을 투자할 가치가 있는 멘티를 알아보기는 어렵다. 성공에 가까워질수록 도움을 청하는 사람이 많아진다. 하지만 도움을 청하는 사람이 모두 진실하지는 않다. 스스로 노력할 의지도 없는 사람을 도와주면 당신의 소중한 시간이 낭비되기 십상이므로, 멘티는 신중하게 골라야 한다. 돼지 목에 진주 목걸이를 걸어주는 일은 없도록 주의하라.

멘티를 고를 때는 성공할 수 있는 기본 자질을 갖추었는지 확인하라. 아직 지혜나 지식은 부족하더라도 원칙과 자질이 있는 사람이라면 끝내 자신의 목표를 달성하는 경우가 많다. 반대로 자질이 없는 사람은 아무리 열심히 도와주어도 절대 목표를 달성하지 못한다.

진지한 자세로 배우고 노력할 의지가 있는 사람을 찾아라. 귀찮거나 의지가 부족해서 도움을 청하는 게 아니라 경험에서 나온 조언을 듣고 실수를 피해 빠르게 발전하려는 의지가 충분한 사람을 찾아라.

실천하기

- 당신이 멘토 역할을 할 수 있는 분야는 무엇인가? 열정을 느끼는 분야, 다른 사람을 도울 정도의 지식을 갖춘 분야를 찾아보라.
- 멘토가 되어보라. 도움이 필요한 사람을 찾아서 도와라. 단 좋은 멘티가 될 자질을 갖춘 사람으로 신중하게 선택하라.

CHAPTER

33

가르치기

누군가를 가르치는 일이 자신의 학습에 큰 도움이 된다는 사실은 10단계 학습법을 알려줄 때 이미 이야기한 바 있다. 하지만 무척 중요한 부분이므로 더 자세히 살펴보겠다. 누군가를 가르치는 일은 학습에 큰 도움이 된다. 어쩌면 누군가를 가르쳐야만 대상을 제대로 이해할 수 있을지 모른다.

많은 사람이 부담스럽다는 이유로 가르치는 일의 중요성을 평가절하하거나 도전을 꺼린다. 이 장에서는 두려움을 극복하고 가르치는 일의 중요성을 이해하는 한편, 가르치는 경험을 통해 큰 학습 효과를 볼 수 있는 방법 몇 가지를 알려주겠다.

저는 가르칠 줄 몰라요

가르치는 경험이 중요하다고 이야기할 때마다 개발자들은 흔히 두 가지 핑계를 댄다. 가르치는 일은 자기가 할 일이 아니고, 자신은 가르칠 줄도 모른다는 것이다. 사실 교수법을 배우지 않은 사람이라도 누구나 다른 사람을 가르칠 수 있다. 대개 능력 부족보다는 자신감 부족이 문제다. 누군가 잘 알고 있는 기술의 사용법을 묻는다면 대부분 주저 없이 잘 알려줄 것이다. 하지만 잘 모르는 기술의 사용법을 물어본다면 훨씬 큰 부담을 느낄 것이다.

전문적으로 잘 아는 분야만 가르치려고 하면 한 가지 문제가 있다. 가르쳐본 경험이 있어야 전문가로 인정받는다는 점이다. 다른 사람을 가르쳐본 적도 없으면서 그 분야의 전문가라고 자처하기는 어렵다. 평소 자유자재로 사용하는 기술임에도 아직 다른 사람을 가르쳐본 적이 없는 기술이 있는지 생각해보자. 진짜 통달한 기술이라면 다른 누군가가 공부할 때 조금이라도 도와준 경험이 있을 것이다. 자신이 누군가를 가르치고 있다는 사실을 인식하지 못한 채 가르치는 일이 종종 있기 때문이다.

가르친다고 하면 격식을 차리고 해야 할 것 같지만, 기본적으로는 지식을 다른 사람에게 나눠주는 행위라 생각하면 된다. 깨닫지 못할 뿐 누구나 늘 하는 일이다. 동료에게 어떤 개념을 설명해준 경험, 프레임워크나 라이브러리 사용법을 알려준 경험이 누구에게나 한 번쯤은 있을 것이다. 강의실 칠판 앞에 서서 하지 않았을 뿐 가르쳤다는 사실은 변하지 않는다.

학위나 증명서가 없어도 가르칠 수 있다. 전문가일 필요는 더더욱 없다. 상대방보다 한 발만 앞서 나가고 있어도 상대를 가르칠 수 있다. 그리고 스스로 자격이 없다고 생각하는 사람도 알고 보면 이미 누군가를 가르치고 있을 것이다. 게다가 다른 기술과 마찬가지로 가르치는 기술도 배울 수 있다.

배우려면 가르쳐라

사람은 무언가 처음 배우고 나면 아직 잘 알지 못하면서도 정확히 다 이해했다고 착각하곤 한다. 그러다가 다른 사람을 가르치려고 해보면 그제야 자신이 제대로 알지 못한다는 사실을 깨닫는다.

잘 알고 있다고 생각한 주제와 관련한 질문을 받았을 때 명확한 답을 줄 수 없어서 놀란 적이 있는가? "그야 당연히…"라고 말문을 열었는데 "근데 그게 글쎄…"라고만 말했던 때 말이다. 고백하건대 나는 이런 상황이 자주 있다. 어떤 주제를 잘 알고 있다고 생각했는데 알고 보면 겉핥기로 겨우 이해한 수준일 때 흔히 일어난다.

바로 이때 가르치는 경험이 도움이 된다. 다른 사람을 가르치려고 하면 다른 사람에게 잘 설명해줄 정도의 깊이가 자기에게 없다는 사실을 깨닫는다. 인간의 뇌는 패턴을 잘 인식한다. 그래서 원리를 정확히 이해하지 못해도 패턴을 활용해 문제를 해결하는 경우가 많다.

해당 기술을 사용하는 데 어려움이 없다면 평소 자신의 지식이 겉핥기 수준이라는 사실을 잘 인식하지 못한다. 하지만 그 기술의 작동 방식이나, 그 기술을 써야 할 이유를 누군가에게 설명해야 하는 순간이 오면 부족한 점이 드러난다.

부족한 점이 드러나는 건 좋은 일이다. 부족한 부분을 보강하려면 먼저 어디가 부족한지 알아야 하기 때문이다. 다른 사람에게 무언가 가르치려면 해당 주제에 관한 어려운 질문을 정면으로 돌파해야 한다. 단순히 아는 수준을 넘어 제대로 정확히 이해하는 수준까지 파헤쳐야 한다. 배운 내용은 금세 까먹어도 이해한 내용은 오래 간다. 구구단조차도 외우는 것보다 이해하는 게 좋다. 내용을 제대로 이해했다면 언젠가 외운 내용을 잊어버리더라도 재현할 수 있기 때문이다.

뇌는 누군가를 가르치려고 할 때 정보를 새롭게 조직한다. 처음 무언가를 배울 때는 정보가 어지럽게 분산된 형태로 입력된다. 학습할 때 활용한 자료에는 아마 정보가 잘 정돈된 상태로 들어 있었을 것이다. 하지만 그 정보가 당신의 머리로 들어올 때는 무질서한 형태가 된다. 하나의 개념을 이해하고 다음 내용으로 넘어가려 하면 완전히 이해하지 못한 부분 때문에 다시 되돌아오곤 하기 때문이다.

이러한 정보 저장 방식은 비효율적이고 헷갈린다. 그래서 잘 안다고 생각하는 내용에 관한 질문인데도 입이 떨어지지 않는다. 안다고 생각하는데도 설명할 수가 없는 것이다.

다른 사람을 가르치려면 머릿속 정보를 재구성해야 한다. 매개체가 말이든 글이든 슬라이드든 차이는 없다. 머릿속에 흩어져 있는 정보를 이해하기 쉬운 형태로 만들어야 한다. 즉, 다른 누군가를 가르치려면 자신을 먼저 가르쳐야 한다. 가르치는 일이 학습에 큰 효과가 있는 이유도 바로 여기에 있다.

입문하기

가르치는 일을 누구나 할 수 있고, 해야 하는 일이라는 말에 지금쯤 공감하면 좋겠다. 특히 배운 내용을 깊이 이해하려면 꼭 필요한 과정이다. 해당 주제를 잘 안다고 자신하든 그렇지 않든 권위자로 나서기란 그리 쉽지 않으므로 가르치는 일에 입문할 방법을 알려주겠다.

입문 방법을 알려주기에 앞서, 가르칠 때는 겸손한 자세를 유지하되 권위는 잃지 않는 게 좋다. 지식이 조금 앞서 있다고 당신이 배우는 사람보다 더 낫고 똑똑한 사람이라도 된 양 행동하지 마라. 다만, 말에 확신과 자신감을 실어서 전달하라. 자신이 하는 말에 확신이 없는 사람에게 배우고 싶은 멍청이는 없다.

자칫 한쪽으로 치우치기 쉬우므로 중심을 잘 잡기까지는 연습이 필요하다. 가르치는 일은 당신의 우월성을 증명하거나 다른 사람에게 인정받기 위해 하는 게 아니라 다른 사람을 돕기 위해 하는 일이라는 사실을 기억하라.

당신이 즐겁게 배울 수 있게 도와준, 당신에게 가장 큰 영향을 끼친 선생님을 생각해보자. 그분들은 어떤 자질을 지니고 있었고, 어떤 방식으로 가르쳤는가?

자, 이제 구체적인 입문 방법을 생각할 때다. 수업을 열고 사람들을 초대하면 어떨까?

처음에는 소규모로 시작하여 아이디어를 공유한다는 행위 자체에 익숙해지는 게 좋다. 2부에서 이야기했듯이 나는 늘 개발자들에게 블로그 개설을 권한다. 블로그는 큰 부담 없이 자신이 배운 내용을 가르쳐볼 수 있는 좋은 수단이다. 배운 내용을 블로그에 올려라. 학습한 내용을 간단하게 정리할 수 있는지 자신의 능력을 확인해보라. 나 역시 이러한 목적으로 'Simple Programmer'라는 블로그를 시작했다. 복잡한 것을 단순하게 만들겠다는 것이 블로그를 시작한 이래 일관되게 유지해온 목표다. 블로그를 시작할 무렵 나는 배운 내용을 단순하게 정리해서 다른 이들이 더 쉽게 이해할 수 있게 하고 싶었다.

블로그 외의 방법도 있다. 사용자 그룹이나 직장에서 발표해보는 것도 좋은 방법이다. 발표 실력이 조금 미흡하더라도 겸손하되 자신감 있는 태도를 유지하면 잘해낼 수 있을 것이다.

동영상을 만드는 것도 좋다. 특히 큰 부담 없이 시작할 수 있는 튜토리얼 스크린캐스트를 추천한다. 해설과 화면을 함께 녹화할 수 있는 캠타시아나

스크린플로ScreenFlow 같은 소프트웨어를 활용하면 된다. 이렇게 음성, 시각 자료, 데모가 포함된 강의를 준비하면서 자신이 아는 정보를 잘 전달할 방법이 무엇인지 고민해보라.

실천하기

- 가르칠 수 있는 주제를 찾아서 도전해보라. 블로그 글, 발표, 스크린캐스트 등 어떤 형태를 선택해도 좋으니 이번 주 안에 직접 해보라.
- 강의를 준비하면서 자신이 강의 주제에 대해 더 깊이 이해하는 과정을 주의 깊게 살펴보라. 가르치는 경험을 하지 않았다면 정확히 알지 못하고 지나쳤을 부분도 신경 써서 보라.

CHAPTER

34

학위가 꼭 필요한가

학사 학위의 가치는 소프트웨어 개발자 간에 설왕설래하는 주제다. 학위가 없는 소프트웨어 개발자도 성공할 수 있을까? 아니면 취업을 포기해야 할까?

이 장에서는 고등교육의 장단점을 살펴보고, 학교와 인연이 없더라도 성공할 수 있는 몇 가지 팁을 알려주겠다.

학위가 성공의 필수 조건일까?

의견이 매우 분분하다. 아마 학위가 있는 사람에게 묻는다면 필요하다고 할 것이고, 학위가 없는 사람에게 물으면 하필 실직 상태가 아닌 한 필요 없다고 할 것이다. 진실은 무엇일까? 당신 생각은 어떠한가?

나는 컴퓨터 공학 학위가 있다. 하지만 처음에는 학위가 없는 상태에서 일을 시작했으므로 양쪽을 모두 경험해봤다. 내가 내릴 결론이 반드시 맞다고 주장하려는 게 아니다. 단지 학위가 있을 때와 없을 때, 두 가지 상황에서 취직과 승진을 해본 경험이 있다는 사실을 알려주고 싶다.

내 경험에 비추어볼 때 학위가 성공의 필요조건은 아니지만 학위가 없으면 취직이나 승진에 제한이 있다. 특히 대기업에서는 이력서가 사람 손에 닿기 전에 학력 수준에 따라 걸러내는 경우가 많다. 지원 자격을 학사 학위 소지자 이상으로 제한하는 회사들도 있다. 예외란 항상 있기 마련이므로 그렇다고 그 회사에 절대 들어갈 수 없다는 뜻은 아니다. 하지만 더 어려워지는 것은 사실이다.

학위의 중요성을 과대평가할 생각은 없다. 다만, 학위가 없으면 확실히 선택지가 줄어든다는 점과 학위가 성공의 필요조건이라고는 생각하지 않는다는 점을 동시에 알려주고 싶다.

학위 없이 성공한 소프트웨어 개발자는 많다. 빌 게이츠Bill Gates가 대표적인 예다. 학사 학위조차 없는 그가 이뤄낸 성공을 보라. 내 경우에도 학위가 없다고 문제가 되지는 않았다. 소프트웨어 개발 분야에서 가장 중요한 것은 능력이다. 뛰어난 코딩 실력, 문제 해결 능력을 갖추고 이를 잘 증명할 수 있다면 학위가 없더라도 성공할 수 있다.

소프트웨어 개발 분야는 다른 산업 분야와 달리 끊임없이 변한다. 매일 새로운 프레임워크와 기술이 등장한다. 교재와 교과과정이 나올 즈음에는 이미 많은 사항이 바뀌어 있기 때문에 교육 기관에서 소프트웨어 개발자를 현장에 바로 투입할 수준까지 교육하기란 사실상 불가능하다.

소프트웨어 개발 분야에도 물론 쉽게 변하지 않는 핵심 영역이 존재한다. 컴퓨터 공학 학위를 취득하려면 알고리즘, 운영체제, 관계형 데이터베이스 이론 등 잘 변하지 않는 과정을 학습해야 한다. 하지만 막상 코드를 작성할 때는 새로운 기술의 활용법을 익혀서 쓰지 학교에서 익힌 지식까지 찾아 쓰는 일은 드물다.

컴퓨터 공학 교육이 가치 없다는 뜻은 아니다. 이러한 교육을 통해 문제를 깊이 파고들어 표면에 드러나지 않는 부분까지 이해할 수 있게 되므로 사실 매우 큰 가치가 있다. 다만, 실무에서 성공과 직결되는 지표는 학위보다 관련 경험이라는 사실을 이야기하고 싶다.

학위 취득 시 장점

학위를 취득해서 얻는 장점에 관해 앞서 언급하긴 했지만 더 깊이 파고들어 보자.

학위가 있으면 균형 잡힌 소프트웨어 개발 교육을 받았다는 사실을 증명할 수 있다. 컴퓨터 공학을 비롯해 소프트웨어 개발과 관련한 학위를 취득한다고 해서 소프트웨어 개발자에게 필요한 모든 교육을 받는 것은 아니지만 최소한 기본 교육은 탄탄하게 받을 수 있다.

혼자 공부하는 것도 가능하지만, 독학으로 배우면 교육에 허점이 생겨 훗날 경력에 해가 될 수 있다. 컴퓨터 공학 등 관련 학위를 받으면 수학을 높은 수준까지 배우고 프로그래밍 언어, 운영체제, 알고리즘을 배울 기회가 생긴다. 이러한 지식이 당장 해야 할 일에 꼭 필요하지 않을 수 있다. 하지만 하고 있는 일의 내부 원리를 더 깊이 이해할 수 있는 튼튼한 기초가 되어준다.

학위가 있으면 경험이 없어도 일을 시작할 수 있다. 소프트웨어 개발 분야에서는 무경험자가 일을 시작하기는 무척 어렵다. 그러나 학위가 있으면 이야기가 다르다. 경력이 없거나 정규교육을 받은 경험이 없으면 코드 작성 능력이 있다는 사실을 증명하기 어려울 수밖에 없다.

또한, 선택의 폭이 넓어진다. 학위가 없으면 절대 오를 수 없는 자리도 있다. 특히 대기업에서는 이런 일이 많다. 학위가 없으면 경영진 위치까지 오르기는 무척 어렵다. 관리직으로 노선을 변경하고 싶다면 MBA 학위 취득을 추천한다. 물론 MBA에 들어갈 자격 조건을 먼저 갖춰야 한다.

학위 취득의 장점

- 소프트웨어 개발과 관련해 균형 잡힌 교육을 받을 수 있다.
- 경험이 없어도 일을 시작할 수 있다.
- 선택의 폭이 넓어진다. 임원 자리까지 오르기가 한결 쉬워진다.

학위 취득의 단점

- 돈을 벌 수 있는 시간을 배우는 데 투자해야 한다.
- 깨기 어려운 고정 관념에 발목을 잡힐 수 있다.

학위가 없다면?

학위가 있으면 분명 손해보다는 득이 될 가능성이 크다. 반대로 학위가 없으면 어떤 영향이 있을까?

학위가 없다면 경험에 의존해야 하므로 더 열심히 능력을 증명해야 한다. 학위가 있으면 고용주에게 자신이 소프트웨어 개발 관련 지식을 어느 정도 갖추고 있다는 사실을 학위로 증명할 수 있지만, 학위가 없으면 이를 직접 증명해야 한다.

이때는 과거의 경험을 보여주는 게 가장 좋은 방법이다. 학위가 없더라도 소프트웨어 개발자로 일한 경력이 5년 이상 되었다면 코딩 능력이 어느 정도 있다는 사실을 쉽게 증명할 수 있다. 하지만 이제 막 경력을 시작하는 상황이라면 이 방법은 쓰기 어렵다. 이럴 때 가장 좋은 방법은 포트폴리오를 만드는 것이다.

학위나 경험에 상관없이 자신이 한 일은 포트폴리오로 만들어두라. 학위도 경험도 없다면 작성한 코드를 보여주는 편이 좋다. '깃허브GitHub' 같은 사이트에 올라와 있는 오픈 소스 프로젝트에 공헌하거나 새로운 프로젝트를 시작하는 것도 좋다. 깃허브는 오픈 소스 프로젝트를 올릴 수 있는 서비스인데, 누구든 당신의 깃허브 계정을 보고 당신이 공헌한 내용을 확인할 수 있다.

직접 만든 웹 사이트나 프로그램을 정리해두는 것도 좋고 면접에 소스 코드를 가져가는 것도 좋다. 특히 경력을 막 시작한 개발자에게는 안드로이드나 iOS 앱 개발을 권한다. 온전한 앱 하나를 작성하고 배포할 수 있는 능력이 있음을 잠재적 고용주에게 보여주는 좋은 방법이기 때문이다.

자신이 어떤 앱을 만들 수 있을지, 면접 제출용 포트폴리오는 어떻게 만들지 잠시 생각해보라. 이미 작성해둔 코드나 프로젝트가 있는가?

지금 학위가 없다면 장래에 학위를 취득할 것인지 생각해보라. 나도 일을 처음 시작할 때는 학위가 없었다. 경력이 충분히 쌓여서 학위 유무가 크게 상관없는 시점까지는 취업이 어려웠다. 그렇게 몇 해가 지난 뒤 겨우 종이 한 장에 불과한 학위를 취득하고 싶어졌다. 이때는 일과 학업을 병행할 수 있었기 때문에 결과적으로 학위는 물론, 4년의 업무 경력이 더 생긴 셈이었다. 유일한 단점이라면 몇 년 동안 저녁 시간을 모두 공부에 바쳐야 했다는 것이었다. 야간 교육과정은 학비도 저렴한 편이므로 비용이 큰 문제가 되지 않았다. 이미 직장이 있는 상태에서 보니 상대적으로 비용이 더 작게 느껴질 뿐더러 학자금 대출을 받을 필요도 없었다. 심지어 운이 좋으면 학위 취득 비용을 지원해주는 회사를 만날 수도 있다.

학위가 있으면 장래에 도움이 될 수 있으므로 아직 학위가 없다면 나처럼 직장을 그대로 다니면서 학위를 취득하는 방법도 고려해보라.

그 외에는 자격증 취득을 생각해볼 수 있다. 학위만큼 도움이 되지는 않겠지만 그래도 큰 비용을 들이지 않고 특정 분야에 관한 능력을 증명하기 좋다. 마이크로소프트Microsoft 또는 자바Java 기술, 스크럼Scrum 방법론 등에 관한 전문 자격증이 있다. 보통 독학으로 공부한 후 그리 높지 않은 응시 비용을 내고 자격증을 취득할 수 있다.

실천하기

- 학위가 없다면 온라인 과정이나 시간제 과정을 알아보라. 비용은 얼마인지 시간은 어느 정도 들여야 하는지도 확인하라.
- 학위를 깨끗이 포기했다면 당신이 일한 결과물을 보여줄 포트폴리오를 잘 만들어라. 시간을 투자해서 당신의 능력을 보여줄 코드 샘플을 준비하라.

CHAPTER

35

지식의 빈틈 찾기

자신의 강점에 집중하는 건 현명한 전략이다. 하지만 약점을 극복해두지 않으면 경력은 물론 인생 자체가 성장하지 못하는 일도 있다. 누구나 약점은 있다. 일의 능률을 떨어뜨리는 지식의 빈틈도 누구나 있다. 장기적으로 볼 때 이러한 빈틈은 최대한 많이 찾아서 제거하는 편이 좋다.

이 장에서는 지식의 빈틈을 채워 잠재력을 최대한 발휘할 방법을 이야기하겠다. 빈틈이 생기는 이유, 빈틈을 찾는 방법, 찾은 빈틈을 채우는 방법까지 함께 살펴보자.

빈틈이 생기는 이유

나는 한동안 C#에서 람다 식lambda expression이 어떻게 작동하는지 이해하지 못했다. 람다 식은 C#에서 대리자를 만들 때 사용할 수 있는 익명 함수다. 람다 식을 사용하면 익명 함수를 간단하게 선언할 수 있다.

C# 코드에 등장하는 람다 식을 자주 보았고 대충 어떻게 작동하는지는 알았지만 제대로 이해하지는 못했다. 마음먹고 공부했다면 람다 식이 어떻게 쓰이고 어떤 역할을 하는지 금세 이해하고 업무 능력을 높일 수 있었을 것이다. 하지만 그럴 시간이 없었다.

결국 내 지식에 심각한 틈이 있다는 게 드러나기 전까지는 제대로 공부하지 않았고, 이 때문에 엄청난 시간이 낭비되었다. 하지만 막상 마음을 먹고 공부해보니 단 몇 시간 동안 읽고 실습하는 것만으로도 명확히 이해할 수 있는 개념이었다.

누군가 내가 일하는 모습을 관찰했다면 내 약점이 무엇인지, 그 때문에 생산성이 얼마나 떨어졌는지 금세 알아차렸을 것이다. 이렇게 명확한 사실을 당시에는 깨닫지 못했다.

바로 이 점이 문제다. 지식에 빈틈이 있을 때 빈틈을 찾아서 메꿀 시간이 없을 정도로 바쁘다는 핑계를 대며 대충 무시하고 넘어간다. 불편한 부분을 피하기 위해 자신이 하는 일을 제대로 이해하지 않고 비효율적인 방식으로 작업을 이어간다.

빈틈이나 문제를 찾아내더라도 별다른 조치를 취하지 않는 때도 많다. 어떤 식으로든 대책이 필요하다고 생각할 때조차 아무것도 하지 않는다. 치통이 있는데도 귀찮아서, 또는 치통이 얼마나 심해질지 잘 몰라서, 또는 치료가 얼마나 아플지 걱정이 되어서 치과에 가지 않는 것과 비슷하다.

빈틈 찾기

빈틈을 항상 쉽게 찾을 수 있는 건 아니다. 사실 안다고 해봐야 보통은 어렴풋이 자각하는 정도다. 자신이 무엇을 모르는지 깨닫기 어려운 데다 혹시 눈에 띄어도 그냥 지나치기 쉽다.

지식의 빈틈을 찾아낼 가장 좋은 방법은 평소 유난히 시간이 오래 걸리는 부분이나 반복적으로 자주 하는 작업을 살펴보는 것이다. 시간이 지나치게 드는 작업은 알고 보면 지식의 빈틈이 원인인 경우가 많다. 내가 람다식에서 그랬듯 잘 이해하지 못해서 더듬거리는 것이다. 몇 시간만 투자하면 제대로 이해할 수 있었을 텐데, 대충 넘어간 대가로 람다 식이 있는 코드로 작업하거나 디버깅할 때마다 시간을 많이 허비했다.

반복 작업도 마찬가지다. 반복해서 하는 일에 잘 모르는 부분이 있는 건 아닌지 살펴보라. 그 결과 효율이 눈에 띄게 개선된다. 키보드 단축키를 떠올려보자. 자주 사용하는 프로그램의 단축키를 모른다면 마우스를 끌고 다니며 일일이 클릭해야 하므로 효율적이라고 보기는 어렵다. 이 경우에는 단축키가 바로 지식의 빈틈이다. IDE처럼 매일 오랜 시간 사용하는 프로그램의 단축키를 익혀두면 시간을 상당히 절약할 수 있다.

이해가 잘 안 되는 것은 무엇이든 기억해 두려고 노력하면 지식의 빈틈을 찾는 데 도움이 된다. 더 찾아볼 필요가 있거나 명확히 이해가 되지 않는 사항을 한데 모아서 적어두고 그 문제를 얼마나 자주 마주치는지도 기록해 보라. 아마 한 페이지가 생각보다 빨리 채워질 것이다. 조금이라도 이해가 되지 않는 부분을 접하면 당장 공부할 시간이 없더라도 정직하게 적어두자. 그러면 적어도 어떤 부분이 빈틈인지는 알 수 있다.

이 방법은 취업 면접을 준비하면서 부족한 점을 찾아 공부하려 할 때 큰 도움이 된다. 면접에 나올 만한 질문을 최대한 많이 찾아보라. 자바 개발자로 지원할 생각이라면 자바 관련 취업 면접 질문을 찾아라. 찾은 질문을 전부 읽어보고 이해되지 않는 개념이나 확신을 가지고 답할 수 없는 질문을 따로 적어두라. 그 목록에 담긴 내용을 찾아서 공부하면 된다. 얼핏 듣기에는 당연한 소리라고 생각할지 모르지만 막상 면접을 준비하려면 무엇을 어떻게 공부해야 할지 모르는 소프트웨어 개발자가 많다.

마지막으로 조금 불편하더라도 당신과 익숙히 업무를 함께하며 당신이 작성한 코드의 코드 리뷰를 맡아주는 동료에게도 당신의 지식에 눈에 띄는 빈틈이 존재하는지 물어보면 좋다. 관리자에게 묻는 것도 좋은 방법이다. 하지만 주의해야 할 점이 있다. 이런 질문을 던지면 당신이 진실을 감당하기 어려울 것이라고 보고 진실을 알려주지 않는 경우가 대부분이다. 이럴 때는 자신이 진심이라는 것을 보여줄 수 있게 이미 찾은 몇 가지 빈틈을 언급하고 이를 극복하려고 어떤 노력을 하고 있는지 이야기하는 것이 도움이 될 수 있다. 아니면 조금 위험한 방법이지만 상대가 가진 빈틈을 좋은 방식으로 언급해볼 수도 있다. 그러면 아마 진짜 혹독한 비평을 쏟아낼 수도 있다. 단, 이 방법은 주의해서 사용하라.

다음과 같은 부분에서 지식의 빈틈을 찾아보라.

- 시간이 가장 오래 걸리는 지점
- 개선의 여지가 있는 반복 작업
- 완벽히 이해하지 못한 부분
- 답할 수 없는 면접 질문

빈틈 채우기

열심히 빈틈을 찾았다 해도 채울 방법을 모르면 별 의미가 없다. 다행히 치통이 올 때 치과에 가면 되는 것처럼 일단 빈틈을 찾았다면 채우는 건 생각보다 쉽다.

사실이다. 지식에 어떤 빈틈이 있는지, 그 빈틈 때문에 자신이 어떤 방해를 받는지 깨닫고 나면 이를 채울 방법도 보통 쉽게 찾을 수 있다. C# 람다식을 이해하지 못해서 생긴 문제도 몇 시간 집중적으로 공부해서 바로 해결할 수 있었다.

정확히 무엇을 배워야 할지 알아내라. 집중할 영역을 최대한 구체적이고 명확하게 설정하라. 자신의 약점이 물리학이라고 생각할 수 있다. 하지만 이처럼 거대한 주제를 빈틈으로 설정하고 채우기는 몹시 어렵다. 범위를 용수철 작동 원리로 좁히면 시간을 조금만 들여도 훅의 법칙(https://goo.gl/1ALVuW)을 공부하는 것만으로 쉽게 해결할 수 있다.

이런 빈틈은 질문을 통해 빠르게 해결될 수 있다. 무지를 드러내는 일이 창피하게 느껴질 수도 있지만 이를 극복하고 질문할 용기만 낸다면 쉽게 빈틈을 채울 수 있다. 대화나 논의 중에 잘 이해가 안 되는 부분이 있다면 대충 넘어가지 말고 명확히 이해할 때까지 질문하라.

빈틈을 찾아서 채워라.

실천하기

- 며칠간 메모지를 들고 다니면서 이해하기 어려운 내용을 마주칠 때마다 적어두라.
- 대화하다가 이해하지 못하는 내용이 등장하면 창피하더라도 질문하는 연습을 하라.
- 빈틈을 채워 제거할 수 있는 일상의 문제를 찾아보라.

Part 4

생산성

아마추어는 주저앉아 영감이 떠오르길 기다리지만, 프로는 자리를 박차고 일어나 일하러 간다.

– 스티븐 킹Stephen King, 『유혹하는 글쓰기(On writing)』

4부의 내용을 한 문장으로 요약하면 '일을 하라'다. 일을 한다는 것은 보기보다 어렵다. 누구나 알다시피 해야 할 일을 제대로 한다면 생산성이 더 높아질 것이다. 하지만 게으름, 동기 부족, 페이스북, 걸그룹 동영상 등 다양한 방해 요소가 계획을 어그러뜨리기 십상이다. 어떻게 하면 자리를 지키고 앉아서 해야 할 일을 처리할 수 있을까? 어떻게 하면 유혹에 흔들려 미루지 않고 제때 일할 수 있을까?

4부에서는 바로 이 질문에 답하겠다. 나 역시 완벽한 사람은 아니다. 사실 이 서문을 작성하는 데도 굉장히 많은 시간이 들었다. 하지만 생산성을 상당히 높일 수 있는 몇 가지 방법을 고안했고, 4부에서 그 내용을 알려주려고 한다. 개중에는 조금 뻔해 보이는 기법도 포함되어 있을 수 있다. 하지만 가끔은 잘 아는 내용도 되새겨주는 게 좋을 때가 있지 않은가? 그래도 전부 뻔해 보이지는 않았으면 하는 바람이다.

당신을 엄청나게 생산성이 높은 고성능 기계로 변신시켜 주겠다는 말은 아니다. 방해 요소를 이기고 집중력을 끌어올릴 방법, 계속 보고 싶은 걸그룹 동영상을 망설임 없이 끌 수 있는 효과적인 방법을 알려주겠다.

CHAPTER

36

집중이 중요하다

생산성에 관한 엄청난 비밀 같은 것은 없다. 더 생산적인 사람이 되고 싶으면 일을 더 빨리 끝마치면 된다. 생산적이라고 해서 반드시 효율적인 것은 아니다. 생산성이 높은 사람은 많은 일을 하는 사람이고, 효율적인 사람은 필요한 일을 하는 사람이다. 일단 지금은 생산성만 생각하자. 나는 당신이 필요한 일을 알아보는 능력을 갖추었다고 가정하고, 당신의 생산성을 높이는 데만 집중하겠다.

어떻게 하면 일을 더 빨리 끝마칠 수 있을까? 중요한 것은 집중이다. 일의 종류를 막론하고 집중해야 일을 마칠 수 있다. 현재 나는 이 장을 작성하는 일에 집중하고 있다. 얼마나 집중하느냐에 따라 이 장을 작성하는 시간은 하루 종일이 될 수도 있고, 두어 시간이 될 수도 있다. 이러한 사실을 알고 있기에 머리에 헤드폰을 쓴 채, 받은 이메일도 무시하고 화면을 주시하며 글 쓰는 데 집중하고 있다.

집중이란 무엇인가?

간단히 말해 '집중하다'라는 말은 '주의가 산만하다'라는 말의 반대말이다. 문제는 이 세상이 주의를 산만하게 할 만한 요소로 가득 차 있어서 진짜 집중이 무엇인지 모르는 사람이 많다는 것이다. 때로는 종일 일하면서도 집중 상태에 도달하지 못한다. 끊임없이 쏟아지는 이메일, 전화, 문자, 오락거리, 주변의 방해는 단순히 집중을 어렵게 하는 것을 넘어 집중했을 때의 느낌조차 잊어버리게 한다. 마지막으로 진짜 집중했던 적이 언제인지 잘 기억나지 않는 사람은 잠시 내가 말하는 대로 해보길 바란다.

최근에 정말 어려운 작업을 하던 때를 떠올려보라. 아마 버그를 수정하거나 작성한 코드가 동작하지 않는 이유를 찾는 중이었을 것이다. 식사나 물, 심지어 잠도 잊은 채로 시간이 쏜살같이 지나갔을 것이다. 모든 주의를 한 가지 작업에 쏟아붓고 있었기 때문에 이럴 때 누군가 감히 당신을 방해했다면 아마 자기도 모르게 화를 냈을 수도 있다.

그런 상태가 바로 집중이다. 누구나 가끔 경험하는데 문제는 집중하지 못하는 시간이 대부분이라는 것이다. 집중은커녕 오히려 집중이 쉽게 흐트러진 채 해야 하는 일에 전념하지 못하는 때가 훨씬 많다. 삶의 다른 많은 요소와 마찬가지로 집중에도 관성이 있다. 처음 집중하기는 어렵지만 일단 집중하고 나면 유지하는 게 상대적으로 쉽다.

집중의 마법

마법 따위를 믿지는 않지만, 생산성만큼은 집중이 마법의 알약이라고 믿는다. 만약 돈을 주고 집중력을 살 수 있다면 신용카드를 최대한도까지 긁어서 최대한 많이 사둘 것이다. 투자에 대한 보상이 거의 완벽하게 보장되기 때문이다. 집중은 그만큼 중요하다.

집중하지 못할 때는 작업 시간이 굉장히 길어진다. 집중이 한번 깨지면 딱 집중에서 벗어난 시간만큼만 낭비되는 게 아니다. 다시 집중하기 위해서도 시간이 필요하므로 사실은 그보다 더 많은 시간이 날아가버린다. 애초에 집중하지 못하게 방해하는 요소도 마찬가지로 더 많은 시간을 앗아간다. 이에 대해서는 41장에서 멀티태스킹을 이야기할 때 다룰 텐데 사람이 하는 작업은 대개 컨텍스트 스위칭 비용context-switching cost*이 있다. 어떤 작업을 하다가 다른 작업으로 전환하면 작업을 다시 시작하기 전에 사라진 작업 기반을 어느 정도 복구해야 한다.

집중은 중요하다. 집중하지 못하면 어떤 작업을 할 때 작업 기반만 반복해서 다지게 된다. 능력이 최고조인 상태로 일하기 위해 머릿속 준비를 마치려면 다소 시간이 걸린다. 고속도로를 달리는 자동차에 빗대어 생각해보자. 고속도로에서 속도를 유지하려면 먼저 기어를 변속해 두어야 한다. 계속 정지와 출발을 반복하면 전체 속도는 훨씬 느려질 것이다. 자동차가 다시 고속도로 주행 속도로 돌아오려면 시간이 필요하고, 기어도 5단으로 바꿔야 한다. 하지만 일단 그 상태에 도달하면 그 뒤에는 매우 적은 노력만으로도 그 상태를 유지할 수 있다.

종일 열심히 일했는데도 별로 힘들지 않았던 적이 있을 것이다. 집중 상태에 도달하기까지는 시간이 걸리지만 한번 도달하고 나면 짧은 시간에 정말 많은 일을 할 수 있다. 발견하기 어려운 버그를 추적하느라 별 소득 없이 바빴던 것만 아니라면 말이다.

* 컴퓨터 프로세서가 당시 하고 있는 작업을 잠시 중단하고 다른 작업을 처리하는 것을 가리켜 컨텍스트 스위칭이라고 한다.

더 집중하기

이제 집중이 중요하다는 사실은 충분히 공감했으리라 생각한다. 아마 더 집중할 수 있는 방법이 궁금한 사람도 있을 것이다. 안타깝게도 먹기만 하면 집중 상태에 들어가는 알약은 아직 만들지 못했다. 언젠가 성공한다면 꼭 알려주겠다. 4부에서 다루는 내용은 집중을 유지할 수 없으면 거의 쓸모가 없으므로 반드시 집중하는 법부터 배워야 한다. 생산성을 높일 온갖 비법을 알려준다 한들 내가 작업에 집중할 수 없다면 무용지물이다.

이제 직접 실행해볼 시간이다. 15~30분 정도 시간을 들여야 하는 작업을 하나 고른 다음 이 책은 잠시 덮어두고 작업을 시작해보자. 단, 완전히 집중해야 한다. 아무것도 생각하지 말고 오직 그 작업을 마무리하는 것에만 집중하자. 그리고 어떤 느낌인지 확인하라.

앞서 말했듯이 집중은 관성과 같다. 클릭 한 번에 집중 상태가 되는 마법의 스위치는 없다. 오히려 순식간에 집중 상태에 들어설 수 있다면 기인이라 불릴 것이다. 컴퓨터 앞에 앉자마자 눈을 게슴츠레하게 뜨고 미친 듯이 무언가를 입력하고 있으면 모두 당신을 무서워할 것이다.

집중 모드로 들어서려면 흐트러진 정신을 한 작업에 집중하는 수고를 해야 한다. 굉장히 즐거운 작업이 아니라면 처음에는 이 과정이 꽤 힘들 것이다. 하지만 이 부분이 중요하다. 고통과 불편함은 일시적이고 그리 오래 지속되지 않는다는 사실을 깨달아야 한다.

나도 이 장을 쓰려고 처음 자리에 앉으니 갑자기 무슨 이메일이 왔는지도 궁금하고 화장실에 급하게 가야 할 것 같았으며 커피도 갖다 놓고 싶어졌다. 커피를 끊은 지도 꽤 되었는데 말이다. 집중에 방해될 만한 것이라면 무엇이든 하고 싶었다. 글을 쓰려면 이런 마음부터 진정시켜야 했다. 지금은 몇 시간이나 글을 쓸 수 있을 정도로 집중한 상태다. 어쨌든 자리에 앉아서 집중 상태에 들어서기 위해 억지로라도 노력했다는 게 핵심이다.

생산성의 근간은 집중 상태에 도달하는 데 있다. 따라서 생산성을 높이기 위해 내가 활용한 대부분의 기법은 집중 상태에 도달하는 것부터 시작한다. 38장에서 다룰 뽀모도로 기법은 집중 상태에 이르게 해줄 관성을 만들 수 있도록 억지로라도 앉아서 작업을 하는 방법이다.

생각만큼 쉽지는 않다

실제로 집중하는 일은 지금 내가 말하는 것보다 어렵다. 그냥 엉덩이를 붙이고 앉아서 키보드를 두들긴다고 집중이 되는 것은 아니다. 높은 단계의 기어로 변속할 때까지 집중을 방해하는 것과 적극적으로 싸워야만 얻을 수 있다. 이 전투에서 이기려면 미리 전략도 세워야 한다.

작업을 시작하기 전에 외적, 내적 방해 요소를 모두 정리해두는 것이 좋다. 전화기를 무음으로 해두고 브라우저 창은 모두 닫고 화면에 있는 팝업은 무시하라. 문이나 파티션 입구에 작업 중이니 방해하지 말라고 써 붙이는 것도 좋다. 써 붙인다는 말이 농담처럼 들릴지도 모르지만 진심이다. 처음에는 뭐라고 하는 동료나 상사가 있을 수도 있지만 일단 미친 듯한 성과를 내기 시작하면 그들도 이해할 것이다. 나중에는 오히려 당신이 가진 마법의 알약을 사고 싶어 할 것이다.

나는 최근에 그날 하기로 계획한 일을 마치기 전에는 업무용 목적이 없는 한 휴대전화를 건드리거나 웹 브라우저를 열지 않겠다는 규칙을 세웠다. 지키기 어려운 규칙이긴 하지만 다행히 도움이 되는 앱이 몇 개 있다. 오프타임Offtime이나 브레이크프리BreakFree 같은 앱을 써서 스마트폰 중독이나 집중을 방해하는 요소로부터 벗어나는 것을 고려해보라. 데스크톱에서는 프리덤Freedom, 스테이포커스트StayFocused로 진짜 집중하고 싶은 특정 시간대에 웹사이트나 인터넷 접속을 차단할 수 있다.

이제 일을 시작할 준비가 끝났다. 자리에 앉아 일을 시작하자. 눈앞에는 아무 방해 요소도 없다. 잠깐, 그런데 뭐지? 뭐라고 딱히 꼬집어 말할 수는 없지만 자꾸 딴생각이 난다. 누가 페이스북 글에 '좋아요'를 눌렀는지 바로 봐야 할 것 같다. 그만. 거기서 멈추고 생각을 비워라. 의지력을 발휘하여 오직 눈앞에 있는 작업에만 몰두하는 것은 당신 몫이다. 처음에는 억지로 집중해야겠지만 결국 가속도가 붙어서 집중 상태로 들어설 것이다. 처음 5분에서 10분만 버티면 된다. 10분을 버틸 수 있다면 지속할 수 있는 충분한 관성을 얻을 수 있다. 그쯤 되면 자잘한 방해 요소 따위가 당신의 집중을 흩뜨릴 수 없을 것이다.

실천하기

- 굉장히 집중했던 때를 떠올려보자. 어떤 느낌이었는가? 집중 모드로 들어설 수 있었던 원인은 무엇인가? 집중이 깨진 이유는 무엇인가?
- 집중하는 연습을 해보자. 30분 이상 걸릴 만한 작업을 하나 고른 후 작업을 완료하기 위해 필요한 시간을 확보하고 그 시간 동안 완전히 집중해보자. 이 작업에만 집중하도록 노력하라. 집중 상태가 되었을 때 무엇을 느꼈는지 기억하라.

CHAPTER

37

생산성 계획

나는 생산성을 높여준다고 널리 알려진 방법을 거의 다 시도해봤다. GTDGetting Things Done도 해봤고, 뽀모도로도 꽤 오랜 시간 사용해왔다. 사인필드Seinfeld가 고안한 'Don't break the chain(흐름 유지하기)'의 여러 변형된 기법도 사용해봤다. 'Don't break the chain' 기법에 대해 잠시 말하자면, 일별 목표를 성공적으로 달성한 날을 달력에 꾸준히 표시해 나가면서 흐름을 최대한 오래 유지하는 방법이다. 나는 이 밖에도 목록을 기반으로 하는 오토 포커스Auto Focus와 같은 방법도 시도해봤다.* 모든 방법을 써봐도 나에게 꼭 맞지는 않았다. 그래서 이러한 방법에서 골라낸 장점을 칸반 보드kanban board 같은 몇 가지 애자일 도구와 결합하여 나만의 체계를 만들었다.

이 장에서는 내가 생산성을 최대한 유지하기 위해 활용한 생산성 계획을 설명하겠다. 이 책도 이 계획을 활용해서 썼다.

* 오토 포커스 기법에 관한 설명은 http://xrath.com/2009/02/autofocus-time-management-system을 참고하라.

개요

내 생산성 계획은 쉽게 말해 매주 해야 할 일을 두 시간 이하의 작은 작업으로 나누고, 칸반 보드를 사용해 한 주를 계획하는 것이다. 칸반 보드는 여러 칼럼으로 구분되어 있어 이 칼럼 안에 작업을 기록하고 다른 칼럼으로 작업을 옮길 수도 있는 일종의 간단한 게시판이다. 애자일에서 칸반 보드의 각 칼럼은 일반적으로 작업 상태를 뜻한다. 보통 '시작 전', '진행 중', '완료' 같은 상태를 나타낸다. 하지만 내가 사용하는 칸반 보드에서는 각 칼럼이 한 주의 하루를 의미한다. 칸반 기법에 대해 더 자세히 알고 싶다면 마커스 하마버그Marcus Hammarberg와 요아킴 순덴Joakim Sundén의 책 『Kanban in Action』(Manning, 2014)을 살펴보라.

뽀모도로 기법은 작업할 때 집중력을 유지하는 용도로도 썼지만, 작업 시간을 예측하고 측정할 때도 사용했다. 뽀모도로 기법을 활용하는 방법은 다음 장에서 자세히 다루겠다.

분기별 계획

내 계획은 분기 단계부터 시작한다. 한 해를 각 3개월씩 4개 분기로 나누고 분기별로 계획을 세운다. 이때 한 분기 동안 완료할 큰 프로젝트를 정하는 동시에 작은 목표 몇 가지도 함께 계획한다. 할 일은 주 단위나 일 단위로 나누어 생각하는데, 계획은 주로 에버노트와 같은 애플리케이션에 목록으로 정리해둔다. 그러고는 한 분기 동안 완료하려는 일의 개요를 간단하게 작성한다. 이를 통해 주요 목표와 그것을 달성하는 방법에 대한 아이디어를 얻고, 이 목표에 계속 집중할 수 있다.

내 분기 목표의 예로는 이 책 쓰기, '소프트웨어 개발자가 자신을 홍보하는 방법' 강의 만들기, 휴가 즐기기 등이 있다. 소프트웨어 개발자라면 새로운 프로그래밍 언어나 기술 배우기, 첫 번째 iOS 앱 만들기, 자격증 취득하기, 새로운 일자리 찾기 같은 분기 목표를 세울 수 있을 것이다.

월간 계획

매월 1일에는 한 달치 달력을 출력해놓고 그달에 해야 할 일을 계획한다. 아주 정확하게 예측할 수는 없지만, 일할 수 있는 날과 이전에 했던 작업을 기반으로 한 달 동안 할 수 있는 일의 양을 어림잡아 예측한다. 그다음에는 분기별 개요에서 작업할 항목을 가져와서 그달에 할 만한 일이 무엇인지 확인한다.

매월 하고 싶은 일도 함께 계획한다. 예를 들어 나는 매월 1일에 그달에 필요한 유튜브 동영상을 일괄 생성해둔다.

주간 계획

매주 월요일 아침에는 한 주간의 일정을 계획하며 하루를 시작한다. 예전에는 트렐로Trello라는 도구를 사용해서 칸반 보드에 주간 계획을 작성했는데 지금은 칸반플로(http://simpleprogrammer.com/ss-kanbanflow)를 사용해서 칸반 보드를 작성한다. 칸반플로에는 뽀모도로 타이머가 내장되어 있어서 나에게 안성맞춤이었다. 내 칸반 보드에는 각 요일에 해당하는 칼럼이 있고, 오늘 할 일을 볼 수 있는 '오늘'이라는 칼럼과 이미 완료한 일을 볼 수 있는 '완료' 칼럼도 있다. 또한, 이번 주에 완료하지 못했거나 다음 주에 꼭 해야 하는 일을 표현하는 '다음 주' 칼럼도 있다.

칸반 주간 일정 예시

나는 매주 해야 할 일을 먼저 리스트로 만든다. 에버노트에 매주 해야 할 일을 전부 기록해둔 체크리스트를 작성하는데 내 경우 체크리스트에는 다음과 같은 내용이 포함되어 있다.

- 블로그 글 쓰기
- 유튜브 동영상 제작하기
- 블로그에 제작한 동영상에 관한 글 올리기
- 팟캐스트 두 개 녹음하기
- 블로그에 팟캐스트에 관한 글 올리기
- 팟캐스트 대본 만들고 편집하기
- 이메일 뉴스레터 작성하기
- 그 주에 발행할 소셜 미디어 콘텐츠 일정 정하기

이 작업을 트렐로나 칸반플로에 카드로 만들어서 관리하고, 각 카드에는 해당 작업에 필요한 뽀모도로 개수를 예측해둔다. 1 뽀모도로는 집중해서 일하는 25분을 가리킨다. 내가 하루에 할 수 있는 뽀모도로는 10개라고 가정한다. 매주 이렇게 해야 할 일 목록을 만들어야 하므로 한 주 계획을 이 작업으로 시작한다.

한 주에 필요한 작업을 추가한 다음에는 달력을 보고 그 주 안에 정해진 약속이 있는지 확인한다. 만약 업무와 관련한 약속이라면 약속에 해당하는 카드를 만들고, 업무와 관련이 없는 약속이라면 약속이 있는 날 할 수 있는 뽀모도로 개수를 하향 조정한다.

마지막으로 그 주에 해야 할 일을 모두 계획에 넣는데 그 주에 완료할 작업을 모두 카드로 만들어서 빈 공간을 채운다. 일정은 보통 하루에 9 뽀모도로만 넣어 약간 여유를 둔다.

주간 작업 일정 계획하기

요즘은 내가 일주일 동안 할 수 있는 작업량을 꽤 정확하게 예측할 수 있다. 더 중요하다고 생각하거나 반드시 완료해야 한다고 생각하는 작업은 카드를 옮겨서 우선순위를 더 높이기도 한다. 또한, 시간이 얼마나 들었는지 일부러 기억해내지 않아도 내가 매주 시간을 어디에 사용했는지 명확하게 알 수 있으므로 앞으로 사용할 시간도 제어할 수 있다.

일간 계획과 실행

나는 매일 일을 시작하기 전 그날 해야 할 운동으로 하루를 시작한다. 일하는 중간에 집중을 깨고 싶지 않기 때문이다. 자리에 앉아서 일을 시작할 준비가 됐을 때 가장 먼저 하는 일은 그날 하루를 계획하는 것이다.

하루를 계획할 때는 그날에 해당하는 카드를 모두 '오늘' 칼럼으로 옮긴 다음 중요도 순으로 정리한다. 그날의 가장 중요한 일을 먼저 처리한다. 또한, 카드에 입력된 작업이 명확하지 않다면 상세 내용을 추가한다. 작업을 시작하기 전에 해야 할 작업은 무엇인지 이 작업의 완료 기준은 무엇인지 명확하게 해둔다. 명확하지 않은 작업 때문에 작업 시간이 지연되거나 낭비될 만한 요인을 없앤다.

그날 해야 할 일을 모두 계획하고 나면, 해당 주의 다른 날에 대한 계획도 조정한다. 가끔 예상보다 일을 더 많이 하고 나면 카드를 앞으로 옮기거나 새 카드를 추가해야 한다. 반대로 예상보다 일을 적게 했다면 일정을 조정하여 카드 몇 개를 다음 주로 미루기도 한다.

이제 일할 준비가 모두 끝났다. 다음 장에서 뽀모도로 기법을 사용해볼 차례다. 나는 하루 종일 뽀모도로 기법을 사용해 작업에 대한 집중력을 유지하고 목록에 있는 작업을 해나간다.

이 방식을 효과적으로 활용하기 위해 한 가지 주의할 점은 '작업을 따라잡는다'는 개념이 없다는 점이다. 즉, 1 뽀모도로가 들 것으로 예상했던 작업에 실제 4 뽀모도로가 들더라도 그날 혹은 그 주에 할당한 다른 작업을 완료하려고 노력하지 않는다. 내 목표는 작업 X개가 아니라 뽀모도로 X개를 완료하는 것이다. 작업 X개 완료에 집중하기 시작하면 결국 거창한 할 일 목록이 만들어지고 여기에 수반되는 문제가 다시 불거진다. 또한, 언젠가 그날에 할당한 뽀모도로를 완료하지 못하게 방해하는 문제가 생긴다. 미리 계획을 세울 수 있다면 계획을 세우고 하루 전에 추가 뽀모도로를 수행한다. 하지만 그렇게 할 수 없다면 이를 만회하려 노력하지 않는다. 예기치 못할 정도로 돌발적인 것보다 꾸준히 일관성을 유지하는 것이 낫다. 이 부분에 대해 잠시 생각해보라.

방해 요소 다루기

일하는 동안 방해 요소와 많이 마주친다. 자리에 앉자마자 전화벨이 울린다거나 화면에 메일 알림창이 뜰 수도 있고, 누군가 당신의 페이스북에서 '좋아요'를 누를 수도 있다. 아, 세상이 종말을 맞고 있을지 모르니 뉴스도 확인해야 한다. 피할 수 없는 방해 요소도 있지만, 사실 방해 요소는 대부분 의지만 있다면 제거할 수 있다.

방해 요소는 생산성 저하의 주범이기 때문에 최대한 없애야 한다. 나는 재택근무를 하고 있어서 사무실에서 일할 때보다는 방해 요소를 피하기 쉬운 편이지만, 그래도 역시 어렵다. 전화는 무음 모드로 해두었기 때문에 일하는 동안 전혀 울리지 않는다. 내 주변에 있는 이들은 내가 뽀모도로를 사용해 일하는 동안에는 나를 방해하지 말아야 한다는 사실을 잘 알고 있다. 그래서 긴급 상황이 아닌 한, 나와 의논할 일이 생기면 이메일을 보내거나 방문 앞에 고개를 내밀고 있다가 내가 휴식을 취할 때 들어온다.

방해 요소를 없애기 위해, 일할 때는 이메일도 거의 보지 않는다. 바로 처리해야 하는 급한 일인지만 확인하려고 휴식 시간에 종종 메일을 보는데, 정말 급한 일이 아니라면 저녁 시간에 몰아서 답장한다. 모든 메일을 한꺼번에 처리함으로써 훨씬 더 효율적으로 메일을 활용할 수 있게 되었다. 아마 메일을 자주 확인하는 습관도 없앴다면 생산성이 더 높아졌겠지만 인간인지라 거기까지는 힘들었다.

채팅 프로그램 때문에 시간을 낭비할 때도 많으므로 채팅 프로그램은 전부 로그아웃해둔다. 메일을 사용하면 집중을 방해받지 않고도 시간이 날 때 응답할 수 있으므로 이메일로 이루어지는 소통을 선호한다.

휴식과 휴가

매일 빡빡한 일정에 맞춰서 기계처럼 일한다면 금세 지쳐버릴 것이다. 그래서 나는 가끔 휴식을 취하거나 몇 주 정도 '자유 주간'을 시행한다. 자유 주간이란 뽀모도로도 사용하지 않고 아무런 계획도 정하지 않은 채 일하는 주를 말한다. 이 주간에는 하고 싶은 일만 하는데, 말할 것도 없이 굉장히 비생산적이라서 원래 사용하던 체계로 돌아오고 싶은 마음이 간절해진다. 일상의 단조로움에서 벗어나 내가 사용하던 체계가 생산성을 높이는 데 얼마나 효과적인지 상기해주는 소중한 시간이다.

가끔은 재충전하고 싶거나 재밌는 일을 하고 싶어서 종일 쉬는 때도 있다. 그에 따라 한 주간의 일정을 조정하기도 한다. 내일은 짧은 당일치기 여행을 떠날 예정이어서 집에 돌아온 후에 3 뽀모도로만 실행하기로 했다. 몇 달마다 한 번씩 2, 3주 정도 혹은 한 달씩 긴 휴가를 보내기도 한다. 휴가 기간에는 블로그 글과 팟캐스트 등을 정리하거나 주간 계획에 필요한 최소한의 준비를 해둔다. 열심히 일한 뒤에 이런 휴식 시간을 가지면 생산성을 더 오래 지속할 수 있다. 이 책을 끝낸 뒤에도 휴가 기간을 가질 생각이다.

실천하기

- 굳이 나와 똑같은 생산성 체계를 따르지 않아도 된다. 꾸준한 성과를 낼 수 있는 일종의 체계를 만들어두라. 매주 자신이 하는 일을 기록하고 매일, 매주, 매월 반복할 수 있는 체계로 발전시킬 수 있는지 살펴보라.
- 이 장에서 소개한 것을 포함한 기존 시스템을 활용하라. 시스템당 2주씩 시도하여 어떤 시스템이 자신에게 가장 잘 맞는지 확인하라.

CHAPTER

38

뽀모도로 기법

몇 년간 몇 가지 생산성 기법을 시도해본 결과 다른 방법을 일부 함께 사용하기는 했지만 뽀모도로 기법(http://simple programmer.com/ss-pomodoro)을 사용할 때 생산성이 가장 좋았다. 만약 생산성 기법을 한 가지만 추천한다면 뽀모도로 기법을 추천할 것이다.

처음부터 뽀모도로 기법이 마음에 들었던 것은 아니다. 처음 이 기법을 사용했을 때는 너무 단순해서 효과가 없을 거라고 생각했다. 일주일 정도 사용해보기 전까지는 뽀모도로 기법의 핵심을 알지 못했는데 그 후 가시적인 결과가 나타나기 시작했다.

이 장에서는 뽀모도로 기법을 소개하고, 꽤 단순한 기법이지만 효과가 좋은 이유를 설명하겠다.

뽀모도로 기법 소개

뽀모도로 기법은 1980년대 후반 프란체스코 치릴로Francesco Cirillo가 고안했으며 1990년대에 와서야 주목받기 시작했다. 이 기법의 핵심은 매우 단순하다. 너무 단순해서 보자마자 바로 이해할 것이다.

먼저 하루 동안 해야 할 일을 계획한다. 그 후 타이머를 25분으로 설정하고 계획했던 첫 번째 일을 시작한다. 작업은 한 번에 한 개만 진행하고, 25분 동안 완전히 집중해서 일해야 한다. 작업 중간에 방해를 받을 때 사용할 만한 방법이 여러 가지 있긴 하지만, 집중 상태가 깨지면 손해가 크므로 가능한 한 방해받지 않도록 노력하는 편이 좋다.

뽀모도로 기법의 프로세스

25분이 끝나면 다시 타이머를 5분으로 설정하고 휴식을 취한다. 여기까지가 1 뽀모도로다. 뽀모도로를 네 번 반복하고 나면 15분 동안 긴 휴식을 취한다.

작업을 일찍 끝냈다면 남은 시간은 '추가 학습overlearning'에 할당한다. 다시 말해 방금 했던 작업을 조금 개선해 본다거나 배우고 싶은 것에 관한 자료를 읽어보는 것이다. 하지만 나는 이렇게 하는 대신 즉시 다음 작업을 진행하곤 했다.

이게 끝이다. 뽀모도로 기법은 정말 단순하다. 프란체스코는 원래 토마토처럼 생긴 주방용 타이머를 사용해서 뽀모도로 시간을 측정했지만, 지금은 뽀모도로를 측정하고 기록할 수 있는 앱이 굉장히 많다. 나는 칸반플로(http://simpleprogrammer.com/ss-kanbanflow)에 내장된 뽀모도로 타이머를 사용해서 뽀모도로를 측정한다. 사실 지금도 그렇게 하고 있다.

뽀모도로 기법을 효과적으로 활용하기

처음에는 뽀모도로 기법을 제대로 사용하지 못했다. 그냥 타이머를 맞추고 뽀모도로 몇 개를 해봤는데, 하루에 뽀모도로를 몇 개나 할 수 있는지, 특정 작업에 뽀모도로가 몇 개나 필요한지 헤아려볼 생각조차 못했기에 큰 효과도 보지 못했다. 나는 뽀모도로 기법의 목적이 오랜 시간 집중하게 하는 데 있다고 생각했다. 뽀모도로 기법은 괜찮은 생각이지만 10~15분 정도만 들여도 작업에 집중할 수 있는데 굳이 더 번거롭게 하는 이유를 이해하지 못했다.

나중에 이 기법을 조금 더 엄격하게 적용해 보기로 마음먹기 전까지는 뽀모도로 기법의 진정한 가치를 알지 못했다. 내 친구이자 동료 개발자인 조쉬 얼Josh Earl은 이 기법을 매우 효과적으로 사용하고 있었는데, 뽀모도로 기법을 다시 한번 시도해 보라고 조언해줬다. 그는 하루에 뽀모도로를 몇 개 할 수 있는지 살펴보고, 매일 몇 개를 할지 목표를 설정하는 방식으로

이 기법을 효과적으로 활용하고 있었다. 이 방식대로 해보고 나서 이 기법에 대한 내 평가가 완전히 바뀌었다.

뽀모도로 기법의 진정한 힘은 이 기법을 작업 예측 및 측정 도구로 사용하는 데 있다. 하루에 뽀모도로를 몇 번 실행했는지 기록하고, 완료할 뽀모도로의 개수를 목표로 설정하면 스스로 하루에 얼마나 열심히 일하는지, 얼마나 많은 일을 처리할 수 있는지 정확히 측정할 수 있다.

뽀모도로 기법을 이러한 방식으로 활용하니 얻는 게 훨씬 많아졌다. 뽀모도로 기법을 제대로 활용하자 단순히 집중에 도움이 되는 수준을 뛰어넘어 며칠, 몇 주 후까지 계획을 세울 수 있고, 내 시간이 어디에 가장 많이 쓰이는지 알 수 있었다. 또한, 생산성을 최대한 높여야겠다는 동기도 얻게 되었다.

뽀모도로 기법을 사용하면 일주일이라는 시간을 뽀모도로 자원으로 환산해서 볼 수 있다. 매주 일정한 양의 일을 해내고 싶을 때는 한 주에 완료할 수 있는 뽀모도로 개수를 확인하고 그에 맞춰 우선순위를 매기면 된다. 완료한 뽀모도로의 개수를 측정하면 일주일 동안 처리한 일의 양을 정확히 알 수 있기 때문에 일을 더 해야 할 것 같은 채무감을 느끼지 않아도 된다. 일을 완료하지 못했더라도 목표했던 개수만큼 뽀모도로를 완수했다면 일의 양이 부족해서가 아니라 우선순위를 잘못 매겼기 때문이다.

나는 이러한 방식으로 뽀모도로 기법을 사용하면서 우선순위의 진정한 가치를 깨달았다. 매주 할당할 단위 작업이 많을 때는 제한된 뽀모도로에 주의를 기울이며 이 작업들을 분배해야 했다. 뽀모도로 기법을 사용하기 전에는 실제로 할 수 있는 양보다 훨씬 많은 일을 해낼 수 있을 거라고 늘 착각했었다. 시간은 더 넉넉하게 있다고 생각하고, 작업 시간은 더 적게 들 거라고 예상했던 것이다. 하지만 뽀모도로 기법을 사용하면서 내가 일주일간 해야 하는 작업에 시간이 얼마나 소요되는지, 이 작업에 뽀모도로가 몇 개나 필요한지 정확히 알게 되었다. 이것이 얼마나 가치 있는 일인지 이루 말할 수 없을 정도다. 사실 나는 이 책을 끝내기 위해 필요한 시간을 정확히 알고 있다. 각 장을 쓸 때 필요한 뽀모도로는 몇 개가 적당한지, 작업별로 매주 할당해야 할 뽀모도로가 몇 개인지 알고 있다.

직접 해보라. 지금 이 책을 내려놓고 오늘 해야 할 일에 뽀모도로 기법을 적용해보자. 적용해본 뒤에 다시 돌아와서 이 장을 마저 읽어보자.

정신적인 면

지금까지는 뽀모도로 기법이 계획 능력을 개선해주어 생산성이 증대되는 면에 대해서 살펴봤다. 하지만 뽀모도로 기법은 정신적인 면에도 강력한 영향을 끼친다.

내가 겪었던 큰 문제 중 하나는 일을 더 해야 할 것만 같은 죄책감이었다. 일을 많이 했을 때도 항상 느끼는 감정으로 절대로 쉬면 안 될 것 같았다. 그 시간에 앉아서 게임을 했다면 일해야 할 시간을 낭비하고 있는 것 같아서 전혀 즐겁지 않았을 것이다. 아마 당신도 비슷하게 생각한 적이 있을 것이다.

이 문제는 하루에 해낼 수 있는 작업을 정확히 알지 못하고, 완료할 작업 목표를 명확히 설정하지 않았기 때문에 발생한다. 어쩌면 예전에 내가 그랬듯이 하루 동안 해야 할 작업을 목록으로 만들어서 해결하려고 했을지도 모르겠다. 좋은 생각처럼 보이기는 하지만, 문제는 종종 예측한 시간보다 실제로 작업에 걸리는 시간이 더 많다는 것이다. 종일 소처럼 일했는데도 목록에 있는 작업을 모두 완료하지 못하고, 어마어마한 노력을 기울였는데도 실패한 것 같다고 느낀다.

작업을 완료할 때까지 걸리는 시간은 조절할 수 없다. 인간이 제어할 수 있는 것은 작업에 할애하는 시간뿐이다. 열심히 일한 날이었다면 자신에게 뿌듯함을 느끼는 것이 정상이다. 게으름을 피웠는데도 목록에 있던 작업이 예상보다 쉬워서 모두 완료할 수 있다면 칭찬할 일이 아니다. 할 일 목록은 기준이 될 수 없다. 정말 중요한 것은 집중해서 완료한 작업의 양이다.

뽀모도로 기법이 생산적인 이유가 여기에 있다. 하루 동안 뽀모도로 몇 개를 해내겠다는 목표를 세우고 이를 완수해냈다면 그날 할 수 있는 일은 모두 해낸 것으로 볼 수 있으며 자신에게 뿌듯함이나 대견함을 느껴도 좋다. 이런 날에는 충분한 휴식을 취할 권리가 있다.

이러한 깨달음 덕분에 내 업무의 질은 상당히 좋아졌으며 더 많은 일을 해내는 것은 물론 휴식 시간도 충분히 즐길 수 있게 되었다. 하루 동안 목표했던 뽀모도로를 모두 완수하고 나면 남는 시간에는 무엇을 하든 상관없다. 원한다면 일을 더 해도 된다. 앉아서 게임을 하거나 영화를 보면서 시간을 보내도 되고, 아무 생각 없이 할 수 있는 다른 활동을 해도 된다. 오늘 하루는 열심히 일했다는 것을 스스로 알고 있기에 무엇을 해도 죄책감이 들지 않는다.

앞에서 이미 집중에 관해서 얘기했으므로 여기서는 많이 다루지 않겠다. 하지만 집중한 작업과 그렇지 않은 작업 간에는 큰 차이가 있다는 점을 명심하라. 뽀모도로 기법은 집중을 돕기도 하므로 뽀모도로 기법을 사용해서 일한다면 전보다 많은 양을 할 수 있을 것이다. 좋은 소식은 당신이 더 생산적인 사람이 됐다는 것이고, 나쁜 소식은 그 맛을 알아버렸다는 것이다. 솔직히 말하겠다. 익숙해지기까지는 시간이 다소 필요하다. 하루 대부분을 집중한다는 것은 어려운 일이다. 아마 지금까지 일해온 방식보다 훨씬 더 어려울 것이다.

지뢰 사무실에서 일하고 있어서 25분 동안 온전히 집중할 수가 없어요

평범한 사무실에서도 뽀모도로 기법을 적용할 수 있다. 가끔 뽀모도로 기법이 좋아 보이기는 한데, 방해 요소가 너무 많아서 적용할 수 없다는 불만을 듣곤 한다. 동료가 내 자리 근처에서 서성거리거나 윗사람이 말을 걸면, 일을 계속하면서 내 타이머가 울릴 때까지 10분만 기다리라고 말할 수 없다는 것이다.

사실은 가능하다. 단, 주변에 미리 알린다면 말이다. 너무 방해를 많이 받는다면 상사와 동료에게 지금 생산성을 높이는 방법을 시도해볼 계획이라고 알려라. 그 때문에 일단 시작하면 25분 정도는 연락할 수 없으며 뽀모도로가 끝나면 바로 응답해 주겠다고 말하라.

이 제안이 말도 안 되는 소리처럼 들릴 수 있다. 하지만 제대로 전달한다면 생각 외로 많은 사람이 협조해줄 수 있다. 당신이 사용할 방법이 팀에 얼마나 좋은지, 전체적인 생산성이 얼마나 개선되는지 보여준다면 더 좋은 결과가 있을 것이다.

작업량 예측

뽀모도로 기법을 쓰기 시작한 후에 내가 일주일이나 하루 동안 할 수 있는 뽀모도로 양에 분명한 한계가 있다는 것을 깨달았다. 시간이 지나면서 뽀모도로 양이 조금 늘었고, 집중도 더 잘할 수 있어 해내는 작업의 양도 증가했다. 하지만 내 능력을 초과하는 범위까지 뽀모도로 양을 지나치게 늘리면 결국 대가를 치러야만 했다.

실제 한계를 알면 놀랄지도 모르겠다. 당신이 하루 평균 8시간 근무를 한다면 30분마다 뽀모도로가 하나씩 완료되므로 이론적으로는 하루 동안 뽀모도로를 16개 해낼 수 있어야 한다. 하지만 실제로는 하루에 12시간 내내 일해도 뽀모도로 16개를 채우기는 몹시 어렵다.

처음 뽀모도로 기법을 사용하기 시작했을 때는 하루 동안 뽀모도로 6개를 완료하기도 힘들었다. 시간이 그냥 사라져버린 것처럼 보였다. 종일 집중을 유지하기 위해 많은 노력을 하고, 정신적인 압박을 느껴야 했다. 현재

나는 하루에 뽀모도로 10개가 목표지만, 아직도 굉장히 노력해야 한다. 이 목표를 달성하기 위해 종종 8시간 이상 일할 때도 있고, 심지어 그렇게 해도 달성하지 못하는 날도 있다.

나는 일주일에 약 뽀모도로 50~55개를 해내는 것이 목표다. 이 범위에 들어선다면 내가 일주일 동안 굉장히 잘해왔으며, 매주 꾸준히 목표를 발전해온 것으로 볼 수 있다. 만약 이 범위를 약간 넘어서 달성한다면 다음 주에도 같은 기분을 느낄 수 있을 것이다.

뽀모도로 기법을 쓰려면 실제로 달성할 수 있는 목표를 현실적으로 설정해야 한다. 일주일에 40시간을 일한다고 해서 뽀모도로 80개를 할 수 있다는 뜻은 아니다. 만약 실제로 80개를 달성할 수 있는 사람이 있다면 놀라움을 넘어 진심으로 그 사람의 정신 건강이 걱정될 것이다.

내 얘기를 믿을 수 없거나 내가 게으르다고 생각하는 독자가 있을 수 있다. 그들을 위해 유명한 수학자이자 이론 물리학자, 기술자, 과학 철학자인 앙리 푸앵카레Henri Poincaré에 관한 존 쿡John Cook의 말을 칼 뉴포트 블로그에서 인용해 보겠다.

> 푸앵카레는 규칙적으로 오전 10시부터 12시까지, 오후 5시부터 7시까지만 일했다. 그는 더 오래 일해봐야 얻는 게 거의 없다고 생각했다.

스티븐 킹처럼 생산성이 높기로 유명한 사람도 한 사람이 하루에 성취할 수 있는 최대 집중 작업량에 대해 비슷한 말을 한 바 있다. 시간은 누구에게나 똑같이 주어진다. 그것을 어떻게 활용하느냐는 당신 몫이다.

실천하기

- 뽀모도로 기법을 시도해보자. 지금은 하루에 뽀모도로를 몇 개나 완료해내는지 고민하지 않아도 되지만, 이 기법을 시도해보고 한 주 동안 얼마나 해내는지 기록해보자.
- 일주일 안에 완료할 수 있는 뽀모도로 개수를 예측할 수 있다면 다음 주에 완수할 목표를 설정해보자. 실제로 해낸 일의 양에 주의를 기울이고, 목표했던 뽀모도로 개수를 완료한 날에는 어떤 기분이었는지 생각해보자.

CHAPTER

39

할당 체계를 도입해 생산성을 높여라

지금까지 생산적인 상태를 최대한 유지하기 위해 사용하는 기본 체계를 이야기했는데, 사실 말하지 않은 부분이 하나 있다. 내가 다른 사람에게 말한 적도 없고, 다른 생산성 체계에서 본 적도 없는, 적어도 아직까지는 고유하다고 할 만한 방법이다. 나는 이를 할당 체계라고 부른다.

나는 할당 체계를 사용해 현재 가장 중요한 목표를 매일 또는 매주 일정한 수준만큼 꾸준히 진행하며, 진행 정도도 명확하게 측정하고 있다. 이 장에서는 할당 체계가 무엇인지, 어떻게 사용하는지 다루겠다.

문제점

내가 시도했던 모든 생산성 관리 기법에는 한 가지 문제가 있었다. 바로 매일 반복해서 진행해야 하는 일에 대해서는 다루지 않았다는 점이다. 그리고 몇 주 혹은 몇 달이 걸릴 만한 큰 작업을 다루는 방법도 아쉬웠다.

내가 진행하는 작업 중 꽤 많은 작업이 매주 반복된다. 매주 블로그 글을 쓰고 팟캐스트를 발행하는 한편, 운동도 해야 하고 주요 목표를 향해 꾸준히 나아가야 한다. 물론 매일 반복되는 작업도 있다. 아마 당신에게도 이처럼 매주 혹은 매일 진행해야 하는 작업이 있을 것이다.

이러한 반복 작업은 완료하지 못한 적도 많았는데, 해야 할 일을 자꾸 잊어먹거나 예상보다 시간이 부족했던 게 원인이었다. 꾸준히 진행하지 못했기 때문에 계획한 만큼 처리해본 적이 없었고, 늘 집중을 못한다고 느꼈다.

운동 계획을 실천해보면 생각보다 피트니스클럽에 자주 가지 못한다. 블로그를 정기적으로 업데이트하려고 마음먹고서는 몇 달 동안 방치한 적도 있을 것이다. 블로그를 꾸준히 운영한다면 훨씬 좋은 결과를 낼 수 있다는 것은 누구나 알지만, 의도만 좋았을 뿐 블로그를 관리할 시간은 늘 부족했을 것이다.

할당량을 도입하라

완료해야 할 일을 꾸준히 진행할 수 있는 유일한 방법은 미리 설정해둔 기간 내에 얼마나 처리할 것인지 목표를 세우는 것이다.

예전에 조깅 횟수와 근력 운동 횟수를 각각 일주일에 세 번으로 정하고 실천했을 때 꾸준히 잘해냈다. 그래서 매주 조깅 세 번과 근력 운동 세 번을 할당량으로 두고 실천하기로 했다.

나는 이 할당 체계를 매주 꾸준히 해야 할 일, 블로그 글 포스팅, 유튜브 동영상 제작, 팟캐스트 발행 등에도 적용해 보기로 했다. 한 번 이상 반복한 모든 일에 할당량을 만들었다. 반복하는 작업은 반복 횟수를 정확하게 수치화했다. 한 달에 한 번이 될 수도 있고 일주일에 네 번 혹은 하루에 두 번이 될 수도 있다. 어떤 작업이든 반복하고 나면 반복 빈도를 정의한 뒤 할당량을 부여하고, 비가 오나 눈이 오나 변함없이 할당량을 완수해냈다. 나는 할당량을 굉장히 엄격하게 지켰다.

그러자 이전보다 훨씬 더 많은 일을 할 수 있었다. 이 방법의 가장 좋은 점은 일관성이 있어서 시간에 따른 진척도를 측정하고 기록할 수 있다는 것이다. 그러면 주어진 시간 동안 내가 처리할 수 있는 일의 양을 정확히 알 수 있다.

이 체계를 도입한 이후 가장 큰 효과를 본 시기는 플루럴사이트의 교육과정을 만들 때였다. 이때 나는 매주 만들 수업을 세 개로 할당했다. 참고로 내가 만든 교육과정은 대부분 5개 수업이며 수업당 교육 시간은 30~60분이다. 스스로 할당량을 정하고 난 뒤, 잠시 손을 뗐던 시간까지 포함해도 3년 동안 교육과정을 55개나 만들 수 있었다. 빠른 제작 속도로 최다 생산자가 되었으며 개설한 교육과정의 수는 해당 서비스에 있는 다른 제작자의 3배 이상이었다.

할당량 예시

- 매주 3회 조깅하기
- 매주 블로그 글 한 개 작성하기
- 매일 책 한 개 장씩 쓰기
- 매주 뽀모도로 50개 끝내기

직접 실천해보자. 지금 잠시 시간을 들여 매주 혹은 매월 완료하고 싶은 일이 있는지 생각해보고 자신만의 할당 목록을 만들어보자. 이 목록을 모두 당장 지킬 필요는 없지만 연습 삼아 조금씩 실천한다면 도움이 될 것이다.

할당 체계 실행법

할당 체계는 어떻게 실행하면 될까? 간단하다. 반복해야 하는 작업을 선택한 뒤 일정한 기간마다 얼마나 자주 진행할 것인지 할당량을 정하면 된다. 반복 주기는 한 달이 될 수도 있고 매주, 매일이 될 수도 있지만, 주기를 명확하게 설정해야 한다. 큰 프로젝트를 완료해야 한다면 이를 작은 반복 작업으로 나눌 방법을 생각하라. 나는 플루럴사이트 교육과정을 만들 때 작업을 수업 단위로 나누었다. 이 책을 쓸 때는 장 단위로 작업을 나누어서 매일 한 개 장씩 쓰는 것을 할당량으로 정했다.

할 일과 진행 빈도를 정했다면 이제 실천할 차례다. 이 부분이 가장 중요하다. 제대로 실천하지 않는다면 할당량을 정해도 소용이 없다. 제대로 실천한다는 말의 의미는 능력이 허락하는 한도 내에서 최대한 전념하여 완수해낸다는 뜻이다. 물리적인 한계를 제외하고는 작업을 완료할 때까지 사실상 그 무엇도 장애물이 될 수 없다는 의미이기도 하다.

이 생각이 바로 할당 체계의 핵심이다. 목표했던 일을 해내는 것 외에는 다른 어떤 선택지도 두지 마라. 마음속에서 실패란 단어를 아예 지워버려라. 한 번이라도 실수를 용납하면 다시 실수하게 되고, 이내 '할당량'은 아무런 기능도 하지 못할 것이다.

제대로 실천하지 못하면 전체 체계가 무너지므로 달성 가능하고 유지 가능한 할당량을 선택하라. 결국 실패할 게 뻔한 목표를 세우지 마라. 처음에는 작은 목표를 세우고 이를 성공적으로 실천하면서 규모를 점점 키우는 식으로 접근하는 게 좋다.

할당량이 너무 많을 때도 오직 한 가지 원칙을 따른다. 할당량을 무조건 완료하는 것이다. 교육과정 몇 주는 할당량을 문제없이 채웠지만, 토요일과 일요일에도 일하는 것이 너무 힘들었다. 그래서 할당량을 줄이기로 마음

먹었는데 결심한 그 주의 할당량 다섯 개는 모두 채우고 나서 다음 주의 할당량부터 세 개로 줄였다. 할당량을 실천하는 도중에는 결코 규칙을 중단하거나 바꾸지 않았는데 한 번이라도 타협했다가는 앞으로 할당량에 대한 엄격함을 유지할 수 없으리라 생각했기 때문이다.

할당 체계 규칙

- 반복 가능한 작업을 선택한다.
- 작업이 완료되고 반복되어야 하는 주기를 정한다.
- 한 주기 안에 작업을 몇 번 완료할 것인지 할당량을 정한다.
- 실천한다. 할당량을 완수할 수 있도록 실천한다.
- 조정한다. 할당량을 더 높이거나 낮춘다. 하지만 실천 주기 도중에는 조정하지 않는다.

자, 이제 직접 실천해볼 시간이다. 할당할 작업을 하나 골라서 실천해보자. 할당 체계 규칙을 지키면서 일단 한 가지 작업에만 할당 체계를 적용해보자.

할당 체계가 효과적인 이유

할당 체계가 효과적인 이유는 '토끼와 거북이'라는 오래된 우화에서도 찾을 수 있다. 느리지만 꾸준한 속도로 일하는 게 빠르지만 지속성이 없는 것보다 낫다. 이에 대해 내가 좋아하는 책, 『최고의 나를 꺼내라!』에서 저자 스티븐 프레스필드는 다음과 같이 말하고 있다. 여기서 말하는 '그'는 모든 전문가를 대변한다.

> 시베리안 허스키들을 계속 잘 몰다 보면 언젠가 놈Nome* 에 다다른다는 사실이 그를 지탱해준다.

---

* 미국 알래스카 주 서쪽 끝에 자리 잡은 도시로 매년 2월에 열리는 개썰매대회의 종착지다.

오랜 기간 작업할 때 대체로 힘들어하는 부분은 꾸준한 페이스로 생산성을 유지하는 것이다. 비록 작은 벽돌일지라도 매일 조금씩 완벽하게 제자리를 찾아 맞추다 보면 마침내 거대한 벽을 이룰 수 있다. 눈앞에 닥친 거대한 작업에 집중하기는 어려울 수 있지만 작은 벽돌을 제자리에 놓기는 쉽다. 요는 매일, 매주, 매월 벽돌을 제자리에 놓을 수 있도록 체계를 실행하는 것이다.

할당 체계는 지켜야 할 과정을 미리 설정하고 불필요하게 판단해야 할 사항을 제거함으로써 의지가 약해지는 것을 극복하게 도와준다. 주어진 기간에 여러 번 실행해 왔다면 이미 투입한 양이 있기 때문에 이 일을 계속할 것인지 아닌지 판단할 필요가 없다. 반드시 해야 하는 일이라는 것은 자신도 알고 있다. 판단해야 할 일이 생기면 얼마 남지 않은 의지력마저 사그라든다. 따라서 반드시 작업해야 하는 할당량이라는 형태로 바꾸어 버리면 판단해야 할 상황이 사라지고 의지력이 약해지는 것도 막을 수 있다. 이 주제에 관해서는 켈리 맥고니걸Kelly McGonigal이 쓴 『왜 나는 항상 결심만 할까?(The Willpower Instinct)』를 참고하라.

실천하기

- 반복해야 할 작업의 목록을 작성하자. 특히 바로 했더라면 득이 되었을 텐데 미루고 하지 않았던 것을 중심으로 생각해보자.
- 작업을 한 개 이상 골라서 일정한 간격으로 할당해보자. 할당한 작업을 적어도 5회 이상 지키도록 노력해보자. 이러한 할당 체계를 몇 달이나 몇 년간 지속할 때 얻을 수 있는 이득도 떠올려보자.

CHAPTER

40

책임감을 가져라

임무를 완수하는 동기에는 두 종류가 있다. 내부에서 오는 내적 동기와 외부의 처벌이나 보상에서 오는 외적 동기다.

내적 동기는 외적 동기보다 훨씬 효율적이다. 내적으로 동기부여가 되면 훨씬 많은 일을 할 수 있고, 더 잘할 수 있다. 그러므로 외부보다 내부에서 동기를 찾아야 한다.

이 장에서는 내적 동기를 얻는 방법에 대해 다룬다. 자기 자신에게 책임감을 가짐으로써 스스로 동기부여를 하는 것이다. 그러나 자신이 정한 약속을 지키지 않는다면 이 방법은 전혀 도움이 되지 않을 것이다. 이 주제에 대해 더 깊이 알고 싶다면 다니엘 핑크의 책 『드라이브』를 읽어보라.

책임감이란 무엇인가?

직장이 있다면 대부분 직장에 대한 책임감 때문에 매일 정해진 시간까지 출근할 것이다. 자기 자신을 위해서라면 행동에 옮기지 않았을 일을 직업에 대한 책임감 때문에 한다. 직장인도 하루 정도 재택근무를 할 기회가 주어지거나 독립해서 회사를 운영한다면 책임감이라는 장치가 얼마나 강력했는지 금세 깨달을 것이다.

나는 처음 재택근무를 시작했을 때 일찍 일어나 일하려고 했지만 그러지 못했다. 일부러 게으름뱅이가 되려고 했던 건 아니다. 그냥 스스로에게 책임감이 없었을 뿐이다. 외적 요인에 영향을 받아 행동하는 것에 익숙했고, 일할지 말지 선택할 수 있을 때는 항상 일하지 않는 쪽을 택했다. 인간의 본성에 따랐던 것이다.

덕분에 내 직업윤리에 생산성을 심각하게 떨어뜨리는 결함이 있다는 사실을 깨달았다. 나는 내적 동기보다는 외적 동기에 더 영향을 받는 사람이었다. 누군가 나를 계속 지켜보는 사무실에서는 책임감을 느꼈다. 하지만 독립한 후에는 내 행동을 제어할 만한 책임감을 느끼지 못했다.

아무도 지켜보지 않을 때도 높은 생산성을 유지하려면 자기 책임감을 키워야 한다. 자기 책임감이 있는 사람을 인격이 훌륭하다거나 성품이 올곧다고 말하기도 한다. 둘 다 비슷한 부분이 있다. 자기 책임감이 없으면 늘 외적 동기에 휘둘려서 일한다. 보상을 약속하는 당근이나 실패했을 때 받는 채찍에 의해 조종 당하기 십상이다.

자제력은 스스로 동기를 부여할 수 있는 방법이며, 자기 동기부여의 핵심은 자기 책임감이다. 누구의 영향도 받지 않고 예측 가능하고 신뢰할 만한 성과를 내려면 자기 자신에게 책임감을 가지는 법을 배워야 한다.

책임감 키우기

나는 외적 동기에 크게 영향을 받는 문제를 해결하려고 꽤 오랫동안 애썼다. 자발적으로 일해야 하는 상황에서 더 효율적이고 생산적이도록 자기 훈련법을 익혀야 했다. 그리고 마침내 내 마음속에 살고 있는 짐승을 어떻게 길들여야 하는지 깨달았다.

책임감을 키우려면 체계적으로 살 방법부터 모색해야 한다. 자신이 해야 할 일을 모르고 있다면 그 어떤 것에도 책임감을 느낄 수 없다. 직장에 가면 보통 해야 할 일이 준비되어 있어서 시간에 맞춰 일하고 퇴근하면 된다. 상황에 따라 다를 수는 있겠지만 직장의 일이란 대체로 명확하게 정해져 있다. 잘못하면 상급자에게 질책을 받는 방식으로 책임감이 유지된다.

자기 책임감 만들기

스스로 지킬 규칙을 만들고 자발적으로 체계적인 삶을 살아보라. 스스로 자신의 삶을 다스릴 규칙을 만들어라. 이러한 규칙은 다른 조건에 영향을 받지 않고 머리가 맑은 상태로 균형 잡힌 결론을 내릴 수 있을 때 미리 만들어 두어야 한다.

매일 양치질하기, 공과금 제때 내기 등의 규칙을 이미 지키고 있을 것이다. 생활 전반에 걸쳐 문제가 될 만한 부분이나 성공에 필수인 부분 등에 규칙을 세워두는 게 좋다. 체계적으로 살면 변덕스러운 기분과 감정에 휘둘리지 않고, 정말 해야 할 일과 작업에 계속 집중할 수 있다.

잠시 자신을 객관적으로 바라보는 것도 도움이 된다. 당장 해야 하는 일이 하나도 없다고 가정하고 매주 어떤 활동을 하고 어떤 삶을 살아갈지 생각해보라. 게임을 한다고 상상하면 더욱 쉽다. 게임 속 캐릭터가 해야 할 활동 계획을 당신이 만들어줘야 한다고 말이다. 어떤 계획을 세우고 어떻게 시간을 관리하겠는가? 어떤 식이요법을 실행할 것인가? 캐릭터의 수면 시간은 몇 시간으로 설정할 것인가? 이러한 질문에 대한 답을 당신 자신의 책임감을 키우는 데 참고해도 좋다.

외적 책임감

내적 동기에만 의존하면 자신이 세운 규칙을 위반하기 쉽다. 이럴 때는 외부의 도움이 약간 필요하다. 규칙은 언제든 바꿀 수 있다. 그러므로 내적 동기는 여전히 필요하다. 다만, 스스로 만든 규칙을 준수하는 데 다른 사람의 도움을 받는 것이다.

스스로 만든 규칙을 책임감 있게 지켜나가기 위해 다른 사람의 도움을 받는 것은 전혀 단점이 없다. 도와줄 파트너를 구할 때 같은 목표를 공유하는 사람이라면 더할 나위 없이 좋다. 파트너에게 내가 지키려는 규칙이나 목표를 설명해준 다음, 진행 상황을 규칙적으로 보고하는 방법을 통해 책임감을 유지할 수 있다.

파트너에게 진행이 잘 안 됐다고 말하는 상황을 상상하는 것만으로 나쁜 길로 빠지는 것을 막을 수 있다. 나쁜 선택 대신 좋은 선택을 하는 분기점이 되는 것이다. 중요한 결정을 하기 전에 파트너에게 말해서 당신의 선택이 정말 장기적으로 이득인지 아니면 일시적으로 나쁜 판단에 휘둘린 것인지 검증받아 볼 수도 있다.

나는 한 마스터마인드 그룹mastermind group*에 참여하고 있다. 이 모임은 내가 책임감을 유지할 수 있도록 북돋워준다. 우리는 매주 만나서 서로 자신이 일주일 동안 한 일과 계획하고 있는 일에 관해 이야기를 나눈다. 이 모임에서 의견을 교환하는 과정을 통해 각자 자신의 책임감을 유지한다. 모임에 나와서 자기 일을 완수하지 못했다고 말하고 싶은 사람은 없다. 나는 이 모임을 시작하고 나서 생산성이 크게 나아졌다.

가능한 공개적으로 행동하는 것도 좋다. 나는 매주 블로그 글, 유튜브 동영상, 팟캐스트를 발행한다. 한 주라도 놓치면 눈에 띄기 때문에 게을러지고 싶거나 해야 할 일을 안 하고 싶다는 생각은 들지 않는다. 당신에게 기대를 걸고 있는 사람들이 당황하거나 실망하는 것은 원하지 않을 것이다. 작업한 결과물을 공개적인 곳에 노출하면 그 자체로도 동기가 되어 목표를 이루는 데 도움이 된다.

요점은 당신의 행동에 어떤 종류든 책임감을 부여해야 한다는 것이다. 자신이 만든 규칙을 계속 지킬 수 있다면 생산성이 훨씬 더 좋아질 것이다.

실천하기

- 삶을 어떻게 살고 싶은지, 시간을 어떻게 사용하고 싶은지 정한 뒤 올바른 길로 이끌어줄 수 있는 규칙을 몇 가지 만들어보자.
- 규칙을 지킬 수 있게 도와주는 책임감 체계를 만들어보자.

---

* 같은 목표를 공유하고 그것을 이루기 위해 노력하는 사람들의 모임이다.

CHAPTER

41

멀티태스킹 규칙

아, 멀티태스킹. 어떤 사람들은 멀티태스킹이 생산성을 방해한다고 하고, 어떤 사람들은 도움이 된다고 한다. 어쨌든 추세는 점점 멀티태스킹을 완전히 없애야 한다는 쪽으로 가고 있다.

단순한 문제는 아니다. 멀티태스킹에 적합한 작업이 있는가 하면 그렇지 않은 작업이 있다고 생각한다. 생산성을 극대화하고 싶다면 멀티태스킹을 해야 할 때와 하지 말아야 할 때를 알고 멀티태스킹을 효과적으로 하는 방법에 대해 배워야 한다.

멀티태스킹이 대체로 나쁜 이유

멀티태스킹에 관한 최근 연구는 대부분 멀티태스킹이 생산성을 떨어뜨린다고 지적한다. 심지어 멀티태스킹을 즐기는 사람들이 생산성이 높아졌다고 생각하는 경우도 사실이 아니라고 한다. 이 연구를 요약한 미국심리학협회의 글을 http://simpleprogrammer.com/ss-multi-task에서 읽어보라.

인간이 진정한 의미의 멀티태스킹을 할 수 없어서 이런 결과가 나타나는 게 아닐까? 우리가 멀티태스킹이라고 생각한 많은 활동은 사실 여러 작업을 계속 바꾸는 것에 불과하다. 이러한 작업 전환은 생산성을 저해하는 주범이다. 작업을 전환하면 할수록 뇌가 작업에 써야 할 시간을 더 많이 낭비한다. 진정한 멀티태스킹은 동시에 두 가지 이상의 일을 처리하는 것으로 매우 효율적이다. 하지만 우리가 하는 활동은 대부분 작업 전환일 뿐이다.

36장에서 다룬 것처럼 생산성을 높이는 데 집중이 얼마나 중요한지 생각해 본다면 충분히 이해가 될 것이다. 멀티태스킹을 하면 집중 상태에서 벗어나야 하고, 결국 작업에 다시 몰입하기까지 시간이 필요하다. 집중 상태에 있지 않을 때는 일을 질질 끌거나 다른 것에 주의가 분산되기 더 쉽다. '집중 상태'일 때 생산성이 가장 높은데 집중 상태가 되기까지 걸리는 시간을 생각해 본다면 작업 전환이 효율적이지 않다는 명제에 도달하게 된다.

이 명제는 두 가지 일을 동시에 처리할 수 없는 종류의 작업에는 항상 옳다. 만약 몇 가지 작업을 결합할 수 있다면 효율에 날개를 다는 격이 되겠지만, 이에 대해서는 잠시 후에 다루겠다. 여기서는 보통 멀티태스킹으로 했던 작업을 더 효율적으로 다루는 방법에 대해 말해보겠다.

일괄 처리가 훨씬 더 생산적이다

나는 하루 동안 꽤 많은 메일을 받는다. 예전에는 메일 수신 알림 프로그램을 컴퓨터에 설치해서 사용했다. 새 메일이 올 때마다 하던 일을 멈추고 메일을 읽거나 답장을 쓰는 상황이 반복되었다. 이 경우 집중이 수시로 깨지는 데다 그렇다고 명확히 '이메일 처리 모드'로 들어가는 것도 아니므로 매우 비효율적이었다.

이때 나는 분명 멀티태스킹을 하지 못했다. 내가 하고 있던 일을 이메일이 방해한 것뿐이다. 예컨대 이 책을 쓰는 동시에 이메일에 답장하는 것은 불가능하다. 두 작업을 동시에 처리하기에는 손가락도, 키보드도 부족하지 않은가?

요즘은 이메일을 일괄적으로 처리한다. 하루에 두어 번 메일을 확인하는데 급한 이메일이 있으면 바로 답장을 보내는 때도 있다. 하지만 보통은 하루치 이메일을 모두 한꺼번에 처리한다. 받은 메일함을 쭉 훑어보면서 한 번에 정리하는 것이다. 이렇게 별도의 '이메일 처리 모드'를 만들어두면 평소 다른 작업은 방해받지 않다가 받은 편지함을 여는 순간에만 이메일을 훨씬 빠르게 처리할 수 있어서 업무 능률이 크게 오른다.

해야 할 일이 많아서 멀티태스킹을 하느라 고생하는 사람이라면 관련 작업을 묶어서 일괄 처리하는 법을 배워보라. 우선 이메일 처리 방법부터 바꿔보길 추천한다. 그 외에 일괄 처리 방식을 적용해볼 수 있는 다른 방해 요소들은 무엇이 있는지도 생각해보라.

일괄 처리할 만한 작업

- 이메일 처리하기
- 전화하기
- 버그 수정하기
- 짧은 회의 참석하기

일괄 처리의 장점은 크게 두 가지다. 첫째, 진행 중인 큰 작업의 집중 상태를 깨뜨리지 않는다. 둘째, 집중 상태에 도달하기 전에 끝나버릴 정도로 짧은 시간이 들던 작업도 집중 상태로 처리할 수 있다. 예컨대 메일 하나에 답장을 쓰는 것은 집중 상태가 되기 전에 끝나지만, 메일 20개에 한꺼번에 답장을 쓴다면 이 작업에 대한 집중 상태로 들어설 만한 시간이 확보된다.

지금 당신 삶에서 일괄 처리할 수 있을 만한 작업은 무엇이 있는지 떠올려보자. 굉장히 자주 하지만 조금씩 여러 번 나누어서 해야 하는 일은 무엇인가? 이 일들을 커다란 한 덩어리로 만들어 처리할 수 있는가?

진정한 멀티태스킹이란 무엇인가?

이제 불필요한 멀티태스킹을 없앴으니 진정한 멀티태스킹을 알아볼 차례다. 즉, 작업을 빠르게 전환하는 것이 아닌, 실제로 동시에 두 가지 작업을 처리하는 방법을 살펴보겠다.

나는 진정한 멀티태스킹을 통해 생산성을 향상시킨 바 있다. 두 가지 작업을 결합하여 동시에 처리할 수 있다면 훨씬 더 많은 일을 할 수 있다. 비결은 생산성을 떨어뜨리지 않고도 결합할 수 있는 작업이 무엇인지 생각해보는 것이다.

내 경험에 따르면 머리를 쓰지 않아도 되는 작업과 집중력을 약간 요구하는 작업은 서로 묶을 수 있었다. 나는 지금 헤드폰으로 음악을 들으면서 이 장을 쓰고 있다. 음악 감상이 생산성을 저해한다는 논란이 있다는 것은 알고 있다. 하지만 나는 음악을 들으면서 글을 쓸 때 생산성이 더 좋았다. 글이 술술 더 잘 나오는 것 같고 음악 외의 다른 곳에 주의를 뺏기는 일도 줄어든다.

더 생산적인 예도 있다. 나는 보통 운동과 학습을 동시에 한다. 피트니스 클럽에서 근력 운동을 하거나 달리기를 할 때 종종 오디오북이나 팟캐스트를 듣는데 교육방송 청취와 신체 활동은 함께 해도 부정적인 영향이 없었다. 덕분에 달리기나 근력 운동을 하면서 오디오북을 많이 들을 수 있었다.

만약 내가 이 책을 쓰면서 오디오북을 들으려고 했다면 어떻게 됐을까?

오디오북에도 집중하지 못하고 책도 쓸 수 없을 것이다. 인간의 뇌는 정신적으로 부하가 걸리는 두 가지 작업을 동시에 할 수 없다.

머리나 몸을 많이 쓰지 않는 시간을 찾는 것이 중요하다. 예를 들어 출퇴근 시간은 오디오북을 듣기 좋은 때다. 이동하는 데는 큰 집중력이 필요하지 않기 때문이다. 출퇴근은 거의 로봇처럼 자동으로 할 수 있으므로 그 시간에 무언가를 배우면 좋다.

나는 트레드밀에 노트북을 둘 수 있는 작은 선반을 달았다. 이메일에 답장을 하면서 걷지 말란 법은 없으니까 말이다. 안타깝지만 걷는 속도를 매우 느리게 하지 않는 한, 트레드밀에서 걸으면서 프로그래밍 코드를 작성하기는 어려웠다. 걷기를 비롯한 신체 활동을 할 때도 집중력이 얼마쯤은 필요하다. 따라서 운동과 함께 하려면 집중력이 거의 필요하지 않은 작업이 좋다. 시도해본 적은 없지만 아마 근력 운동을 하면서 복잡한 수식을 계산하기는 어려울 것이다.

실천하기

- 멀티태스킹이 되지 않을 때는 멀티태스킹을 하지 마라. 한 번에 한 가지 일만 하라. 뽀모도로 기법을 사용해보라.
- 매일 혹은 매주 여러 번에 걸쳐 자주 해야 하는 작은 일은 몰아서 한 번에 처리하라.
- 진정한 멀티태스킹이 되는 조합을 찾아보자. 정신적으로 부하가 거의 없는 활동은 다른 활동과 함께 해보라. 정신적으로 부하가 있는 활동은 기계적인 신체 활동과 함께 해보라.

CHAPTER

42

번아웃 극복하기

육체적, 정신적 번아웃은 생산성을 크게 저해하는 요인 중 하나다. 많은 사람이 열정과 에너지가 가득한 상태로 프로젝트를 시작했다가 시간이 조금 지나고 나면 일을 생각하는 것만으로도 속이 쓰린 지경에 이른다.

이 상태를 번아웃이라고 부르는데 이를 극복하지 못하는 사람이 많다. 번아웃 상태를 극복하려고 하다 보면 안타까운 사실을 하나 깨닫게 된다. 바로 새로운 활력과 보상은 머리를 부딪히고 있는 그 벽 너머에 있다는 것이다.

이 장에서는 번아웃이 무엇이고 왜 일어나는지에 대해 이야기하겠다. 그리고 내가 번아웃 현상의 대부분은 착각이라고 생각하는 이유에 대해 다루겠다.

이 장을 시작하기에 앞서 간단한 경고 겸 면책 조항을 덧붙인다. 직설적으로 말해 나는 번아웃의 소위 '의학적 정의'를 믿지 않는다. 의학적 조언을 하려는 것이 아님을 명확히 하기 위해 여기에 면책 조항을 덧붙인다. 나는 의사가 아니므로 이 장의 내용은 비의학적인 나의 의견일 뿐이다. 내가 번아웃이 의학적 상태라고 믿지 않는 한 그에 관한 조언도 당연히 비의학적일 수밖에 없기 때문에, 내 의견에 동의하지 않고 번아웃이 의학적 상태라고 느끼는 사람이라면 생각을 바꾸지 말고 의사와 상의하는 것이 좋겠다.

어떻게 번아웃되나

인간은 새로운 것을 접한 초기에는 흥미를 느끼며 접근한다. 하지만 시간이 지나 익숙해질수록 점점 당연하게 생각하거나 심지어 별로라고 생각하기도 한다.

이는 자연스러운 흐름이다. 이미 수차례 경험한 적이 있을 것이다. 새 차를 샀을 때를 기억하는가? 운전이 얼마나 즐거웠는지, 차에 대해 얼마나 만족했는지 기억하는가? 그런 감정이 점점 어떻게 바뀌었나? 차를 꼼꼼하게 챙기지 않게 되기까지 얼마나 걸렸나? '중고차'가 되기까지 얼마나 걸렸나?

새 직장을 구했을 때도 비슷했을 것이다. 나는 지금까지 근무했던 모든 직장의 첫 출근일을 기억한다. 가슴이 두근두근했고 기대도 많았으며 빨리 일을 시작하고 싶었다. 하지만 그리 오랜 시간이 지나지 않아 이러한 열정은 거의 사그라들었다. 회사에 가는 것이 싫고 더는 견디지 못할 것 같은 느낌을 받기까지 오래 걸리지 않았다.

새로움은 사라지고 현실이 되어버렸기 때문이다. 새로운 프로젝트를 시작하거나 새 기술을 배우면 결국 흥미와 내적 동기가 낮아지는 순간이 오고, 그 결과 해내는 일이나 학습의 양이 매우 더딘 속도로 증가한다. 때로는 전혀 증가하지 않는 것처럼 보이기도 한다.

종국에는 정신적, 육체적으로 번아웃됐다고 느끼는 지경에 이른다. 이 사실을 부정하거나 숨기려 해도 이제 직장, 프로젝트, 작업 방법 등에 아무런 흥미도 느끼지 못한다는 것을 스스로 깨달을 뿐이다. 이때 스스로 번아웃됐다고 느낀다.

자신을 강하게 몰아붙일수록, 일을 더 많이 해낼수록 번아웃에 이르는 시기가 빨리 찾아온다. 생산성을 유지하기 어려운 이유도 여기에 있다. 생산성이 높아질수록 오히려 생산적이라는 느낌은 점점 줄어든다.

사실 당신은 벽에 부딪혔다

대부분은 번아웃을 종착지로 생각한다. 번아웃은 극복 대상이 아니며 내적 동기나 흥미를 잃어버렸으니 새로운 직장으로 옮기거나 다른 일을 시작해야 하는 시점이 되었다고 생각한다.

이때 다시 새로운 것이나 진정으로 열정을 쏟을 만한 대상을 찾기 위해 새로운 직장을 찾아보는 사람도 있고, 책을 반만 쓴 채로 남겨두는 사람도 있고, 몇 주만 더 하면 완성할 수 있는 프로젝트를 중도 포기하는 사람도 있다. 버린 후에는 열정을 쏟을 만한 가치가 없었던 것이었다고 결론을 내린다. 진정 열정을 쏟을 만한 대상이었다면 번아웃됐다고 느낄 리가 없기 때문이다.

휴가가 필요하다고 생각하기도 한다. 하지만 휴가에서 돌아오고 나면 이전보다 더 심한 탈진감을 느끼곤 한다. 내적 동기나 흥미를 잃었을 뿐 아니라 관성도 사라졌기 때문이다.

대개 탈진감을 느끼는 것은 굉장히 자연스러운 일이고 탈진감을 느낀다고 해서 꼭 심각한 문제라고 여길 필요는 없다. 열정은 보통 어떤 식으로든 벽에 부딪힌다. 즉, 초기에 느꼈던 흥미나 내적 동기가 사라지고 이를 다시 일으킬 만한 계기를 만들지 못하는 지점에 도달하게 된다.

일에 대한 흥미는 새 프로젝트를 처음 시작할 때 가장 높다. 하지만 새 차의 사례처럼 흥미는 빠르게 감소한다. 흥미는 기대와 예측을 통해 채워지기 때문에 실제로 그 일을 시작하기 전이 가장 높다.

내적 동기는 처음에는 낮지만 일이 진행되면서 서서히 올라간다. 빨리 성공하면 더욱 동기부여가 되고, 관성이 붙어서 앞으로 나가는 힘이 된다.

하지만 시간이 지나면 내적 동기에도 서서히 익숙해진다. 결국 내적 동기나 흥미 모두 바닥에 내려앉은 지점에 도달한다. 여기가 바로 벽이다.

벽 너머

안타깝지만 벽을 넘는 사람은 많지 않다. 주변만 살펴봐도 금세 알 수 있다. 실제로 무언가를 얻기 전에 혹은 프로젝트를 완료하기 전에 포기하는 사람이 얼마나 많은가?

스스로를 되돌아보자. 당신의 창고에는 반쯤 완료한 프로젝트, 도복의 노란 띠, 먼지 쌓인 기타, 스파이크 축구화가 얼마나 쌓여 있는가? 나 역시 여러 번 벽에 부딪히고 벽을 넘지 못해 좌절했다. 내 창고에는 실패로 끝난 열정이 수북이 쌓여 있다.

좋은 소식도 있다. 번아웃을 치유해 주겠다고 말했던 것을 기억하는가? 그럼 시작해보자. 사실 아주 간단한 방법이 있다. 준비되었는가?

벽을 넘어라.

그렇다. 이토록 간단하다. 웃자고 하는 얘기가 아니다. 흥미, 동기, 결과, 벽이 그려진 그림을 다시 보라. 벽 바로 뒤에서 일어나는 일을 생각하라. 어떻게 해서든 벽을 넘기만 한다면? 상황이 갑자기 엄청나게 변한다. 동기와 흥미도 바로 돌아올 것이다.

의심이 많은 사람을 위해 잠시 벽 너머에서 무슨 일이 일어나는지, 왜 일어나는지 설명하겠다. 앞서 얘기한 것처럼 사람은 대부분 벽에 부딪히면 하던 일을 그만둬 버린다. 이미 스스로 번아웃됐다고 느끼고 있으므로 벽을 넘을 시도조차 하지 않는다. 벽에 부딪히기 전의 경쟁은 치열하다. 시합에 나와 같은 수많은 선수가 뛰고 있으며 모두 열정적이고 들떠 있다. 길도 달리기 좋은 길이다. 떨어져 나가는 사람도 없다.

벽 반대편은 상당히 많은 사람이 벽을 넘지 못하기 때문에 굉장히 한산하다. 경쟁도 많지 않고, 선수 대부분은 이미 탈락한 상태다. 선수가 얼마 남지 않았기 때문에 각 선수가 받는 보상은 더욱 커질 수밖에 없다.

벽 너머에 도달하면 갑자기 모든 것이 쉬워지고 성취 동기와 흥미가 다시 살아난다. 인간은 어떤 일을 새롭게 시작했거나 그 일에 숙달되었을 때 성취 동기와 흥미를 강하게 느낀다. 기타 배우기를 예로 들면 처음에 막 배우기 시작할 때 쉽고 재미있다고 느낀다. 그러나 꾸준히 노력하여 잘 연주하기까지는 길고 지루한 과정을 거쳐야 한다. 반면 훌륭한 기타리스트가 되면 다시 흥미를 되찾고 큰 보상을 느낄 수 있다.

번아웃이 찾아오더라도 신경 쓰지 말고 고통을 견뎌야 한다. 그리고 벽을 넘어가야 번아웃을 '치유'할 수 있다. 고통을 견디는 것이야말로 번아웃을 극복하는 비결이다. 결국, 더 많은 벽에 부딪히게 될 테지만 하나씩 극복할 때마다 더 강한 에너지와 성취 동기가 솟아날 것이다. 그리고 경쟁 상대의 숫자는 계속 줄어들 것이다.

벽 넘기

심하게 번아웃하여 컴퓨터 앞에 앉을 마음조차 생기지 않는 상황이라면 내 말이 미덥지 않게 들릴 수 있다. 컴퓨터 따위 다시는 보지 않아도 되는 곳으로 도망이라도 가고 싶은 심정이라면 말이다.

그런 경우에도 언젠가는 다시 도전할 마음이 조금은 생길 수 있다. 벽 너머에 진짜 보물 상자가 놓여 있는지 보고 싶은 마음이 드는 날이 올 수도 있다.

좋다. 바로 그러한 순간에 쓸 수 있는 방법을 알려주겠다.

벽 너머에 무언가 기다리고 있다는 사실을 인식하는 순간부터 이미 첫걸음은 뗀 셈이다. 벽을 넘으면 더 좋은 보상이 기다리고 있다는 사실을 인식하지 못하기 때문에 대부분 포기해버린다. 지금껏 들인 노력이 허사가 아니었음을 깨닫는다면 계속 노력할 수 있고 결국 극복할 수 있다.

하지만 그것만으로는 충분하지 않다. 성취 동기가 바닥으로 떨어진 상태에서 노력을 기울이기는 정말 어렵다. 성취 동기가 없으면 더 노력할 마음이 들지 않는다. 이때 필요한 것이 일종의 체계다. 40장에서 다룬 자기 책임감과 관련한 얘기인데, 요는 꾸준히 앞으로 나아가게 만드는 자신만의 규칙을 만들어야 한다는 것이다.

이 책을 예로 들어보자. 처음 이 책을 쓰기 시작했을 때는 정말 재미있었다. 온종일 '내 책'을 쓰는 일에 몰두할 정도로 세상에 이보다 더 재미있는 일은 없을 것 같았다. 하지만 초기의 흥분에서 벗어나는 데는 그리 오래 걸리지 않았다. 그래도 결국 해냈고, 지금 이 책이 당신 손에 들려 있다. 동기와 흥미가 희미해졌는데 어떻게 해낼 수 있었을까? 나는 일정을 정해놓고 거기에 나를 끼워 맞췄다. 비가 오나 눈이 오나, 내 기분이 어떻든 상관없이 하루에 한 개 장씩 썼다. 더 많이 쓰는 날도 있었지만 언제나 최소 한 개 장은 썼다.

같은 방법을 적용해 자신을 가로막고 있는 벽을 넘을 수 있다. 우쿨렐레를 배우고 싶다면? 매일 얼마나 연습할 것인지 시간을 정하라. 연습 시간은 첫 수업을 받기 전, 아직 성취 동기와 흥미가 있을 때 설정해야 한다. 결국은 피할 수 없는 벽에 부딪히겠지만, 벽을 넘을 수 있게 도와줄 체계가 함께할 것이다.

실천하기

- 맡았던 프로젝트나 학습 중에 완료하지 못했거나 숙달하지 못했던 것을 생각해보자. 그만둔 이유가 무엇인가? 지금은 그 프로젝트나 학습에 대해 어떻게 생각하는가?
- 다음에 맡을 프로젝트는 완료하고 숙달하자고 다짐해보자. 규칙과 제약을 정해서 불가피한 벽에 부딪혔을 때 극복할 수 있도록 하자.
- 경력이나 사생활에서 벽에 부딪혔다면 노력하고 극복해보자. 벽 너머에서 기다리고 있을 보상을 생각하고, 성취 동기와 흥미는 결국 돌아온다고 상상해보자.

CHAPTER

43

낭비되는 시간 줄이기

우리는 모두 시간을 낭비하며 살고 있다. 단순하게 생각해보자. 시간을 낭비하지 않을 수 있다면 생산성이 최대치에 이를 것이다. 1초도 낭비되는 시간 없이 하루를 최대한 사용할 수 있다면 능력도 최대한 발휘될 것이다. 아쉽게도 늘 1분 1초를 쥐어짜듯 살기란 현실적으로 불가능하다. 그렇지만 시간을 가장 많이 낭비하는 부분을 찾아내서 없애는 건 가능하다. 시간을 가장 많이 허비하는 한두 요인만 제거해도 상황은 꽤 나아질 것이다. 이 장에서는 흔히 볼 수 있는 시간 낭비 요인을 소개하고, 당신의 상황은 어떤지 살펴볼 것이다. 또한, 시간 낭비 요인을 없애는 실용적인 방법에 대해서도 알아보겠다.

시간 낭비의 원흉

바로 정답을 말해주겠다. 당장 TV를 꺼라! 가능한 빨리 TV를 멀리하라. 리모콘을 내려놓고, 셋톱박스도 끄고, 다른 할 일을 찾아보자(아, TV라고 표현했다고 해서 빠져나갈 수 있을 거라 생각하지 마라. 'TV'라고 말한 모든 부분은 '유튜브'나 '넷플릭스'로 대체할 수 있다).

전 세계에 사는 수많은 사람이 자기 자신 혹은 사회에 아무런 도움도 되지 않는 TV 시청을 하며 인생의 대부분을 허비하고 있다. 시장조사 업체 닐슨이 2012년에 발표한 보고서에 따르면 미국인은 주당 평균 34시간 이상 TV를 시청한다. 뿐만 아니다. 녹화된 프로그램을 보는 데도 3~6시간가량을 더 사용한다. 어이쿠. 내가 제대로 읽은 건가? 주당 40시간 이상 TV를 본다고? 간단히 말해 우리는 회사에서 일하는 만큼이나 TV 시청에 시간을 쓴다. 말도 안 되는 일이다.

어쩌면 당신은 TV를 그렇게 많이 보지 않을 수도 있다. 혹은 미국인 평균보다는 훨씬 적게 볼 수도 있다. 그렇더라도 이 보고서의 행간에 담긴 뜻을 정확히 이해해야 한다. 당신은 당신이 생각한 것보다 TV를 훨씬 많이 본다는 것이다.

남들보다 주당 40시간을 더 쓸 수 있다면 어떻게 될까? 개인 사업을 시작한 뒤 40시간이 더 있다면? 경력 개발에 주당 40시간이나 사용할 수 있다면? 어떻게 달라질까? 40시간은 버리면 안 되는 소중한 시간이다.

미국인 평균의 절반 정도로만 TV를 시청한다 해도 주당 20시간, 부업을 할 수도 있는 시간이다. 가슴에 손을 얹고 주당 몇 시간이나 TV 시청을 줄일 수 있을지 생각해보자. 그리고 이를 기록해두자.

잠시 시간을 내 TV 시청 시간을 계산해보자. 즐겨보는 TV 프로그램을 떠올려보고 매주 몇 시간이나 TV를 시청하는지 생각해보자. 솔직하게 계산해야 한다. 이 시간을 모두 더해 1년 단위로 확인해보자.

TV를 포기하라

TV 시청이 시간 낭비인 이유는 굳이 말하지 않아도 되겠지만, TV를 완전히 끊거나 적어도 시청 시간을 줄여야 할 이유를 몇 가지 더 들어보겠다.

TV의 가장 큰 문제는 시간을 들여 시청해도 사실상 얻는 이득이 하나도 없다는 것이다. 순수하게 교육 프로그램만 보는 게 아니라면 시간을 낭비하고 있는 것이다. TV 시청 외의 다른 일에 시간을 들이는 것이 더 이득이다.

TV 시청은 시간 낭비일 뿐만 아니라 자기도 모르게 자기에게 영향을 미친다. TV 프로그램은 뇌에서 문제 해결을 담당하는 부위를 축소하고 머릿속에 온갖 것을 주입한다. 습관부터 세계관까지 모든 것이 TV의 영향을 직접적으로 받는다. TV를 많이 볼수록 자신의 생각과 행동에 대한 자기 지배력을 잃어가는 꼴이다. TV는 말 그대로 당신을 프로그래밍한다.

어떻게 하면 TV를 안 볼 수 있을까? 미리 말하자면 쉽지 않은 일이다. 나는 TV를 상당히 즐겨 보았고, 퇴근하고 집에 오자마자 TV를 켜는 습관이 있었다. TV 앞에서 식사하기 위해 작은 접이식 탁자를 샀을 정도다. TV를 보면서 자랐고, 부모님도 TV를 보셨으니 내가 성인이 된 후에도 TV를 보는 것은 당연했다. 열심히 일한 후에는 휴식이 필요했고, 그래서 TV를 봤다. 아무 생각 없이 즐길 수 있는 오락거리가 필요했다.

개인 프로젝트를 진행하기 전까지는 TV를 멀리할 시도도 해보지 않았다. 그때 나는 달리기에 도움을 주는 안드로이드 앱을 만들기 시작했는데, 매일 두어 시간을 앱을 개발하는 데 쓰기로 했다. TV를 시청하며 보내던 시간을 좋아하는 프로젝트를 진행하는 시간으로 바꾸고 난 뒤 훨씬 더 많은 것을 얻었으며 기분도 좋아졌다.

이렇게 한 번 이득을 보자 TV에 빼앗기는 시간을 더 줄이고 싶다는 마음이 간절해졌다. 하지만 좋아하는 TV 프로그램 몇 개는 도저히 포기할 수 없었다. 나는 TV 프로그램을 하나씩 줄여가기로 하고, 본방송도 보지 않고 녹화해둔 드라마도 보지 않았다. 보고 싶은 프로그램은 시즌을 통째로 구매한 뒤, 보고 싶을 때나 시간이 날 때 시청했다. 이렇게 해서 TV 프로그램이나 예고편 때문에 TV를 보는 일이 사라졌다. 지금은 시즌별 구매 횟수도 줄이고 영화를 보듯이 시청하고 있다.

내 시간을 빼앗아가는 다른 요인들을 찾아내고, TV 프로그램을 정기적으로 보느라 빼앗기는 시간을 되찾아왔다. TV 중독에서 벗어나니 주당 20~30시간이 더 생겼다.

기타 요인

많은 사람이 시간을 가장 많이 허비하는 요인이 TV이기 때문에 지금까지는 TV를 위주로 설명했다. 시간 낭비 요인을 하나만 없애도 잠재적인 생산성은 두 배 혹은 세 배로 늘어날 수 있다. 부가적으로 돈도 절약된다. 하지만 시간을 낭비하는 주요 요인은 그 밖에도 몇 가지 더 있다. 이 역시 당신의 인생에서 제거해야 한다.

시간 낭비의 주요 요인 중 하나는 SNS다. 2부에서 말했듯이 SNS에 참여하는 것은 굉장히 중요하다. 하지만 자칫하면 일해야 할 시간 혹은 생산적인 활동을 해야 할 시간에 페이스북, 트위터 등에서 헤아릴 수 없을 만큼 많은 시간을 허비할 수 있다.

가장 좋은 방법은 이메일처럼 하루 중 SNS 활동에 사용할 시간을 정해두고 그때만 몰아서 하는 것이다. 예를 들어 계속 페이스북을 들여다보는 대신 점심 또는 저녁 시간에만 확인하도록 노력해보자. 한번 해보면 얻는 게 많다. 회사에서 일하고 있다면 회의로 시간을 많이 낭비할 수도 있다. 얼마나 많은 시간이 회의로 낭비되는지 굳이 말하지 않아도 알 것이다. 내가 회사에 다닐 때는 하루에 최소 두세 시간씩 회의가 있었다. 말할 필요도 없이, 이 때문에 정작 생산적인 작업을 할 시간은 많지 않았다.

회의로 시간을 낭비하지 않는 가장 좋은 방법은 회의에 참석하지 않는 것이다. 조금 정신 나간 소리처럼 들릴 수 있겠지만 실제로 내가 참석했던 회의 중 상당수는 굳이 참석하지 않아도 되는 회의였다. 이메일이나 그 밖의 수단으로도 충분히 회의 안건을 다룰 수 있다면 회의 주재자에게 회의를 취소하도록 요청하여 참석할 회의의 수를 줄일 수도 있다. 내 경험에 비추어보면 회의 요청이 너무 쉬워서 안건이 생기면 덮어놓고 회의부터 찾는 경우도 많았다. 회의는 시간을 덜 소비하는 메일이나 전화 같은 다른 수단으로는 도저히 다룰 수 없는 사안일 때만 사용해야 한다. 즉, 최후의 수단으로 남겨둬야 한다. 회의를 간소화하는 방안에 관해 더 자세히 알고 싶다면 제이슨 프라이드Jason Fried와 데이비드 하이네마이어 핸슨David Heinemeier Hansson의 책, 『똑바로 일하라(Rework)』를 참고하라.

시간 낭비 행위의 예

- TV 시청
- 소셜 미디어
- 인터넷 뉴스
- 불필요한 회의
- 요리
- 게임(특히 온라인 게임)
- 커피 마시며 쉬는 시간

지희 요리를 하거나 커피를 마시는 것처럼 좋아하는 일을 해도 시간 낭비인가요?

그럴 수도 있고 아닐 수도 있다. 대답은 그 행위를 왜 하는가에 따라 달라진다. 정작 해야 할 일에서 도피하기 위해서가 아니라 정말 좋아서 하는 것이라면 시간 낭비가 아니다.

게임이 시간 낭비라는 글을 본 적이 있지만, 나는 게임을 너무 좋아한다. 그렇다면 내가 게임을 완전히 끊어야 한다는 뜻일까? 그렇지 않다. 하지만 해야 할 일이 있을 때 게임을 하는 것은 좋지 않다.

요리도 마찬가지다. 자신을 위해 건강한 음식을 만들어 먹는 일을 좋아한다면 괜찮다. 하지만 특별히 즐겁지도 않은데 상당한 시간을 들여 겨우 간단한 음식이나 해먹는 거라면 요리 시간을 줄일 수 있는 다른 방법을 찾는 게 좋다.

요점은 즐겁게 할 수 있는 일을 모두 없애는 게 아니라 즐겁지도 않은데 안 해도 될 일을 하면서 시간만 낭비하지 말라는 것이다.

시간 기록하기

SNS 때문에 시간을 뺏기고 있다면 SNS에 시간을 얼마나 사용하는지 기록해보라. 'Rescue Time(http://simpleprogrammer.com/ss-rescue-time)' 같은 도구를 사용하면 시간을 어디에 사용하는지 추적할 수 있으며, SNS로 시간을 얼마나 낭비하는지, 컴퓨터로 비생산적인 일을 얼마나 하고 있는지 정확하게 보여주는 보고서를 만들 수도 있다. 이 책의 초판을 쓸 때는 이것이 문제가 아니었지만 요즘은 휴대전화나 태블릿이 시간을 낭비하게 하는 최악의 요인일지 모른다. 칼 뉴포트의 『디지털 미니멀리즘(Digital Minimalism)』을 막 다 읽은 참인데 여러분에게도 일독을 권한다. 그리고 모바일 기기 사용 시간을 추적하는 iOS의 스크린 타임Screen Time, 안드로이드의 디지털 웰빙Digital Wellbeing 같은 도구를 사용해보는 것도 추천한다. 인생에서 시간을 낭비하는 요인을 제거하는 최고의 방법은 이를 식별하는 것이다. 시간을 되찾아오려면 먼저 시간을 어디에 낭비하는지 알아야 한다.

시간을 어떻게 썼는지 정확하게 알기 위해 시간 기록 체계를 만들어보는 것도 좋다. 나는 처음 내 일을 시작했을 때 내 시간이 전부 어디에 쓰이는지 알지 못했다. 실제로 할 수 있었던 것보다 더 많은 일을 해야 할 것처럼 느꼈다. 2주 정도 시간을 꼼꼼하게 기록하고 나서야 내가 어디에 시간을 가장 많이 허비하는지 알 수 있었다.

시간을 어디에 썼는지 정확하게 알 수 있다면 시간을 가장 많이 낭비하는 요인을 찾아서 없앨 수 있다. 각 작업에 걸리는 시간을 정확하게 계산해보라. 시간을 어떻게 사용했는지 정확하게 알려면 밥 먹는 시간까지 기록해두는 편이 좋다.

마지막으로 '시간 낭비'와 관련해 무엇이 시간 낭비이고 무엇이 아닌지에 관한 혼란을 정리하자. 이를 위해 실용적인 정의를 개발했다. '시간은 자신이 하려고 한 일을 하지 않을 때만 낭비된다.' 나는 이 정의를 시간 관리의 일반 지침으로 활용한다. 처음부터 TV를 보거나 게임을 하려고 했다면 그것은 괜찮다. 하지만 우리는 대개 일이나 그 외 생산적인 무언가를 하려고 하다가 TV를 보거나 게임을 한다. 그리고 시대를 초월해 많은 지혜를 전달하는 이 주제에 관한 훌륭한 책, 세네카Seneca의 『인생론(The Shortness of Life)』도 추천한다. 읽어볼 가치가 있는 책이다.

실천하기

- 다음 주에 꼼꼼하게 시간을 기록해보자. 시간을 어디에 사용하는지 정확하게 확인한 후, 데이터를 보면서 어디에 시간을 가장 많이 낭비하는지 살펴보자.
- TV를 보는 습관이 있다면 딱 일주일만 TV를 멀리해보자. 'TV 없는' 주를 보내보고 어땠는지 생각해보자. TV 시청 대신 무엇을 하며 시간을 보냈는지 기록해두자.
- 집안일을 대신해 주거나 청소를 대신해줄 사람을 고용해서 시간을 살 수 있는지 알아보자. 케이블 TV만 안 봐도 아낀 돈으로 사람을 고용할 수 있을 것이다.

CHAPTER

44

반복 행위의 중요성

생산성의 진정한 비결은 작은 일을 오랫동안 반복해서 해내는 것이다. 하루에 1,000단어 쓰기를 매일 반복하면 1년에 소설 네 편을 쓸 수 있다(소설 한 편은 보통 6만~8만 단어 정도다).

소설을 쓰려고 했다가 한 편도 못 쓰고 끝난 사람이 얼마나 많은가? 그들은 자신과 자신의 꿈 사이에 반복 행위가 있다는 사실을 깨닫지 못했다. 규칙적인 행위는 삶을 변화시키고 생산성을 높여주며 목표를 달성하게 해주는 강력한 도구다. 당신은 매일 무엇을 쌓아 올리고 있는가?

이 장에서는 반복 행위의 중요성에 대해 이야기한 뒤 반복 행위를 설정해서 생산성을 높이는 방법, 지금은 멀게만 느껴지는 목표를 달성할 수 있는 방법을 알려주겠다.

반복 행위가 당신을 만든다

나는 평일 아침마다 근력 운동을 하러 피트니스클럽에 가거나 5킬로미터 가량 조깅을 한다(사실 초판 이후에 변화가 있었다. 요즘은 마라톤을 하기 때문에 8~32킬로미터 정도 달릴 때가 많지만 근력 운동은 여전히 한다). 몇 년간 반복해온 일이고 아마 앞으로도 몇 년간은 계속할 것이다. 운동을 끝내고 집에 돌아오면 자리에 앉아서 일과를 시작한다. 나는 매일 해야 할 일과 매주 해야 할 일이 무엇인지 정확하게 알고 있다. 시간이 지나면서 실행하는 반복 행위는 달라지지만, 목표를 위해 항상 몇 가지 반복 행위를 수행하도록 스스로 다그친다.

내가 1년간 해온 반복 행위가 오늘날의 나를 만든다. 매일 아침 피트니스 클럽 대신 도넛 가게에 들렀다면 내 체형은 지금과 많이 달랐을 것이다. 매일 무술을 연마했다면 아마 꽤 능숙한 무술가가 되었을지도 모른다.

당신도 마찬가지다. 매일 하는 일이 당신을 만든다. 스스로 변하고 싶은 마음이 있어도 시간을 들여 꾸준히 실천하는 것은 어렵다. 소설 집필, 프로그램 개발 혹은 창업과 같은 목표를 이루려면 조금 더디더라도 확실히 원하는 방향으로 당신을 이끌어줄 반복 행위를 만들어 두어야 한다.

뻔한 얘기 같아 보인다면 자신의 삶과 목표를 살펴보자. 자신의 꿈은 무엇인지 생각해보고 그 꿈을 얼마나 동경하는지도 생각해보자. 꿈을 향해 나아가기 위해 실제로 매일 노력하고 있는가? 매일 한 걸음씩 목표에 다가갈 반복 행위를 만든다면 결국 목표를 달성할 수 있으리라는 생각이 들지 않는가?

반복 행위 만들기

지금이 바로 행동에 옮길 때다. 내일이나 다음 주는 없다. 지금이어야 한다. 만약 목표를 이루고 싶다면, 다른 사람이나 환경에 휘둘리지 않고 스스로 더 나은 미래를 만들고 싶다면, 원하는 방향으로 당신을 안내해줄 반복 행위를 만들어라.

좋은 반복 행위는 큰 목표를 정하는 것에서부터 시작한다. 달성하고 싶은 목표는 무엇인가? 한 번에 한 가지 이상 집중하기는 어려우므로 지금 가장 중요한 목표를 하나만 골라보자. 언젠가 하고 싶은 일이지만 시간이 없어 못 했던 일이 있을 것이다.

큰 목표를 정했다면 매일 혹은 매주 실천하여 결국 목표를 달성할 수 있는 단계를 생각할 차례다. 책을 쓰고 싶다면 하루에 몇 단어를 써야 1년 만에 책을 다 쓸 수 있을까? 살을 빼고 싶다면 매주 얼마씩 줄여야 목표 체중에 이를 수 있을까?

이처럼 큰 목표가 반복 행위의 기본을 만든다. 다음에는 목표를 이룰 일정을 정한다. 사람들은 대부분 직장에서 하루 8시간씩 일해야 한다. 비록 이 시간은 유연하게 사용할 수 없지만, 그래도 하루에 16시간이 남는다. 8시간은 잠을 잔다고 하면 8시간이 남는다. 매일 식사 시간을 2시간이라고 한다면 목표를 이루기 위해 적어도 매일 6시간씩은 사용할 수 있다.

하루 6시간이면 그렇게 넉넉해 보이지 않지만 그래도 매주 42시간이다. 43장에서 시간 낭비에 대해 읽었다면 대부분의 사람들이 주당 40시간씩 하는 일을 알고 있을 것이다. 이제 TV 시청을 그만두어야 할 이유를 알겠는가?

자, 이제 무엇을 해야 할지 알았으니 실제로 일정을 작성해보자. 이미 출근이라는 반복 행위를 매일 하고 있으므로 다른 반복 행위의 일정도 주 5회에 맞춰서 작성하면 좋다. 나는 매일 아침 한 시간 또는 두 시간 정도를 가장 중요한 목표를 이루는 데 할당하라고 권하고 싶다. 어쩌면 몇 시간쯤 일찍 일어나야 할지도 모르지만 그 시간을 유용하게 사용함으로써 목표를 향해 계속 노력하는 것은 물론이고, 굉장한 에너지도 얻게 될 것이다.

작은 변화만으로도 매일 가장 중요한 목표를 향해 전진하게 된다. 주중에만 일정을 정해둔다 해도 1년이면 260걸음이나 목표를 향해 나아가는 것이다. 만약 소설을 쓰기 위해 매일 1,000단어씩 썼다면 1년이면 260,000단어를 쓴 것이다(참고로 소설 『모비딕』은 209,117단어다).

구체적일수록 좋다

앞에서 가장 중요한 반복 행위 일정을 하나 만들었다. 이 목표를 달성하는 것만으로도 만족스럽다고 생각할지 모르지만, 사실 당신은 이것보다 더 많은 것을 해낼 수 있다. 정말 생산성을 높이고 싶다면 삶의 더 많은 부분을 제어할 수 있어야 한다.

나는 집에서 내가 원하는 일을 하고 있으므로 내 반복 행위는 꽤 구체적이다. 나는 하루 종일 해야 할 일을 거의 모두 반복 행위로 정해두었는데 이 반복 행위 덕분에 최대한 많은 일을 할 수 있었다. 무슨 일을 하든 매일 반복 행위에 따라 작업한다고 얘기하면 사람들은 적잖이 놀라곤 한다. 하지만 이러한 반복 행위가 내가 이룬 성공의 기반이다.

재택근무를 하는 사람이라면 일을 시작하는 시간과 끝내는 시간을 비롯해 매일 해야 할 일을 명확하게 반복 행위로 정해두는 게 좋다. 그렇게 하면 유연성은 떨어질 수 있다. 하지만 그러한 부작용을 보충하고 남을 만큼 생산성이 늘어난다. 덤으로 목표를 향해 나아가고 있다는 안정감도 얻는다.

재택근무를 하지 않는다 해도 종일 적용할 수 있는 반복 행위를 만들어라. 사실 규칙적으로 9시부터 5시까지 일한다면 이러한 체계가 이미 자리 잡혀 있다고 볼 수 있다.

나는 당신이 직장에 있는 시간에도 일정을 정하여 매일, 매주 자신이 해야 할 일이 무엇인지 알았으면 한다. 앞에서는 반복 행위를 정의하는 큰 목표에 대해 말했지만, 아마 작은 목표도 몇 개 있을 것이다. 이러한 작은 목표를 이루려면 이들을 반복 행위로 만들어두는 편이 가장 좋다.

매일 아침 처음 할 일을 정해보자. 메일 확인과 답장이어도 되지만, 이왕이면 그날 해야 할 가장 중요한 일을 하자. 이메일 확인은 조금 미뤄도 괜찮다. 매일 또는 매주 반복할 작업을 몇 가지 골라보자. 39장에서 설명한 할당 체계를 사용하면 좋다. 매일 이 반복 작업에 들일 시간을 정해서 확실히 완료할 수 있도록 하자. 나는 회사에서 일할 때 매일 30분씩 규칙적으로 내 업무와 관련 있는 기술을 공부하기로 마음먹고, 이를 스스로 '연구 시간'이라고 정했다.

식사 시간도 일정으로 만들 수 있고, 심지어 식사 때 먹는 음식도 반복 행위로 만들 수 있다. 이상하게 들릴지 모르지만, 아무 계획이 없다면 메뉴를 정하고, 요리를 하고, 먹는 데 상당히 많은 시간을 낭비하게 된다.

하루하루 더 체계적으로 살면 자신의 삶을 더 잘 제어할 수 있다. 언제나 환경에 맞춰서만 살아간다면, 다시 말해 아무것도 계획하지 못한 채 눈앞에 닥친 상황을 처리하기에 급급하다면 주변 환경이 당신의 삶을 결정해버릴 것이다.

일일 반복 일정의 예

- 7:00 AM – 운동(달리기 또는 근력 운동)
- 8:00 AM – 아침 식사(월, 수, 금: 아침 메뉴 A / 화, 목: 아침 메뉴 B)

- 9:00 AM – 작업 시작, 가장 중요한 작업 선택
- 11:00 AM – 이메일 확인 및 답장
- 12:00 PM – 점심 식사(월, 화, 수, 목: 도시락 / 금: 외식)
- 1:00 PM – 전문 개발 시간(연구, 기술 향상)
- 1:30 PM – 다음 작업 진행, 회의 등
- 5:30 PM – 오늘 작업 내용 기록, 내일 할 일 계획
- 6:30 PM – 저녁 식사
- 7:00 PM – 가족, 친구들과 보내는 시간
- 9:00 PM – 독서
- 11:00 PM – 취침

지뢰 **반복 행위에 너무 강박관념을 갖지 않도록 주의하라**

반복 행위를 지키도록 노력하되 유연성도 놓치지 마라. 못 지키는 날, 일정이 엉망이 되는 날도 있을 수 있다. 자동차 사고처럼 일정을 헝클어뜨리는 일은 언제든 일어날 수 있다. 이러한 사건에 침착하게 대처하는 법도 배워야 한다.

실천하기

- 현재 하고 있는 반복 행위는 무엇인가? 일일 활동을 기록해보고 반복 행위를 얼마나 많이 하고 있는지 확인해보자.
- 큰 목표를 선택한 후 반복 행위로 만들어보자. 매일 반복한다면 1년 동안 얼마나 많은 진전이 있을지 계산해보자.

CHAPTER

45

좋은 습관 기르기

당신이 반복하는 일이 당신을 규정한다. 위대함은 하나의 행위가 아니라 습관에서 온다.

– 아리스토텔레스Aristoteles

누구나 좋은 습관도 있고 나쁜 습관도 있다. 좋은 습관은 당신을 발전시키고 성장시킨다. 나쁜 습관은 성장을 멈추고 퇴보시킨다. 좋은 습관을 개발하고 함양하면 의식적으로 노력하지 않아도 생산적인 사람이 될 수 있다. 반복 행위를 통해 벽돌을 하나씩 쌓으면 언젠가 거대한 벽이 완성되는 것처럼, 습관을 좇아 무엇을 쌓아 올리느냐에 따라 당신은 진보할 수도, 퇴보할 수도 있다. 그러나 반복 행위는 제어할 수 있지만 습관은 제어할 수 없다.

이 장에서는 좋은 습관의 가치와 좋은 습관을 개발하는 방법에 대해 얘기하겠다. 습관을 제어하는 것은 불가능하지만 습관을 만들거나 무너뜨리는 것은 가능하다. 습관을 만드는 법을 익히면 인생에 큰 도움이 될 것이다.

습관 이해하기

습관을 만드는 법을 배우기 전에 습관이 무엇인지부터 정확하게 알아보자. 여기서는 간단하게 개요만 다루겠지만, 더 자세한 설명을 원한다면 찰스 두히그의 책, 『습관의 힘』을 추천한다.

습관은 세 가지 요소로 구성되어 있다. 신호, 반복 행위, 보상이다. 신호는 습관을 불러일으킨다. 특정 시점, 사회적 상호작용, 특정한 환경 등 무엇이든 신호가 될 수 있다. 나는 극장에 가면 항상 팝콘을 사라는 신호를 받는다.

다음은 반복 행위다. 반복 행위는 실제로 하는 행동, 습관 그 자체다. 흡연, 달리기, 코드를 커밋하기 전 테스트 실행하기 등이 모두 반복 행위가 될 수 있다.

마지막 요소로는 보상이 있다. 보상은 습관을 꾸준히 유지하는 정신적 지주로서 습관을 실행했을 때 얻을 수 있는 좋은 감정을 뜻한다. 보상은 게임에서 레벨업했을 때 들리는 효과음처럼 정신적인 것일 수도 있고, 좋아하는 음식을 먹었을 때 느끼는 달콤한 맛처럼 물리적인 것일 수도 있다.

뇌는 습관을 만드는 데 능숙하다. 인간은 자동으로 자신이 하는 모든 것을 습관화한다. 어떤 행위를 더 많이 할수록 습관으로 굳어지기 더 쉽다. 습관은 보상에서 얻는 가치 때문에 생기곤 한다. 누구나 자신에게 더 잘 보상해주는 일을 하려고 한다. 다만, 이상하게도 보상은 어떤 보상을 받을지 예측할 수 있을 때보다 그렇지 않을 때 더 중독성이 있다. 이 때문에 도박에 빠지는 사람이 많은 것이다. 보상을 얻을 수 있는지 또는 보상이 얼마나 큰지 잘 알지 못하면 흔히 중독이라 부르는 굉장히 나쁜 습관으로 이어질 수 있다.

아마 자기도 모르는 수백 가지 습관이 있을 것이다. 아침에 일어나면 반복적으로 하는 행위가 있을 것이고, 매일 저녁 양치질을 할 것이다. 일하는 방법에 영향을 주는 습관도 있을 것이다. 마지막에 얘기한 부분이 바로 이 장에서 다루려는 내용이다. 이러한 습관을 개발하면 생산성을 극대화할 수 있기 때문이다.

나쁜 습관을 인식하고 경계하기

나쁜 습관을 좋은 습관으로 바꾸는 것부터 시작해보자. 자신에게 있는 나쁜 습관이 무엇인지 알면 나쁜 습관을 좋은 습관으로 바꾸어 생산성 향상을 꾀할 수 있다.

나에게는 매일 컴퓨터 앞에 처음 앉으면 메일을 확인하고 바로 쇼핑몰 사이트와 SNS를 들여다보는 나쁜 습관이 있다. 아마 당신도 이렇게 매일 반복하는 일이 분명 있을 것이다.

솔직히 말해 나는 이 습관을 아직도 완전히 버리지 못했다. 고치려고 노력하긴 하지만 쉽지 않다. 이 습관을 예로 들어 나쁜 습관을 좋은 습관으로 바꾸는 과정을 설명해 보겠다.

내 습관을 세 요소로 나누어보자. 첫 번째는 신호다. 책상 앞에 앉는 것이 신호가 되어 아침에 컴퓨터 앞에 앉자마자 습관이 시작된다. 다음은 반복 행위다. 메일을 확인하고 쇼핑몰에 좋은 물건이 올라왔는지 살펴보고 페이스북과 트위터를 확인한다. 마지막으로 보상이다. 여기서 보상은 두 종류다. 확인하고 싶은 웹 사이트를 모두 보고 나면 기분이 좋아진다. 가끔 내 글에 '좋아요'가 눌러져 있을 때도 있고 새 메일이 나를 기다리고 있을 때도 있다. 이때는 해야 하는 일에서 잠깐 멀어져 짧은 휴식을 취할 수 있으므로 스트레스가 조금 줄어드는 느낌도 든다.

이 습관을 완전히 없애려고 해본 적도 있지만 꽤 힘들었다. 여러 유혹 요소가 보내는 신호에 끊임없이 유혹되어 습관을 실행하는 시간의 절반 정도는 습관을 실행한다는 사실조차 인식하지 못할 때도 있었다. 이런 일은 자동으로 일어난다. 이 습관을 완전히 제거하는 대신 반복 행위를 바꿔보기로 했다. 장소에 대한 신호는 그대로 둔 채 메일과 웹 사이트를 확인하는 대신 더 생산적인 반복 행위를 하는 것으로 바꿨다.

매일 아침 웹 사이트를 보는 대신 하루를 계획하고 그날 할 일 중 제일 재미있어 보이는 걸 골라서 한다면? 그 결과 나는 더 많은 일을 할 수 있었으며 가장 즐거운 일로 하루를 시작하게 됐다. 매일 아침 처음 하는 일이 그날의 가장 중요한 일은 아니었지만, 완전히 비생산적인 일을 하며 30분가량 시간을 허비하는 것보다는 생산적이었다.

나쁜 습관을 좋은 습관으로 바꾸기까지 시간이 조금 걸리긴 했지만 결국 좋은 습관이 나쁜 습관 대신 자리를 잡았고 내 반복 행위의 일부가 되었다.

당신에게 있는 나쁜 습관에도 같은 방법을 적용할 수 있지만, 그러려면 먼저 나쁜 습관이 무엇인지 알고 있어야 한다. 나쁜 습관을 인식하는 가장 좋은 방법은 늘 하는 일 중 죄책감이 느껴지는 것을 찾아보는 것이다. 그만두고 싶지만 지금껏 미뤄온 습관은 무엇이 있는가?

처음에는 작게 시작하라. 인식할 수 있는 나쁜 습관을 하나만 고른 다음 바로 바꾸려 하지 말고 그 습관이 정확하게 어떻게 시작되는지, 행위는 어떻게 끝나는지, 습관을 지속시키는 보상은 무엇인지 확인해보자. 때로는 보상이 허황된 것일 수도 있다. 실제로는 지켜지지 않을 약속을 기대하는 때도 있다. 한 번도 1등에 당첨되지 않았어도 사람들은 여전히 1등에 당첨되길 기대하며 습관처럼 복권을 산다.

나쁜 습관 자체를 잘 다룰 수 있으면 그 습관에 대해 훨씬 더 많이 인식하게 된다. 심지어 습관을 면밀히 살펴보며 분석하고 바꿀 수도 있다.

다음은 지금 가지고 있는 습관의 반복 행위를 다른 것으로 대체할 수 있는지 확인해본다. 가능하다면 이전 습관과 보상 정도가 비슷한 것을 찾는다. 만약 어렵다면 적어도 보상의 종류가 같은 행위를 찾아본다.

마지막 어려운 부분은 새 습관이 예전 습관을 밀어내고 자리 잡을 때까지 충분히 오랜 기간 노력하는 것이다. 이때 오랫동안 버티기만 한다면 새로운 습관이 결국에는 쉬워지고 자동화될 것이라는 사실을 인식하라.

새로운 습관 만들기

예전 습관을 바꾸는 것뿐 아니라 원하는 일을 할 수 있는 새로운 습관을 만들 수도 있다. 앞 장에서 반복 행위의 중요성을 다루었지만 이를 습관으로 만들지 않으면 반복 행위를 계속 수행할 수 없다.

새로운 습관을 잘 만들려면 충분한 시간을 들여 반복 행위를 해야 한다. 나는 일주일에 세 번 달리기와 근력 운동을 하는 습관을 들이기 위해 두세 달가량 꾸준히 반복 행위를 했다. 두어 달이 지난 후에는 요일에 따라 밖에 나가서 달리거나 피트니스클럽에 가야 할 것 같은 기분이 저절로 들었다.

나는 새로운 습관 만들기를 설명할 때 존경하는 개발자인 존 레식John Resig*의 블로그에서 가져온 글을 예시로 자주 언급하곤 한다. 바로 '코드를 매일 작성하라.'라는 제목의 글이다. 그는 매일 최소 30분씩 코드를 작성하는 습관을 들이기 전에는 부가적으로 진행하는 프로젝트에 아무런 진척이 없었다고 말한다. 새로운 반복 행위를 구현하고 나니, 그것이 습관이 되었고 그 결과 생산성에 큰 향상이 있었다고 한다(이 글은 http://ejohn.org/

* 유명 자바스크립트 라이브러리인 jQuery를 만든 사람이다.

blog/write-code-every-day에서 읽을 수 있다).

새로운 습관을 만드는 것은 새로운 반복 행위를 만드는 것과 비슷하다. 달성하고 싶은 큰 목표를 떠올려보고 그 목표를 향해 나아가게 도와주는 습관을 만들 수 있다면 어떨지 생각해보자. 긍정적인 습관이 많을수록 목표로 가는 길은 더 쉬워질 것이다.

개발할 습관을 선택한 후에는 시작 동기가 될 만한 보상을 생각해보자. 코드를 커밋하기 전에 유닛 테스트를 모두 실행하는 습관을 개발하기로 했다면 이메일을 확인할 수 있는 5분 정도의 휴식 시간을 자신에게 허용할 수도 있다. 단, 보상에 나쁜 습관이 섞여 있지 않아야 한다. 열심히 운동한 보상으로 초콜릿 케이크를 먹는 건 추천하기 힘들다.

다음에는 새로운 습관을 위한 신호를 찾아내야 한다. 이 습관을 불러오는 것은 무엇인가? 이 신호는 언제든 접할 수 있어야 한다. 하루의 특정한 시간, 특정한 요일은 습관을 다른 시간으로 미루는 것을 방지해 주므로 신호로서 좋은 예다. 다른 습관에 묻어갈 수 있으면 더욱 좋다. 나는 기술이 무뎌지지 않도록 매일 저녁 30분씩 기술 서적을 읽는 습관이 있다. 그리고 매일 저녁 30분씩 걷는 새로운 습관을 개발하기로 하고 두 습관을 하나로 묶었다. 지금은 책이 읽고 싶어지면 트레드밀에서 걸어야겠다는 생각도 같이 떠오른다.

실천하기

- 습관을 기록해보자. 현재 삶에 가장 영향력이 큰 습관은 무엇인가? 좋은 습관이라고 생각하는 것은 몇 개인가? 나쁜 습관은 몇 개인가?
- 나쁜 습관 하나를 골라 좋은 습관으로 바꿔보자. 그 전에 먼저 지금부터 일주일 후, 한 달 후, 일 년 후 당신의 삶이 어떻게 달라져 있을지 시각화해 보자.

CHAPTER

46

작업 분할하기

코끼리를 먹을 때는 한 입씩 차근차근 씹어라.

– 크레이튼 에이브람스Creighton Abrams

일을 미루는 습관은 생산성을 떨어뜨리는 주요 원인 중 하나다. 일을 미루는 이유는 문제에 압도되기 때문이다. 문제의 크기가 크다고 놀라느라 실제로 문제를 해결하려고는 생각하지 못한 것이다. 작업을 전체적으로 바라보면 훨씬 커 보이고 실제보다 더 위협적으로 보일 수 있다.

이 장에서는 일을 미루지 않고 해낼 수 있는 생산성 기술인 작업 분할에 관해 이야기하겠다. 큰 작업을 작은 작업 여러 개로 나누면 작업을 해낼 의지도 더 생기고, 훨씬 더 꾸준히 목표를 향해 전진할 수 있다.

큰 게 항상 좋을 수 없는 이유

작업은 크면 클수록 더 위협적으로 다가온다. 코드 한 줄을 작성하기는 쉽지만, 완전한 소프트웨어 애플리케이션을 개발하기는 어렵다. 안타깝게도 소프트웨어 개발 분야에서는 작은 작업이나 작은 프로젝트보다는 큰 작업이나 큰 프로젝트를 만날 일이 더 많다.

인간은 먼 미래를 보지 못하는 존재이므로 큰 작업이나 큰 프로젝트를 받았을 때 심리적으로 압박받는 동시에 생산성도 떨어진다. 큰 작업 전체를 보면 해내지 못할 것처럼 보인다. 초고층 빌딩을 짓거나 수 킬로미터에 달하는 다리를 건설하는 것과 같은 엄청난 업적을 생각해보라.

완성된 초고층 빌딩이나 다리가 많은 것을 보면 알 수 있듯이 당신도 큰 작업이나 큰 프로젝트를 해낼 수 있다. 하지만 이런 프로젝트의 전체를 보면 아무도 해낼 수 없을 것만 같다. 나는 새 애플리케이션을 만드는 큰 프로젝트를 끝내려고 오랫동안 노력했었다. 시작한 애플리케이션은 많았는데, 작업을 나누는 방법을 배우기 전까지는 완료한 애플리케이션이 하나도 없었다. 프로젝트를 처음 시작할 때는 굉장히 열성적이다가 이내 세부적인 부분에 빠져 헤어나오질 못했다. 남은 작업량에 정신이 팔려 한 번도 마무리해본 적이 없었다. 프로젝트가 클수록 내가 실패할 확률도 높아지는 듯했다.

이런 문제를 겪고 있는 사람은 나뿐만이 아니다. 소프트웨어 개발 분야에서 개발자들에게 작업을 분배해보면, 예외 없이 내가 나누어준 작업의 크기가 프로젝트 성공의 가장 큰 척도가 되었다. 요청한 작업이 클수록 개발자들은 할 생각이 없어 보였다.

이런 일이 일어나는 이유는 앞서 얘기한 대로 큰 작업에 대한 심리적 부담 때문이다. 인간은 큰 문제에 직면하면 문제를 해결하려 하기보다 문제 자체를 생각하는 데 시간을 더 많이 쓴다. 인간에게는 가장 편한 길을 택하려는 습성이 있다. 큰 작업을 만나면 메일을 확인하거나 커피를 한 잔 더 가져오는 것이 더 쉬운 길처럼 보인다. 그래서 자꾸 일을 미루게 된다.

큰 작업이 좋지 않은 이유는 일을 미루는 데만 있지 않다. 작업은 클수록 정의하기 어렵다. 내가 당신에게 마트에 가서 달걀, 우유, 빵을 사오라고 했다면? 이 부탁은 잘 정의된 작업이므로 당신이 해야 할 일을 정확히 알 수 있다. 실행하기 쉬운 작업이므로 올바르게 수행할 수 있을 것이다.

반면 내가 훨씬 큰 작업인 웹 사이트 제작을 부탁한다면? 이 작업은 잘 정의되지 않는다. 어디부터 시작해야 할지도 모르고, 내가 답변해 주어야 하는 질문도 많이 떠오를 것이다. 해야 할 작업이 무엇인지 정확히 알기는 더 어렵다. 제작할 웹 사이트가 무엇인지, 내가 기대하는 것은 무엇인지 문서로 설명해줄 수도 있지만, 이 정도로 자세한 설명은 읽고 이해하는 데도 시간이 걸릴 뿐더러 오류가 생길 공산도 크다.

큰 작업은 대개 측정하기도 매우 어렵다. 누군가 목록에서 가장 큰 항목을 찾는 알고리즘을 작성하는 데 걸리는 시간을 물어본다면 꽤 정확하게 예측할 수 있다. 하지만 웹 사이트에 장바구니 기능을 만드는 데 걸리는 시간을 물어본다면 어림짐작해서 대답할 수밖에 없다.

큰 작업은 정신적으로 부담되어 일을 미루기 쉬우며, 일반적으로 설명하기 어렵다. 또한, 오류가 발생하기 쉬우며, 작은 작업보다 더 예측하기 어렵다.

작업을 작게 나눠라

희망을 잃지는 말자. 해결책이 있다. 큰 작업은 대부분 작은 작업으로 나눌 수 있다. 거의 무한대까지 잘게 나누어서 쉽게 해결할 수 있다.

큰 작업을 작은 작업으로 나누는 것은 더 많은 일을 해내고 작업에 걸리는 시간을 더 정확하게 예측하고자 할 때 내가 자주 사용하는 방법이다. 사실 이 책의 구성도 우연이 아니다. 이 책이 왜 이렇게 작고 많은 장으로 나누어져 있는지 궁금한 사람도 있었을 것이다. 나는 이 책을 쓰기로 했을 때, 일부러 한 개 장에 들어갈 내용을 여러 작은 장으로 나누어 작성하기로 했다. 이렇게 선택한 이유는 두 가지다.

첫째, 독자가 콘텐츠를 더 쉽게 이해할 수 있다. 한 개 장의 내용이 긴 책일 경우, 나는 한 개 장을 전부 읽을 시간이 없을 때는 그 책을 피한다. 장이 긴 책은 부담돼서 잘 안 읽게 된다. 내용이 길고 글이 덜 나누어져 있는 장보다는 1,000 ~ 2,000단어 정도로 구성된 장이 더 읽기 편하다.

둘째, 내가 글을 쓰기도 더 쉽다. 책을 쓴다는 건 힘든 일이다. 실제 책을 쓰려다가 끝내지 못한 사람이 많을 것이다. 나도 예전에 책을 쓰려고 몇 번이나 시도했지만, 한 번도 끝내본 적이 없었다. 내용이 적은 장은 긴 블로그 글 정도의 길이라서 책을 쓰는 작업이 더 수월해진다. 그래서 나는 두꺼운 책 한 권이라는 큰 작업을 한 개 장씩 작은 작업 71개로 나누었다.

작업을 더 작은 조각으로 나누면 더 쉬워진다. 작업 완료 시기를 더 정확히 예측할 수 있으며 작업을 정확하게 수행할 가능성도 크다. 작은 작업을 진행하면 올바르게 하지 못했다 하더라도 더 진행되기 전에 수정할 기회가 상대적으로 많다. 내 경험상 큰 작업을 작은 작업으로 나누는 것은 거의 항상 옳은 선택이었다.

작업을 나누는 방법

작업을 나누는 것은 그리 어렵지 않다. 대부분의 작업은 한 번에 하나씩 해결할 수 있는 작은 작업으로 쉽게 나눌 수 있다. 코끼리를 먹는 방법에 대한 인용문은 진실이다. 코끼리를 먹을 수 있는 유일한 방법은 차근차근한 입씩 먹는 것이다. 같은 원리를 큰 작업에도 적용할 수 있다. 심지어 일부러 큰 작업을 작게 나누지 않더라도 작업은 이미 순차적인 시간의 흐름으로 나누어져 있다. 하고 있던 일을 끝내야 다음 일을 진행할 수 있고, 그 일을 끝내야 그다음 일을 진행할 수 있는 식이다.

하고 싶은 큰 작업에 쉽게 접근하려면 먼저 전체 작업을 완료하는 데 필요한 단계를 정의해야 한다. 나는 큰 작업을 해야 할 때, 가장 먼저 이 작업을 차례대로 연결된 작은 작업으로 나눌 수 있는지 확인한다.

최근에 했던 프로젝트는 고객사에서 작성한 코드와 연동하는 지속 통합 시스템과 배포 시스템을 구축하는 것이었다. 정말 큰 작업이어서 처음에는 굉장히 압도적이고 어려워 보였다. 나는 큰 작업에 바로 부딪치는 대신 작은 작업 몇 개로 나누기로 했다.

먼저 고객사의 코드를 커맨드 라인에서 빌드하고 컴파일하는 것부터 시작했다. 자동화된 빌드를 만들려면 꼭 필요한 작업이기 때문이다. 그다음에는 코드를 체크 아웃하는 빌드 서버를 만들었다. 그러고 나서 앞선 두 가지 작업을 조합하여 코드를 체크 아웃하고 커맨드 라인 스크립트를 사용해 코드를 컴파일하는 빌드 서버를 만들었다.

이처럼 전체 프로젝트를 작은 작업으로 나누자 도저히 못 이길 것 같던 괴물이 갑자기 작은 쥐로 보였다. 전체 프로젝트는 해결하기 까다로워 보였던 반면, 작은 작업은 꽤 간단했다.

큰 작업을 작은 작업으로 나누다 보면 자신이 해야 할 일에 대한 정보가 충분하지 않다는 사실을 깨닫게 된다. 큰 작업은 정의하기 어렵다고 했던 것을 기억하는가? 큰 작업을 작게 나눌 때 중요한 과정 중 하나는 누락된 정보를 확인하는 것이다. 정보가 누락되면 큰 작업을 잘 정의된 작은 작업으로 나누기 힘들다. 당신이 큰 작업을 나누다가 문제가 생겼다면 정보가 누락됐기 때문일 가능성이 있다.

그래도 상황이 나쁘진 않다. 프로젝트가 이미 상당 부분 진행된 상태에서 빠진 정보가 있다는 사실을 아는 것보다는 초기에 발견하는 편이 프로젝트를 완료하는 데 훨씬 더 좋다. 큰 작업을 작게 나눌 때, 작은 작업 하나하나에는 명확한 목표가 있어야 한다. 이 목표를 확인하다 보면 자칫 놓칠 뻔했던 중요한 정보가 드러난다.

나는 애자일 팀에서 일할 때, 종종 이 기법을 사용하여 고객에게서 올바른 정보를 얻어냈다. 고객은 웹 사이트에 장바구니를 추가하는 큰 작업을 해달라고 요청하면서도 자신이 정확히 무엇을 원하는지 설명하지 못하곤 한다. 하지만 큰 작업을 작게 나누면, 고객이 원하는 것을 더 잘 설명할 수 있게 도와줄 수 있다.

문제 나누기

작업을 나누는 방법은 코드나 문제를 해결할 때도 적용할 수 있다. 신입 개발자 중에는 문제에 압도되는 사람이 많다. 어렵다고 생각한 코드를 작성하거나 어려운 문제를 해결할 때다. 이런 현상은 큰 문제를 한 번에 해결하려 들기 때문에 발생한다. 문제를 나누는 법을 모르는 것이다. 사실 나도 아직까지 가끔 이런 문제를 겪는다.

사람들은 자연스럽게 이런 방법을 사용해서 코드의 복잡성을 해결한다. 그래서 모든 코드가 다 들어 있는 커다란 메서드가 없는 것이다. 메서드, 함수, 변수, 클래스, 그 밖의 구조를 사용하여 코드를 단순화한다.

프로그래밍 문제의 난이도에 상관없이 코드는 늘 작게 나눌 수 있다. 어려운 알고리즘을 작성하려면 바로 머리를 부딪쳐가며 코드를 작성할 게 아니라 독립적으로 문제를 해결할 수 있는 작은 조각으로 나누는 편이 좋다. 크기나 복잡도와 상관없이 모든 애플리케이션은 코드가 한 줄씩 모여서 만들어진다. 코드 한 줄이 제아무리 복잡해도 개발자라면 누구든 이해하고 작성할 수 있는 수준이다. 따라서 문제를 충분히 나누기만 한다면 코드 한 줄을 작성할 수 있는 능력만 있어도 어떤 애플리케이션이든 만들 수 있다.

실천하기

- 크기에 질려서 실행하기를 꺼리고 있는 큰 작업은 무엇인가? 집안 정리, 블로그 글쓰기, 어려운 알고리즘과 씨름하기 등을 미루고 있는가?
- 지금 겪고 있는 큰 문제를 하나 골라서 작은 작업으로 나눌 좋은 방법이 있는지 확인해보자.

CHAPTER

47

힘든 일을 피하지 마라

이 장에서는 내가 가장 중요하다고 생각하는 내용을 이야기하겠다. 예전에는 힘든 일은 피하는 게 상책이라고 생각했다. 하지만 어느 순간 힘든 일은 성공에 꼭 필요한 단계라고 받아들이게 되었다. 이러한 생각의 전환이 경력과 삶에 매우 큰 도움이 되었다.

사람들은 모두 인생의 지름길을 찾는다. 성공에 꼭 필요한 부분조차 힘들다는 이유로 피해 갈 방법을 찾는다. 누구나 힘든 일은 하기 싫어하지만, 힘든 일의 결과물은 즐기고 싶어한다. 나 역시 내가 몇 시간씩 고생하며 글을 쓰지 않아도 이 책이 마법처럼 완성되면 좋겠다.

그러나 현실은 그렇지 않다. 가치 있는 것은 모두 힘들게 일해서 얻은 결과물이다. 자신의 인생을 위해, 특히 소프트웨어 개발자로서 경력을 다지기 위해 제대로 된 성과를 얻고 싶다면 자리를 지키고 앉아서 원하는 일이든 그렇지 않은 일이든 모두 해내는 법을 배워야 한다.

이 장에서는 힘들게 일하는 대신 똑똑하게 일할 때 더 큰 보상을 얻는다고 장담하는 사람들의 허상을 파헤치고, 힘들게 일할 수 있는 동기를 어떻게 얻을 것인지 그 방법에 대해서 이야기해 보겠다.

힘든 일은 왜 그렇게… 힘든가요?

왜 어떤 일은 다른 일보다 훨씬 힘들까? 나는 늘 궁금했다. 사람에 따라 다르긴 하겠지만, 게임은 몇 시간이나 신나게 할 수 있는데 어째서 블로그 글은 몇 문단 쓰는 것도 힘든 걸까? 내 머리가 자신이 어떤 일을 하는지 신경이라도 쓰는 걸까? 이러한 행위를 실행하는 것은 뇌인데 뇌의 입장에서는 모든 것이 일이다. 내가 누르는 것이 키보드의 버튼인지, 게임 패드의 버튼인지 뇌가 보기에도 차이가 있을까? 하지만 내가 보기에는 차이가 있다. 하나는 일이고 다른 하나는 놀이다. 하나는 힘들고 다른 하나는 즐겁다.

나는 힘든 일을 정말 즐기는 사람은 본 적이 없다. 힘든 일도 즐겁게 할 수 있다고 말하는 사람은 수없이 많다. 대부분은 일을 처음 시작할 때, 아니면 끝났을 때 즐거워한다. 하지만 힘든 일을 시작하고 싶어하는 사람은 거의 없다.

솔직히 말해 내가 이런 현상의 적절한 이유를 설명할 수는 없을 것 같다. 버그를 수정하기 위해 코드를 입력하는 손에서 뇌로 가는 전기적 자극과 페이스북에서 댓글을 쓰거나 다른 재미있는 사이트의 주소를 입력할 때 손에서 뇌로 가는 전기적 자극에 차이가 있는 이유도 설명할 수 없다. 하지만 분명 어떤 일은 힘들고 어떤 일은 쉽다.

당신이 힘들다고 말하는 일은 거의 당신에게 득이 되는 일이며, 경력을 개척하거나 새로운 기회를 열 수 있는 일이다. 하지만 별 소득이 없는 일은 항상 굉장히 쉽게 느껴진다.

똑똑한 것만으로는 부족하다

나는 더 열심히 일하기보다는 더 똑똑하게 일하라는 설교를 굉장히 자주 들었다. 최대한 똑똑하게 일해야 한다는 생각에는 동의하지만, 열심히 일하는 것을 똑똑하게 일하는 것으로 대체할 수는 없다고 생각한다. 더 적게 노력하고도 더 큰 보상을 얻을 수 있다고 장담하는 사람은 딱 두 부류다. 당신에게 무언가를 팔려는 사람, 아니면 자신이 그 자리에 올라서기까지 얼마나 열심히 노력했는지 잊어버린 사람이다.

똑똑하게 일하면 힘든 일에서 벗어날 수 있다는 논리에는 중대한 허점이 있다. 앞으로 나가기 위해 똑똑하게 일해야 한다는 것은 사실이지만, 열심히 일하는 사람은 얼마 안 가 자칭 똑똑하게 일한다는 사람을 넘어선다. 노력의 결과를 보고 싶으면 힘든 일도 기꺼이 해야 한다.

정말 효율적으로 일하고 싶다면 똑똑하게 일하는 법과 열심히 일하는 법을 둘 다 배워라. 똑똑한 것만으로는 부족하다. 일정 수준의 영리함은 필요하지만 성공하기 위해 꼭 넘어야 할 장애물을 만났을 때는 이를 극복할 수 있는 일정 수준의 끈기도 필요하다.

힘든 일은 지루하다

힘든 일을 피하는 이유는 보통 지루하기 때문이다. 블로그를 시작할 무렵에는 글을 쓰는 일이 재미있었다. 나를 표현할 새로운 방법을 찾았다는 생각에 신이 났다. 하지만 시간이 지나자 이 일은 고된 일이 되었다. 고된 과정을 극복하지 못했더라면 내 노력이 가져올 이득 또한 결코 볼 수 없었을 것이다.

어렵다고 느끼는 것은 사실 재미없거나 매력적이지 않아서 하고 싶지 않은 일이다. 어떤 일이 재미없어지면 곧바로 다른 일로 갈아타면서 마음 가는 대로 하고 싶은 일만 하며 살 수 있다면 좋을 것이다.

이런 생각에는 문제가 있다. 당신 동료는 한 가지 일을 묵묵히 해내어 결국 당신을 넘어설 것이다. 처음에는 당신이 동료들보다 앞서 있을 수도 있다. 당신의 열정 덕분에 잠깐은 빠르게 앞서 나갔을지도 모른다. 하지만 결국에는 장기적으로 노력하고 인고의 시간을 보내며 꼭 필요한 지루한 일을 해낸 사람이 앞서간다. 큰 격차로 말이다.

> 경주는 빠른 사람이 아니라 끝까지 가는 사람이 이긴다.
>
> – 존 제이크John Jakes, 『North and South(남과 북)』

현실

사실 세상에 쉽게 얻을 수 있는 건 하나도 없다. 정말 성공하고 싶다면 밤새워 공부하는 날도 있어야 한다. 몇 년쯤은 주당 60시간, 70시간씩 일해야 할지 모른다. 성공하기 위해 몇 년쯤은 TV도 끊고 친구도 만나지 말아야 할지도 모른다. 치트키는 없다. 정확히 노력한 만큼만 얻을 수 있다. 봄 여름 내내 씨를 뿌리고 경작해야 가을에 수확할 수 있다. 씨도 뿌리지 않고 수확할 수는 없다.

그렇다고 늘 힘들고 어렵다는 뜻은 아니다. 성공은 성공을 낳는다. 더 많이 성공할수록 다른 성공도 쉽게 얻을 수 있다. 올라야 하는 첫 번째 산이 길고 가파를 뿐이다.

정상에 서는 사람은 적다. 실제로 성공하는 사람도 적다. 대부분 평범한 경력으로 살아간다. 이들에게는 진정한 성공을 위해 꼭 필요한 인고의 시간을 보내고 희생할 의지가 없다. 이 책에서 말한 모든 충고를 따르더라도 열심히 노력할 의지가 없다면 아무런 소득도 없을 것이다. 정말 하나도 없을 것이다. 의지는 반드시 필요하다. 배운 것을 실천하여 효과를 보려면 기꺼이 힘든 일을 해낼 의지가 있어야 한다.

힘든 일을 하는 방법

이쯤 되면 반드시 해야 하는 일을 열심히 할 동기는 어떻게 얻을 수 있는지 궁금해질 것이다. 갑자기 당신이 엄청나게 생산적인 사람이 되고 어떠한 저항이나 뭉그적거림도 없이 바로 일할 수 있게 만들어주는 그런 대답이 있으면 좋겠지만, 내가 그 정도의 기적을 일으킬 수는 없다.

다만, 누구나 같은 문제와 싸우고 있다는 사실을 알려주겠다. 사람에게는 정말 중요한 일을 미루고 피하는 경향이 있다. 내가 좋아하는 책 『최고의 나를 꺼내라!』에서 저자 스티븐 프레스필드는 앞길을 가로막는 이런 신비한 힘을 '저항군'이라 불렀다. 당신이 더 좋은 단계로 가려고 하면 저항군이 추악한 고개를 들고 나타나 당신을 원래 있던 자리에 붙들어 두려 한다. 꾸준히 노력하여 성공하려면 이 저항군을 물리칠 방법을 배워야 한다. 어떻게 저항군을 이길 수 있을까? 어떻게 하면 저항군의 얼굴을 땅바닥에 처박고 항복을 받아낼 수 있을까? 그냥 책상 앞에 앉아서 해야 할 일을 하면 된다. 그저 꾸준히 일하는 법을 배워라. 쉬운 답은 없다. 정신적 장애물을 극복하는 데 도움이 되는 반복 행위를 만드는 것이 그토록 중요한 이유가 바로 여기에 있다.

듣고 싶은 대답이 아니라는 것은 알고 있다. 심지어 내가 듣고 싶은 말도 아니다. 하지만 당신은 혼자가 아니다. 적어도 당신은 당신이 자리에 앉아서 이 책을 읽는 것만큼이나 나도 자리에 앉아 이 책을 쓰는 일이 힘들었다는 것을 알고 있다. 적어도 당신은 당신이 일을 피해 페이스북이나 뒤적거리고 있을 때 똑같은 행동을 하는 사람이 10억 명쯤 있다는 사실을 알고 있다. 그렇지만 정말 패배하고 싶은가? 나는 일에 집중할 수 없는 사람이라고 단정해버릴 것인가, 아니면 벽을 넘어 저항군을 물리칠 것인가? 이 선택은 당신만이 할 수 있다. 이제는 해야 할 일을 해야겠다고 결심하라. 언제고 해야 할 일이라면 미루지 않고 지금 하는 편이 더 좋다는 사실을 인식해야 한다. 목표를 이룰 방법은 하나밖에 없다고 깨달아야 한다. 자신의 모든 잠재력을 발휘할 수 있는 방법은 칼을 갈고, 이를 악물고, 일하러 가는 것이다.

실천하기

- 지금 미루고 있는 힘든 일은 무엇인가? 하고 싶은 기분이 들지 않아서 미루고 있는 작업은 무엇인가? 그중 하나를 골라서 망설이지 말고 바로 해보자. 해야 할 일은 미루지 말고 바로 실행하는 습관을 들이자.

CHAPTER

48

뭐라도 하는 게 아무것도 하지 않는 것보다 낫다

뭐라도 하는 게 아무것도 하지 않는 것보다 낫다. 특히 당신이 오랫동안 불행했다면 말이다. 실수해도 좋다. 실수를 통해 적어도 무언가 배울 수 있을 것이다. 그리고 배우는 게 있다면 실수는 더 이상 실수가 아니다. 아무것도 하지 않는다면 아무것도 배울 수 없다.

– 에크하르트 톨레Eckhart Tolle, 『지금 이 순간을 살아라(The Power of Now)』

이 장에서는 가장 악질인 생산성 훼방꾼에 관해 이야기하겠다. 바로 아무런 행동도 하지 않는 것이다. 당신의 개발 경력을 통틀어, 행동으로 옮기지 않는 것보다 생산성을 심각하게 떨어뜨리는 것은 없다. 현명하게 판단하고 사려 깊게 생각하는 것도 중요하지만, 정보가 충분하지 않아도 일단 진행하며 선택해 나가야 할 때도 종종 있는 법이다.

이 장에서는 아무것도 안 하는 것보다 뭐든 하는 게 좋은 이유, 사람들이 행동하려 하지 않는 이유를 살펴보고 당신이 어떻게 하면 좋을지 알려주겠다.

행동을 주저하는 이유

행동하지 않으면 엄청나게 많은 기회와 가능성을 놓친다. 당연한 일이다. 아무것도 하지 않았는데 무슨 일이 일어나겠는가? 이 명제는 참일 수밖에 없다. 그런데도 행동하지 않는 사람이 왜 그렇게 많을까?

내가 행동하지 않는 이유는 굉장히 단순하다. 두렵기 때문이다. 아마 당신도 마찬가지일 것이다. 일이 잘못될 것 같은 두려움, 망쳐버릴지 모른다는 두려움, 기대에 미치지 못하거나 실패할 것 같은 두려움, 변화에 대한 두려움, 새로운 일에 대한 두려움이 앞선다.

행동해야 하는 줄 알면서도 행동하지 않는 가장 큰 이유가 바로 두려움일 것이다. 하지만 두려움에 묶여 있어서는 안 된다. 두려움을 극복하는 법을 배우고, 자신의 행동이 최선은 아닐지 몰라도 아무것도 하지 않는 것보다 언제나 낫다는 사실을 깨달아야 한다.

자신의 지식을 바탕으로 최선의 행동을 한 뒤에 후회하는 사람은 거의 없다. 반대로 아무 행동도 하지 않은 것을 후회하는 사람은 대단히 많다. 너무 겁이 많고 신중했거나 우유부단했던 탓에 발전할 기회를 놓쳐버린 것이다.

아무 행동도 하지 않을 때 일어나는 일

나는 행동에 옮기지 못하는 무능력 때문에 늘 고생하는 부부를 알고 있다. 남편은 매우 논리적인 사람이고, 아내는 그보다는 감성적인 사람이었다. 꽤 흔한 상황이다. 문제는 큰 결정을 해야 하거나 결정한 일을 행동에 옮겨야 할 때 일어났다.

이 부부가 한번은 손님용 욕실을 고치자고 결정했다. 새 욕조까지는 설치했는데 욕조 옆에 샤워 커튼을 달아야 할지 유리 칸막이를 설치해야 할지 정하는 것이 문제였다. 한 사람은 커튼을 원했고 다른 한 사람은 유리 칸막이를 원했다. 토론은 몇년 간이나 계속되었다. 주장을 굽히기도 싫고 행동을 취하기도 싫었던 것이다. 논쟁이 일어나고 여러 가능성이 논의되었지만, 아무것도 결정하지 않았다. 아무런 행동도 하지 않았다.

이런 상황은 몇 년간이나 계속되었다. 나는 지난 10년간 적어도 7번은 그 집에서 머물렀는데, 그 집에 머물 때마다 늘 손님용 욕실 대신 안방에 있는 욕실을 써야 했다. 손님용 욕실의 욕조 옆에 샤워 커튼도 유리 칸막이도 없었기 때문이다.

그들은 손님용 욕실을 활용하지도 못한 채, 자신은 물론 손님도 불편하게 하면서 몇 년을 보냈다. 단 한 가지 결정을 못 내려 아무런 행동도 취하지 않았기 때문에 말이다. 요즘 이 부부는 정원의 잔디를 교체하는 문제로 싸우고 있다. 역시 앞으로 10년은 싸울 듯하다.

이 부부는 어떤 행동을 할 것인지 결정할 수 있었다. 비록 그 행동이 가장 좋은 선택은 아닐지 몰라도 10년 동안 욕실이 제 기능을 못 하는 것보다는 나았을 것이다. 하지만 그들은 그렇게 하지 않았다. 대신 마음을 정할 수 없을 때 인간이 보통 하는 선택을 했을 뿐이다. 바로 아무것도 하지 않는 것이다.

당신 욕실에는 10년 동안이나 샤워 커튼이 없지는 않았을 것이다. 하지만 당장 행동을 취했으면 5분 만에 해결할 수 있는 문제를 질질 끈 적은 몇 번이나 되는가? 가장 좋은 답을 찾지 못했거나 잘못된 선택을 할까 두려워서 아무것도 하지 않은 채 무조건 실패하는 선택을 한 적은 몇 번이나 되는가? 아무 행동도 하지 않아서 허비해버린 시간은 몇 시간, 몇 년 또는 몇십 년인가?

혹 지금 기타를 배우고 싶은가? 아니면 현재 직장이 마음에 들지 않아 이

직을 생각하고 있는가? 또는 재정 상황에 대대적인 정리가 필요할 수도 있다. 지금 피하고 있는 것이 무엇이든, 당신을 힘들게 하는 것이 무엇이든, 행동을 주저했다면 지금이야말로 행동에 옮길 때다. 바로 지금이 결정을 내려야 할 시간이다.

일어날 수 있는 최악의 일은?

벌어질 수 있는 최악의 상황은 무엇일까? 결정을 내리기 어려울 때 스스로 물어보자. 보통은 잘못했다는 사실을 깨닫고 다른 행동을 취하는 정도의 상황으로 마무리된다.

올바른 길을 찾기까지 몇 번의 실수를 거치는 게 일반적이다. 행동을 지체할수록 잘못된 방향을 돌려 올바른 길을 찾기까지 더 오랜 시간이 걸린다.

사람들은 사소한 일을 결정하는 것조차 어려워한다. 90퍼센트짜리 답을 택해도 충분히 괜찮은 상황인데 300퍼센트 더 노력해야 하는 95퍼센트짜리 답을 굳이 찾으려 한다. 일상에서도, 코드를 작성할 때도, 심지어 TV를 새로 사려고 할 때도 비슷한 일이 벌어진다. 사실 TV는 아예 사지 않는 편이 좋을 수도 있다. TV가 소중한 시간을 얼마나 빼앗아 가는지는 43장에서 확인하라.

차선책을 선택하는 위험, 실패할 위험을 무릅쓰기 싫어서 아무 행동도 하지 않는다면 사소한 문제가 인생에 큰 영향을 미칠 수도 있다. 중요한 고객에게 납품해야 할 제품의 코드에서 문제가 발생했을 때 이를 해결할 수 있는 알고리즘 두 개 중 아무것도 선택하지 않는다면 어떤 일이 생길지 생각해보라.

두 알고리즘 모두 그런 대로 결과가 괜찮을 수도 있고, 둘 중 하나가 다른 하나보다 약간 더 나을 수도 있다. 하지만 더 나은 결정을 내리기 위해 정보를 모으느라 납품 기일을 넘겨서 중요한 고객을 잃게 된다면 무슨 소용인가?

이 경우 최선의 선택이라는 확신이 없더라도 하나를 선택해서 일단 행동에 옮기는 게 좋다. 빠르게 행동을 취한다면 선택한 알고리즘이 적합하지 않았다는 것을 발견하더라도 나머지 하나를 적용해볼 시간이 있다. 아무 결정도 하지 않고 행동을 미루는 쪽을 선택했을 때 가장 나쁜 결과로 이어진다.

인생을 바꿔놓을 중요한 선택의 순간이라 해도 마찬가지다. 아무런 행동, 아무런 결정을 하지 않는 것보다는 주사위라도 굴려서 무언가 행동하는 게 낫다. 대학생 중에는 전공이나 직업을 선택하는 것이 굉장히 중요한 결정이라고 생각하는 사람이 많다. 물론 중요한 결정이다. 하지만 무엇이든 선택해야 한다는 점이 가장 중요하다. 제대로 된 결정을 내리지 못해 결국 아무 쓸모없는 학위를 받는 학생, 남들 따라 평범한 전공을 선택하는 학생이 얼마나 많은가? 망설이다가 아무 행동도 취하지 못하고 얼어붙어 버린 것이다.

움직이는 차의 방향을 트는 것이 더 쉽다

아무런 행동도 하지 않는 것은 주차된 차의 핸들을 돌리는 행위와 비슷하다. 주차된 차의 핸들을 돌려본 적이 있는가? 꽤 힘이 많이 들어간다. 핸들은 주행 중에 돌리는 게 훨씬 쉽다.

차가 아직 도로에 나오지도 않았는데 주차해둔 차의 핸들을 잡고 어느 방향으로 갈지 갈피를 잡기 위해 격렬하게 핸들을 돌리느라 주차장에서 일생을 보내는 사람들이 많다.

일단 주행부터 시작하라. 그러면 어떤 방향으로든 나아가기 마련이다. 주행 중에 방향이 잘못되었다는 사실을 깨달으면 언제든 방향을 바꿀 수 있다.

주차 중일 때보다 훨씬 쉽게 말이다. 주차장에 가만히 있는 시간이 길어지면 잘못된 방향으로 가지는 않겠지만, 올바른 방향으로도 가지 못한다.

차가 움직이기 시작하면 관성이 생긴다. 관성이 당신을 잘못된 방향으로 이끌 때도 있다. 하지만 올바른 방향으로 핸들을 돌리면 그만이다. 운이 좋으면 처음부터 올바른 방향으로 향할 수도 있다.

가끔 무엇을 해야 할지 헷갈릴 때, 일단 움직이기 시작한 후에 올바른 경로를 찾아가는 게 가장 좋다. 때로 이러한 방법이 앞으로 나아갈 유일한 방책이기도 하다. 한 번도 앞으로 가본 적이 없어서 좌회전이 필요하다는 사실조차 모른다면 어디서 좌회전을 해야 할지 알 턱이 없다. 행동해보기 전에 미래에 취해야 할 행동을 모두 예측한다거나 어디서 문제가 생길지 아는 것은 불가능하다.

올바른 방향인지 확인하려면 그쪽으로 가보는 방법밖에 없을 때도 많다. 잘못된 선택 때문에 치를 대가가 적다면, 아무것도 안 하는 것보다는 뭐라도 하는 쪽을 택하라.

지금 당신이 할 수 있는 일은 무엇인가?

어떻게 하면 이 원칙을 삶에 바로 적용할 수 있을까? 어떻게 하면 오늘부터 행동에 옮길 수 있을까? 간단한 체크리스트를 살펴보고 행동하는 데 도움이 되는 항목이 있는지 확인해보라.

- 내가 행동을 주저하는 구체적인 이유는 무엇인가?
- 선택해야 하는 문제가 있다면 무엇인가?
- 잘못 선택했을 때 얻을 수 있는 최악의 결과는 무엇인가?
- 잘못 선택하면 되돌아와서 다른 선택을 할 수 있는가?

같았고, 식비 및 기본 생활비를 제하고 남은 돈은 차를 사는 데 써도 괜찮다고 생각했다. 돈이 많이 남을수록 더 좋은 차를 사도 되겠다고 생각했다.

급여가 오르기 바쁘게 더 쓸 생각만 하던 시절이었다. 월수입이 500달러 늘면 그중 세금을 공제한 월 300달러를 차량 구입비로 써도 된다고 생각했다.

이렇게 미래에 대한 고민 없이 근시안적으로 재정을 관리하면 버는 만큼, 혹은 그 이상 지출할 가능성이 있어서 위험하다.

내 친구 한 명은 다음 급여일 전까지 급하게 필요한 돈을 단기로 빌려주는 대부 업체를 운영했는데, 대출 이자가 매우 높았다. 대출을 받으러 오는 이들이 절박한 상황에 놓인 경우가 많아 가능한 일이었다. 적어도 굉장히 절박해지기 직전인 사람들이었다.

이 친구에게 어떤 사람들이 대출을 받는지 물어본 적이 있다. 수입이 적어서 근근이 살아가는 사람들이 대부분일 거라 생각하고 한 질문이었다. 하지만 친구의 대답은 의외였다. 급하게 돈이 필요할 정도로 절박한 상황이어서 찾아오는 사람이 대부분이긴 하지만 그중 상당수가 의사, 변호사 같은 100,000달러(약 1억 원) 이상 고액 연봉을 받는 전문직이라고 했다.

수입이 많으면 재무관리도 당연히 똑똑하게 할 거라고 생각하는가? 오산이다. 내 친구에게 단기 대출을 받는 의사, 변호사 들은 내가 경력 초반에 빠졌던 근시안적 사고를 여전히 벗어나지 못하고 있다. 이들은 버는 족족 다 써버리기 때문에 근근이 살 수밖에 없다. 대출을 받아서라도 더 큰 집, 더 좋은 차를 사는 일을 당연하게 생각하면서 많이 벌수록 많이 쓰기 때문이다.

자산과 부채

버는 족족 쓰지 말자고 생각하는 사람들도 있다. 수입이 늘어도 지출을 늘리지 않고, 실제 필요한 만큼만 사용하는 장기적인 안목을 갖춘 사람들이다.

이러한 사고방식의 기반에는 자산과 부채라는 개념이 있다. 자산과 부채는 다양하게 정의되는 개념이지만 이 책에서는 내가 나름대로 정의한 바를 소개하겠다. 자산은 이용 가치가 유지 비용보다 큰 것을 가리킨다. 지출한 비용보다 더 많은 가치를 산출해야 자산으로 인정받을 수 있다는 뜻이다.

부채는 이와 반대다. 산출되는 가치에 비해 투입되는 비용이 더 많은 것이 부채다. 부채는 돈을 쏟아부어도 절대 그만큼의 대가를 얻을 수 없다.

회계 전문가의 정의는 내가 내린 정의와 다를 것이다. 하지만 내 정의를 활용하면 당신이 소유하거나 구매한 모든 것을 자산이나 부채로 구분할 수 있다. 재정적으로 긍정적인 영향을 준다면 자산이고 부정적인 영향을 준다면 부채다.

이제 내 정의에 맞는 자산과 부채의 예를 찾아보자. 자산이냐 부채냐 명확히 나눌 수 있는 예를 먼저 살펴본 후 양쪽 모두에 속할 수 있는 예를 살펴보겠다.

내 정의에 따르면 분기마다 배당금을 주는 주식은 자산이다. 유지 비용 없이 석 달에 한 번씩 수익을 내므로 주식 가치의 등락과 상관없이 자산이라고 볼 수 있다.

신용카드 빚은 부채다. 신용카드 빚은 아무런 이득도 남기지 않을 뿐 아니라 매달 이자 비용이 든다. 이러한 채무는 당연히 빨리 없앨수록 재무 상태에 도움이 된다.

자산인지 부채인지 결정하기 어려운 것도 있다. 집이 대표적이다. 『부자 아빠 가난한 아빠(Rich Dad Poor Dad)』를 쓴 로버트 기요사키Robert

Kiyosaki는 내가 무척 좋아하는 사람인데, 그는 집을 자산이 아닌 부채로 규정했다. 그리고 나도 그의 의견에 공감한다.

누구나 주거 공간은 필요하다. 집을 사든 임대하든 주거 공간을 마련하기 위해 어느 정도는 비용을 쓸 수밖에 없다. 집을 샀다고 해도 주거 공간에 돈을 쓰고 있다는 사실은 변함이 없다. 임대할 수 있는 자원을 사용하고 있기 때문이다. 즉, 자가 소유자는 자신이 그 집을 임대해서 쓰는 셈이다.

주거 공간에 기본 비용 이상을 쓰고 있다면 집은 부채다. 많은 사람에게 집은 지불하는 임대료보다 더 큰 이용 가치를 내지 않으므로 막대한 부채다.

자동차도 마찬가지다. 이동 수단이 필요하다고 해도 더 저렴한 차보다 실제 더 큰 가치를 제공하지 못하는 차를 구매하는 데 큰돈을 쓴다면 차는 부채다.

자산

- 배당주
- 임대 부동산
- 채권
- 음악 저작권
- 소프트웨어 저작권
- 사업체

부채

- 신용카드 빚
- (필요 이상의) 집
- (필요 이상의) 자동차
- 월별 소비
- 시간이 지날수록 가치가 떨어지는 설비

로버트 기요사키의 정의는 내 정의보다 더욱 엄격하다. 그는 돈을 벌게 하는 모든 것이 자산이고 돈을 쓰게 하는 모든 것이 부채라고 말한다. 이러한 관점은 헷갈릴 여지가 별로 없다.

세상에는 구입한 후에 구입 금액보다 큰 가치나 수익을 내는 것이 있는가 하면, 수익을 앗아가거나 구입 금액만큼의 가치를 내지 못하는 것도 있다는 사실을 이해하는 게 중요하다.

이러한 관점으로 바라보면 근시안적 사고를 버리고 긴 안목으로 생각할 가능성이 커진다. 월급으로 받는 돈은 근로소득이고 자산에서 발생하는 돈은 불로소득이다. 근로소득으로 번 돈을 불로소득이 발생할 자산에 투자하면 똑같은 시간 혹은 적은 시간을 일하고도 더 많은 돈을 벌 수 있다. 더 많은 돈을 소비해야 하는 부채를 사는 데 돈을 쓰면 그 반대다. 점점 더 많은 일을 해서 더 많은 돈을 벌어 부채에서 발생하는 비용을 감당해야 한다.

잠시 당신의 자산과 부채를 목록으로 정리해보자. 꼼꼼히 작성하지 않아도 좋다. 대신 가장 큰 자산과 가장 큰 부채는 무엇인지 찾아보라. 혹시 자산이 없더라도 원래 자산이 없는 사람이 훨씬 많으니 걱정하지는 마라.

다시 월급 이야기를 해보자

이러한 이야기가 월급과 대체 무슨 관련이 있는 걸까? 더 쉽게 이해할 수 있도록 이야기를 하나 들려주겠다.

19살 무렵 나는 캘리포니아 샌타모니카에 있는 한 회사에서 시급 75달러(약 9만 원)로 계약할 생각이 있느냐는, 분에 넘치는 제안을 받은 적이 있다. 2000년대 초반이었으니 지금의 75달러보다 가치가 더 컸을 것이다. 휴가를 2주 받는다고 계산하면 150,000달러의 연봉을 제안받은 셈이었다.

당시 내 나이를 생각하면 엄청난 금액이기에 부자가 되었다고 생각했다.

물론 좋은 기회였던 것은 틀림없다. 하지만 얼마 지나지 않아 나는 부자가 아니고 훨씬 더 많은 돈을 벌지 않는 한 부자 근처에도 가기 어렵다는 사실을 깨달았다.

그래도 꽤 검소하게 사는 편이었기에 이렇게 살면 백만장자가 되기까지 얼마나 걸릴지 계산해 보기로 했다. 연봉 150,000달러에서 세금 30퍼센트를 내면 105,000달러가 남는다. 계속 검소하게 산다 해도 1년치 생활비로 35,000달러는 써야 한다. 그러면 매년 저축할 수 있는 돈은 70,000달러다.

매년 70,000달러를 저축한다면 14년 동안 모아야 백만장자가 될 수 있다. 하지만 물가 상승률을 고려하면 백만 달러의 가치가 조금 낮아질 것이다. http://simpleprogrammer.com/ss-measuring-worth를 보면 알겠지만 2000년의 100만 달러는 오늘날 130만~160만 달러에 해당한다. 그러므로 더 많은 돈을 모아야 하겠지만 일단은 물가와 함께 월급도 상승되리라 가정했다.

절망적이었다. 그 정도면 보수가 아주 훌륭한 수준이었는데도 근검절약하고 최대한 많이 저축하며 14년의 세월을 보내야만 백만장자가 될 수 있다는 사실을 깨달았기 때문이다. 그리고 백만장자가 되어봐야 부자 근처에도 가지 못한다는 게 더 큰 문제다. 그 정도 돈을 모아서는 마음 편히 은퇴할 수 없다. 마음 편히 은퇴하려면 최소 200만~300만 달러는 있어야 한다.

언젠가 진짜 부자가 되려면 내 월급을 부채에 낭비하지 않는 수준이 아니라, 수익을 올릴 자산에 상당 부분 투자해야 한다는 사실을 깨달은 게 바로 그때였다.

경제적인 면에서 성공을 거두려면 투자 방법을 배워야 한다. 다른 대안은 없다. 번 돈으로 수익을 낼 방법을 찾지 못한다면 평생 일한 돈을 최대한 열심히 모아도 부자는커녕 경제적 독립조차 할 수 없다.

실천하기

- 매달 자신을 스쳐 지나가는 현금의 흐름을 확인하라. 얼마를 벌고 어디에 쓰는가? 많은 돈을 자산에 투자하지 않고 부채를 사는 데 쓰고 있지 않은가?
- 백만 달러를 모으려면 매년 얼마를 저축해야 하는지 계산해보라. 백만 달러가 아니어도 좋으니 경제적으로 독립했다고 느낄 만한 목표 금액을 정해서 계산해보라. 투자하지 않고 그 금액을 모을 수 있으리라 생각하는가?
- 평소 '얼마를 쓸지'보다 '얼마를 모을지' 생각하라.

CHAPTER

50

연봉 협상의 기술

소프트웨어 개발자 중에는 놀랍게도 연봉 협상을 전혀 하지 않는 사람, 혹은 단 한 번 시도한 후 협상이 안 돼서 제안받은 금액을 그대로 받는 사람이 생각보다 많다.

연봉 협상은 중요하다. 일단 수입이 늘어난다. 하지만 그게 다가 아니다. 연봉을 협상할 때 어떻게 처신하는지가 앞으로 회사에서 어떤 처우를 받을지에 큰 영향을 준다는 점이 더욱 중요하다.

협상을 끝내고 입사한 이후에 첫인상을 바꾸기는 어렵다. 회사를 존중하는 자세를 유지하면서 연봉 협상을 요령 있게 잘 해내면 긍정적인 평가를 받을 수 있다. 이러한 평가는 나중에 회사에서 쌓을 경력에 큰 영향을 줄 것이다.

협상은 지원하기 전에 시작된다

평판이 좋으면 연봉 협상에서 유리한 입장에 설 수 있다. 운동선수나 영화배우의 예를 생각하면 쉽게 이해할 것이다. 유명한 사람일수록 협상에서 유리한 고지를 점령한다. 소프트웨어 개발 분야를 비롯해 다른 모든 분야에서도 똑같은 원칙이 적용된다.

소프트웨어 개발 분야에서 유명해지려면 어떻게 해야 할까? 우연히 그렇게 되는 경우도 있지만 보통은 세심한 계획과 전략을 세워서 접근해야 한다. 나는 개인 브랜드를 만들고 소프트웨어 개발자로서 적극적인 셀프 마케팅을 펼치길 권한다.

기본 전략은 최대한 많은 매체를 활용해서 이름을 알리는 것이다. 블로그, 팟캐스트, 책, 기사, 강연, 사용자 그룹, 동영상 튜토리얼, 오픈소스 프로젝트 등 무엇이든 이름을 알리는 데 활용하라.

마케팅에 관한 이야기는 이 장의 주제에서 벗어나므로 자세한 내용은 생략하겠다. 소프트웨어 개발자의 마케팅에 관한 자세한 내용은 '소프트웨어 개발자가 자신을 홍보하는 방법(https://simpleprogrammer.com/ss-htm)' 강의를 참고하라.

마케팅을 잘해서 유명해질수록 연봉 협상에서 유리하다. 어쩌면 이런 부분이 연봉 협상을 할 때 가장 중요한 요소일 수도 있다. 내 주변에는 개인 브랜드를 잘 구축해서 유명해진 덕분에 연봉을 두 배로 올린 소프트웨어 개발자도 있다.

구직 방법도 신경 써라

연봉 협상에 두 번째로 큰 영향을 미치는 요소는 구직 방법이다. 여러 구직 방법 중 어떤 방법을 선택하느냐에 따라 결과가 크게 달라진다. 그중 몇 가지 방법을 골라서 비교해보자.

첫 번째는 구인 광고를 보고 일면식도 없는 회사에 이력서와 자기 소개서를 제출하는 방법이다. 사실 이런 방법이 취업할 수 있는 유일한 길이라고 생각하는 구직자가 많다. 하지만 일자리를 달라고 당신이 회사에 일방적으로 구애해야 하므로 협상 시 약자가 될 수밖에 없는 가장 좋지 않은 방법이다.

궁한 입장에 있는 사람이 언제나 협상에서 불리한 위치에 선다. 모노폴리 게임*을 해본 적이 있는가? 게임 중에 필요한 부동산을 얻기 위해 당신에게 바라는 게 전혀 없는 플레이어와 협상해본 적 있는가? 당시 협상은 어떻게 진행되었는가?

두 번째 방법은 추천이다. 이 방법은 보통 입사하려는 회사에서 일하는 지인에게 추천받아서 일자리를 제안받는 형식으로 이루어진다. 모르는 회사에 무작정 지원하는 것보다 훨씬 좋은 방법이므로 직장을 구할 때는 추천받을 방법부터 찾아보라. 추천받은 지원자라면 회사에서 당신이 구직 중이라는 사실, 당신이 일자리가 필요한 입장이라는 사실을 모를 것이다. 또한, 추천을 받으면 신뢰도가 올라간다는 장점도 있다. 추천을 받으면 추천인의 신뢰도를 빌려오므로 추천인의 신뢰도가 높을수록 추천받은 사람의 신뢰도도 높아진다. 이러한 신뢰는 협상을 유리하게 끌고 나가는 데 도움이 된다.

마지막으로 가장 좋은 방법을 소개하겠다. 회사에서 직접 당신을 찾아와

* 주사위를 굴려서 나온 숫자에 따라 보드 판 위에 있는 말을 옮겨 가며 부동산을 구입한 후 자신의 부동산에 도착한 다른 플레이어에게 임대료를 받는 형식으로 진행되는 보드 게임이다. 다른 플레이어와 협상해서 부동산을 교환하거나 돈을 내고 구입하는 게 가능하다.

일자리를 제안하는 방법이다. 이러한 상황이라면 당신이 협상할 때 얼마나 유리한 입장이겠는가? 여기서 한 발 더 나아가 회사 측에서 면접도 필요 없으니 당장 함께 일하자고 제안하는 것이 최상의 시나리오다. 이럴 때는 당신이 부르는 게 값이다. 하지만 그 정도는 아니어도 좋다. 회사에서 찾아왔다는 것만으로도 협상에서는 우위를 차지할 수 있다.

혹시 이런 생각이 들 수도 있다. '누가 나를 찾아온다니. 게다가 면접도 없이 일하라고 한다고? 말도 안 되는 얘기야.' 물론 그런 상황이 흔하지 않은 것은 사실이다. 하지만 그런 경우도 분명히 존재한다. 이런 상황을 만들려면 2부에서 말했던 것처럼 이름을 널리 알릴 수 있도록 열심히 자신을 마케팅해야 한다.

금액을 먼저 말하면 불리하다

지금까지 말한 내용은 서론이었다. 하지만 연봉 협상에서 중요한 부분이니 잘 알아두길 바란다. 자, 그러면 이제 본론으로 들어가서 협상 과정을 상세히 뜯어보자.

우선 금액은 먼저 이야기하는 쪽이 불리하다. 어떤 분야의 협상이든 항상 상대가 먼저 움직이게 하라. 그 이유는 이렇다. 당신이 70,000달러 수준의 연봉을 기대하고 어떤 일자리에 지원했다고 가정해보자. 입사가 결정된 후 필요한 연봉 수준을 묻는 인사 담당자의 질문에 70,000달러 정도라고 답한다. 조금 더 생각했다면 70,000~80,000달러 수준이라고 말했을 수도 있다. 그에 대한 답으로 인사 담당자는 75,000달러 연봉을 제안한다. 당신은 그 정도면 만족스럽다고 생각하면서 제안을 수락한다. 여기에는 한 가지 큰 문제가 있다. 사실 인사 담당자가 당신에게 쓸 수 있는 예산은 80,000~100,000달러였다. 먼저 금액을 제시하는 바람에 연간 최대 25,000달러를 더 받을 수 있는 기회를 놓친 것이다.

극단적인 예라고 생각할지 모르지만 사실 비일비재하게 일어나는 일이다. 상대가 입을 열기 전까지는 상대가 예상하는 금액을 알 수 없다. 금액을 먼저 이야기하면 불리한 입장이 된다. 자신이 말한 금액을 낮출 수는 있어도 높일 수는 없다. 즉, 당신이 먼저 말한 금액보다 더 오를 희망은 없는 대신 내려갈 확률은 높다.

머리를 좀 써서 높은 금액을 부르면 되지 않느냐고 생각할 수 있다. 하지만 그 방법도 그리 좋은 생각은 아니다. 너무 높은 금액을 이야기하면 상대방이 아예 답하지 않거나 아주 낮은 금액으로 받아칠 수 있다. 그러므로 회사 측에서 금액을 먼저 제시하게 하는 것이 유리하다.

유일한 예외 상황은 회사 측에서 의도적으로 지나치게 낮은 금액을 부르는 경우다. 흔하지는 않지만 그래도 이런 상황이 벌어질 것 같을 때는 기준이 될 만한 금액 설정을 위해 먼저 숫자를 말해도 좋다. 회사 측에서 지나치게 낮은 금액을 제시할 때는 그 숫자보다 크게 높이지 못할 가능성이 크기 때문이다. 물론 이럴 때는 당신이 아무리 잘해도 좋은 결과를 기대하기는 어렵다.

꼭 먼저 말해달라고 부탁한다면?

그냥 안 된다고 하라.

물론 실제 이렇게 대답하기 어렵다는 것은 잘 안다. 조금이라도 더 도움이 되길 바라는 마음으로 구체적인 상황과 대처 방법을 이야기해 주겠다.

필요한 연봉 수준을 면접 전에 묻는다거나 지원서 양식에 써야 한다고 가정해보자. 지원서에 필요한 연봉 수준을 묻는 칸이 있을 때는 가능하다면 비워두라. 꼭 써야 한다면 '전체 복리후생을 고려해 협상 가능'이라고 적어라. 반드시 숫자를 적어야 한다면 '0달러'라고 적고 나중에 이유를 설명하라.

만약 사전 면접에서 필요한 연봉 수준, 혹은 기대 연봉 수준을 묻는다고 해도 똑같이 답하라. 전체 복리후생 수준에 따라 달라질 것이라고 말이다. 보통은 회사의 복리후생에 관해 설명해 주거나 대략적인 금액이라도 말해 달라고 할 것이다. 그럴 때는 전략적으로 대응해야 한다. 당신이 역으로 다음 질문을 던져보라.

"사실 구체적인 금액은 회사에 관해, 또 제가 하게 될 일에 관해 더 자세히 들은 후에 이야기하는 게 맞겠지요. 하지만 서로 시간 낭비하지 않으려면 대략적인 수준이라도 맞아야 한다는 뜻으로 하시는 말씀이신 듯합니다. 제가 잘 이해했나요?"

상대는 보통 그렇다고 답할 것이다. 그러면 다음과 같은 후속 질문을 하라.

"그 자리에 할당된 예산이 어느 정도 정해져 있지 않나요?"

이 질문에도 아마 그렇다고 대답할 것이다. 용기가 있다면 이야기를 잠시 멈추어보라. 범위를 말해주는 사람도 있을 것이다. 하지만 용기가 나지 않거나 상대가 정보를 공유할 생각이 없다고 보이면 다음과 같이 말을 이어가 보라.

"정확한 금액을 제시하기에는 아직 정보가 부족하긴 하지만 그래도 예산 범위를 말씀해 주신다면 제 예상과 맞는지 정도는 말씀드릴 수 있습니다."

어렵다고 생각할지 모르지만 상대가 당신에게 금액 제시를 요구했다면 당신도 상대에게 말해달라고 부탁하지 못할 이유가 없다. 상대가 먼저 금액을 제시하도록 최선을 다해보라.

회사 측에서 절대 말할 수 없다고 한다면 이때 쓸 수 있는 방법도 몇 가지 있다. 꼭 당신이 금액을 제시해야 한다면 전체 복리후생 조건에 따라 협상이 가능하다는 조건 하에 최대한 넓은 범위로 제시하되 하한선이 당신이 생각하는 최하치보다 약간 높도록 이야기하라.

대략 이렇게 이야기하라는 뜻이다. "정확한 금액은 전체 복리후생 조건이 어떠냐에 따라 달라질 것이므로 말씀드리기 어렵습니다. 하지만 대략 70,000~100,000달러 정도는 되어야 한다고 생각합니다. 구체적인 선은 말씀드린 대로 전체 복리후생 조건에 따라 달라진다고 보시면 됩니다."

현재 연봉을 묻는다면?

사실 꽤 곤란한 질문이다. 엄밀히 말해 이렇게 사적인 질문을 하는 것은 예의에 어긋난다. 그렇다고 그 사실을 직접 말하긴 어려울 것이다. 이럴 때는 질문을 돌리는 게 상책인데 방법은 여러 가지다. 그중 한 가지를 예로 들어보겠다.

> "현재 연봉을 말씀드리기는 좀 곤란합니다. 혹시 생각하시는 금액보다 제 현재 연봉이 높더라도 일 자체가 마음에 든다면 흔쾌히 일할 마음이 있습니다. 반대로 생각하시는 금액보다 제 연봉이 낮다는 이유로 저를 헐값에 팔고 싶은 마음도 없습니다. 제 입장을 충분히 이해해 주시리라 생각합니다."

꽤 솔직한 대답이다. 이 정도면 상대에게 공격적이라는 느낌을 주지 않고 대답을 피해갈 확률이 높다. 대답하기 곤란하다거나 재직 중인 직장의 계약 조건에 자신의 연봉을 기밀로 하라는 사항이 있다고 이야기할 수도 있다.

금액을 꼭 제시해야 한다면 전체 복리후생과 관련 있는 상여금, 수당 등에 관한 이야기를 꺼내서 범위를 최대한 넓게 잡아라. 아니면 현재 연봉에 복리후생으로 누리는 혜택의 총비용을 더했을 때 나오는 전체 금액을 이야기하라.

서류를 주고받는 단계

연봉 질문 단계를 잘 넘기면 연봉 금액이 적힌 서류를 받는다. 하지만 당신이 제시한 금액을 아직 상대가 수락하지 않았다면 서류를 받았어도 협상이 끝났다고 생각하지 마라. 참고로 이 정도 단계까지 이르렀다면 위험한 장난을 치지 않도록 주의하라. 만약 당신이 제시한 금액을 회사 측에서 수락하기로 한 상태라면 회사 측 제안을 그대로 받아들이거나 거절하거나 둘 중 하나를 택해야 한다. 자신이 한 말을 번복하고 더 높은 금액을 이야기하는 일은 예의에 어긋나는 행동일 뿐 아니라 회사 측에서 계약 자체를 없던 일로 하자고 나올 수도 있다.

서류를 받으면 대개 이에 답해야 한다. 자신이 생각하기에 이 정도면 아주 흡족하다고 할 정도로 최대한 높은 금액을 불러보길 권한다. 회사 측에서 생각하는 금액에 가까운 금액을 제시할수록 호의적인 답변을 받으리라 생각하는 이가 많지만 보통 이러한 방향으로 접근하면 역효과가 나는 때가 많다. 그러지 말고 높은 금액을 불러보라.

높은 금액을 이야기했다가 회사 측에서 입사 제안을 철회하지는 않을까 걱정될 수도 있다. 하지만 요령껏 이야기하면 높은 금액을 제시한다는 이유로 제안을 번복하는 일은 거의 없다. 최악의 경우라도 회사 측에서 제시한 금액 이상으로 올려줄 수 없으니 그 제안을 받아들이든지 포기하든지 선택하라고 하는 정도일 것이다. 계약이 불발될 위기라면 전체 조건을 다시 검토해보니 처음에 실수로 지나치게 높은 금액을 제시했다고 하면 된다. 즐거운 일은 아니지만 일자리가 꼭 필요하다면 이렇게라도 하는 편이 좋다.

사실 일자리를 제안했다가 철회하는 회사는 별로 없다. 새로운 인물을 뽑으려면 면접이나 서류 작성 등을 다시 해야 한다. 이런 일을 굳이 반복하려는 회사는 별로 없으므로 약간 용기를 내보길 바란다.

혹시 회사 측에서 약간 더 높은 금액을 제시하더라도 이 제안을 그대로 받아들이지 않고 한 번 더 높은 금액을 제안해볼 수도 있다. 하지만 상대가 성가시다고 느끼지 않도록 조심하길 바란다. 이야기할 때는 다음과 같은 요령을 사용해보라.

"정말 귀사에서 일해보고 싶습니다. 일도 무척 마음에 들고 팀 분위기도 참 좋습니다. 하지만 금액이 마음에 걸립니다. 혹시 제가 말씀드리는 이 금액이 가능하다면 다른 고민 없이 바로 결정할 수 있을 겁니다."

너무 높은 금액을 요구하지 않고 적정 수준의 금액을 요구한다면 보통 긍정적인 답을 듣는다. 사람을 놓치기보다는 약간 더 높은 금액을 지불하려고 한다. 최악의 상황이라고 해봐야 금액을 더 높일 수 없다는 답을 듣는 게 고작일 것이다.

협상은 이 정도에서 멈추는 게 좋다. 금액을 두 번이나 조정했는데 더 높이려고 한다면 상대와 관계가 틀어질 수 있다. 똑똑하게 보이는 것은 좋지만 탐욕스럽게 보이는 것은 곤란하다. 휘둘린다거나 이용당한다는 느낌을 받고 기분 좋을 사람은 없다.

마지막 조언 몇 가지

적절한 금액이 어느 정도인지 잘 알아두라. 지원하는 회사의 연봉은 어느 정도 수준인지, 비슷한 자리의 연봉 수준은 어떠한지 최대한 많이 알아두

라. 연봉 수준을 알려주는 웹 사이트도 있다. 개중에는 신빙성이 떨어지는 정보도 많으니 가려서 보아라. 적정 연봉 수준을 정확히 알수록 협상은 쉬워진다. 당신이 요구한 금액이 적절하다는 근거가 될 수치와 정보를 잘 보여줄수록 유리한 입장에서 협상을 진행할 수 있다.

당신에게 '필요'하기 때문에 그 금액을 요구한다는 말은 하지 마라. 당신에게 얼마가 필요한지는 아무도 관심 없다. 그보다 당신이 그 회사에 어느 정도 득이 되는지, 회사가 얻을 혜택은 무엇인지 구체적으로 설명하라. 과거에 근무한 회사에서 어떤 업적을 이뤘는지 설명하고 자신이 요구하는 금액을 지불하는 것이 좋은 투자라는 사실을 납득시켜라.

한 번에 최대한 많이 제안받는 것은 좋지만, 회사끼리 경쟁을 붙이는 것은 금물이다. 협상을 유리하게 끌고 갈 입장이 되려면 그 계약이 성사되지 않아도 그만이라고 생각할 마음의 여유가 있어야 한다. 그러려면 한 번에 여러 회사에 지원해서 여러 곳에서 제안을 받는 게 좋다. 그리고 현재 일자리를 제안하는 회사가 여러 곳이므로 최선의 선택을 하기 위해 신중해지고 싶다고 말하는 것도 요령이다. 다만, 상대가 보기에 거만하다는 느낌이 들지 않도록 주의하라. 자신 있는 태도는 좋지만 거만한 태도는 지양해야 한다.

실천하기

- 협상에 대한 두려움을 극복할 때까지 최대한 많이 경험해보라. 시장에서 물건을 살 때도 협상을 연습해보라. 실패하더라도 경험을 통해 배우는 게 있을 것이다.
- 금액을 적절히 책정할 수 있도록 연봉 수준에 관해 꼼꼼히 조사하라. 살고 있는 동네 주변의 회사 직원들이 받는 연봉은 어느 정도인지, 당신의 현재 연봉과 비교할 때 어느 정도 차이가 나는지 알아보라.
- 새로운 일자리가 필요 없을 때도 기회가 될 때마다 면접을 받아보라. 어차피 새 일자리가 필요하지 않다면, 잃을 게 없을 때 협상이 더 쉽다는 말의 뜻을 몸소 체험할 수 있을지 모른다. 그러다가 운이 좋으면 더 좋은 일자리를 찾을 수도 있다.

CHAPTER

51

부동산 투자 ABC

부동산 투자에 관한 장이 이 책에 어울리지 않는다고 생각하는 사람도 있을 수 있다. 무슨 뜻인지 이해한다. 하지만 부동산이 왜 좋은 투자처인지 언급조차 하지 않는다면 당신에게 **엄청난** 피해를 입힐 뿐 아니라 이 책을 '개발자의 인생 전략'이라고 부르지 못할 것이다.

왜냐고? 거기에는 두 가지 이유가 있다. 첫째, 부동산은 불로소득 덕분에 내가 33살에 은퇴할 수 있게 해주고 매해 더 많은 불로소득을 낼 수 있게 해준 투자 수단이다(자세한 이야기는 55장에서 하겠다). 둘째, 소프트웨어 개발자는 수입이 괜찮은 편이어서 부동산 투자라는 다른 많은 이에게 주어지지 않은 특별한 기회가 주어진 셈이다.

사람들이 부동산 투자가 위험하다고 하는 것을 안다. 금융 전문가들이 똑똑하게 401(k), 뮤추얼 펀드, S&P 인덱스 펀드에 투자하라고 한다는 것을 안다. 내가 부동산으로 성공했기 때문에 나에게 생존 편향*이 있다고 말하는 것도 안다. 하지만 나는 많은 소프트웨어 개발자에게 부동산 투자 방법

* 살아남은 사례에 집중하느라 실패한 사례를 간과하는 인지 편향을 말한다.

을 가르쳤고 그중 많은 이가 나와 같은 성공을 경험했다. 나는 이 장을 이 책에서 들어내지 않기 위해 부정적인 리뷰, 편집자, 출판사와 싸웠다. **그만큼** 중요하기 때문이다. 그래서 열린 마음으로 이 장을 읽어주길 바랄 뿐이고 부동산에 투자하지 않는다 해도 괜찮다. 하지만 나는 적어도 내 책임을 다했으니 마음 편히 잘 수 있을 것이다.

나는 최고의 투자처가 부동산이라고 생각한다. 부동산만큼 높은 수익성, 오랜 투자 기간을 보장하는 투자처는 없다. 그러나 부동산 투자가 어렵다는 것이 문제다. 주식 거래하듯 버튼 한 번 누르는 것만으로 할 수 있는 투자가 아니다. 부동산 투자를 하려면 자본 또한 상당 수준 갖추고 있어야 한다. 소프트웨어 개발자는 다른 직종보다 수입이 괜찮은 편이기에 부동산 투자에 도전해볼 수 있다.

고백하건대 내 주요 투자처가 부동산인 데다 지난 몇 년 간 가장 많은 수익을 올린 것도 부동산이므로 더 좋게 해석하는 경향이 있을 수 있다. 하지만 부동산에 투자할 생각이 없는 사람이라도 부동산 시장의 작동 원리와 부동산을 통해 어떤 기회를 얻을 수 있는지 이해해두면 좋을 것이다.

인터넷에서 '부동산 투자 방법'을 검색해보면 벼락부자가 될 방법을 알려주겠다는 신빙성 없는 정보만 엄청나게 등장한다. 믿을 수 없는 정보를 걸러내고 부동산 시장 작동 원리와 투자를 시작할 방법에 관해 실용적인 조언을 전해주는 것이 이 장의 목표다.

이 책에서 왜 부동산 투자를 다루는지 궁금할 수도 있다. 개발자로 일하는 동안 부동산 투자를 어떻게 시작해야 하는지 묻는 동료들이 많았다. 주변의 소프트웨어 개발자 중에도 부동산 투자법을 익혀서 수익을 보는 경우가 종종 있었다. 그래서 부동산 투자를 시작할 기본 지식 정도는 알려주어야 마음이 편할 것 같다.

지면에 한계가 있으므로 자세한 내용을 다루기는 어렵겠지만 투자할 마음이 생기면 스스로 더 많은 정보를 찾아볼 수 있을 수준까지는 꼼꼼히 알려주겠다.

왜 부동산 투자인가?

부동산 투자 방법에 관해 이야기하기 전에 가장 중요한 질문부터 생각해 보자. 왜 부동산 투자인가? 부동산 투자는 주식 투자보다 시작하기도 어렵고, 유지하기도 어렵다. 그런데도 왜 부동산이 좋은 투자처인가?

공감할지 모르겠지만 내가 부동산을 추천하는 가장 큰 이유는 안정성이다. 부동산 가격이 큰 폭으로 오르락내리락하는 것을 본 적 있다면 이러한 내 의견에 동의하기 어려울 수 있다. 그래서 잠시 여기에 대해 설명해보려 한다.

부동산 가격이 크게 요동치는 것은 사실이지만 내가 추천하는 분야는 안정적인 수입을 올릴 수 있는 임대 부동산이다. 임대료는 변동폭이 크지 않으므로 좋은 부동산을 샀다면 안정적인 수입을 얻을 수 있다. 부동산을 구입할 때 고정 금리로 대출을 받았다면 수익은 늘 일정한 수준을 유지할 것이다. 게다가 임대료는 대개 오르면 올랐지 내리지는 않는다.

부동산 시장이 전체적으로 흔들리더라도 잘 견디면서 부동산 가격보다 임대 수입을 보고 오래 버틴다면 튼실하고 안정적인 수익을 얻을 수 있다. 나는 이러한 전략 덕분에 부동산 시장이 여러 차례 엄청난 불황을 겪은 시절에도 별 탈 없이 잘 버틸 수 있었다.

부동산은 적은 위험 부담으로 큰 수익을 볼 수 있는 유일한 투자처다. 주식 투자 자금을 장기 대출해주는 은행은 없다. 만약 당신 자본 10퍼센트,

은행 대출 90퍼센트를 들여서 주식 투자를 하겠다고 하면 승낙하는 은행을 찾을 수 없을 것이다. 하지만 부동산 투자라면 가능하다.* 심지어 자기 자본이 전혀 없는 사람에게 담보 대출을 해주기도 한다. 물론 후자의 방법은 추천하지 않는다.

수익률은 높을 수 있지만 그만큼 위험성도 크다. 하지만 부동산 담보로 대출을 받은 상황이라면 위험 부담은 대부분 은행에서 진다. 수익률이 어느 정도인지 직접 사례를 살펴보자.

당신이 100,000달러짜리 임대 부동산을 구입했다고 가정해보자. 이때 들어간 비용의 90퍼센트는 은행 대출이고, 10퍼센트 계약금은 당신이 지불했다. 이럴 때는 부동산이 '떠 있다'고 표현한다. 대출, 세금, 보험 등을 포함한 모든 비용은 임대 수입으로 낼 수 있다는 뜻이므로 당신이 부담한 비용이 없다. 즉, 추가 현금 흐름이 아예 없거나 거의 없는 상태다.

이 정도만 되어도 좋다. 30년짜리 대출을 받은 부동산이라면 10,000달러를 투자해서 최소 100,000달러의 가치를 얻는다는 뜻이다. 가격 상승까지 고려하면 실제로는 이보다 더 많은 가치를 얻게 될 것이다. 세입자가 당신의 대출을 갚아주는 셈이니 거의 무료로 집 한 채가 생기는 것이다. 나는 그 정도면 꽤 괜찮은 투자라고 본다.

하지만 이게 끝이 아니다. 부동산 가격 상승 덕분에 더 큰 수익을 올릴 수 있다. 2년간 부동산 가격이 10퍼센트만 올라가도 가능한 시나리오다. 100,000달러짜리 부동산 가격이 10퍼센트 올라간다면 110,000달러가 된다. 2년간 그 정도로 가격이 오른다면 당신에게 돌아오는 수익은 어느 정도일까?

---

* 가능한 대출 규모는 각 국가의 담보 인정 비율(loan-to-value ratio, LTV)과 관련이 있다. 미국의 LTV는 90퍼센트지만, 우리나라의 LTV는 2022년 7월 기준, 지역에 따라 60~70퍼센트가 적용되고 있다.

가격이 10퍼센트 상승했으니 수익도 10퍼센트 상승한다고 생각할 수 있다. 땡. 틀렸다. 10퍼센트 오른 시점에 그 부동산을 팔면 110,000달러를 받는다. 여기서 대출받은 90,000달러를 빼면 20,000달러가 남는다. 처음에 투자했던 10,000달러가 20,000달러가 된 것이다. 즉, 1년에 50퍼센트씩, 총 100퍼센트 수익을 남긴 것이다. 주식으로 2년 안에 100퍼센트 수익을 올린 사람을 본 적 있는가?

지렛대처럼 수익이 늘어나는 구조 덕분에 가격이 조금만 올라도 큰 수익을 얻는다. 위험성도 높지 않다. 담보로 부동산이 잡혀 있으므로 최악의 손해를 본다 한들 초기 투자금을 날리는 데 그친다. 부족금 판결 제도*가 있긴 하지만, 그 부동산을 팔 생각이 없다면 무시해도 된다.

마지막으로 인플레이션 이야기를 해보자. 인플레이션이 발생하면 부채의 가치와 은행에 저축해둔 현금의 가치가 동시에 줄어든다. 부동산 투자는 인플레이션에 대한 훌륭한 대비책이다.

인플레이션이 심할 때 부동산 대출을 유지하면 저축해둔 현금의 가치와 함께 대출의 가치도 떨어진다. 부동산 가격과 임대료가 올라가기 때문이다. 그러면 어떤 결과로 이어질까?

자, 당신이 100,000달러짜리 집을 샀다. 대출금을 비롯해 세금, 보험 등 모든 비용의 합이 1,000달러이고, 월 임대료 수입도 1,000달러라고 가정해보자. 앞에서 이야기한 것처럼 부동산이 떠 있는 상태이므로 당신이 따로 더 내야 하는 돈은 없다. 하지만 인플레이션이 시작되면 은행 계좌는 얇아지고 월급도 줄어든다. 동시에 임대료는 오른다. 대출금을 비롯한 월 고정비용은 여전히 1,000달러에 머무르는데 임대 부동산 수익은 월 1,200달

* 담보물인 주택을 압류 처분해서 나온 수익금이 갚아야 할 금액을 다 채우지 못할 경우 이를 갚도록 채무자에게 법원이 명령하는 것을 가리킨다.

러로 늘어난다. 현금 흐름에 200달러가 더해지므로 인플레이션의 부작용을 보완할 수 있다.

인플레이션이 시작되면 부동산 가치도 오르는 경향이 있다. 돈의 가치가 떨어져서 상대적으로 그렇게 느끼는 것뿐이므로 진짜 가치가 올라간다고 볼 수는 없지만, 손실을 막아주는 대비책은 될 수 있다. 부동산 가격은 돈으로 매기므로 돈의 가치가 떨어질수록 부동산의 가치는 올라간다.

부동산이 좋은 투자처인 이유를 요약해보자. 고정 금리로 임대 부동산을 사서 임대하면 안정적인 수입이 생긴다. 부동산을 구매한 자금 대부분을 은행에서 빌렸다는 사실을 고려하면 매우 큰 수익을 올리는 것이다. 또한, 부동산 투자는 인플레이션 때문에 상황이 나빠졌을 때 손실을 보완하는 역할도 해준다.

실전 부동산 투자

이제 부동산 투자를 통해 수익을 볼 수 있다는 희망이 생겼기를 바란다. 하지만 장밋빛 희망만 이야기했지 그 희망을 어떻게 현실로 바꿀지는 아직 이야기하지 않았기 때문에 내 말을 완전히 믿기 어려울 수도 있다. 이 짧은 장에서 일일이 설명하기는 어렵더라도 부동산 투자가 어떤 절차로 이루어지는지, 어떻게 시작할지에 관한 정보는 충분히 알려주겠다.

먼저 부동산 투자는 장기적인 안목으로 봐야 똑똑한 투자를 할 수 있다. 경매에 나온 매물을 저렴하게 구매해서 빠르게 부를 축적할 수 있다고 생각한다면 오산이다.

세상에 공짜는 없다. 부동산 투자를 통해 큰 수익을 얻으려면 인내심과 성실함을 발휘해 많은 시간을 들여야 한다. 나는 투자용 부동산을 구입할 때 향후 20~30년간 수익을 올릴 계획을 세운다. 현금 흐름이나 환금성이 좋은 임대 부동산을 고정 금리 대출을 받아 구입한다면 적어도 30년 이후에는 대출을 완전히 갚을 수 있다. 내가 부동산 투자에 기대하는 바는 이 정도이고, 그 외 수익이 있다면 이는 모두 보너스라고 생각한다.

내가 추천하는 방법은 현금 흐름이나 환금성 둘 중 하나라도 좋은 임대 부동산을 30년 고정 금리 대출을 받아서 사는 것이다. 이 전략은 위험도가 매우 낮은데도 부동산 호황이 와서 가격이 치솟는다면 높은 수익도 낼 수 있다. 그리고 적어도 30년 내에는 대출을 모두 갚을 수 있다.

공부하라

전략 실행의 첫 단계는 시장에 관한 공부다. 부동산은 살 때가 아닌 팔 때 돈을 번다. 찾아낸 매물의 조건이 좋을수록 더 유리한 입장에서 시작할 수 있다. 주식은 유동자산이지만 부동산은 그렇지 않다. 유동자산 시장은 대개 효율적이라서 가격 책정에 차이가 별로 없다.

부동산 시장은 유동적이지 않기 때문에 가격 책정에 종종 큰 편차가 있다. 현재 주식 가치는 누구나 금세 알아볼 수 있고 이론의 여지도 있을 수 없다. 물론 저평가 혹은 고평가되었다는 말은 누구나 할 수 있지만 시장 가격은 현재의 진짜 가치가 반영되어 매겨지기 마련이다.

부동산 시장은 주식과 다르다. 어떤 집의 가격이 얼마인지 정확히 아는 사람은 없다. 부동산 하나를 10명이 감정하면 모두 다른 값을 댈 것이다. 참고할 만한 시장 정보나 매매 기록이 적을 때는 감정가에 큰 차이가 나기도 한다.

즉, 똑똑하고 성실한 사람이라면 똑같은 부동산을 꽤 낮은 가격으로 구매할 수도 있다는 뜻이다. 좋은 거래를 알아보고 유리한 방향으로 이끌어갈 방법을 깨우치기만 하면 된다.

좋은 매물을 알아보려면 연습과 시장 공부, 두 가지가 필요하다. 부동산 투자를 하고 싶을 때 가장 먼저 해야 할 일은 시장 공부다. 부동산 매물이 어느 정도 가격에 거래되는지 알아보라. 좋은 가격이 어느 정도 수준인지 감이 올 때까지 매물 크기, 임대료, 매물 위치 등을 조사해보라.

그와 동시에 주어진 가격으로 부동산을 샀다면 어떤 일이 일어날지 가상 시나리오를 만들어보고 구매한 부동산에서 괜찮은 수익을 올리려면 어떤 제안을 해야 할지도 생각해보라.

제대로 제안하려면 매물과 관련한 모든 숫자를 고려해봐야 한다. 부동산 가격을 바탕으로 대출금을 비롯해 세금, 보험, 입주자 협회 회비, 공과금 등의 해당 매물 유지에 필요한 모든 비용을 계산해보라.

지루하다고 느낄지 모르지만 이 방법이 어떤 매물이 좋은지, 거래는 어떻게 이루어지는지 감각을 키우는 최고의 방법이다. 이러한 공부를 통해 실제 거래가 이루어지기 전에 자신감을 채워둘 필요가 있다. 빠르게 움직이는 것이 내 부동산 투자 전략의 기본이다.

실습하라

시장에 대한 감각을 익혔다면 이제 실전에 뛰어들 차례다. 구입할 준비를 마치면 부동산 중개인에게 내 기준에 맞는 새 매물이 나올 때마다 알려달라고 부탁해둔다. 좋은 매물을 발견했거나, 괜찮은 가격까지 잘 내려서 거래할 수 있을 만한 매물을 발견했다면 바로 행동에 들어간다.

좋은 매물이 나왔다면 누군가 가로채기 전에 거래를 제안해서 집주인의 의중을 떠보라. 매물을 실제 보지 못한 상태에서라도 말이다. 나는 보통 부동산 중개인이 말하기 민망해할 정도로 낮은 가격을 제안하곤 한다. 간혹 그런 가격을 받아들여주거나 내가 제안한 가격보다 약간 높은 가격으로 대응하는 경우도 있기 때문이다.

물론 내 제안을 거절할 때가 많다. 하지만 수십 번 시도해서 딱 한 명만 수락해도 성공이다. 간혹 매물을 빨리 팔아치우려는 사람이나 가치에 전혀 관심이 없는 사람도 있기 때문에 시장 가치 50퍼센트에 해당하는 금액으로 계약이 성사되는 경우도 있다. 의외로 이런 부분에 크게 신경 쓰지 않는 사람들이 있어서 그렇다.

매물을 실제로 보지 못한 상태에서 거래를 제안할 때는 매물 실사 결과에 따라 제안을 취소할 수 있다는 조항을 넣는다. 그리고 실사할 때 설명서에 기재된 내용이 모두 사실인지, 몰래 감춰둔 문제는 없는지 확인한다. 그러면 실사한 매물이 마음에 들지 않을 때 수월하게 거래를 취소할 수 있다.

매물이 마음에 들어서 매매 계약을 하고 싶다면 다음은 주택 검사다. 나는 가장 꼼꼼하게 일 잘하는 주택 검사관에게 검사를 맡긴다. 매물에 문제가 있는지 더 많은 돈을 투자하기 전에 정확히 확인해야 한다.

주택 검사를 마친 다음에는 대출을 받는다. 대출도 매물을 직접 보기 전에 받을 수 있다. 이를 사전심사라고 한다. 가장 좋은 가격의 매물을 찾았던 것처럼 대출 또한 가장 좋은 조건을 찾는 게 좋다. 이 장에서 대출받는 절차를 자세히 설명하지는 않겠지만 다양한 기관의 금리와 비용은 꼭 비교해보고 받아라.

관리 서비스를 이용하라

마지막으로 부동산을 구매한 후에는 관리 문제를 생각해야 한다. 나는 직접 관리하기보다 전문 서비스를 이용하길 강력히 권한다. 머리 아프게 굳이 직접 하려고 하지 마라. 임대 부동산을 관리해주는 부동산 관리 회사에 매달 지불하는 돈이 아깝다고 생각한 적은 한 번도 없다.

좋은 관리 회사라면 임대 부동산과 관련한 거의 모든 사항을 챙겨준다. 적절한 세입자를 구해서 임대차 계약을 진행할 뿐 아니라 임대료도 대신 수금해준다. 하지만 좋은 관리 회사를 만나기까지 시간이 걸릴 수도 있다. 정직하게 운영하는 회사를 만날 때까지 여러 부동산 관리 회사를 확인해보라. 나도 무능한 업체, 태만한 업체, 수리비를 거짓으로 요구하는 업체까지 최소 세 개 회사와 계약을 파기한 경험이 있다.

임대 수익의 10퍼센트 정도가 관리 비용으로 나간다는 사실을 기억하고 계약 전 비용을 계산할 때 꼭 고려하라. 좋은 관리 업체를 만나면 편하게 부동산 투자를 할 수 있다. 직장을 계속 다니면서 여러 부동산을 유지하려면 이러한 업체의 도움이 꼭 필요할 것이다.

매우 비싼 지역에 산다면?

당신이 실리콘 밸리처럼 기술적 허브가 되는 비싼 지역에 살고 있을 가능성이 높다는 것을 나도 안다. 나도 부동산 투자를 하는 동안 비싼 지역에 살아본 경험이 있다. 비싼 지역에서는 수익을 내는, 아니면 적어도 손익분기점에 도달하는 좋은 매물을 찾기 어려울 수 있다. 하지만 걱정하지 마라. 꼭 거주하는 지역의 매물을 사야 하는 것은 아니다. 내가 소유한 여러 부동산, 아니 사실 대부분을 다른 주에서 샀고 일부는 직접 보지 않고 샀다.

위험해 보이고 불편하다고 느낄 수도 있지만 결국 부동산 투자에서는 느낌보다는 숫자가 중요하다(이러한 교훈을 깨우치면 큰 도움이 될 것이다). 직접 가서 볼 수 있는 매물에 투자하는 것이 더 편안할 수 있지만 거리라는 요건을 반드시 고려해야 하는 것은 아니다.

하지만 당연하게도 원거리 투자에 일정 수준의 위험이 있으므로 주의해야 한다. 투자하려는 지역에 비행기를 타고 가서 구매할 의향이 있는 매물과 동네를 직접 확인하는 것이 좋다. 절대적으로 필요한 것은 아니지만 마음이 편해지고 직접 가지 않는 한 알기 어려운 정보를 모을 수 있을 것이다. 부동산 중개인에게 사진이나 동영상을 찍어달라고 하거나 믿을 수 있는 친구에게 확인해 달라고 부탁할 수도 있다. 나는 두 방법을 다 써봤다.

본질적으로 비싼 지역에 산다는 것이 부동산 투자를 단념하는 이유가 되어서는 안 된다. 거주 지역이 아닌 곳에 투자할 때 특별히 더 주의하고 구입한 매물을 관리할 방법이나 수리 같은 문제를 처리할 방법을 강구해 두어라. 반드시 그래야겠다면 직접 비행기를 타고 가서 확인하라(참고로 나는 20년간 한 번도 그런 적이 없다).

실천하기

- 당장 나가서 임대 부동산을 사보라. 행운을 빈다!
- 농담이다! 대신 살고 있는 동네의 임대 부동산 매물을 살펴보고 계산을 맞춰보는 연습을 해보라. 계약금 수준을 조절해가며 그 매물을 살 수 있을지, 산다면 수익이 있을지, 적어도 손해는 보지 않을지 계산해보라.

CHAPTER

52

은퇴 계획 세우기

해변에서 칵테일 한 잔 놓고 책을 읽으면서 발 밑에 부서지는 파도를 느끼는 자신의 모습, 상상해본 적이 있는가? 보통 은퇴를 상상하라고 하면 이와 비슷한 그림을 그리는 사람이 많다. 나는 60세는 되어야 이런 은퇴가 가능하리라 생각하는 사람이 많은 현실을 참 안타깝다.

은퇴 후의 삶을 누구나 열대 해변에서 즐기리라는 보장은 없다. 그리고 누구나 60세에 은퇴하는 것도 아니다(참고로 내가 33세에 은퇴할 수 있었던 비결을 55장에서 공개할 생각이다). 이러한 은퇴의 꿈을 이루려면 반드시 계획을 세워야 하고, 계획을 세우는 시기는 빠르면 빠를수록 좋다.

문제는 흔히 듣는 은퇴 관련 조언에 틀린 부분이 많다는 것이다. 사람들은 연금 계좌에 돈을 넣어두고 잊어버리라고 이야기한다. 물론 이 전략이 잘 맞는 사람도 있을지 모르겠지만 소프트웨어 개발자에게는, 특히 이 책을 읽고 있는 소프트웨어 개발자에게는 이보다 더 좋은 방법이 있다는 사실을 꼭 알려주고 싶다.

이 장을 읽고 은퇴에 관한 생각을 바꾸길 바란다. 내 조언은 대부분 미국인에게 잘 맞는 내용이다. 미국에는 401(k), IRA 등 유연한 은퇴 계획이 존재한다. 다양한 은퇴 계획에 적용할 수 있는, 이와 비슷한 아이디어와 전략을 알려주겠다. 나라에 따라 회사에서 제공하는 연금에 의존해야 하는 경우도 많을 텐데 나라와 상관 없이 어떤 은퇴 계획에든 적용할 수 있는 내용을 이야기하겠다.

은퇴 계획의 핵심

은퇴 계획의 핵심은 은퇴 자금을 예측하는 데 있다. 매월 생계에 필요한 금액을 정확히 알아내서 그 금액을 불로소득으로 얻을 방법을 알아내야 한다. 물론 완충 장치가 될 약간의 여유 금액도 고려해야 한다.

은퇴에 관한 책은 보통 은퇴한 후에도 일할 때와 똑같은 돈이 들어간다는 잘못된 전제를 기반으로 내용을 풀어나간다. 가정이 틀렸다고 나무랄 생각은 없지만, 조언은 가려서 듣는 게 좋다.

여유 시간이 늘어나면 크게 줄어드는 비용도 생기기 마련이다. 저축할 필요도 없고 통근 비용도 들지 않는다. 그런데 사람들은 대부분 행복하게 살기 위해 필요한 것보다 많은 돈을 펑펑 쓰며 산다.

사람들은 은퇴한 후에도 지출을 줄이고 싶어 하지 않는다. 오랫동안 일했는데 은퇴 후의 삶까지 희생하며 근근이 살고 싶지 않아서 그럴 것이다. 그런데 평상시의 월 지출이 은퇴 비용을 결정하는 가장 큰 요소가 된다. 지금부터 지출을 줄여두면 나중에 특별히 더 검소한 삶을 살 필요가 없어질 뿐더러 더 빨리 은퇴할 수 있다.

이렇게 생각하면 쉽게 이해할 수 있다. 한 달에 8,000달러를 지출한다면 은퇴한 후에도 그 정도 수입이 있어야 한다고 생각한다. 그러면 한 달 수입이 8,000달러 이상은 되어야 은퇴를 대비해 저축할 수 있다. 그리고 그렇게 모은 저축으로 은퇴한 후에 매달 8,000달러씩 써버린다.

하지만 지출을 줄일 수 있다면 어떨까? 한 달에 4,000달러만 있어도 생활할 수 있다고 해보자. 은퇴 비용을 훨씬 빨리 모을 수 있을 뿐 아니라 같은 돈을 모아두더라도 두 배로 더 긴 시간 동안 쓸 수 있으므로 은퇴 시기가 엄청나게 앞당겨진다. 즉, 절약하면 돈을 빨리 저축할 수 있고 같은 돈으로 더 오랜 시간을 버틸 수 있다.

월 지출을 줄일 방법을 찾는 것이 은퇴 대비 저축에 큰 도움이 된다는 이야기다. 좋은 투자처 찾기, 좋은 직장 구하기, 연봉 인상하기보다 지출 줄이기가 제일 도움이 된다. 즉, 절약이 답이다.

은퇴 목표 계산하기

은퇴한 후의 월 지출 규모를 계산하고 그 금액을 불로소득으로 벌 수 있게 되면 공식 '은퇴'가 가능해진다. 물론 불로소득으로 벌어들이는 금액이 물가 상승에 맞춰 증가하는지도 확인해야 한다. 물가 상승에 따라 소득이 증가하는 부동산 투자를 추천하는 이유도 바로 여기에 있다.

저축해둔 돈을 쓰는 방법은 추천하지 않는다. 저축한 돈으로 불로소득을 만들 수 있다면 은퇴한 후에 저축한 돈을 쓸 필요가 없다. 위험성이 거의 없는 대신 이자가 낮은 채권이라도 사두라.

은퇴하는 데 필요한 돈이 얼마라고 생각하는가? 답은 당신이 쓰는 비용이 얼마인지, 불로소득을 얻는 방법이나 투자 방법이 무엇인지에 따라 달라질 것이다. 이 책의 집필 시점을 기준으로 실행할 수 있는 현실적인 예를 들려주겠다.

지금 당신에게 백만 달러가 있고 이 돈을 부동산에 투자한다고 가정해보자. 그 돈이면 4세대가 들어갈 수 있는 임대 빌딩 3채를 살 수 있다. 그러면 적게 계산하더라도 빌딩 1채당 한 달 임대료 2,400달러를 받고 여기서 세금, 보험, 부동산 관리 비용 등 기타 비용을 제하면 적어도 1,800달러 정도다. 즉, 백만 달러로 한 달에 총 5,400달러의 수익을 올린다는 뜻이고 1년이면 64,800달러의 수익이 난다.

그렇다면 5,400달러로 한 달 동안 생활이 가능한지가 관건이다. 답이 '그렇다.'라면 은퇴도 가능하다. 게다가 부동산 투자로 버는 수익은 물가 상승에 따라 올라간다는 장점이 있다. 하지만 시간이 지나면 상황은 바뀔 수 있다. 물가가 상승하면 부동산 시장에서 백만 달러의 가치가 내려가고 그 밖에 예상치 못한 일들도 일어날 수 있다. 하지만 그래도 이 정도 수익을 비슷하게 올릴 다른 투자처는 아마 쉽게 찾을 수 있을 것이다.

일정한 자본에서 발생하는 불로소득으로 생계를 유지하려면 자본부터 만들어야 한다. 백만 달러가 없다면 백만 달러에서 나오는 금액도 당연히 기대할 수 없다. 하지만 자본을 만드는 건 어려운 일이다. 이때 미국에 사는 사람이라면 선택할 수 있는 방법이 두 가지 있다.

첫 번째 방법: 401(k), IRA 등의 연금 계좌를 이용하라

장기간에 걸쳐 부를 축적하는 데 가장 많이 사용하는 방법은 퇴직금 계좌나 연금 계획에 돈을 적립하는 것이다. 미국에는 401(k)라고 하는, 유명한 퇴직자 연금 계좌가 있다. 급여에서 투자 계정에 넣는 돈은 세금을 떼지 않고 적립되는데 많은 회사에서 이를 제공하고 간혹 일부 금액을 지원해주기도 한다.

이 제도를 이용할 자격이 있다면 이용하는 게 좋다. 401(k) 계좌에 납입하는 금액을 최대로 높이면 수입의 상당 부분을 세금으로부터 보호할 수 있게 된다. 이 계좌에서 발생하는 수입 또한 세금이 붙지 않는다.

너무 구체적인 이야기는 하고 싶지 않으므로 정확한 숫자를 언급하지 않겠지만 절세할 수 있다면 그렇지 않을 때보다 훨씬 많은 금액을 모을 수 있다.

나이가 60세가 될 때까지 기다렸다가 은퇴해야 한다는 것이 유일한 단점이다. 은퇴 전에 돈을 찾으려면 추가 요금을 내야 하므로 은퇴할 때까지 최대한 많은 수익을 내도록 계좌에 가능한 한 많은 돈을 모으는 것이 좋다.

401(k) 같은 연금 계좌에서 미리 돈을 인출하려면 수수료로 10퍼센트를 내야 한다. 그래서 두 방법 중 하나를 택해야 한다고 이야기한 것이다. 401(k)처럼 세금을 공제해주는 연금 계좌를 선택하면 오랜 시간을 기다려야 한다. 마음을 바꾸면 꽤 높은 수수료를 내야 하므로 나중에 변경할 수 없다. 게다가 연금 계좌가 있으면 여기에 수입의 상당량을 납입하므로 다른 투자를 할 여유가 거의 없어진다.

그래도 은퇴 시기를 60세 이후로 생각하는 사람에게는 절세 연금 계좌가 아주 큰 도움이 된다. 회사에서 일부 금액을 지원해줄 때는 특히 그렇다. 괜찮은 연봉을 받는 사람이 가능한 한 오랜 기간 최대 금액을 납입했다면 은퇴 준비가 잘 되어 있을 것이다. 이어서 설명한 두 번째 방법에 관심이 없다면 연금 계좌에 최대한 많은 금액을 납입하는 게 좋다.

지뢰 **프리랜서는 어떻게 해야 하나요?**

프리랜서라면 401(k) 등 회사에서 제공하는 연금 계획에 가입할 수 없다. 하지만 그렇다고 절세가 가능한 연금 계좌를 만들 방법이 전혀 없지는 않다. 적어도 미국에서는 가능하다. 책의 주제에서 너무 벗어나지 않도록 다양한 연금 계좌를 상세히 다루지는 않겠다. 필요한 사람은 개인 연금 계좌에 해당하는 IRA나 로스(Roth) IRA에 관해 직접 찾아보길 권한다. 본인이 직접 관리하는 401(k) 계좌도 고려해보라. 내가 현재 이용하고 있는 방법이기도 하다.

두 번째 방법: 조기 은퇴 계획을 세우거나 빠르게 부를 축적하라

사람들은 보통 60세에 은퇴해도 괜찮다고 생각한다. 하지만 나는 늘 일찍 은퇴하고 싶었다. 그렇게 늦게까지 기다리고 싶지 않았다. 그러려면 훨씬 더 빨리, 더 열심히 일해야 하는 데다 큰 위험 요소도 있다는 사실을 알고 있었는데도 말이다. 나와 똑같이 생각하는 사람들이 선택하는 길이 바로 두 번째 방법이다.

두 번째 방법을 자세히 알아보기 전에 먼저 이 두 방법을 병행할 수 없는 이유에 대해 설명하겠다. 가장 큰 이유는 연금 계좌에 모은 돈은 일반적인 은퇴 연령에 이르기 전에 손댈 수 없기 때문이다. 40세에 은퇴할 계획이라면 60세가 되어야 쓸 수 있는 돈을 열심히 모아두는 게 무슨 의미가 있겠는가.

즉, 조기 은퇴를 위해 투자해야 할 자금이 연금 계좌로 나뉘어 들어가는 것이다. 물론 60세에 찾을 연금 계좌에 모을 돈과 부동산 등의 투자처에 투자할 돈을 따로 떼어서 관리하는 게 불가능하다는 말은 아니다. 하지만 두 마리 토끼를 잡으려다가는 하나도 제대로 못 잡는 법이다.

일찍 은퇴하고 싶거나 벼락부자가 되고 싶다면 연금 계좌에 돈을 넣어두는 게 그리 좋은 생각은 아니다. 다소 이상하게 들릴 수 있다. 그래서 첫 번째 방법을 소개할 때 연금 계좌에 최대한 많은 금액을 넣어두는 방법이 대부분의 사람들에게 잘 맞는다고 한 것이다. 첫 번째 방법이 훨씬 안전하다. 그러나 나와 비슷하게 생각하는 사람이라면, 위험 부담을 감수하더라도 조금 더 적극적으로 조기 은퇴라는 목표를 성취하고 싶은 사람이라면 마저 읽어주길 바란다.

조기에 은퇴하려면 한 달간 쓰는 금액 이상의 불로소득을 얻을 방법, 또 그러한 소득이 물가 상승에 따라 같이 높아질 방법을 찾아야 한다. 이율이 약 2퍼센트 정도 되는 단기 증권에 백만 달러를 넣어놓고 안심하고 있으면 곤란하다. 위험부담 없이 연간 20,000달러를 벌 수 있긴 하지만 물가가 올라갈수록 초기 자본금과 수익금의 가치가 떨어지기 때문이다.

백만 달러를 월 5,400달러의 수익을 내는 부동산에 투자했던 예를 기억하는가? 그러한 투자 방식을 활용하는 것이 월등히 유리하다. 그래야 물가가 올라도 손해를 보지 않고 높은 수익을 얻을 수 있다.

문제는 부동산에 투자할 백만 달러를 버는 게 쉬운 일이 아니고 부동산 투자 또한 저절로 되는 일이 아니라는 것이다. 투자로 불로소득을 만들어야 한다는 것은 알지만 그렇게 되기까지 시간과 노력을 들여야 하고 배워야 할 것도 많다.

하지만 불로소득의 출처가 꼭 부동산 투자일 필요는 없다. 물가 상승을 따라갈 정도로 배당금 수익이 좋은 주식을 활용해도 된다. 특허, 음악, 책, 영화 대본 등 저작권 사용료를 받을 지적 재산을 만들거나 구매할 수도 있다. 사업체를 인수하거나 직접 사업을 시작했다가 나중에 다른 이에게 물려주고 수익만 받을 수도 있다.

단, 어떤 방법을 선택해도 위험도가 높기는 마찬가지이므로 불로소득을 얻을 여러 경로를 마련해두는 게 좋다. 경로를 하나 만들기도 쉽지 않으므로 앞에서 이야기한 것처럼 이 방법은 고되게 일할 각오가 되어 있는 이들이 선택하길 바란다.

그럼 이제 백만 달러를 모으는 부분에 관해 이야기해 보자. 자금이 없으면 투자할 수 없다. 만약 연금 계좌를 포기한다면 세금 혜택을 받을 수 없을 뿐 아니라 오랫동안 돈을 모을 시간적 여유도 없다.

이 부분이 문제다. 처음에 소액 투자로 시작해서 점점 수익을 키워나갈 방법을 찾아야 한다. 처음부터 4세대가 들어갈 빌딩 3채를 사서 시작할 수는 없다. 처음에는 100,000달러짜리 부동산의 계약금 10퍼센트를 낼 수 있도록 10,000달러 모으기부터 시작하라. 그렇게 점점 부동산의 수를 늘려가라. 그리고 1~2개의 부동산을 판 돈으로 조금 더 큰 부동산을 사라.

이렇게 항상 불로소득을 늘리는 것을 목표로 차근차근 자금을 늘려야 한다. 가지고 있는 자금에서 점점 더 많은 수익이 발생할수록 불로소득을 만들 자산을 더 많이 살 수 있다. 더 많은 자산을 살 수 있도록 수익이 발생하는 자산을 쌓으며 시간이 지남에 따라 눈덩이 효과가 나도록 해야 한다.

작업의 속도를 높여줄 방법은 세 가지다. 첫 번째는 이미 얘기했던 대로 지출을 줄이는 것이다. 빌리든 사든 최대한 작은 집에서 살아라. 부모님 집에서 살아도 된다면 기회를 놓치지 마라. 차는 웬만하면 사지 말고 꼭 필요하다면 중고차를 사라. 케이블 방송이나 외식도 자제하고 가구도 중고로 구입하라. 검소하다고 만족하지 말고 최대한 저렴한 방법을 찾아보라. 생활비 지출을 줄일수록 투자할 수 있는 돈이 늘어난다. 물론 앞서 이야기했듯이 쉬운 일은 아니다.

두 번째로 최대한 많이 벌어라. 샌프란시스코나 뉴욕처럼 연봉이 높은 대도시에 살아라. 잘 생각하면 물가가 비싼 도시에서도 생활비를 늘리지 않고 검소하게 살면서 연봉의 차액을 모을 수 있다. 부업이나 프리랜서 일을 할 기회가 오면 잡아라. 돈을 많이 벌수록 많이 투자할 수 있다.

마지막으로 최대한 수익성이 좋은 투자처를 찾아라. 당연한 말이지만 다시 한번 강조하자면 수익성이 가장 높은 투자처를 신중하게 잘 고를수록 수익이 빠르게 커지기 마련이다. 협상을 통해 좋은 조건으로 계약하는 방법을 배우려면 꼼꼼히 조사해야 한다.

시작할 때 말했듯이 결코 쉽지 않다. 보통 사람이라면 감당하기 어려운 게 당연하다. 나도 초기에는 남는 돈을 다 쓰지 않기 위해 가능한 한 작은 집을 구해서 바닥에 매트리스를 깔고 잤다. 그리고 주당 70시간씩 일했다. 성공한다는 보장도 없이 말이다.

두 방법 모두 포기할 수 없거나 이미 은퇴가 가까워졌다면?

대학을 막 졸업한 사회 초년생이 둘 중 어떤 방법을 선택할지 바로 알 수는 없다. 또 이미 연금 계좌에 많은 돈을 넣었지만 지금이라도 조기 은퇴를 생각해보는 사람도 있을 수 있다. 아니면 아내와 아이들 때문에, 더 높은 연봉을 바라고 당장 샌프란시스코로 떠날 수 없을 수도 있다.

걱정하지 마라. 그래도 성공적으로 은퇴할 수 있다. 내가 한 말 중 자신의 상황에 맞는 부분만 적용하라. 차이를 명확히 볼 수 있도록 두 방법 모두 극단적인 예를 들어서 이야기했다. 둘 중 하나를 명확히 선택하고 매진해야 낭비되는 에너지가 적다.

최선이라고 보기는 어렵지만 두 길의 가운데로 갈 수도 있다. 이미 돈을 납입한 연금 계좌는 그대로 유지하면서 동시에 부동산을 비롯해 수익이 나는 다른 자산에 투자할 여유가 있다면 말이다.

전문가들의 말은? 내 회계사나 금융 전문가는 당신의 말이 망상이래요

그들이 부자인가? 아니면 여전히 9시부터 5시까지 일하는가? 허풍을 떨고 싶진 않지만 나는 이 책에서 내가 제안한 것을 직접 해봤고 부동산뿐 아니라 다른 여러 방법으로도 수백만 달러를 벌었다.

401(k), 뮤추얼 펀드, 인덱스 펀드에 투자하는 것이 전통적인 '똑똑한 경로'라는 것은 알지만 진짜 부를 일구고 60살이 되기 전에 은퇴하고 싶다면 그런 방법은 통하지 않는다(설령 통한다 해도 보장은 없다).

관련 논쟁을 여기에서 전부 되풀이하기보다 내 친구 엠제이 드마코MJ DeMarco의 『부의 추월차선(The Millionaire Fastlane)』이라는 책을 추천하고 싶다. 엠제이는 이 책을 통해 그가 '서행차선'이라고 명명한 전통적인 투자 조언에 도사리고 있는 문제를 명확히 보여준다. 읽어볼 가치가 있는 이 책이 당신의 인생을 바꿀지 모른다.

그리고 말했듯이 5부에 적은 내 조언을 들은 대다수가 회의적으로 이 조언을 조롱할 것임을 알지만, 내가 젊은 나이에 은퇴한 데는 다 이유가 있다는 것을 기억하기 바란다. 401(k)에 투자해서 이룬 성과는 아니었다. 그러니 듣고 싶은 사람의 말을 듣되 다른 사람의 조언을 그대로 받아들이기보다는 스스로 꼼꼼히 따져보라(혹시 내가 '은퇴'했는데도 여전히 많은 일을 하는 이유가 궁금한 사람도 있을 것이다. 그 답은 이 책의 앞부분에서도 말했듯이 나는 일할 필요가 없지만 일하기로 선택한 것이다. 나는 사업을 일으키고 목표를 세우고 목적의식을 가지고 살아가는 것이 좋기 때문이다).

다시 말하지만 자랑하려는 의도는 없다. 다만 내가 어떤 인생을 살고 있고 이를 어떻게 달성했는지 알려주지 않는다면 당신이 내 조언을 듣겠는가? 나보다 더 부유하고 똑똑한 사람은 많지만 그런 사람 대부분은 내가 이 책에 한 것처럼 자신의 이야기를 솔직하게 털어놓거나 자기 패를 다 보여 주지 않을 것이다. 나는 당신이 나보다 더 성공하길 바란다. 독자인 당신을 위한 나의 진심 어린 바람이다.

실천하기

- 현재 월 지출을 계산하라. 고생스럽더라도 참아볼 의향이 있다면 지출을 최대 얼마나 줄일 수 있을지 계산해보라.
- 줄인 지출을 고려해서 은퇴 후 매월 얼마의 수익이 있어야 하는지 계산해보라. 약간 여유 있게 계산하라.
- 은퇴한 후 충분한 월수입을 내려면 은퇴 자금이 얼마나 있어야 할지 2퍼센트, 5퍼센트, 10퍼센트 등 다양한 수익률을 대입해서 계산해보라.

CHAPTER

53

부채의 위험성

돈 문제에서 가장 흔하게, 가장 크게 실수하는 것은 부채를 만드는 것이다. 안타깝게도 요즘 사람들은 부채를 너무 당연하게 생각하기 때문에 부채가 자신의 삶에 끼치는 부정적인 영향을 보지 못한다.

소프트웨어 개발자가 된 후 내가 직면한 가장 큰 문제는 성공한 후에 어떻게 사느냐였다. 적어도 금전 문제에서만큼은 그랬다. 돈을 많이 벌면 형편이 좋아져야 하는데 현실은 그렇지 않다. 경제적으로 크게 성공한 사람들이 많이 벌면 벌수록 더 많은 돈을 써서 결국 엄청난 부채에 시달리는 모습도 많이 본다. 개발자도 예외는 아니다.

불로소득원을 만드는 것이 금전적으로 진짜 성공할 수 있는 유일한 방법이다. 금전적인 자유를 원한다면 돈이 당신을 위해 일하게 해야 한다. 이자소득은 당신에게 자유를 주고, 부채는 당신을 구속한다.

이 장에서는 부채가 얼마나 큰 악영향을 주는지, 부채와 관련해 가장 흔하게 저지르는 실수는 무엇인지 알려주겠다. 그리고 부채가 반드시 나쁜 것은 아니므로 좋은 부채와 나쁜 부채를 구분할 방법도 알려주겠다.

일반적으로 부채가 나쁜 이유

앞서 이야기했듯이 일반적으로 부채는 나쁘다. 돈은 수익을 내는 데 쓰여야 좋은데 부채는 정반대 역할을 하기 때문이다. 대개 부채가 있으면 이자를 내야 한다. 즉, 당신이 내는 돈으로 다른 사람을 부자로 만들어주고 있는 것이다.

부채가 있는 상태에서 투자하는 것은 거의 불가능하다. 이 경우 유일한 탈출구는 지불하는 이자보다 큰 수익을 내는 투자처에 투자하는 것인데 이에 관해서는 뒤에서 이야기하겠다.

빚을 내서 제품이나 서비스를 산다면 부채 없이 사는 것보다 비싼 가격을 치르는 셈이다. 이런 불이익은 시간이 지날수록 점점 더 쌓인다. 그리고 발생한 이자보다 원금을 적게 갚으면 상황은 더욱 나빠진다. 상환이 늦어질수록 입는 타격이 더 커진다. 그 이유를 쉽게 이해할 수 있도록 간단한 예를 하나 들겠다.

당신이 이율 5퍼센트로 대출을 받아서 30,000달러짜리 자동차를 구매한 뒤 6년에 걸쳐 대출을 갚는다고 가정해보자. 6년 동안 갚아야 할 이자는 4,786.65달러다. 여기에 원금 30,000달러를 더하면 차를 사는 데 지불한 금액은 총 34,786.65달러다.

사실은 이보다 더 많은 돈이 든다. 이자로 낸 4,786.65달러로 돈을 벌 수도 있었기 때문이다. 이자를 갚을 그 돈으로 다른 사람에게 이자를 받을 수도 있었다.

정확한 금액을 계산하기는 어렵겠지만 4,786.65달러를 6년 간 5퍼센트 수익이 나는 투자처에 투자했다면 약 2,000달러를 벌 수 있다. 그러므로 사실은 대출 때문에 7,000달러를 쓴 셈이다.

이 금액이 크지 않아 보일지 모르지만 시간이 지나면 이러한 금액이 점점 늘어난다. 만약 다양한 종류의 부채가 기하급수적으로 쌓여가고 있는 상황이라면 내야 하는 이자 금액은 점점 더 올라갈 것이다.

부채가 늘어날수록 부담은 커진다. 경제적 독립에서도 그만큼 더 멀어진다. 부채가 있으면 돈을 모을 수 없고 돈을 모으지 못하면 투자도 할 수 없다.

현재 당신에게는 부채가 얼마나 있는가? 모든 부채를 더해보고 전체 이율은 어떤지 그 부채를 유지하기 위해 매년 얼마의 이자를 내는지 확인해보라.

가장 흔한 실수

물론 부채가 있을 수도 있다. 누구든 빚을 질 수 있고 나 역시 빚이 있다. 백만 달러 조금 넘는 금액을 주택 담보 대출로 받았는데 이에 관해서는 이 장의 마지막 부분에서 더 자세히 이야기하겠다. 만약 부채가 있다면 부채 관리 방법을 배워서 최대한 빨리 금액을 줄이는 게 좋다.

내 생각에 부채와 관련한 가장 큰 실수는 부채가 있는 상태에서 저축하는 것이다. 특히 신용카드 빚이 있는 상태에서 말이다. 내가 보기에는 참 어처구니가 없다. 보통 비상금이 필요하다는 이유로, 혹은 미래를 위해 저축해야 한다는 이유로 돈을 모은다는데 논리적으로 전혀 타당하지 않다.

수천 달러가 든 예금 계좌가 있는데도 수천 달러의 신용카드 빚을 그대로 유지하는 사람들이 있다. 당신도 마찬가지 상황이라고 해도 부끄러워할 건 없다. 다만, 당장 조치가 필요하다. 이유를 설명해 주겠다.

은행 예금에 붙는 이자보다 부채 때문에 내는 이자가 더 크다는 게 핵심이다. 신용카드 빚이라면 특히 큰 문제다. 당신에게 15퍼센트 이자가 붙는 신용카드 빚 10,000달러가 있다고 가정해보자. 그러면 1년에 이자로 내는 돈이 1,500달러에 육박한다. 예금에 붙는 이자가 15퍼센트 이상이 되지 않는 한 예금에 넣어둘 돈으로 빚을 갚는 게 이득이다.

당연한 말을 한다고 생각할 수도 있지만, 자동차를 사려고 꽤 높은 이자의 대출을 받아놓고는 열심히 저축하는 사람을 많이 보았기 때문에 하는 말이다. 차 때문에 받은 대출의 이자가 0퍼센트에 가깝다면 모르지만 그렇지 않다면 말이 안 되는 상황이다. 자동차 대출은 신용카드 빚보다 이율이 낮아서 이러한 상황을 인식조차 못하는 경우가 종종 있다.

주택 담보 대출이 있을 때도 대출부터 상환하는 게 나을 수 있다. 물론 정확한 금액은 계산해봐야 할 것이다. 상환한 돈은 꺼내서 쓸 수도 없는 데다 대출금을 줄여서 얻는 혜택을 실제 느껴보려면 전체 원금 상환을 마칠 때까지 기다려야 하므로 다른 대출과는 상황이 약간 다르다. 하지만 숫자만 놓고 볼 때 투자해서 얻는 수익이 담보 대출 이자보다 낮다면 대출을 상환하는 게 맞다.

이에 대해 예를 들어 증명해 보겠다. 당신에게 7퍼센트 금리 주택 담보 대출이 있다고 가정해보라. 그러면 매년 대출 잔금의 7퍼센트에 해당하는 금액을 이자로 내야 한다. 이 말은 대출 원금을 갚을 때 7퍼센트의 수익이 보장된다는 뜻이다. 대출 이자 공제에서 얻는 세금 혜택에 따라 숫자는 약간 바뀔 수 있다. 하지만 예금 계좌에 돈을 넣는 것보다 보통은 대출을 갚는 게 더 낫다.

다음으로 자주 하는 실수는 대출 갚는 순서가 잘못된 경우다. 대출 상환 순서에 따라 상환 기간에 큰 차이가 생길 수 있다. 대출 상환은 항상 이율에 따라서 우선순위를 정하라. 가장 이율이 높은 대출을 가장 먼저 갚아야 한다.

이 또한 너무 당연하게 들릴 수 있지만, 주변에서 신용카드 빚을 비롯한 다양한 부채의 원금 상환 금액을 최소 수준으로 유지하는 사람을 많이 보았다. 절대 좋은 방법이 아니다. 원금을 전부 상환할 때까지 금리가 가장 높은 부채부터 최대한 많이 갚아라.

무엇보다 가장 큰 실수는 불필요한 부채를 만드는 것이다. 굳이 없어도 되는 빚을 진다. 자동차 대출이 좋은 예다. 차를 사기 위해 대출을 받는 것은 교통 요금을 내기 위해 빚을 지는 것이다. 불필요한 빚을 져가며 자동차 대리점에 가서 새 차를 사는 사람들이 참 많다.

일의 우선순위를 제대로 모르고 거꾸로 하는 것이 문제다. 이렇게 생각해보자. 대출을 받아서 차를 산다는 것은 차를 먼저 사고 이 자동차를 구입하기 위해 돈을 저축하는 것과 같다. 이런 방식으로 차를 사면 웃돈을 주고 사는 셈이 된다.

순서를 뒤집어라. 살 돈을 먼저 모은 후에 사라. 악순환의 고리를 끊어라. 처음에는 어렵지만 한번 해보면 모든 물건을 더 저렴하게 살 수 있다. 이미 대출을 받아서 산 차가 있다면 대출부터 갚아라. 다음에는 절대 대출을 얻어서 새 차를 사지 마라. 있던 차를 계속 쓰면서 '새 차 구입용 자금' 계좌를 만들어서 저축하라. 아마 한 4~6년이면 새 차를 살 만큼의 돈이 모일 것이다. 그때 현금으로 새 차를 사면서 '새 차 구입용 자금' 계좌를 새로 만들어서 다시 돈을 저축하기 시작하라.

이렇게 하다 보면 웃돈을 주고 사는 일이 없을 뿐 아니라 저축하는 동안 쌓인 이자가 다른 사람이 아닌 당신에게 돌아가므로 할인을 받아서 사는 거나 다름없다.

좋은 부채도 있다

지금까지 나쁜 부채만 있는 것처럼 이야기하긴 했지만 사실 좋은 부채도 있다. 내야 하는 이자보다 더 많은 돈을 벌 수 있는 경우라면 부채도 좋게 쓰일 수 있다.

옛날에 동료 한 명이 내게 이런 이야기를 한 적 있다. 신용카드 회사에서 새 카드를 만들거나 잔금을 이체하면 판촉을 위해 특별히 현금 서비스에 1퍼센트 이율을 적용해 주겠다고 했다는 것이다. 그래서 그 동료는 조건에 맞춰서 최대 금액을 현금 서비스로 받은 후에 3퍼센트 금리를 주는 1년짜리 양도성 예금증서를 구입했다고 한다. 1년이 지난 후 그는 이 증서를 현금화해서 신용카드 빚을 모두 갚았다. 은행 돈으로 수익을 올린 것이다.

내게 아직 주택 담보 대출금이 백만 달러 이상 남아 있다고 말한 것을 기억하는가? 나도 비슷한 상황이다. 은행에 내는 이자보다 더 높은 수익을 올릴 수 있다는 사실을 잘 알고 있기 때문에 주택 담보 대출을 받아서 부동산을 샀다. 나중에는 대출금을 모두 갚을 것이고, 현재 대출받은 돈으로 나가는 비용보다 더 많은 돈을 벌고 있다.

집을 사는 게 세를 내서 쓰는 것보다 항상 좋으리란 법은 없다. 하지만 어떤 시장에서는 금리에 따라 대출을 받아서 집을 사는 것이 더 유리할 수 있다. 임대료를 내서 써버리는 돈보다 많은 돈을 모을 수 있는 경우도 있기 때문이다.

학자금 대출도 이와 비슷하다. 대출받은 돈으로 학위를 취득해서 연봉이 더 높은 직장을 얻을 수 있다면 대출받을 만한 가치가 있다. 하지만 꼭 좋은 결과가 있는 것은 아니므로 신중하길 바란다.

나는 막 고등학교를 졸업한 사람에게 2년제 대학에 입학했다가 4년제 대학으로 편입해서 학위를 취득하라고 충고하기도 한다. 그 편이 훨씬 저렴하기 때문이다. 투자한 돈에 비해 별다른 소득이 없는데도 비싼 학비를 내기 위해 엄청난 대출을 받았다가 파산하는 사람을 너무 많이 보았다.

결론은 지출할 이자보다 큰 수익을 가져올 투자라고 확신할 때 부채를 만들라는 것이다. 수익성이 없는 일 때문에 부채를 만드는 일은 너무 긴급해서 어쩔 수 없는 상황으로 제한하라.

실천하기

- 당신의 모든 부채를 목록으로 정리하라. 이를 좋은 부채와 나쁜 부채로 구분하라.
- 나쁜 부채를 가장 높은 이율부터 가장 낮은 이율 순으로 정리하라. 이율이 가장 높은 부채부터 순서대로 나쁜 부채를 모두 정리하는 데 시간이 얼마나 필요한지 계산해보라.

CHAPTER

54

진정한 부를 일구는 방법

요즘은 어떻게 하면 빨리 부자가 되고, 온라인에서 돈을 벌고, 비트코인으로 억만장자가 되는지 수많은 정보가 존재한다. 솔직히 누가 진실을 얘기하는지, 당신의 탐욕을 이용해서 당신을 속이고 돈을 벌려고 하는 것인지 알기 어려울 것이다.

이 장에서는 시중에 있는 온갖 헛소리를 타파하고 소비 부자가 아니라 자산 부자가 되는 방법에 관해 이야기해 주겠다. 그렇다. 소비 부자와 자산 부자 사이에는 큰 차이가 있다.

이 장이 이 책에서 가장 가치 있는 장일 수 있다. 이 장에서는 부를 일구는 몇 가지 원칙을 제시한다. 자신이 발전시킨 다른 기술을 적용해서 수입을 늘리고 이러한 수입을 여생을 보내는 동안 혜택을 제공하는 불로소득으로 전환할 방법도 알려주겠다.

달성하기 어려운 목표처럼 들리는가? 달성하기 어려운 것은 사실이지만 지키지 못한 약속을 하는, 소위 구루라고 하는 사람들과 나의 차이점은 나는 직접 해왔고 앞으로도 해나갈 것이라는 점이다. 그리고 나는 당신이 이미 구입한 이 책 외에는 그 어떤 것도 당신에게 팔지 않는다.

그러니 이제 안전벨트를 매고 부의 추월차선을 함께 달려보자(『부의 추월차선』은 내 친구 엠제이 드마코의 표현을 빌렸다. 그가 쓴 책의 제목인데 이 책도 추천한다).

소비 부자와 대조되는 '진정한 부'란?

소비 부자와 자산 부자 사이에는 엄청난 차이가 있다. 언뜻 보기에 똑같은 것 같지만 내가 아는 소비 부자 중에는 파산한 사람이 많지만 자산 부자 중에는 그런 사람이 없다.

그럴듯한 말에 불과하다고 할지 모르지만 나는 자산 부자를 '끊임없이 필요 이상의 공급이 이루어지는 것'이라 정의하고 싶다. 그렇게 정의한다면 자산을 갖추려면 소비 부자는커녕 형편이 좋을 필요조차 없다. 자산 부자가 되려면 다음 두 가지 간단한 요건을 갖추면 된다.

1. 자원 공급이 자동으로 갱신된다.
2. 공급보다 필요가 적다.

이토록 간단하다. 다른 것은 필요 없다. 말 그대로 연간 수입이 빈곤선으로 정의되는 수준보다 낮다고 해도 수입보다 지출이 적다면 자산 부자이고 (자동으로 갱신된다는 점 때문에) 수입을 위해 일할 필요가 없다. 미스터 머니 머스태시Mr. Money Mustache라고도 알려진 내 친구 피트Pete는 그렇게 산다. 그는 아내와 함께 30대 초반에 매우 적은 수입으로 은퇴했다. 그 후 그는 검소하게 살며 젊어서 은퇴하기에 관한 블로그를 만들었다. 멋진 사실은 그와 그의 아내 둘 다 컴퓨터 프로그래머 겸 엔지니어라는 점이다.

그렇다고 해서 자산 부자가 되기 위해 돈을 아끼며 검소하게 살 필요는 없다. 불로소득이 높다면 지출이 높아도 된다. 다음 장에서는 사실상 33살에 자산 부자가 된 내 이야기를 들려주겠다. 그 후 내 불로소득은 증가 일로를 걸었고 내 수입에 비해 적게 지출하며 사는데도 꽤 잘살고 있다.

왜 이런 이야기를 하느냐고? 소비 부자가 되는 것보다 자산 부자가 되는 것이 훨씬 더 중요하다는 것을 여러분이 이해하길 바란다. 부는 상대적인 수치다. 부가 정확히 얼마인지 아는 사람은 없다. 백만 달러가 있으면 소비 부자인가? 천만 달러, 아니면 일억 달러가 있어야 할까? 천만 달러가 있는데 한 해에 오백만 달러를 쓴다면 어떻게 될까? 그러면 얼마 동안 '소비 부자'일까? 자산은 재정적 성공에 대한 훨씬 더 좋은 지표다. 자산 부자가 되면 기이한 운명의 장난이나 극도로 무모한 행동이 아닌 한 살면서 돈 걱정할 일은 없다.

마지막으로 한마디만 하고 다음 내용으로 넘어가겠다. 내가 내린 부의 일부 정의는 스토아 철학에서 왔다. 이에 대해서는 73장에서 더 자세히 이야기하겠다. 스토아학파는 불교와 비슷하게 행복이나 만족을 얻는 열쇠가 더 많이 성취하는 것이 아니라 욕구를 누그러뜨리고 더 적은 것을 필요로 하는 데 있다고 믿었다. 그러므로 부의 추구는 단순히 재정적인 문제가 아니고 정신적인 문제이기도 하다. 요구하는 것과 원하는 것이 적을수록 자산 부자가 되어서 행복하게 살기가 더 쉬워진다.

부의 삼각형

부와 깨우침을 얻기 위한 여정을 이어 나가기에 앞서 내가 만들고 '부의 삼각형'이라 이름 붙인 강력한 개념에 관해 이야기하고 싶다. 내가 만들었다고 말한 이유는 그저 스스로 찾아서 이름을 붙였기 때문이지, 이제 가르쳐 주려는 개념은 기본적인 금융 법칙이므로 전적으로 내 공으로 보긴 어렵다.

삼각형을 상상해보라. 삼각형의 각 꼭지점에 돈, 수익률, 시간을 대입하라. 그 세 가지가 부를 이루는 삼각형의 기본이다. 더 많은 돈을 벌거나 자산 부자가 되고 싶다면 세 요소 중 두 가지만 있으면 된다.

돈을 벌려면 돈이 있어야 한다는 말을 들어본 적 있는가? 아니다. 그렇지 않다. 돈이 조금밖에 없더라도 100년간 적당한 이자율을 보장받는다면 어디에 써야 할지 모를 정도로 많은 돈이 생긴다(안타까운 점은 사망할 확률도 99%다). 그래서 나는 변화를 가져올 정도의 돈을 모을 때까지 투자를 시작하면 안 된다고 굳게 믿는다. 하지만 너무 성급히 결론을 짓는 것 같으니 이에 대해서는 잠시 후에 이야기하겠다.

부의 삼각형은 복리의 힘을 통해 부를 증가시키는 세 요소 간 관계를 시각화하고 이해하는 데 도움이 된다. 복리가 마법이라도 되는 것처럼 과하게 강조하는 사람이 많다. 복리는 그다지 마법 같지 않다. 부의 삼각형 세 요소 중 나머지 두 가지가 없으면 아무 가치가 없다.

부의 삼각형이 어떻게 작동하는지 내가 이 짧은 장을 통해 가르쳐주는 것보다 훨씬 더 많은 것을 가르쳐줄 수 있는 좋은 연습이 있다. 바로 복리 계산기를 가지고 노는 것이다. 부의 삼각형 요소를 다르게 조합해서 입력하고 어떤 결과가 나오는지 확인하라. 시작할 때 돈이 많고 이자율이 낮지만 시간이 많다면 어떻게 되는가? 이자율이 매우 높지만 5년밖에 없다면 어떨까? 적은 돈으로 시작하되 30년을 들인다고 해보라. 큰돈을 만들려면 이자율이 얼마여야 하겠는가?

복리 계산기로 다른 시나리오를 돌려보면, 주류 매체나 소위 금융 전문가 대부분이 여러분에게 하는 말도 안 되는 조언을 내가 왜 그토록 반대하는지

금방 알 수 있을 것이다. 말도 안 되는 조언이다. 그들은 시간과 부풀려진 이자율에 의존하여 당신이 65세에 간신히 은퇴할 수 있게 해준다. 좋은 전략이 아니다.

절대 마르지 않는 샘

좋다. 부의 삼각형을 이해했으니 부를 추구하는 데 필요한 다른 개념을 소개하겠다. '절대 마르지 않는 샘'이라는 개념이다.

이것은 내가 이용하는 전략이자, 내가 아는 수백만 달러의 자산 부자 대부분이 다양하게 변형해 이용하는 전략이다. 개념은 매우 단순하며 영구적인 부를 보장한다. 다시 말하지만 핵 재앙이 터지거나, 좀비로 종말이 오거나, 모든 재산 소유권을 가지고 라스베이거스로 술 마시러 가지 않는 한 말이다.

그 전략은 이러하다. 일자리나 사업을 비롯한 모든 수입원을 통해 번 모든 돈을 고수익 자산으로 옮겨라. 가급적 부동산이면 좋다. 그 자산에서 창출되는 불로소득으로 살아가라. 당신의 재력이나 예산은 자산에서 수동적으로 창출되는 수입**뿐이다**. 월말에 우물에 여윳돈이 있다면 다시 자산으로 옮겨서 재활용하라.

빠르게 예를 살펴보자. 당신에게 세후 월수입이 15,000달러인 일자리가 있다고 가정해보자. 대부분 그 돈에서 매월 생활비를 쓰고 남는 돈을 저축할 것이다. 하지만 절대 마르지 않는 샘 기법을 활용하는 사람이라면 15,000달러 전체를 부동산 투자를 비롯해 배당 수익을 내는 주식이나 채권처럼 현금 흐름을 내는 투자처에 투자할 것이다.

그리고 투자를 통해 올린 그 달의 전체 불로소득은 생계를 위해 쓸 것이다. 아마 매월 8,000달러 정도 될 것이다. 우물은 다시 채워져 다음 달에 또 8,000달러를 받을 것이기 때문에 8,000달러 전부를 걱정 없이 쓸 수 있다.

결국 시간이 갈수록 불로소득 현금 흐름을 더 키우기 위해 더 많은 돈을 투자하기 때문에 우물은 점점 더 깊어진다. 마침내 우물에서 매월 10,000달러를 버는 날이 올 수 있고 그 금액은 계속해서 더 커진다. 매월 우물에서 나오는 돈은 100% 쓸 수 있다. 계속 일해야 벌 수 있는 일자리에서 버는 수입과 달리, 그 돈은 바로 다음 달에 다시 채워진다는 것을 알기 때문이다.

나는 이를 '절대 마르지 않는 샘'이라고 부른다. 이런 체계를 만들어두면 자산에서 수동적으로 버는 모든 돈을 쓸 수 있다. 그래도 괜찮은 이유는 똑같은 금액이 바로 다음 달에 들어오기 때문이다.

자산에서 창출한 수입으로 살아갈 수 있는 지점에 도달하기까지 시간이 걸릴 수 있고 그때까지 다소 긴축이 필요할 것이다. 하지만 사이펀*처럼 일단 이러한 체계가 작동하기 시작하면 절대 멈추지 않는다. 오히려 일자리나 사업을 통해 버는 돈이 더 많이 자산화되기 때문에 시간이 지나면 우물이 계속 더 깊어진다.

알다시피 대부분은 부를 창출하지 못한다. 그 대신 일자리나 사업에서 돈을 벌고 남는 돈이 있다면 그 일부는 불로소득을 창출하는 자산에 투자한다. 하지만 사이펀이 작동할 때까지 검소하게 인내할 수 있다면 진정한 왕좌에 오를 수 있을 것이다.

---

* 기압 차, 중력을 이용해서 높은 곳에 있는 액체를 낮은 곳으로 옮기는 장치를 말한다.

1,000달러를 어디에 투자할까

이 질문을 명시적으로 던지지 않았다는 것은 알지만 어쨌든 답은 들을 필요가 있다. 이 책의 초판이 나온 지 5년이 지났으니 부디 이해해주길 바란다. 나는 이 질문을 꽤 자주 받는 데다, 부의 삼각형, 절대 마르지 않는 샘에 관해 이야기한 것과 매우 관련이 깊다.

부의 삼각형에서 자산 부자가 되기 위해 세 꼭지점 중 두 개가 필요했던 것을 떠올려보라. 1,000달러밖에 없다면 높은 이율과 오랜 시간이 필요하다. 금융 전문가나 MSN 금융에 칼럼을 기고하는 사람들은 그냥 1,000달러를 투자하는 것이 아니라 그 금액에 매달 꾸준히 돈을 추가하고 오랫동안 전체 금액이 복리 계산된다는 점이 중요하다고 주장하지만 이는 희망 사항에 불과하다. 각 투자 선택은 별개의 선택이며 철저히 분리된 재정적 결과를 수반한다. 각 결과는 고유하게 특정한 투자 선택에 온전히 속한다.

30년간 월 500달러를 복리 8퍼센트 이율로 투자하면 739,106.54달러가 되는 것처럼 솔깃한 예측을 보여주지만 그 금액이 많은 것도 아니고 처음에 투자하기로 한 1,000달러가 30년 후에 10,062.66달러가 된 것에 불과하므로 알고 보면 사실도 아니다. 전혀 많지 않다.

좋다. 이제 핵심을 이야기하겠다. 이 모든 것은 지금껏 내가 언급한 다른 모든 것과 바로 이어지는 간단한 답을 말하기 위해서였다. 준비됐는가?

투자할 1,000달러, 또는 그보다 적은 얼마가 있든 주식, 부동산, 채권에 투자하지 마라. **특히 비트코인은 안 된다.** 대신 자신에게 투자하라. 맞다. 제대로 들었다. 자신에게 투자해야 한다. 더 많은 돈을 벌어서 더 많은 투자금을 모을 수 있도록 1,000달러를 교육이나 연수에 투자하라. 세미나에 참석하고 온라인 수업을 듣고 책을 사고 연수에 참여하고 사업을 시작할 종잣돈으로 써라. 그 돈을 쉽게 얻을 수 있을 때만 실제 투자를 위해 저축하라.

이렇게 하는 것이 가장 효율적인 이유는 그래야 저축을 늘릴 수 있을 정도로 수입이 늘어서 투자에 임할 때 실제 변화를 가져올 정도의 상당한 금액을 투자할 수 있기 때문이다. 절대 마르지 않는 샘의 개념을 생각하면 불로소득을 낼 자산을 사기 위해 최대한 많은 현금을 창출해야 한다. 더 많은 수입을 낼수록 더 빨리 실행할 수 있다.

진정한 부를 형성하는 열쇠, 레버리지

진정한 부를 창출하도록 도와줄 돈과 관련한 다른 중요한 개념을 언급하며 이 장을 마치겠다. 그 주인공은 바로 레버리지*다.

레버리지는 진짜 부를 빠르게 쌓아주는 열쇠다. 레버리지가 없으면 자신의 기술을 기반으로 버는 돈만 벌 수 있다. 소프트웨어 개발자로서는 괜찮은 수입일지 몰라도 거시적으로 볼 때 그렇게 많은 돈은 아니다.

레버리지는 다른 사람의 자원을 이용해서 자신의 자원으로 도달할 수 있는 이상의 결과를 낼 수 있게 해준다. 물리학 수업에서 배운 지렛대의 작동 원리를 떠올려보라. 지렛대를 쓸 때 들어 올리려 하는 물체 가까이에 받침점을 두면 훨씬 적은 힘으로 들어 올릴 수 있다. 지렛대를 사용하면 초인적인 힘을 낼 수 있다.

시간, 돈에도 똑같은 원리가 적용되지만 여기에서는 주로 돈에 관해 이야기해보자. 재정적 부를 늘리기 위해 레버리지를 다양한 방법으로 활용할 수 있다. 이 장의 앞에서 언급한 가장 흔히 쓰는 최고의 방법은 부동산이다. 왜 부동산이냐고? 은행은 부동산을 사는 데 쓸 수 있게 돈을 빌려주고 당신은 은행의 돈으로 돈을 번다. 주식이나 채권 같은 자산을 살 때는 자기 자

* 'leverage'는 원래 '지레(lever)'를 사용한다는 뜻이지만 재무나 금융과 관련하여 '레버리지'라는 말은 자기 자본이 아닌 외부에서 빌려온 부채를 지렛대처럼 활용하는 것을 가리키는 말이다.

본만 써야 하므로 레버리지를 이용할 수 없다(하지만 돈이 어떤 방식으로든 자신을 위해 일하게 하는 것은 시간을 활용하는 것이라 할 수 있다).

사업을 하고 직원을 고용하는 것은 레버리지를 이용하는 또 다른 방법이다. 자신을 위해 일할 정규직이나 비정규직을 고용한다면 그들의 시간과 경제적 생산량을 자신의 경제적 생산량을 확장하는 데 활용하는 셈이다. 그들의 노동에서 경제적 이익을 얻기 위해 자신의 시간을 그들의 업무를 관리하는 데 쓰거나 자신의 돈을 쓸 수 있다. 약간 노예제처럼 들리겠지만 완벽하게 합법적인 활동이라는 것을 제가 보장합니다, 전하.

레버리지를 이용하는 다른 방법이 많지만 대체로 자신의 돈, 시간, 평판 또는 관계를 활용하는 것으로 요약된다. 투자하고 부를 창출하기 위해 이 모든 방안을 활용하여 자신의 노력만 활용할 때보다 더 많은 것을 하고 더 많은 결과를 만들어낼 수 있다. 이것이 자본주의의 멋진 점이고 다른 경제 체계, 정치 체계와 달리 자본주의가 사회적 경제적 지위 향상을 허용하는 유일한 이유다.

이제 저는 떠날 시간입니다, 나리. 부와 부의 창출이라는 개념에 대한 지혜가 당신을 올바른 길로 인도하기에 충분했기를 바란다. 부동산이나 투자에 관한 장을 읽어도 좋고 더 구체적인 예를 볼 수 있게 내 은퇴에 관한 장을 보아도 좋다. 아, 그리고 이 장을 시작할 때 암시했던 마지막 조언 하나를 남기겠다. 자산 부자가 되는 가장 빠른 길은 많은 돈을 버는 것이 아니라 소비를 줄이는 것이다. 적은 돈으로 살 수 있으면 적은 불로소득만 있어도 재정적 자유를 얻고 자신의 시간과 인생을 진정 자주적으로 쓸 수 있다.

실천하기

- 이제 복리 계산기에서 벗어날 때가 되었다. 온라인에서 자신이 좋아하는 계산기를 찾아서 여러 시나리오를 계산해보라. 현금, 이율, 시간을 다양하게 바꿔서 입력하고 결과가 어떨지 추측해보라. 놀랄 만한 결과가 많을 것이다.
- 똑같은 복리 계산기로 자신의 현재 궤적을 계산하라. 현재 투자 전략으로 소비 부자가 될 수 있으리라 생각했다면 도표를 작성해서 확인하라. 결과는 실망스러울지 모른다.

CHAPTER

55

나는 33세에 은퇴했다

일을 시작하고 나서 나는 늘 조기 은퇴를 꿈꿨다. 일하기 싫다거나 게으르게 살고 싶어서는 아니었다. 물론 게으른 구석도 좀 있긴 하지만 그보다는 내가 원하는 일을 하며 살고 싶다는 마음 때문이었다.

나처럼 조기 은퇴까지 바라지는 않더라도 원하는 일을 하고 싶다는 바람이 있는 사람이라면 내 이야기를 흥미롭게 들을 것이다. 나도 내 꿈을 이루기 전에는 다른 이들은 어떻게 자신의 목표를 달성했는지 궁금했다. 스타트업을 창업하여 부자가 되는 방법 외에도 소프트웨어 개발자가 조기 은퇴할 방법이 있는지도 의문이었다.

이 장에서는 내 이야기를 숨김 없이 들려주겠다. 내가 어떤 과정을 거쳤는지, 그 과정에서 한 실수와 성공을 정확히 말해주겠다.

은퇴라는 말의 정의

말이란 사람마다 전혀 다른 의미로 해석할 여지가 있으므로 내 이야기를 시작하기에 앞서 은퇴라는 말의 의미부터 정의하겠다.

나는 은퇴했다고 해서 꼭 심심풀이 삼아 셔플보드* 게임을 하거나 동네 식당에서 얼리버드 스페셜 메뉴를 아침으로 챙겨 먹는 삶을 살아야 한다고 생각하지 않는다. 물론 오늘도 식당에서 아침을 해결하기는 했지만 말이다.

꼭 일 년 내내 열대 해변에 앉아서 칵테일을 마실 필요도 없다. 물론 원하는 사람은 그렇게 쉬어도 된다. 하지만 나는 은퇴했다고 무위도식하며 살고 싶지 않다. 보다시피 지금도 이 책을 쓰고 있지 않은가.

나는 은퇴는 자유라고 정의한다. 더 정확히 이야기하면 자금 압박 때문에 억지로 하고 싶지 않은 일을 하지 않아도 되는 재정적 자유 말이다.

일을 쉬고 싶다는 생각은 해본 적이 없다. 다만, 원하지 않는 일을 억지로 하지 않을 수 있는 여유를 꿈꿨다. 그리고 지금은 그 꿈을 이뤘다. 물가가 올라도 충분히 대처할 수 있는 불로소득이 있기 때문에 원한다면 언제든 해변에서 칵테일을 즐길 수 있다. 재정적 이유 때문에 떠밀려서 일하지 않고 내가 하고 싶은 프로젝트를 할 자유도 있다.

하지만 아직은 자유를 잘 활용하지 못한다는 사실을 인정한다. 오로지 돈을 벌겠다는 목적으로 일해온 습관을 버리기는 어려웠다. 지금도 딱히 필요하지 않은 일을 할 때도 있다. 하지만 무엇을 할지 적어도 고를 자유가 생겼다는 점이 달라졌다. 자유가 있다는 게 생각처럼 즐겁기만 한 일은 아니다. 이 책을 쓰는 현시점은 공식 '은퇴'한 지 1년 정도 지났다. 겨우 찾은 이 자유로 무엇을 하며 살고 싶은지 정확히 알려면 아직 갈 길이 멀다.

---

* 긴 직사각형의 코트 위에서 원반을 밀어서 점수를 올리는 게임으로 주로 은퇴한 고령층이 즐기는 스포츠로 여겨진다.

업데이트: 이 책이 개정 2판인 만큼 '은퇴'한 지 5년이 지났다. 지난 몇 년간 불도그 마인드셋(https://bulldogmindset.com)이라는 새로운 사업을 설립하고 마라톤을 달리고 세계를 여행하고 『커리어 스킬』(https://simpleprogrammer.com/ss-careerguide)이라는 책을 쓰는 등 다른 많은 재미있는 일을 했지만 아직 셔플보드는 해보지 않았다!

이렇게 시작했다

49장에서 20대 초반에 연봉 150,000달러를 달성했는데도 백만 달러를 모으려면 14년간 희생하고 인내하며 살아야 한다는 것을 깨달았다고 이야기한 바 있다. 당시에는 물가 상승에 대한 대비책도 없었고 내가 진짜 '은퇴'할 수 있으리라 생각하지 못했다.

처음에는 그러한 사실을 받아들이기 어려웠다. 언젠가 은퇴할 수 있다는 희망 하나만 바라보며 20~30년을 고된 일에 시달리면서 살고 싶지 않았다. 젊을 때는 모든 꿈을 접어두었다가 50~60세가 되어야 원하는 일을 하는 인생은 상상하고 싶지 않았다.

허무하다는 생각에 좋은 방안이 없을지 골똘히 궁리해봤다. 앞서 부동산 투자를 시작하게 된 계기에서 언급했다시피 이러한 고민도 중요한 동기부여 요소였다. 그리고 부동산이 이러한 삶의 굴레에서 벗어날 유일한 탈출구라고 생각했다. 조기 은퇴는 불가능하더라도 부동산에서 수익이 나는 시점이 되면 은퇴할 때 경제적 여유가 생길 것이라는 판단에 따라 위험을 감수해 보기로 했다.

조기 은퇴를 준비하는 사람이라면 해볼 법한 온갖 시도를 해봤다고 말할 수 있다면 참 좋겠다. 지출을 0에 가깝게 줄여서 버는 돈은 거의 저축했고 좋은 투자처도 찾았다고 말할 수 있으면 좋겠다. 하지만 안타깝게도 그러지 못했다.

150,000달러 연봉을 받던 그 무렵 나는 샌타모니카에 살았다. 집에서 몇 블록만 나가면 캘리포니아의 해변이 펼쳐졌다. 게다가 닷지 바이퍼 대리점에 가보니 내 연봉이면 70,000달러짜리 스포츠카를 충분히 살 수 있었다. 그러나 샌타모니카에 사는 19살짜리가 빨간 닷지 바이퍼를 몰 때 내야 할 보험 비용은 자동차 가격에 육박했다. 휴, 덕분에 겨우 지름신은 면했다.

어릴 때는 잠깐 모델과 배우 일도 해본 적이 있다. 샌타모니카에 사는 사람에게는 필수 경험이다.

그래도 스포츠카를 살 정도로 무모한 행동을 하지는 않았다. 32,000달러짜리 혼다 프리루드를 신차로 구입했으니 문제가 아예 없었다고 볼 수는 없겠지만 말이다. 하지만 대체로 아끼며 살았고 버는 돈을 거의 저축해 상당 금액을 모았다.

임대 부동산 문제

별다른 기술이 없는 19살짜리 소프트웨어 개발자가 시급 75달러라는 꿈같은 조건으로 계약했던 일을 기억하는가? 그 뒤에는 어떤 상황이 벌어졌을까? 당연한 일이지만 그런 조건은 오래갈 수 없었다. 1년 반이 지난 후에 회사는 직원을 몇몇 해고하기 시작했다. 프로젝트는 순탄하게 진행되지 않았고 비싼 인력을 아무리 투입해도 별 도움이 되지 않았다.

다른 일자리를 찾아야 했으나 연봉 150,000달러만큼 좋은 조건은 좀처럼 만나지 못했다. 결국 애리조나 피닉스로 옮겨서 그럭저럭 불평하지 않을 정도의 보수를 받는 계약직으로 일하게 되었다.

그즈음 아이다호 보이시에 있는 집의 세입자가 집을 엉망으로 만들어놓고 이사를 나갔다. 막 새로운 직장에 들어간 시점이었고 일주일 후 중요한 가족 여행을 앞두고 있었다. 아주 괴로웠다.

보이시에 있는 집은 여러 세입자를 받아봤으나 항상 문제가 생겼다. 집세는 제대로 받지 못하는데 집은 점점 망가졌다. 심지어 그 집 길 건너에 사는 정신 나간 이웃이 그 집에서 일어난 모든 불법적인 일을 동영상으로 녹화해 두었다. 그러던 중 그 집을 사겠다는 회사가 하나 나타났다. 계약서에 최종 도장을 찍기 전, 회사에서 집을 보수하기 시작해도 되느냐고 하길래 허락했더니 집을 온통 뒤집어놓고 결국 도장은 찍지 않았다. 그 집에 관한 마지막 희망까지 사라져 백기를 들기 직전이었다.

부동산 투자는 나와 맞지 않는다는 생각이 절로 들었다. 하나 있는 집은 임대가 안 되고 비용만 엄청나게 들어갔다. 더 많은 집을 사들여 부동산계 거물이 되려 했던 내 계획은 도대체 어디로 가고 있었을까?

종잣돈 모으기

그 뒤 몇 년 간 겪은 일을 지루하게 시시콜콜 이야기하진 않겠다. 결국 보이시에 있는 집은 팔리지 않아서 계속 가지고 있을 수밖에 없었다. 그동안 나는 플로리다에서 뉴저지, 다시 플로리다로 계속 집을 옮겨 다녔다. 나는 플로리다에서 살고 싶었지만 일자리를 구할 수 없었다. 마침내 보이시에 있는 HP에 일자리를 구했다.

그래도 그동안 돈은 열심히 모았다. 벌이도 괜찮은 편이었고 꽤 검소하게 살았다. 다시 보이시로 돌아올 즈음 통장에는 20,000달러가 있었다. 얼마를 모을지 계획은 없었지만 매달 쓰고 남은 돈을 모조리 저축했다. 사실 그리 좋은 방법은 아니었다. 만약 계획을 세웠다면 같은 시간에 훨씬 많은 돈을 모았을 것이다.

결국은 다시 보이시에 와서 살 집을 찾았다. 일단 내가 몇 년 살다가 새 집으로 옮기면서 살던 집을 임대할 계획이었다. 보유한 현금으로 10퍼센트 계약금을 낼 수 있는 120,000달러짜리 타운하우스를 사기로 했다. 그 집은 한 달 임대료가 약 800달러이므로 그 정도 이자를 낼 담보 대출을 받으면 매달 본전치기는 할 수 있으리라 생각했다. 문제는 세금, 보험, 입주자 협회비, 수리비 등을 생각하지 못했다는 것이다. 결국 계획대로 일이 진행되지 않았다.

구매한 타운하우스 옆집이 매물로 나온 것을 보고 부동산 투자 계획을 더 빠르게 실행하기로 했다. 옆집을 사기로 하고 계약금 10퍼센트를 냈다. 임대 부동산으로는 두 번째, 전체로는 세 번째 집이었다. 전적으로 투자를 목적으로 산 것은 처음이었기 때문에 꽤 겁이 났다.

이때 처음으로 전문 부동산 관리 서비스를 이용해봤다. 좋은 회사를 열심히 찾지 않아서 그랬는지, 세입자를 잘 찾지 못하면서 수리비만 계속 요구하는 무능한 업체를 만났다. 나중에 괜찮은 업체를 만나기까지 꽤 오랜 시간이 걸렸다. 물론 엄밀히 말해 처음에 만났던 회사도 무능하다고 볼 수는 없다. 나 같은 집주인의 돈으로 수익을 올리는 재주가 있었으니 말이다.

보이시에 있던, 임대 부동산 옆 우리 집

노력했다

부동산 투자 계획은 그 후 지금까지 몇 년 간 쭉 진행 중이다. 일 년에 한 채씩 사겠다는 목표를 이루어 집을 몇 채 더 샀고, HP에서 계속 일하면서 더 많은 집을 살 수 있도록 열심히 돈을 모았다. 계약금을 낼 현금이 부족할 때는 이미 구매한 집을 담보로 대출을 받아서 새 집을 샀다. 위험한 방법이긴 하지만 당시 담보 대출 이율이 낮았기 때문에 결과가 괜찮았다.

부동산 투자를 한창 열심히 하던 때라서 부동산 수수료를 아껴볼 요량으로 공인중개사 자격을 취득하기로 결심한 후 공부하고 합격해서 부동산 중개인이 되었다.

여섯 번째 집을 살 때까지도 수익은 나지 않았다. 사실 매달 손실이 컸다. 비용을 잘못 계산한 바람에 유지 비용만 매달 2,000~3,000달러가 들어갔다.

매달 3,000달러의 비용이 든다니 그리 좋지 않은 상황이긴 했지만 그래도 대출 원금을 착실히 갚아나갔으며 소유하고 있는 부동산 덕분에 큰 세금 혜택도 받았다. 느리게나마 성장하고 있었다.

방황의 시기

공인중개사 자격증을 취득한 지 얼마 되지 않아 안전하게 고수익을 보장해주던 HP를 떠나서 친구가 있는 온라인 트레이딩 카드 게임 판매사에 파트너로 가겠다는 위험한 결단을 내렸다. 그 친구와 부동산도 함께 팔았다. 『부자 아빠 가난한 아빠』를 읽은 후에 잠깐 껌 자판기 대여업에도 손을 댔다. 부동산이나 주식 외에 유일하게 자산이라고 생각할 만한 것이 껌 자판기라고 생각했다.

한때 껌 자판기 대여업에도 손을 댔다.

이제야 하는 생각이지만 조기 '은퇴'로 이어지는 지름길을 찾고 싶은 욕심에 무모한 결정을 했다. 은퇴하려면 재정적 자유를 얻기 위해 노력했어야 하는데 그냥 내가 하고 싶은 대로 하면서 막연히 꿈이 이루어지길 바랐다.

일은 당연히 제대로 풀리지 않았다. 어리고 어리석었다. 열심히 일해서 어려운 상황을 헤쳐나가야 한다는 것을 몰랐다. 당시 나는 형편 없는 사업 파트너였다. 인내 없이 당장 달콤한 열매부터 먹으려 했던 것이다.

결국 그 회사를 나와서 다시 직장을 구했다. 내 파트너는 나 때문에 껌 자판기 20대를 떠맡게 되었다. 회사를 운영하기에는 당시 내 능력이 너무 부족했다.

더 노력했다

그 후 몇 년간 다른 회사에 취직해서 꾸준히 노력했다. 경력이 발전하면서 수입이 조금 더 늘어난 덕에 조금 더 많은 돈을 모을 수 있었다. 번 돈은 모두 부동산에 투자했다.

부동산 투자 때문에 받은 대출금을 갚는 데 매달 거금이 들어갔다. 하지만 그 뒤 몇 해 동안 상당수의 부동산을 사들였다. 1세대 집 세 채, 4세대 건물 한 채, 2세대 건물 두 채, 상업용 사무실 두 곳을 샀고 매달 대출금을 조금씩 갚아나갔다.

대출업을 하는 친구들이 파트너로서 자기들에게 필요한 소프트웨어 시스템을 만들어주면 월급을 주겠다고 해서 뛰어들었다가 또 다시 실패했다. 그때까지도 여전히 어리고 어리석었으며 게으르기도 했던 것 같다. 회사는 1년 정도 지나 문을 닫았고 다시 일자리를 찾아야 했다.

그때까지도 19살짜리가 샌타모니카에서 거머쥔 행운의 일자리만큼 큰돈을 주는 곳은 없었는데 10년이 지나서 마침내 똑같은 제안을 하는 회사를 만날 수 있었다. 아이다호에 있는 한 회사가 시급 75달러를 주겠다고 제안한 것이다. 그때서야 19살 시절 내가 얼마나 큰 행운을 만났었는지 깨달았다.

이때쯤 부동산 시장이 크게 무너졌다. 부동산에 투자한 친구들은 다 당황해서 자기들이 소유하고 있는 부동산을 공매했다. 다행히 나는 30년 고정금리로 대출받았기 때문에 부동산 가격이 떨어져도 별 영향을 받지 않았다. 부동산 가치는 떨어졌지만 대출 이자나 임대료가 그대로인 이상 나에게 큰 차이가 없었다.

한 가지 영향을 받은 게 있다면 은행에서 새 대출을 줄 때 제한을 걸기 시작했다는 점이었다. 내 계획은 15년간 매해 부동산을 하나씩 사두었다가 가장 오래된 부동산부터 판매해서 수익을 얻겠다는 것이었는데 한 사람이 받을 수 있는 대출의 수를 4건으로 제한하면서 그 계획에 차질이 생겼다.

당시 미주리 주 캔자스시티에 있는 건물을 사는 데 필요한 큰 자금을 얻기 위해 주택 담보 대출 대신 사업자 대출을 알아봤다. 그 근처에 사는 친구가 부동산 투자를 어떻게 시작하면 좋은지 알려달라고 해서 그 지역 부동산을 함께 알아보던 중에 임대료는 여전히 높은데도 무척 낮은 가격에 나온 건물이 있어서 사야겠다고 결심한 차였다.

각각 220,000달러인 4세대 건물 두 채였는데 내 부동산 투자 역사상 가장 큰돈을 들인 건이었다. 계산해보니 10퍼센트 계약금을 내면 매달 최소 1,000달러를 내야 했다. 그런데 대출을 받을 수 없는 게 문제였다.

결국 운 좋게도 건물주였던 은행이 건물을 팔려고 내게 대출을 해주기로 했다. 은행 측은 꽤 좋은 조건을 제시했고 거래도 잘 진행되어 내 부동산 목록에는 임대용 부동산 8세대가 더 생겼다.

당시 상황은 지금 생각해도 무섭다. 부동산 투자를 위해 받은 대출 때문에 이미 매월 수천 달러를 지출하고 있는데 부동산 시세는 뚝 떨어진 상황이었다. 그런데 직접 보지도 않은 큰 매물을 사겠다고 50,000달러나 되는 계약금을 내야 했다. 결과는 모 아니면 도가 될 수밖에 없는 상황이었다.

고비를 넘기다

미주리 주의 4세대 건물 두 채를 구입한 후에 상황이 호전되기 시작했다. 보지도 못하고 구입했는데 운이 좋았던 것 같다. 현금 흐름 면에서는 여전히 적자였지만 세입자의 임대료가 부동산 구입 금액을 상당 수준 채워주고 있었다. 최악의 경우라 하더라도 20년 내에는 은퇴할 수 있으리라는 자신감이 생겼다. 무엇보다 은퇴한 후 수입이 그다지 나쁘지 않으리라는 사실이 가장 흡족했다. 부동산 관련 대출을 모두 갚는다고 가정하면 연간 불로소득이 약 100,000달러 정도였다.

높은 연봉을 주는 자리를 떠나서 재택근무를 허용하는 작은 회사로 옮겼다. 늘 재택근무를 원하기도 했고, 수입이 조금 줄더라도 장소 제약이 없고 자유 시간이 많다는 점이 좋았다.

새 직장으로 옮기면서 나 혼자 부업으로 소프트웨어를 만들어 봐야겠다고 생각했다. 불로소득을 더 얻을 방법을 찾고 싶었고 무엇이든 만들 수 있다는 자신감도 어느 정도 생겼기 때문이었다. 달리기를 할 때 적정 속도를 유지하며 달릴 수 있도록 속도를 높이거나 낮추라고 알려주는 안드로이드 애플리케이션을 개발하면서 안드로이드 개발에 대해 공부하기 시작했다.

재택근무를 시작한 지 얼마 되지 않아 내 인생을 바꿔놓은 데이비드 스타 David Starr라는 사람을 만났다.

나는 그를 만나기 몇 해 전 블로그를 시작했으나 그다지 유명하지는 않았다. 스크럼에 관한 블로그 글 몇 개가 주목받은 적이 있을 뿐이었다. 당시 데이비드와의 친분은 그가 내 블로그 글 몇 개를 본 적 있고, 보이시 코드 캠프에서 직접 만난 적이 있다는 정도였다. 그는 자신이 플루럴사이트라는 온라인 교육 사이트에 도움을 준 적이 있다면서, 내가 안드로이드 애플리케이션을 개발했다는 말을 듣고 플루럴사이트가 안드로이드 애플리케이션과 안드로이드 개발 관련 교육 코스를 만들 생각이 있다고 얘기해줬다.

그전까지 기업용 안드로이드 애플리케이션을 만들거나 안드로이드 개발 강의를 할 생각은 없었다. 무엇보다 당시에는 불로소득이 생길 안드로이드 애플리케이션을 만들 생각뿐이었다. 처음에는 플루럴사이트에 더 큰 가능성이 있다고 생각하지 못했으나 시험 삼아 플루럴사이트 강의 코스를 개설해 보기로 했다.

마침내 찾아온 행운

당시 부동산 투자 수익이 꽤 괜찮은 편이었고 안드로이드 앱도 인기 여성 피트니스 잡지 「Shape」에 소개된 후 수익을 내기 시작한 상황이었다. 일주일에 한두 차례 소프트웨어 개발이나 부동산 투자를 주제로 올리는 블로그 포스트도 읽는 사람이 꽤 생겼다.

플루럴사이트와 일하기 직전에 개인적으로 꽤 변화를 겪었다. 그리고 짧은 시간에 데모 강의를 준비해서 오디션을 보았는데 놀랍게도 결과는 합격이었다. 그래서 3개월 만에 첫 번째 강의를 시작했다.

플루럴사이트는 강의 개발비와 강의 저작권 사용료를 둘 다 주어서 좋았다. 내 강의를 듣는 개발자가 생기면 분기별로 저작권료를 받았다. 당시 나는 저작권료 수입이 얼마나 소중한지 몰랐는데 얼마 지나지 않아 깨닫게 되었다.

첫 번째 코스를 마친 후에 두 가지 큰 결정을 내렸다. 첫째, 가족들과 가까이 지낼 수 있게 플로리다로 이사를 갔고, 둘째, 달리기용 애플리케이션의 iOS 버전을 만들었다. 두 번째 결정은 당시 그리 대단하다고 느끼지 않았지만 나중에 내 인생에 큰 영향을 미쳤다. 덕분에 플루럴사이트에 iOS 개발 강의 코스를 두 개나 만드는 계기가 되었기 때문이다.

그해 8월 나는 아이다호 보이시에서 플로리다 탬파로 이사했다. 그 사이에도 iOS 애플리케이션과 플루럴사이트 강의를 만들었다. 물론 회사를 계속 다니면서 말이다.

근무 환경은 그다지 훌륭하지 않았다. 나는 당시 내 사무실을 '침대 사무실'이라 불렀다. 침실 벽 쪽을 향하게 둔 책상이 침대에 닿을 정도로 작은 아파트였기 때문이다. 나는 말 그대로 종일 그 방에 머물렀다. 낮에는 회사 일을 하고 밤에는 부업을 했다.

첫 코스의 첫 저작권료는 약 5,000달러였다. 수표를 받자마자 은퇴를 빨리 할 수 있게 도와줄 행운의 열쇠를 손에 쥐었다는 사실을 깨달았다. 내가 아주 열심히 살기만 한다면 말이다.

열심히 일했다

그 뒤 이어진 몇 해 동안 내가 어떻게 버텼는지 모르겠다. 지금 다시 그때처럼 해보라고 하면 할 수 없을 것 같다. 하지만 당시 나는 플루럴사이트에서 준 기회가 일생일대의 것이라는 사실을 알고 있었다.

몇 해 동안 매일 회사 일을 8시간, 플루럴사이트 코스 만들기를 4~5시간씩 했고 주말에도 일했다. 그렇게 2년 반 정도 일하면서 60개의 플루럴사이트 코스를 만들었고 그중 55개가 공개되었다. 한시도 쉬지 않고 24시간 내내 듣더라도 일주일 이상 들을 수 있는 분량이었다.

그러면서 일주일에 한 개 이상 블로그 포스트를 올렸고 'Get Up and CODE'라는 개발자 피트니스에 관한 팟캐스트를 시작했으며 동기부여용 유튜브 동영상을 일주일에 하나씩 만들어 올렸다. 힘들지 않고 재미있게 했다고 말하고 싶지만 사실은 끔찍할 정도로 힘들었다. 자유의 날을 손꼽아 기다렸다.

다양한 불로소득원

그쯤 되자 다양한 경로로 불로소득을 얻게 되었다. 광고, 제휴 판매로 블로그에서도 수익을 올렸고 안드로이드 앱과 iOS 앱도 판매했다. 플루럴사이트에서 받는 저작권료도 점점 더 많아지고 있는 데다 부동산 투자 관련 현금 흐름도 좋아져 몇 달 간 실제 수익을 내고 있었다.

탬파로 이사온 후 이자 비용을 낮추기 위해 기존의 부동산을 정리하기 시작했다. 덕분에 부동산 투자에 들어가는 비용이 월 1,600달러로 줄었다. 그리고 본업과 플루럴사이트 코스에서 번 수입은 거의 다 부동산 대출을 갚는 데 썼다.

내 목표는 불로소득으로 매월 5,000달러를 버는 것이었다. 그 목표에 도달하면 공식 은퇴를 할 수 있으리라 생각했다. 그리고 2013년 1월 그 목표를 명확히 이뤘다. 나는 상사에게 이 소식을 알렸다. 회사를 관두겠다고 말이다. 더 좋은 일자리를 찾아서도 내 일이 싫어서도 아니었다. 더는 일할 필요가 없기 때문이었다. 드디어 자유를 찾은 것이다.

분석해보자

내 이야기가 조금 이상하게 들릴 수도 있다. 험난하게 시작했다가 행운을 만나서 짠 하고 은퇴했다니 말이다. 행운을 만난 덕분에 은퇴라는 목표를 빠르게 이룰 수 있었던 것은 사실이지만 그게 전부는 아니다.

행운만으로는 불가능했다. 조기 은퇴는 플루럴사이트 강의를 통해 번 돈을 어딘가에 투자했기에 가능했다. 백만 달러를 벌든 이백만 달러를 벌든 투자할 줄 모른다면 은퇴라는 목표는 이룰 수 없다. 아무리 백만 달러, 이백만 달러가 있다고 해도 전혀 투자하지 않고 그대로 가지고 있다면 그 후 50~60년을 버티기에는 부족하기 때문이다.

내 경우에는 부동산 투자가 핵심 역할을 했다. 플루럴사이트는 부동산 계획을 가속해주는 역할을 했을 뿐이다. 플루럴사이트에서 일하지 못했다면 은퇴가 10년 정도 미뤄졌을 텐데 그래 봐야 43세다. 그 정도면 나쁘지 않다.

만약 내가 나를 열심히 마케팅해서 내 이름을 널리 알리지 못했다면 플루럴사이트 강의 기회는 잡을 수 없었을 것이다. 데이비드 스타를 만날 수 있었던 것도 블로그를 열심히 운영하고 코드 캠프에 가서 그와 이야기를 나누었던 덕분이다. 나는 기회의 문을 열기 위해 항상 노력한다. 다양한 프로젝트에 참여했고 기술과 경력을 발전시키기 위해 무척 열심히 노력한다. 플루럴사이트가 아니었다고 해도 무언가 인생에 큰 도움이 될 다른 기회가 나에게 왔으리라 확신한다. 이렇게 확신할 수 있는 이유는 찾아온 기회를 거절한 적도 있기 때문이다.

행운도 꼭 필요하다. 내가 운이 좋았다는 사실을 부인할 생각은 없다. 하지만 그러한 행운을 만나는 데 내가 이바지한 부분도 어느 정도 있다고 생각한다. 발품을 팔고 열심히 일하며 항상 어제의 나보다 조금이라도 더 나은 내가 되기 위해 노력해서 행운을 만날 가능성을 높였다.

이 방정식의 마지막 조각은 내가 기울인 각고의 노력이다. 플루럴사이트에서 강의하는 사람들은 나와 똑같은 기회를 잡았다고 볼 수 있다. 그들이 노력하지 않았다는 말은 아니나, 나는 강의를 가장 많이 올리기로 결심하고 내 꿈을 현실로 이루기 위해 밤이나 주말도 가리지 않고 몇 년 동안 정말 열심히 노력했다.

기회를 잡는 것만으로는 부족하다. 아무리 일생일대의 기회라 해도 자신이 잡은 기회에서 최선의 결과를 내지 못한다면 큰 의미가 없다.

내 이야기를 마무리하기 전에 내가 갖고 있는 신념이 성공에 무척 중요한 역할을 했다는 사실을 말하고 싶다. 나는 당신에게 종교가 있는지 없는지 모른다. 그리고 이 책을 통해 내 종교적 신념을 당신에게 이야기할 생각은 전혀 없다. 이 책의 주제에서 크게 벗어나기 때문이다. 그리고 현재 내 신념은 꽤 복잡하게 얽혀 있다. 하지만 어느 순간 수입의 10%를 자선단체에 기부해야겠다는 생각이 들었다.

은퇴 계획을 세운 초기부터 수입의 10퍼센트를 십일조로 내기로 하고 이를 인도에 있는 고아를 후원하는 자선 단체에 보냈다. 첫 십일조를 낸 바로 다음 주에 수입이 정확히 십일조를 낸 만큼 올랐다. 지금까지 꾸준히 십일조를 내고 있는데 이런 점이 나의 성공에 큰 도움이 되었다고 생각한다. 물론 내 개인적인 견해다.

이러한 내 생각을 종교가 없는 사람에게도 어느 정도 논리적으로 설명할 수 있을 것 같다. 투자는 성공에 꼭 필요한 요소인데 돈에 집착할수록 현명하게 투자하기가 어렵다. 십일조든 기부든 자발적으로 해보면 돈을 보는 관점이 바뀌어 자신이 돈의 주인이 아닌 관리인이라고 생각하게 된다.

내 이야기가 당신에게 힘이 된다면 좋겠고, 적어도 내가 조기 은퇴를 할 수 있었던 방법을 보고 당신이 깨닫는 바가 있다면 좋겠다. 이 이야기를 통해 꿈을 이루기까지 내가 얼마나 많은 실수를 했는지 보여주고 싶었다. 내가 경험을 통해 배운 것들을 더 어릴 때 알았더라면 훨씬 빠르게 목표를 달성할 수 있었으리라 생각한다. 내 이야기를 들은 당신은 내가 한 실수를 피해갈 수 있기를 바란다.

실천하기

- 자신의 장기 목표에 대해 진지하게 생각하고 적어보면 좋을 시점이다. 내 이야기가 영감을 주어서 자신의 가능성을 점치는 데 도움이 되기를 바란다. 당신이라면 은퇴하기 위해 어떤 계획이나 경로를 설정하겠는가?
- 이 장에서 보다시피 나는 실패와 실수를 되돌아보는 능력이 성공에 크게 기여했다고 느낀다. 당신은 어떠한가? 지금껏 살아오며 어떤 교훈을 얻었는가? 기억하고 되짚어볼 수 있게 자신의 경험을 적어보라.
- 기부를 어떻게 생각하는가? 내 이야기를 듣고 시작하고 싶은 마음이 드는가? 한 단체를 선정해서 매월 수입의 일정 비율을 기부해보라.

Part 6

건강

인체는 인간의 영혼을 가장 잘 보여주는 장치다.

– 루드비히 비트겐슈타인Ludwig Wittgenstein

소프트웨어 개발자를 대상으로 쓴 책에 건강에 관한 내용이 들어 있는 것이 이상한가? 나는 필요한 부분이라고 생각한다. 꼭 다뤄야 한다는 일종의 의무감마저 느낀다. 몸 건강을 챙기지 않는다면 절대 훌륭한 개발자가 될 수 없다고 생각하기 때문이다.

소프트웨어 개발자에게 건강 관리에 관한 교육과 격려가 필요하다고 오래 전부터 생각해왔다. 내가 처음 프로그래밍을 시작할 무렵 소프트웨어 개발자라고 하면 커다란 안경을 쓴 마른 남자를 떠올렸다. 하지만 요즘은 얼룩이 묻은 흰 티셔츠를 입고 피자를 먹고 있는, 수염이 목까지 자라난 뚱뚱한 남자를 떠올린다. 이러한 이미지는 예전의 마른 이미지보다 더 나쁘다.

두 이미지 모두 사실이 아니다. 실제로는 그러한 이미지와 거리가 먼 남녀 소프트웨어 개발자가 많다. 어쨌든 나는 두 번째 이미지가 첫 번째 이미지보다 더 걱정스러웠다. 혹시라도 개발자 스스로 자신이 그런 이미지가 되어야 한다고 생각할까 봐 말이다.

6부의 목표는 건강 관리에 관한 기본 지식을 알려주고 고정관념에서 벗어나도록 격려해서 소프트웨어 개발자도 얼마든지 건강하고 멋지고 아름답게 살 수 있다는 사실을 스스로 깨닫게 만드는 것이다. 멋진 몸매를 유지하면서 건강하게 살 수 있다고 믿고 그 목표를 달성하는 방법을 배우면 된다.

내가 식습관, 영양, 체력 단련에 관해 무슨 자격으로 논하는지 궁금한가? 관련 학위가 있다거나 개인 트레이너 자격증을 취득한 것은 아니지만 경험이 많다. 나는 16살에 체력 단련, 식이요법에 관한 공부를 시작해서 18살부터 보디빌딩 대회에 참가했다. 소프트웨어 개발자를 포함해 수많은 사람에게 몸매 관리, 체중 감량, 근력 단련 등 다양한 체력 단련 목표를 달성하도록 지도하고 도와줬다. 전문가는 아니지만 이 분야에 관해 꽤 폭넓은 지식을 갖춘 편이고 경험을 통해 이러한 지식을 연마해 오기도 했다.

영양 관리 문제에 관한 내용은 일부 떼어서 부록에 모았다. 칼로리는 어떻게 작동하는지, 인체가 칼로리를 어떻게 쓰는지 궁금하다면 부록부터 살펴봐도 좋다.

마지막으로 면책 조항을 덧붙이는 것이 좋을 것 같다. 나는 의사가 아니다. 새로운 식이요법이나 운동 프로그램을 시작하기 전에 의사와 상의하라. 실제로 상의하는 사람이 있는지 모르겠지만 그렇게 하지 않는다면 나를 비롯한 다른 누구도 아닌 당신의 선택이다. 행운을 빈다!

CHAPTER

56

건강을 생각해야 하는 이유

체력 단련은 건강한 몸을 얻는 가장 중요한 열쇠일 뿐 아니라 활발하고 창의적인 지적 활동의 바탕이다.

– 존 F. 케네디John F. Kennedy

내가 어떻게 말해야 당신이 훌륭한 몸매를 만들겠다는 의욕을 불태우게 될까? 전 세계 사망 원인 1위는 심장병, 2위는 뇌졸중인데 운동을 하면 이러한 질병을 예방해 오래 살 수 있다는 말은 어떨까? 아니면 운동을 하면 창의력이 더 발휘되고 기분도 더 좋아진다는 사실이 연구를 통해 밝혀졌다는 것은 또 어떨까? 소용없다고? 나는 그런 말에도 답할 준비가 되어 있다. 더 매력적인 외모를 갖고 싶지 않은 사람도 있을까? 다른 사람은 몰라도 나는 확실히 더 멋진 외모를 갖고 싶다. 근력 운동을 해서 체중을 감량하면 분명 외모가 나아지고 경제적 여건이 나아질 가능성도 커진다.

소프트웨어 개발자는 종일 책상 앞에 앉아서 오랜 시간을 보낸다. 적정 체중을 유지하고 건강하게 지낼 방법을 알면 큰 도움이 된다. 작업 방식 때문에 건강을 해치기 쉽기 때문이다.

이 장에서는 좋은 몸매를 유지해야 하는 이유에 대해 깊이 있게 살펴본 후 내일이나 다음 주로 미루지 않고 지금 당장 당신이 운동을 시작하도록 설득하겠다. 사실 더 훌륭한 소프트웨어 개발자가 되려면 더 건강해야 한다. 그 이유는 이렇다.

자신감

누구나 건강하게 살고 싶은 마음이 있다. 이러한 욕구에 호소하는 방식으로 이야기를 시작하고 싶지는 않다. 물론 누구나 건강하길 원하고 대부분은 더 건강하게 살기 위해 어떻게 해야 할지도 대충 알지만 마지막 남은 피자 한 조각이나 야식의 유혹은 참기 어렵다. 즉, 생명의 위험을 느낄 정도로 상황이 악화되지 않은 한 건강하게 살고 싶다는 욕구만으로는 운동 의욕이 충분히 살아나지 않는다. 하지만 곧 그렇게 되도록 해주겠다.

우선 건강한 식습관, 운동 습관에서 얻을 수 있는 큰 혜택 중 하나인 자신감에 집중해보자. 자신감이 뭐 그리 중요하냐고 생각하는 사람도 있을 것이고 자신이 이미 자신감을 충분히 갖추었다고 생각하는 사람도 있을 것이다. 그래도 자신감을 가져야 하는 이유, 자신감이 많으면 많을수록 좋은 이유를 설명할 테니 일단 들어보길 바란다.

UC 버클리 하스 경영대학의 연구 결과에 따르면 재능보다 자신감이 더 중요한 성공 예측 변수라고 한다. 자신감과 성공 사이에 상관관계가 있다는 결과를 낸 연구는 이외에도 많다.

좋은 몸매를 유지한다고 어떻게 자신감이 생기는가? 답은 간단하다. 좋은 몸매를 유지하면 본인이 설정한 목표를 이루었다는 면에서 자신을 긍정적으로 평가하게 되고, 다른 사람과의 대화나 관계에서도 자신감이 드러난다. 조금 비과학적으로 표현하자면, 외모에 자신감이 붙으면 기분도 좋아진다고 할 수 있다.

살이 빠져서 작아져 못 입던 청바지를 다시 입을 수 있게 되었을 때, 근육이 붙어서 셔츠 팔 부분 실밥이 터질 때 얼마나 기분이 좋을지 상상해보라. 몸매가 좋아졌다거나 건강해졌다고 느끼면 행동 방식도 달라진다. 자신을 보는 관점이 달라지고 주변 사람들이 세운 업적에 위축되지 않으며 다른 사람도 당신을 새로운 시각으로 볼 수 있다.

이 책에서 이야기한 내용 중 상당 부분은 자신감을 토대로 나서서 해야 할 일로 채워져 있다. 자신감을 갖고 싶다는 생각만으로 실제 자신감이 생기기는 어렵다. 하지만 내가 체력 단련을 지도했거나 체중 감량을 도와준 이들 대부분은 생각조차 못 했던 수준의 자신감을 얻었다.

지적 능력

운동하면 똑똑해진다는 게 사실일까? 똑똑해지는지는 잘 모르겠지만 최근 스탠포드 대학에서 진행한 연구에 따르면 걷기가 창의력을 60퍼센트나 높인다고 한다. 오페조Oppezzo 박사는 이 연구에서 학생들을 대상으로 사물의 사용법을 떠올리는 과제를 주는 등 창의성 검사를 진행했다.

학생들은 처음엔 책상 앞에 앉아서 과제를 수행했고 나중에는 트레드밀 위를 걸으면서 같은 과제를 수행했다. 대다수 학생이 걸을 때 높은 창의력을 보여줬다. 심지어 걷다가 앉았을 때도 창의력이 더 높았다.

이 연구 결과는 어떤 의미가 있을까? 뇌 기능 중 적어도 창의력만큼은 걷기가 큰 효과를 미친다는 뜻이다. 하지만 나는 그 이상의 영향을 미치리라 생각한다.

나는 운동을 열심히 해서 더 건강해질수록 일도 더 잘된다고 느낀다. 몸 상태가 최상일 때 집중도 훨씬 더 잘되고 생산성도 크게 좋아진다. 나와 유사한 경험을 했다고 이야기하는 개발자가 많다.

운동이나 체지방 비율이 뇌에 화학적 혹은 구조적 변화를 일으켜 실제 더 똑똑해지거나 집중력이 좋아지는 것인지 아니면 그냥 기분이 좋아서 더 열심히 일하는 것인지는 모르겠다. 하지만 좋아진다는 사실이 분명한 이상 이유를 꼭 알 필요가 있을까?

항상 피곤하고 의욕이 없거나 최상의 상태라는 느낌이 들지 않는다면 몸과 마음을 새롭게 해줄 새로운 식습관이나 운동 습관을 들여보라.

두려운가?

공포심 자극 전략을 일찍 쓰고 싶진 않았다. 하지만 과체중이고 대체로 건강하지 못하다는 느낌이 든다면 예방 가능한 온갖 질병에 노출될 위험에 자신을 몰아넣고 있는 건 아닌지 생각해봐야 한다.

나는 개발자 건강에 관한 팟캐스트 'Get Up and CODE(http://getupandcode.com)'를 운영했고 당시 단순히 더 큰 자신감을 얻거나 지적 능력을 키우고 싶어서가 아니라 죽음의 문턱에 다다른 듯한 느낌 때문에 운동을 시작해서 건강을 되찾은 개발자를 여러 명 인터뷰했다.

특히 미겔 카라스코Miguel Carrasco의 이야기를 들려주고 싶다. 미겔은 체중이나 건강에 크게 신경 쓰지 않고 살아온 소프트웨어 개발자였다. 하지만 매우 두려운 경험을 한 후 그의 인생은 완전히 달라졌다.

미겔은 어느 날 어린이집에서 아들을 데리고 오는 길에 갑자기 왼손의 감각이 사라졌음을 느꼈다. 처음에는 바깥 날씨가 추워서 그런가 보다 정도로 생각하고 다른 일을 하느라 그냥 무시했다.

주로 밤늦게까지 깨어 있는 편인데 그날따라 유난히 피곤하여 이른 저녁 잠자리에 들었다. 이상하다고 생각한 그의 아내가 그를 붙잡고 묻는데 갑자기 몸 왼쪽의 감각이 전체적으로 없어졌다. 그는 괜찮다고 했지만 아내는 뇌졸중이 아닐까 걱정되어 그를 설득해 병원에 데리고 갔다.

병원에 도착해서 보니 혈압이 190/140까지 올라 있었다. 그 정도면 아주 위험한 수준이다.

몇 가지 검사를 했으나 다행히 큰 이상이 없어 다음 날 퇴원했다. 의사는 한 달에 걸쳐 경과를 관찰하면서 몇 가지 검사를 더 하자고 했다. 역시 별다른 문제는 없다고 판명이 났지만 그 경험으로 그는 엄청난 충격을 받고 사고방식을 완전히 바꾸었다.

그 후 그는 180일 만에 33킬로그램을 감량했다. 그만큼 감량할 수 있었던 원동력은 운동 프로그램이나 식이요법이 아니라 그의 정신 상태였다. 두려운 마음에 진지한 자세로 건강을 챙기고 운동했던 것이다. 결국 그는 소프트웨어 개발자에서 피트니스 코치로 전향했다. 현재는 사람들이 본인의 목표를 이루도록 의욕을 고취하고 도와주는 일을 하고 있다.

겁주려는 마음은 없다. 아니, 사실은 그랬으면 한다. 당신이 직접 그런 일을 경험하기 전에 미겔의 이야기를 듣고 두려움을 느끼길 바란다. 미겔은 운이 좋은 편이었다. 다행히 큰 병이 되기 전에 알 수 있었으니 말이다. 그는 공포심 덕분에 운동을 시작했다. 하지만 그런 행운을 만나지 못하는 사람이 더 많다. 아무 경고 없이, 진지하게 건강 문제를 고민해볼 시간도 없이, 갑자기 심장마비로 죽는 사람들도 있다. 그때는 너무 늦는다.

당신에게 그런 일이 일어나지 말라는 법은 없다. 당장 진지한 자세로 건강에 대해 생각해보길 바란다. 건강에 진짜 문제가 생길 때까지 기다리지 말고 지금 고민해보라. 건강에 관한 정보를 얻기 위해 이 책을 산 사람은 없을 것이다. 하지만 잘 생각해보라. 이 책이 당신의 직장이나 경력 문제에 도움이 된다면 그것만으로도 나는 기쁠 것이다. 하지만 만약 당신이 이 책 덕분에 적정 체중을 찾고 그 덕분에 아이들이 자라는 모습을 조금이라도 더 오래 볼 수 있다면 나는 이 책으로 진정한 성공을 거두었다고 느낄 것이다.

실천하기

- 6부를 더 읽기 전에 진지한 마음으로 자신의 건강 문제를 돌아보겠다고 다짐하라. 이미 건강한 생활을 하고 있어서 6부에 나온 내용이 복습처럼 느껴진다면 좋겠지만, 만약 그렇지 않다면 이번 기회에 진짜 생활 습관을 바꾸겠다고 다짐하라. 나는 체력 단련이나 건강에 대해 내가 아는 모든 것을 힘껏 알려주겠다. 하지만 당신이 진정한 변화를 위해 노력하지 않는다면 아무 소용이 없다.

CHAPTER

57

체력 단련 목표 세우기

어떤 목표가 됐든 목표를 실제로 세우지 않으면 이룰 수 없는 게 당연하다. 코드를 작성할 때 어떤 코드를 작성해서 어떤 결과를 낼지 모르면 배고픔을 참아가며 수고한들 아무 의미가 없는 것과 똑같은 이치다.

이 장에서는 현실적인 체력 단련 목표를 어떻게 하면 세울 수 있는가에 관해 이야기할 것이다. 단기 목표, 장기 목표를 활용해서 더 좋은 성과를 낼 수 있는 방법과 건강한 생활 방식을 몸에 익혀서 변화된 모습을 오래도록 간직하는 방법을 알려주겠다.

소프트웨어 개발자는 기본적으로 책상 앞에 오래 앉아 있는 편이고 상황에 따라 과도한 업무에 시달릴 때도 많으므로 건강하게 살겠다는 막연한 다짐으로는 부족하다. 여러 방해 요소를 극복할 명확한 기준을 세워야 진짜 건강하게 살 수 있다.

구체적인 목표 세우기

'좋은 몸매'를 만들기 위해 운동이나 다이어트를 시작한다는 말을 자주 듣는다. 이 정도면 괜찮은 목표라고 생각할지 모르지만 사실은 더 구체적이어야 한다. 무엇보다 '좋은 몸매'라는 말은 정확히 어떤 뜻인가? 또 스스로 좋은 몸매가 완성되었다는 사실을 어떻게 알 수 있는가?

구체적인 목표 없이 운동하고 올바른 식습관을 기르겠다는 생각만으로는 좋은 결과에 이를 수 없다. 구체적인 결과를 마음속에 그리고 있다 한들 목표를 구체적으로 세우지 않으면 꾸준히 노력해서 진정한 변화를 만들어내기 어렵다.

체력을 단련하기 위해 선택할 수 있는 목표는 다양하다. 하지만 한 번에 하나의 목표만 가져가라. 체중 감량과 근육 단련을 동시에 하려고 하지 말고 둘 중 하나만 선택해서 집중하라. 달리기로 심혈관을 건강하게 만드는 게 목표라면 그 목표에만 집중하라. 혹시 목표를 이루는 과정에서 약간의 체중 감량이 저절로 일어나더라도 말이다.

목표끼리 서로 상충되는 경우가 많으므로 여러 목표를 동시에 이루기는 무척 어렵다. 근육 단련과 체중 감량이 좋은 예다. 근육을 키우려면 칼로리 섭취를 늘려야 하고 체지방을 줄이려면 칼로리 섭취를 줄여야 한다.

체력 단련 목표

- 체중 감량(체지방 감량)하기
- 근육 단련하기
- 힘 키우기(근육 단련과 약간 다름)
- 근지구력 키우기(스포츠 실력을 키우기 위해)
- 심혈관 건강 개선하기
- 특정 스포츠 실력 키우기

이정표 만들기

나는 6년 전 오른쪽 가슴 근육이 찢어진 적이 있다. 벤치 프레스에서 무거운 덤벨을 들어 올리고 있었는데 한 트레이너가 도와주겠다고 다가왔다. 팔을 위로 끌어올려야 하는 상황에서 밖으로 잡아당기는 바람에 사고가 났다. 큰 소리와 함께 근육이 뼈에서 완전히 떨어지면서 팔이 옆으로 툭 떨어졌다.

사고가 난 후 벤치 프레스 바도 들지 못하는 상황이 되었으니 당연히 한동안 운동을 할 수 없었고 덕분에 의욕도 완전히 사라졌다. 그래서 그런 상황에 처한 사람이 할 수 있는 가장 쉬운 선택을 했다. 운동을 포기한 것이다. 그러자 자연히 살이 찌기 시작했다.

몸무게가 가장 많이 나갈 때는 130킬로그램에 달했다. 190센티미터인 내 키의 적정 체중을 40킬로그램이나 초과하는 값이었다. 계속 살이나 찌우며 자기혐오에 빠져 있지 말자고 정신을 차리고 보니 40킬로그램을 빼야 했다.

처음에는 40킬로그램을 뺄 수 없을 것 같았다. 도대체 어떻게 40킬로그램이나 빼고 건강한 몸매로 돌아간단 말인가? 시간은 또 얼마나 걸릴 것인가? 고민을 거듭한 끝에 40킬로그램 감량이라는 목표에는 도저히 의욕이 나지 않는다는 결론에 이르렀다. 그래서 이 엄청난 과제를 작게 만들 방법이 무엇인지 고민했다.

그때 '2주에 2킬로그램씩 감량하겠다는 작은 목표를 세우자.'는 아이디어가 떠올랐다. 한꺼번에 40킬로그램을 빼려 하지 말고 2주 단위로 작은 목표를 하나씩 꾸준히 이뤄가는 데 집중하기로 한 것이다. 2주에 한 번 체중계에 올라가서 2주 전 몸무게보다 2킬로그램이 줄어 있다는 사실을 확인하면 그만이었다.

이 과정을 꾸준히 반복한 끝에 결국 목표한 40킬로그램보다 더 많은 체중을 감량하는 데 성공했다. 2주짜리 목표를 한 번도 놓치지 않고 달성했다. 최종 목표를 달성하기까지 작은 이정표들을 세워놓고 하나씩 확인해간 것이 성공의 열쇠였다.

큰 목표를 세운 후에는 목적지에 이르기까지 작은 단위의 이정표를 만들어두는 게 좋다. 체중을 감량하고 싶다면 나처럼 1주 혹은 2주 단위로 지킬 감량 목표를 정해보라. 근육을 키우고 싶을 때도 덤벨의 중량을 1~2주 간격으로 얼마나 늘릴지 목표를 정하는 것이 좋다.

작은 목표는 쉽게 지킬 수 있는 수준으로 정하라. 한 주에 4킬로그램씩 감량하겠다는 목표는 달성 근처에도 가기 어렵기 때문에 포기하기 쉽다. 절대 도달할 수 없는 무리한 목표를 세워두고 욕심내기보다 쉽게 달성할 수 있는 현실적인 목표를 세우고 성실히 수행하는 것이 훨씬 낫다. 성공 경험이 쌓이면 큰 목표를 이루려는 의욕도 더 쉽게 살아날 것이다.

지뢰 **시간이 없으면 어떻게 하나요?**

소프트웨어 개발자라면 너무 바쁘거나 출장을 다녀야 해서 다이어트나 운동, 체력 단련 시간을 확보하기 어려울 수 있다. 쉽게 정답을 이야기할 수 있는 문제는 아니다. 하지만 목표를 우선적으로 생각하자. 나는 달리기나 근력 운동 등에 할애할 시간을 달력에 회의 시간으로 기재해둔다. 계획을 지키기 어려울 때는 이 방법도 시도해볼 만하다. 달력에 있는 아침 7시 회의가 사실은 달리기인 줄 아무도 모를 것이다.

진도 확인하기

목표에 이르기까지 정기적으로 진도를 확인할 방법을 찾아두라.

진척 상태를 확인할 방법을 생각해보라. 체중 감량이나 증가를 목표로 할 때는 체중계가 기본이다. 근육을 키울 때는 무게가 얼마나 되는 덤벨을 들 수 있는지, 몇 회나 들 수 있는지를 측정해도 좋다.

나는 측정 방법을 최대한 간단하게 유지한다. 측정 방법이 많으면 마음만 번잡해지므로 보통 핵심 측정 방법 한 가지를 선택해서 진도를 측정하고 그 외의 방법은 가끔 해보는 정도로만 활용한다.

가장 많이 쓰는 방법은 아마도 몸무게 측정일 것이다. 하지만 몸무게는 당일 먹은 음식, 마신 물의 양 등 다양한 변수에 따라 달라지므로 주의하라.

나는 매일 몸무게를 측정하되 일주일에 한 번만 기록을 남기는 방법을 권한다. 내 몸무게는 하루에도 3~4킬로그램이 왔다 갔다 하기 때문이다. 몸무게를 일주일에 한 번씩 기록하면 매일 측정하는 것보다 변동 폭이 좁아진다.

건강한 생활 습관 만들기

체력 단련 목표를 달성한 초기에는 기분이 무척 좋다. 하지만 이런 기분은 어느새 사라진다. 시간이 조금만 지나도 무기력하고 우울한 기분이 찾아온다. 나도 어려운 목표를 이룬 후 금세 수포로 돌아가버린 경험이 많아서 하는 말이니 믿어도 좋다. 실제 다이어트에 성공했다가 다시 체중이 불어버리는 사람이 많다. 호르몬 작용으로 더 배고프다고 느끼기 때문이거나 옛 습관으로 되돌아가기 때문에 일어나는 일이다.

목표를 이루었어도 안심해선 안 된다. 생활 습관에 변화가 없으면 금세 원상태로 복귀하기 때문이다. 평생 다이어트를 할 수는 없으므로 열심히 노력해서 얻은 건강 상태를 유지할 수 있는 생활 방식을 찾아야 한다.

목표를 달성한 후에 바로 '정상 생활'로 돌아오지 말고 목표를 이루기 위해 지켰던 식습관이나 운동 프로그램을 서서히 줄이는 방법을 추천한다. 이때는 '정상 생활'의 기준을 체력 단련을 위해 열심히 노력한 시절의 생활 습관과 과거의 생활 습관 사이 중간 정도로 맞춰라. 20킬로그램을 감량했더라도 폭식하기 시작하면 원상태로 빠르게 돌아온다. 심지어 더 찌는 경우도 많다.

건강한 생활 방식에 익숙해져서 규칙적인 운동, 건강한 식습관이 삶의 일부가 되게 할 방법을 찾아야 한다. 쉬운 일은 아니다. 식습관을 완전히 바꾸고 열심히 운동해서 단기간에 엄청난 체중을 감량했다면 더욱 어려울 것이다. 굶으면 단기간에 체중을 줄일 수 있지만, 굶어서 뺀 체중은 평소 꾸준히 지킬 수 있는 수준보다 목표를 더 높게 세워두고 꾸준히 노력해야 유지할 수 있다.

다음에 이어질 일곱 개 장에서 이러한 목표를 달성하는 데 도움이 될 내용을 이야기할 것이다. 체중 유지를 위해 얼마의 칼로리를 섭취해야 하는지, 건강한 식습관을 유지하려면 어떻게 먹어야 하는지, 또 어떻게 운동해야 하는지 등을 알려주겠다. 그러한 내용을 바탕으로 체력 단련 목표를 어떻게 이룰지 생각해내기 바란다. 앞으로 꾸준히 지켜나갈 습관을 키워서 건강하게 살아갈 방법 또한 배울 수 있다면 더욱 좋겠다.

실천하기

- 체력 단련 최종 목표를 정해서 적어두라.
- 그 목표를 달성하기까지 이정표 역할을 할 수 있는 현실적인 중간 목표를 정하라.
- 첫 번째 이정표에 이르기 위해 무엇을 해야 할지 생각하라.

CHAPTER

58

체중 감량하기

체중 감량 혹은 증가가 목표라면 체중을 줄이거나 늘리기 위해 할 일을 정확히 알아야 한다. 놀랍게도 현재 피트니스 분야에서는 체중 증가나 감소에 직접적인 영향을 주는 요소가 칼로리 섭취와 칼로리 연소 중 어느 쪽이냐에 관해 열띤 토론이 이어지고 있다고 한다.

칼로리가 체중 변화에 영향을 주는 것은 분명하나 어느 정도 영향을 미치느냐에 관해서는 아직 결론이 나지 않았다.

그래서 나도 이 장에서 절대적이고 명확한 답을 주긴 어려울 것 같다. 다만, 나는 칼로리가 체중 증가 혹은 감소에 가장 중요한 요소라는 관점을 지지하는데 그 이유를 명확하게 설명해보려 한다. 또한, 칼로리가 무엇인지, 하루에 연소할 칼로리는 어떻게 정할지도 알려주겠다.

칼로리는 무엇인가?

칼로리가 체중에 어떤 영향을 미치는지 살펴보기 전에 먼저 칼로리가 무엇인지부터 알아보자. 칼로리는 정확히 무엇이고 왜 칼로리에 신경을 써야 하는가?

간단히 말해 칼로리는 에너지의 단위다. 정확히 말하자면 1칼로리는 물 1그램의 온도를 섭씨 1도 올리기 위해 필요한 열의 양을 가리킨다.

몸에서 사용하는 주요 에너지원은 섭취한 음식이다. 그래서 음식을 칼로리 단위로 측정하고, 에너지의 양 또한 칼로리로 측정한다.

몸에 들어온 칼로리는 사용되거나 저장되거나 둘 중 하나다. 낭비되는 칼로리도 있긴 하지만 인체는 효율이 매우 좋으므로 낭비되는 양은 무척 적다.

칼로리는 음식에 따라 달라지므로 음식이 달라지면 똑같은 양을 섭취하더라도 제공받는 칼로리가 달라진다. 브로콜리는 똑같은 양의 버터보다 훨씬 칼로리가 적다.

탄수화물, 단백질, 지방은 제공하는 칼로리 양이 각기 다르다. 그래서 음식마다 밀도에도 차이가 있다. 탄수화물과 단백질은 1그램당 약 4칼로리를, 지방은 1그램당 약 9칼로리를 제공한다. 섬유질은 소화할 수 없기 때문에 섬유질의 칼로리는 기본적으로 낮다.

체중 감량은 간단하다

칼로리가 에너지를 나타내고 몸의 에너지원이 음식이라면 체중 감량 방법은 간단하다. 섭취하는 칼로리보다 많은 칼로리를 연소하면 된다. 섭취하는 칼로리보다 많은 칼로리를 연소하면 체중이 준다는 사실에 이견을 제시하는 사람은 없을 것이다. 단, 실제 얼마의 칼로리를 연소하는지 정확히 계산하는 방법에서 의견이 달라질 수 있다.

하루에 연소하는 칼로리가 얼마인지 꽤 정확하게 추측할 방법이 있다. 오차를 감안하면 체중 감량이나 증가도 예측할 수 있다. 추측을 잘 하는 것이 관건이다.

근육이 아닌 지방의 감량을 원한다는 가정 하에 정확히 예측하려면 우선 체지방 감량을 위해 칼로리를 얼마나 더 써야 할지 계산할 수 있어야 한다. 지방 500그램은 에너지로 환산하면 약 3,850칼로리가 된다.* 지방 500그램을 감량하려면 먹은 양보다 3,850칼로리를 더 연소해야 한다. 이는 남녀 모두 동일하다. 매우 간단하지 않은가?

하지만 알고 보면 그리 간단하지 않다. 안타깝게도 체중 감소가 꼭 지방 감량을 뜻하지는 않는다. 3,850칼로리가 부족하면 체중이 줄어들기는 하지만 지방뿐 아니라 근육도 함께 줄어들기 때문이다.

체중을 감량하려면 섭취하는 칼로리보다 더 많은 칼로리를 연소해야 한다. 줄어든 몸무게의 양은 부족한 칼로리 양에 따라 정해진다. 즉, 체중 감량을 원한다면 섭취하는 칼로리와 연소하는 칼로리, 두 가지를 모두 알아야 한다.

섭취하는 칼로리는 얼마인가?

칼로리 섭취량은 쉽게 계산할 수 있다. 사 먹는 음식에는 보통 1회 섭취량의 칼로리가 적혀 있다. 혹시 적혀 있지 않을 때는 칼로리킹CalorieKing 같은 애플리케이션에서 특정 음식의 칼로리 양을 확인할 수 있다.

* 체지방에서 순수 지방 조직의 비율은 약 85~90퍼센트 정도라고 한다. 저자는 순수 지방 조직을 85.5퍼센트로 가정하고 체지방 500그램을 감량하려면 3,850칼로리를 연소해야 한다고 한 것이다.

단, 식품에 적혀 있는 칼로리가 100퍼센트 정확하다고 볼 수는 없으므로 10퍼센트 정도 오차 범위를 두어야 한다. 식당에서 파는 음식은 사람이 직접 계량해서 조리하므로 오차 범위를 그보다 더 높여야 한다. 버터를 조금만 더 넣어도 전체 칼로리가 크게 높아진다.

음식을 복잡하게 먹을수록 칼로리를 정확하게 계산하기 어렵다. 그래서 나는 매번 칼로리를 찾아보지 않아도 되도록 다이어트 중에는 단순하게 먹거나 같은 음식을 반복해서 먹는 편이다.

연소 칼로리는 얼마인가?

연소 칼로리를 계산하는 게 조금 더 어렵긴 하지만 추정할 수 있는 좋은 방법이 있다.

달리기를 하든 잠을 자든 신체는 계속 칼로리를 연소한다. 아무것도 하지 않더라도 신체는 생존을 위해 일정한 분량의 연료를 사용한다. 이렇게 기본적으로 연소하는 칼로리를 기초대사량이라고 한다.

기초대사량 근사치는 체중, 신장, 나이, 성별을 조합해서 계산할 수 있다. 생존을 위해 연소하는 최소 칼로리 양을 뜻하므로 이를 하루에 연소하는 칼로리가 얼마인지 계산하는 출발점으로 삼을 수 있다.

온라인에 있는 도구를 활용하면 기초대사량을 쉽게 계산할 수 있다. '기초대사량 계산기'라고 검색하거나 http://simpleprogrammer.com/ss-bmi-calc에 있는 계산기를 사용해보라. 나는 34세이고(초판을 집필할 때의 나이다. 개정 2판을 쓰는 현재는 39세가 되었다), 신장은 190센티미터, 체중은 106킬로그램이다. 따라서 나의 하루 기초대사량은 2,251칼로리다.

종일 앉아서 아무것도 하지 않는 사람은 거의 없으므로 보통은 기초대사량 이상의 칼로리를 소비한다. 더 정확한 수치를 얻으려면 해리스 베네딕트 공식Harris Benedict Equation을 활용해서 하루에 연소하는 칼로리가 대략 어느 정도인지 활동 수준에 따라 계산할 수 있다.

해리스 베네딕트 공식

- 거의 운동하지 않음 = 기초대사량 x 1.2
- 가벼운 운동(일주일에 1~3일) = 기초대사량 x 1.375
- 보통 운동(일주일에 3~5일) = 기초대사량 x 1.55
- 격렬한 운동(일주일에 6~7일) = 기초대사량 x 1.725
- 매우 격렬한 운동(하루 2회) = 기초대사량 x 1.9

나는 일주일에 달리기 3회, 근력 운동 3회를 한다. 해리스 베네딕트 공식에 따르면 내가 하루에 연소하는 칼로리 양은 2,251×1.725=3,882칼로리가 된다. 하지만 체중 감량 중에는 오차를 줄이기 위해 운동 횟수를 3~5회로 줄여서 계산하므로 보수적으로 잡아 2,251×1.55=3,489칼로리를 연소한다고 본다.

당신도 자신의 기초대사량을 넣어서 하루에 칼로리를 얼마나 연소하는지 계산해보라. 계산하기 전에 대략 추측해보고 계산 결과와 얼마나 가까운지도 확인해보라.

목표 달성하기

칼로리가 쓰이는 방식, 섭취 칼로리 계산법, 연소 칼로리 추정법을 배웠으니 이제 이 정보를 활용해서 체중 감량 혹은 증가를 위해 기본 계획을 세울 수 있다.

내 목표가 일주일에 500그램 감량이라고 가정하고 당신이 알고 있는 정보를 활용해서 내 목표를 달성할 수 있는 운동 및 식이요법 프로그램을 만들어보자.

우선 매일 연소하는 칼로리의 양부터 시작하자. 생활 습관을 바꾸지 않는다면 나는 매일 3,500칼로리를 연소한다. 종일 아무것도 먹지 않는다면 하루 만에 체중 500그램을 감량할 수 있겠지만 아마 성격이 포악해질 것이다.

내 목표는 일주일에 500그램 감량이므로 일주일간 3,850칼로리가 부족해야 한다. 3,850칼로리를 7로 나누면 550이므로 하루에 550칼로리가 부족하면 된다.

하루에 3,500칼로리를 연소하므로 500칼로리가 부족하려면 최대 3,000칼로리를 먹으면 된다. 이렇게 하면 이론적으로는 목표에 맞게 체중을 감량할 수 있으리라 예상할 수 있다. 하지만 현실은 이와 다르다.

숫자만 보아서는 그런 결과가 나와야 하는데 실제로는 여러 요인 때문에 일주일에 500그램 감량이 안 될 수 있다. 섭취 칼로리를 잘못 계산해서 매끼 100칼로리를 더 먹는다면 내 계산보다 하루에 300칼로리나 더 먹는 셈이다. 반대로 내 계산보다 운동량이 적은 때도 있을 수 있다. 그러면 연소 칼로리가 낮아질 것이다. 나는 이미 내 계산에 맞추어 칼로리를 섭취했는데도 말이다.

그럴 때는 오차를 고려해 식사량을 10퍼센트 줄여서 300칼로리를 덜 섭취하면 된다. 즉, 하루에 2,700칼로리를 먹으면 비교적 안전하게 목표를 이룰 수 있다.

체중 감량이나 증가를 원한다면 이러한 방법을 활용해 스스로 계획을 세워보라. 단, 체중이 감소하면 기초대사량이 감소하므로 섭취 칼로리를 더 줄이거나 운동량을 더 늘려야 한다는 점을 기억하라.

단순히 칼로리 섭취와 소모의 문제로 볼 수 없다는 주장

당신이 뚱뚱한 것은 당신의 잘못이 아니며 단순히 칼로리 섭취와 소모의 문제로 볼 수 없다고 말하는 건강 전문가가 많다는 사실은 나도 알고 있지만 대개 이는 희망 사항에 불과하다.

사실 이들의 주장에 몇 가지 유용한 정보가 있긴 하다. 호르몬은 체중 증가와 체성분 구성에 큰 역할을 한다. 높은 체지방을 보존하려는 유전적 경향이 있는 사람이나 뼈가 더 두꺼운 사람이 실제 있을 수 있다.

그렇다 하더라도 내가 이 장에서 이야기한 내용은 여전히 사실이다. 결국 칼로리 부족이면 체중이 줄고 칼로리 과잉이면 체중이 증가한다. 그것이 인체와 열역학이 작동하는 방식이다.

이에 관해 63장에서 이야기하겠지만 체중을 줄이고 지방 축적을 일으킬 수 있는 인슐린 같은 호르몬을 조절하는 아주 좋은 방법으로 나는 단식을 꼽는다. 자세한 사항은 나중에 다루겠지만 어느 정도의 변화를 원하든 간에 오로지 칼로리 섭취와 소모의 문제로 볼 수는 없다고 하더라도 대개 그 부분이 관건임은 분명하다.

실천하기

- 섭취하는 칼로리를 최소 3일 이상 기록하라. 자신의 기본 칼로리 섭취량을 확인할 수 있을 것이다. 기록하기 전에 값을 예상해보고 얼마나 정답에 근접했는지도 확인하라.
- 기초대사량을 계산한 후 해리스 베네딕트 공식을 사용해서 하루에 몇 칼로리를 연소해야 하는지 대략적으로 계산해보고 섭취하는 칼로리와 비교해보라. 앞으로 체중이 감소하겠는가, 아니면 증가하겠는가?
- 이 정보를 활용해서 체중 감량이나 증가를 목표로, 칼로리와 활동에 관한 기본 계획을 세워보라.

CHAPTER

59

동기부여

어떤 목표든지 목표 세우기, 달성 방법 알아내기, 실제 목표를 달성하기 위해 노력하기는 그래도 할 만한 편이다. 무엇보다 어려운 부분은 하려는 의욕을 일으켜서 유지하는 부분이다.

소프트웨어 개발자는 보통 바쁘다. 늘 깨진 빌드나 수정해야 할 버그가 있다. 운동이나 다이어트를 나중으로 미룰 핑계가 언제나 준비되어 있다. 문제는 그 '나중'이 결코 오지 않는다는 것이다.

체중 감량에 성공하길 원하는가? 현존하는 개발자 중 가장 멋진 사람이 되고 싶은가? 혹은 건강하게 살고 싶은가? 그렇다면 스스로 동기를 부여하고 유지하는 방법을 배워라. 이 장에서는 체력 단련 계획에 관한 이야기를 잠시 멈추고 실전에 돌입해서 계획을 꾸준히 지켜나가는 부분에 관해 이야기해 보자.

무엇이 당신을 움직이는가?

사람마다 의욕이 생기는 이유는 제각각이다. 당신에게 동기를 유발하는 원인이 내게도 동기 유발 원인으로 작용하리란 보장은 없다. 무엇이 자신의 동기를 가장 강하게 유발하는지 한 번쯤 생각해보라. 아침에 기분 좋게 일어나 하루를 시작하게 하는 것은 무엇인가? 반대로 도망가 숨고 싶게 하는 것은 무엇인가?

체력 단련 목표를 이룰 핵심적인 동기 유발 요소를 알아두면 행동을 개시하는 데 도움이 된다. 만약 내가 당신에게 가게에 가서 물건을 받아오라고 부탁한다면 별로 해주고 싶지 않을 것이다. 하지만 그 가게에서 1,000달러를 받아 써도 좋다고 한다면 말을 마치기도 전에 당장 달려나갈지 모른다. 즉, 동기 유발 요소를 적절히 쓰면 결과에 큰 차이가 생길 수 있다.

보상은 일찍 주지 마라

의욕을 꺾고 싶다면 목표를 실제로 이루기 전에 목표 달성에 따른 보상을 줘라.

지난주 내게 24시간짜리 작업을 맡기고 수고비를 선불로 준 의뢰인이 있었다. 일주일 기준으로 볼 때 내 능률이 최대치로 오르는 작업량이 바로 한 의뢰인에게 받는 24시간짜리 작업이다. 그런데도 이번에는 작업 의욕이 도무지 살아나지 않았다. 왜 그랬을까?

이미 계좌에 목돈이 입금된 상태였기 때문이다. 작업하기도 전에 보상을 받았기 때문에 작업하고 싶은 의욕이 살아나지 않았다.

당신도 같은 상황에 처할 수 있다. 실제 나는 주변에서 이런 일을 흔하게 목격한다. 운동을 새로 시작하기 위해 비싸고 좋은 러닝화나 트레드밀을 사는 사람이 많다. 하지만 400달러짜리 새 믹서를 산다고 해서 식생활이 건강해지지는 않는다. 오히려 반대의 경우가 더 많다. 이미 보상을 받아 의욕이 사라져버렸기 때문이다. 목표를 이루기 전에 보상을 주면 의욕이 꺾이는 경우가 더 많다.

반대 전략을 써보라. 석 달간 꾸준히 운동하면 그에 대한 보상으로 트레드밀이나 러닝화를 살 기회, 일주일간 건강한 식생활을 유지하면 유기농 식료품점에 가서 건강한 식재료를 살 기회를 스스로에게 주는 것이다. 항상 수고한 일에 대한 보상으로 무언가를 얻어라. 그러면 목표를 이루려는 의욕이 훨씬 더 살아난다.

이러한 견해는 과학적으로도 타당하다고 증명되었다. 켈리 맥고니걸의 『왜 나는 항상 결심만 할까?』는 이런 주제를 다룬 흥미로운 책이다. 이 책에서는 목표를 이루기 전에 보상을 주면 이미 목표를 달성한 것처럼 느낀다는 점을 증명한 몇몇 연구에 대해 이야기하고 있다.

동기부여 아이디어

건강한 삶을 사는 데 도움이 될 훌륭한 동기부여 요소를 이미 생각해냈다고 해도 한 가지 요소만으로는 부족하다. 시간이 지나면 금세 효과가 떨어지기 때문이다. 나는 이미 그러한 경험을 여러 차례 해봤다. 다이어트를 하다가 그만둔 사람이라면 아마도 비슷한 경험을 많이 해봤을 것이다. 그래서 동기를 꾸준히 유발할 다른 방법을 찾아두어야 한다.

당신이 되고 싶은 모습이 담긴 사진을 사방에 붙여두는 것도 좋은 방법이다. 사진을 볼 때마다 목표를 달성하기 위해 집중해서 꾸준히 노력하고 싶은 마음이 든다. 초콜릿 케이크가 유혹하더라도 사진 속 아널드 슈워제네거가 '나약한 인간이여, 진짜 그 케이크를 먹을 건가?'라는 눈빛으로 쳐다보고 있다면 참아낼 수 있을 것이다.

지금까지 얼마나 열심히 해왔는지 확인할 수 있도록 진도표를 만들어두는 것도 좋은 방법이다. 나도 지금 글쓰기를 멈추고 쉬고 싶은 유혹에 시달리던 차에 58장까지 썼다는 것을 눈으로 확인하면서 끝까지 마무리하겠다는 의지를 되새겼다. 이미 많이 진행했다는 사실을 확인하는 것만으로도 끝까지 가볼 의욕이 살아나기도 한다. 잘 쌓아온 탑을 무너뜨리고 싶은 사람은 없기 때문이다.

게임화도 좋은 동기부여 방법이다. 게임화라는 개념은 간단하다. 하고 싶지 않은 일을 게임처럼 만드는 것이다. 운동이나 건강한 생활 습관을 게임처럼 만들어주는 애플리케이션은 시중에 많이 있다.

게임화 애플리케이션

- Habitica
- Super Better
- Fitocracy
- Zombies, Run!

근력 운동이나 달리기, 다이어트 프로그램을 함께할 친구를 만드는 것도 도움이 된다. 좋은 경험이든 나쁜 경험이든 공유할 사람이 있기만 해도 더 즐겁게 꾸준히 운동할 수 있는 동기가 된다. 실제로 나도 근력 운동을 도와주는 파트너가 있을 때 더 꾸준히 운동했다. 목표 달성을 위해 꾸준히 노력하게 해주는 동기부여 아이디어 몇 가지를 소개하자면 다음과 같다.

- **오디오북 듣기**: 달리기나 근력 운동을 할 때 꼭 오디오북이나 팟캐스트를 듣는데 매일 그 시간이 기대될 정도로 좋다.

- **트레드밀 위에서 TV 보기**: 트레드밀 위에서 달릴 때 TV를 볼 수 있다면 훨씬 동기가 부여된다.
- **실외 활동하기**: 실외 활동을 좋아하는 사람이라면 밖에서 뛰는 것만으로도 큰 동기가 부여될 수 있다.
- **육아에서 벗어나기**: 누구나 휴식 시간과 혼자 있는 시간이 필요하다. 운동하는 동안 아이를 돌봐주는 놀이방이 딸린 체육관을 활용하라.

무조건 하라!

꾸준히 동기부여를 잘하면 좋다. 하지만 하고 싶지 않아도 계획에 따라 무조건 해야 할 때도 있는 법이다. 그럴 때는 어떻게 행동할지 미리 결정해두고 그 결정을 지켜나가라.

오늘 달리러 나갈까 말까를 당일 아침에 결정하려고 하지 마라. 공짜 도넛을 먹을까 말까도 눈앞에 공짜 도넛이 있을 때 결정하려고 하지 마라. 이런 문제에 대한 답은 미리 정해두는 게 좋다. 당장 어떤 기분이 들든 상관없이 목표로 정해둔 날짜까지는 사전에 결정해둔 목표를 지켜나가라.

생활하며 마주칠 만한 문제에 관한 판단은 최대한 미리 해두어라. 먹는 것, 하는 것에 관해 미리 원칙을 세워두면 실수할 여지, 혹은 의욕 여하에 좌우될 여지가 줄어든다.

의욕이 사라졌을 때는 의욕 대신 원칙을 활용하라. 나는 완주하겠다는 원칙을 매우 중요하게 생각한다. 그래서 피곤해서 달리러 나가기 싫을 때마다 그 원칙을 생각한다. 당신도 신조로 삼을 격언을 정리해두고 힘들 때마다 그 격언을 지키며 살도록 노력하라.

신조로 삼을 격언

- 항상 완주하라.

- 승자는 절대 포기하지 않고, 포기하는 자는 절대 이길 수 없다.
- 고통이 없으면 얻는 것도 없다.
- 인생은 짧다. 하고 싶은 게 있으면 지금 당장 하라.
- 이 또한 지나가리라.
- 꾸준히 하면 성공한다.

참고: 혐오와 비평만 일삼는 이들은 당신의 동기를 서서히 갉아먹지만 피할 수 없는 존재다. 이러한 위협을 무력화할 수 있는 방법을 배우고 싶다면 다음 링크에서 보너스 장을 확인하라: https://simpleprogrammer.com/softskillsbonus

---

실천하기

- 몸매나 건강을 관리해야 할 이유를 목록으로 정리해보라. 목록에서 동기를 가장 강하게 부여해줄 세 가지 항목을 찾아라. 세 가지 항목을 적어서 눈에 잘 띄는 여러 곳에 붙여두라.
- 이 장에서 언급한 동기부여 아이디어 중 몇 가지를 골라서 생활에 적용해보라. 동기를 부여해줄 만한 인물의 사진을 붙여두거나 운동에 재미를 붙일 수 있게 해줄 애플리케이션을 찾아보라.
- 목표를 단계별로 설정하고 각 단계를 이룰 때마다 스스로에게 보상을 주라. 진도표를 만들어서 목표 진행 상황을 확인하라.
- 그만두고 싶을 때는 포기하지 않고 3개월, 1년을 지속했을 때 느낄 성취감을 상상해보라. 어떤 선택을 하든 어차피 시간이 지나 그 시점이 오기 마련이다.

CHAPTER

60

근육 키우기

헤이, 당신. 그래 거기 당신 말이야. 근육 키우고 싶다고? 진짜로? 좋군. 내가 도와줄 수 있어. 불법 약물은 안 쓸게. 그냥 저항 트레이닝 기본만 배우면 돼.

이 장에서는 근육을 키우는 방법에 관해 이야기하겠다. 노력할 의지가 있다면 생각보다 어렵지 않다. 근육이 어떻게 성장하는지 확인하고, 근육을 잘 키울 수 있는 방법을 알려주겠다. 그리고 식습관 이야기로 다시 돌아가서 근육을 키우는 데 가장 도움이 되는 음식이 무엇인지도 이야기하겠다.

소프트웨어 개발자는 근육을 키우면 확실히 혜택을 본다. 외모가 나아져 기분까지 좋아질 뿐 아니라 일반적으로 생각하는 이미지보다 눈에 띄는 뛰어난 외모를 갖게 되므로 경력에도 도움이 된다.

여성이라면 근육을 너무 키워서 몸집이 거대해 보이길 원하지 않을 것이다. 헐크 같은 외모가 여성에게 그다지 어울리지 않는다는 생각에는 나도 동의한다. 하지만 걱정 마라. 엄청난 양의 테스토스테론이 분비되지 않는 한 아무리 근력 운동을 해도 근육이 그 정도로 커지지는 않는다.

이 장에는 성별을 가리지 않고 적용할 수 있는 내용을 담았다. 성별이 다르다고 해서 근력 운동 방법을 바꿀 필요는 없다. 근력 운동은 여성의 체형도 아름답게 만들어준다. 걱정 말고 무거운 역기를 들어라. 스쾃squat도 빼먹지 마라.

근육은 어떻게 자라는가

인체의 적응력은 굉장히 뛰어나다. 거친 물건을 쥐면 손을 보호하기 위해 굳은살이 박인다. 장거리 달리기를 하려고 하면 더 쉽게 뛸 수 있도록 심혈관계가 그에 맞춰 적응한다. 무거운 역기를 들 때는 근육을 크게 키운다.

인체는 효율성도 무척 뛰어나다. 단순히 멋지게 보이고 싶다고 해서 근육이 커지지 않는다. 종일 거울 앞에서 헤라클레스처럼 되고 싶다고 바라본들 근력 운동을 하지 않는 한 아무 변화도 일어나지 않는다.

역기를 든다 해도 무게가 별로 무겁지 않아서 몸이 도전이라고 느끼지 않는다면 근육을 만들지 않는다. 만들 이유가 없기 때문이다. 역기의 무게를 약간씩 늘려가며 근육이 성장하도록 점진적으로 부담을 주는 게 핵심이다. 즉, 근육을 더 키워야 한다고 몸을 설득해야 근육이 커진다.

근육의 크기가 커지는 것은 근육이 부하에 적응하는 방법 중 하나일 뿐이다. 근육은 힘과 지구력 면에서도 성장한다. 근육의 크기를 적당히 키우려면 부담의 정도를 적절하게 유지해야 한다.

근력 운동의 기본

처음에는 근력 운동이 부담스러울 수 있다. 세상에는 다양한 운동법이 존재하므로 무엇을 해야 할지 고민될 수 있다. 다행히 기본은 쉽게 배울 수 있다.

우선 근력 운동과 관련한 기본 용어부터 배워보자. 근력 운동은 보통 다양한 운동을 섞어서 하는데 스쾃이라고 하는 운동을 한다고 가정해보자. 스쾃이란 선 상태에서 무릎을 구부리며 쪼그렸다가 다시 서는 자세로 돌아오는 동작을 가리킨다.

반복 횟수란 운동의 각 전체 주기 1회를 뜻하므로 스쾃의 경우 스쾃 1회를 가리킨다. 운동은 보통 스쾃 10회처럼 한 운동을 여러 횟수로 진행한 뒤 잠깐 쉬었다가 다시 이를 반복하는데, 이때 반복 운동과 휴식을 합쳐 한 세트라고 부른다. 한 세트란 운동을 수행하는 하나의 연속된 세션을 가리킨다.

따라서 스쾃을 '10회 3세트' 하라는 말은 스쾃 동작을 10회 하고 잠시 쉬었다가, 다시 10회 하고 또 쉬었다가, 마지막 10회 해서 3번의 주기, 총 30회를 채우라는 뜻이다.

목표에 따라 다르게 운동하라

근육의 적응 방식은 다양하다고 말했던 것을 기억하는가? 근육은 역기를 드는 방법에 따라 각기 다른 방식으로 적응한다. 이제 반복 횟수와 세트라는 말을 이해했으니 다양한 근력 운동 목표를 이룰 때 이를 어떻게 활용할지 확인해보자.

근력

반복 횟수를 줄이고 세트 사이를 길게 쉬어가며 운동하면 근육이 더욱 강하게 성장한다. 보통은 근력이 증가할 때 크기도 커지기 마련이지만 간혹 같은 크기의 근육이라도 근력이 크게 차이 날 때도 있다. 그러므로 근력을 키우고 싶다고 해서 꼭 근육의 크기를 키울 필요는 없다. 다른 운동 방법에 비해 근육을 더 작게 키우는 운동도 있다.

힘을 키우는 게 목표라면 반복 횟수를 1~6회 정도로 제한하라. 반복 횟수를 줄이는 것만으로는 부족하다. 목표 반복 횟수를 채우면서 들 수 있는 가장 무거운 무게를 들어라. 4회 반복할 생각이라면 4회까지는 들 수 있지만 5회는 들 수 없을 정도로 최대한 무거운 무게를 들면 된다.

크기

근육의 크기를 키우는 게 목표일 수도 있다. 아마 이러한 목표를 세우는 사람이 가장 많을 것이다. 근육 크기를 키우는 것은 근비대muscular hypertrophy라고도 한다. 근육 크기를 키우려면 반복 횟수도 중간 정도, 휴식 시간도 보통 정도로 설정하면 된다. 근육 크기를 최대로 키우려면 반복 횟수를 8~12회 정도로 해서 운동하라. 이 말은 8~12회 반복하면서 들 수 있는 최대 무게를 찾아야 한다는 뜻이다. 반복 횟수를 더 늘리면 근육이 타는 듯한 느낌이 들 수 있다. 고통 없이는 얻는 것도 없다는 말을 생각하며 견디길 바란다(짧게 첨언하자면 반복 횟수 4~6회의 낮은 반복 횟수 범위에서 근육의 크기를 최대로 키울 수 있을지 모른다. 자신에게 8~12회가 효과가 없는 것 같다면 4~6회를 반복하며 들 수 있는 최대 무게를 찾아보라. 내게는 6회 정도가 최적이었다).

지구력

근지구력을 키우는 데 관심이 있는 사람도 있을 것이다. 근지구력을 키우려면 반복 횟수를 최대로 늘리면 된다. 반복 횟수를 늘리고 잠깐씩 쉬면서 운동하면 근지구력이 최대로 높아진다. 이 말은 당신의 몸이 부하에도 쉽게 지치지 않도록 적응한다는 뜻이다.

근지구력을 높이려면 반복 횟수를 최소 12회 이상으로 늘려라. 20회 이상 반복해도 좋다. 대신 근육의 크기는 별로 커지지 않으니 주의하라. 심지어 크기가 줄어들 수도 있다. 단거리 선수와 장거리 선수의 차이와 비슷하다고 이해하면 쉽다.

시작하기

자, 이쯤 되면 실제 어떤 운동을 해야 할지, 또 어떻게 시작해야 할지 궁금할 것이다. 좋은 소식은 건강 관련 잡지나 전문가가 말하는 것만큼 복잡하지 않다는 것이다. 최소의 시간을 들여 최대의 혜택을 얻을 수 있는 기본 운동법이 존재한다.

일주일 동안 어떻게 운동해야 할지부터 이야기하겠다. 나는 일주일에 3일 운동하는 방법을 무척 좋아한다. 물론 원하는 주기로 얼마든지 변형해도 좋다.

처음 시작할 때는 전신 근육을 자극하는 운동을 하는 게 좋지만 익숙해지면 점점 특정 날짜에 특정 부위를 운동하는 방식으로 나누는 게 좋다. 또 시간이 지날수록 몸이 계속 새롭게 적응할 여지가 생기게끔 운동 강도를 높이는 게 좋다.

나는 운동을 밀기, 당기기, 다리의 총 세 가지로 분류한다. 밀기는 역기를 들 때처럼 자신의 몸에서 멀어지도록 미는 운동이다. 이러한 운동은 보통 가슴의 흉근과 어깨의 삼각근, 삼두근을 사용한다. 당기기는 반대로 역기를 몸 쪽으로 당기는 운동이다. 이러한 운동은 보통 등과 이두박근을 쓴다. 마지막으로 다리는 당연히 다리 운동을 가리킨다.

시작할 때는 하루에 세 가지 운동을 모두 하는 게 좋다. 각각에 해당하는 운동을 하나씩 하면 된다. 구체적으로 어떤 운동이 좋은지는 잠시 후에 자세히 설명하겠다. 처음에는 근육이 아플 것이다. 이런 통증을 지연성 근육통DOMS: Delayed Onset Muscle Soreness이라고 하는데 운동한 다음 날 아프기 시작해서 일주일 정도 지속된다. 하지만 걱정하지 마라. 꾸준히 하면 이런 통증을 느끼는 횟수가 점점 줄어든다.

2~3주 정도 전신 운동을 하고 그 후에는 이틀은 상체, 하루는 하체, 아니면 밀기 하루, 당기기 하루, 다리 하루로 나눠서 하라. 짧게 첨언하자면 이 책의 초판을 작성할 당시 나는 밀기, 당기기, 다리 운동 루틴이 가장 효과적이라고 생각했다. 하지만 최근 2년간 초보자에게 추천했던 것처럼 일주일에 3일 동안 전신 운동하는 방식을 실험해본 결과 매번 전신 운동을 할 때 더 나은 결과를 얻는다는 것을 깨달았다. 전신에 충분한 운동과 세트를 수행하는 고급 전신 운동 루틴을 하려면 세션별로 체육관에서 1시간 반~2시간을 보내야 한다. 여러분도 나와 똑같은 실험을 해봐도 좋다. 나는 이 루틴 덕에 190cm에 99kg, 체지방 8%의 꽤 괜찮은 체격을 만들 수 있었다. 하지만 사람마다 성과는 다를 수 있다.

어떤 동작을 하면 좋을까?

기본 계획을 세웠고 목표 달성 방법도 깨달았으니 이제는 어떤 근력 운동을 해야 할지 궁금할 것이다. 지금부터 각 신체 부위에 최고의 효과를 낸다고 생각하는 운동을 알려주겠다. 동작 방법에 관해서는 자세히 설명하지 않겠다. 운동 관련 사이트 Bodybuilding.com(http://simpleprogrammer.com/ss-bodybuilding)에서 사진, 동영상과 함께 자세한 설명을 찾아볼 수 있다.

복합 동작은 여러 관절을 쓰는 근력 운동을 말하는데 복합 동작을 최대한 많이 할수록 좋다. 한 번에 더 많은 관절을 쓸수록 더 많은 근육이 쓰이므로 더 많은 효과를 볼 수 있다. 내가 추천할 동작들도 가장 큰 효과를 보는 핵심 근육이 있긴 하지만 그 외의 여러 근육도 함께 사용한다.

처음에는 1~2세트 정도로 시작해서 3~5세트로 늘려가라. 나는 보통 1시간에 걸쳐 20~25세트를 한다. 그보다 많이 한다고 해서 더 유익한 것은 아니다.

최고의 동작

더 훌륭한 동작이나 변형 동작도 있지만 다음에 소개하는 동작은 내가 운동할 때, 아니면 다른 사람에게 운동 프로그램을 짜줄 때 빼놓지 않고 넣는 주요 동작이다. 이 중에서 자신에게 가장 필요하다고 생각하는 몇 개만 골라서 해도 좋다.

[밀기]

가슴

- 벤치 프레스(Bench press): 대표적인 가슴 운동이다. 정확한 동작을 배워서 하라. 경사를 조절하면 다양한 근육 부위를 자극할 수 있다.
- 덤벨 플라이(Dumbbell fly): 이 역시 가슴의 크기를 키울 수 있는 훌륭한 가슴 운동이다.

삼두근

- 오버헤드 트라이셉스 익스텐션(Overhead triceps extension): 이 동작은 앉아서 하길 권한다. 삼두근을 키울 수 있는 최고의 방법이다. 삼두근 전체를 자극해서 팔 근육을 키우는 데 큰 도움이 된다.
- 케이블 푸시다운(Cable pushdown): 이 운동이 삼두근을 크게 자극하지는 않는다. 하지만 삼두근 외측두가 자극되어 삼두근을 멋진 말발굽 형태로 만들 수 있다(어떤 모양인지 모르겠다면 삼두근 말발굽(triceps horseshoe) 이미지를 구글에서 검색해보라).

어깨

- 밀리터리 프레스(Military press): 일어선 상태로 이 동작을 하면 복근까지 자극된다. 하지만 주의해야 하는 동작이다. 초반에는 가벼운 무게로 정확한 동작을 익히는 데 집중하라. 최고의 어깨 운동이자 매우 훌륭한 복합 동작이다.

- 사이드 래터럴 레이즈(Side lateral raise): 어깨 측면에 있는 근육은 키우기 매우 어려운 부위인데 이 부분을 자극하는 운동이다. 복합 동작은 아니지만 강력히 추천한다.

[당기기]

등

- 원-암드 덤벨 로우(One-armed dumbbell row): 꽤 고통스러운 동작이다. 적어도 나한테는 그렇다. 하지만 등 근육을 키우는 최고의 동작이다. 효과를 최고로 높이려면 한 번에 한 팔씩 하라.
- 턱걸이(Pull-up): 등 근육을 키우는 가장 유명한 동작이다. 등 근육 측면을 키워서 V자 형태를 만들면 꼭 등에 날개가 있는 것처럼 보인다. 턱걸이를 하나도 할 수 없다면 혼자 할 수 있을 때까지 도와주는 기구를 찾아보거나 저항 밴드를 활용하라(힌트: 광배근과 이두근을 크게 키울 수 있을 정도로 발전한 사람은 중량 풀업(weighted pull-up)을 시작하라).

이두박근

- 얼터네이팅 덤벨 컬(Alternating dumbbell curl): 이두박근을 키우는 효과적인 동작이다. 등 운동을 하면 이두박근도 함께 단련되므로 다른 방법으로 등 운동을 한다면 이두박근 운동은 이 동작만 해도 된다. 단, 몸이 흔들리면 효과가 없으므로 주의하라.

[다리]

- 스쾃(Squat): 두말할 것 없이 최고의 근력 운동이다. 스쾃만큼 기분이 좋아지는 운동이 없다. 스쾃은 거의 모든 다리 근육을 사용하고, 심지어 코어 근육까지 쓴다. 꼭 정확한 자세를 배워서 해보라.
- 데드리프트(Deadlift): 이 또한 훌륭한 운동이다. 배우기 약간 어려울 수 있다. 천천히 무게를 조금씩 늘려가라. 전신을 자극하는 대신 아주 힘든 동작이므로 5회 이상 반복하지 않기를 권한다. 잘못된 방식으로 운동하면 아래쪽 등에 큰 무리가 올 수 있으므로 반드시 정확한 동작을 배워서 하라. 햄스트링과 아래쪽 등을 자극하는 동작이다.
- 카프 레이즈(Calf raise): 카프 레이즈를 어떻게 하는지는 그다지 중요하지 않다. 하지만 꼭 다양하게 변형해서 해보라. 몸집은 크게 키웠는데 종아리가 가늘면 어색해 보인다.
- 워킹 런지(Walking lunge): 나는 스쾃과 데드리프트 대신 워킹 런지를 시작했고 훨씬 더 나은 결과를 얻었다. 특히 둔근이 발달했다. 워킹 런지를 정기적으로 하기 전에는 엉덩이가 납작했다. 스쾃이나 데드리프트를 좋아하지 않는다거나 그런 운동을 할 때 허리에 무리가 간다면 워킹 런지가 좋은 대안이다.

몇 가지 동작만 골라서 해야 한다면 나는 스쿼트, 데드리프트, 벤치 프레스, 중량 풀업, 밀리터리 프레스 순으로 추천하고 싶다. 이 다섯 가지만 해도 근육이 크는 게 느껴질 것이다.

복부 운동은 왜 언급하지 않느냐고? 이 책의 초판을 읽은 사람이라면 직접적인 복부 단련을 추천하지 않았던 것을 기억할 것이다. '최고의 동작' 섹션에서 언급한 코어 리프트면 충분하다고 생각했기 때문이다. 하지만 생각이 바뀌었다. 격한 복부 단련을 일주일에 몇 번 정도 해보니 체지방률이 높을 때도 복근이 보인다는 것을 깨달았다. 복근 운동에 몇 가지 혜택이 따르긴 하지만 그렇게 되려면 복근을 신체 다른 부위처럼 격하게 단련해야 한다(이에 대해서는 다음 장에서 더 이야기하겠다).

각각의 동작을 어떻게 하는지 꼭 찾아보고 정확한 동작을 배워라. 가벼운 무게에서 시작해서 점진적으로 높여가야 한다는 사실을 꼭 기억하라.

무엇을 먹을까?

열심히 근력 운동을 하더라도 식습관을 신경 쓰지 않으면 근육이 성장하지 않는다. 다행히 그리 어렵지는 않다. 섭취 칼로리를 높이고 단백질을 충분히 먹으면 된다.

체지방을 제외하고 나머지 체중 1킬로그램당 2~3그램의 단백질을 매일 섭취하길 권장한다. 예를 들어 당신의 몸무게가 90킬로그램이고 체지방이 20퍼센트라면 체지방을 뺀 체중 72킬로그램을 기준으로 최소 144그램의 단백질을 섭취해야 근육량을 키울 수 있다.

섭취한 칼로리가 지방이 아닌 근육을 키우는 데 쓰이도록 건강한 음식을 먹어라. 하지만 지방 축적은 피할 수 없다. 근육을 키우려면 지방도 함께 얻는 수밖에 없다. 세상 이치가 원래 그렇다.

보조제는 먹지 않아도 된다. 운동 직후에 단백질 보충제를 먹으면 도움이 된다. 원한다면 크레아틴을 먹어도 된다. 내가 실제 효과를 본 유일한 보충제다. 더 무거운 역기를 들 때, 근육을 더욱 탄탄하게 만들 때 도움이 된다. 마지막으로 초판에서는 BCAAs(분지사슬아미노산)을 추천했는데 요즘은 확신이 없다. 실험해본 결과 실제 별 차이가 없었고 심지어 약간의 부작용도 있을 수 있다. 다시 말하지만 보조제는 굳이 먹지 않아도 된다. 그 밖의 것은 거의 소용없다고 보면 된다. 단, 비타민 D_3는 대부분의 사람들에게 부족하므로 비타민 D_3는 비타민 K_2와 함께 섭취할 것을 권장한다.

실천하기

- 체육관에 등록하고 근력 운동 계획을 세워라. 겁이 난다면 처음 몇 주 정도 개인 트레이너를 써 보는 것도 좋다. 하지만 가장 중요한 것은 미루지 않고 당장 시작하는 것이다.
- http://simpleprogrammer.com/ss-bodybuilding에서 이 장에 언급된 운동을 찾아보라. 동영상을 보고 운동법을 익혀라. 역기 없이 맨손으로 연습해보라.

CHAPTER

61

식스팩 복근 만들기

운동과 관련해 누구나 궁금해할 질문을 딱 하나 꼽으라면 아마 '식스팩 복근은 어떻게 만드는가?'일 것이다. 복근은 체력이나 신체적 매력을 확인하는 핵심 지표인 듯하다. 복근이 있으면 어디에 가든 특별한 대우를 받으며 살 수 있다.

복근은 어떻게 만드는가? 어떻게 하면 수영복 모델, 할리우드 유명 배우, 로마의 조각상처럼 한 차원 더 높은 신체적 매력을 소유할 수 있는가? 쉽게 얻을 수는 없다. 놀라운 사실은 윗몸 일으키기와 크런치로는 어렵다는 것이다.

이 장에서는 누구나 꿈꾸는 왕(王)자 복근 만드는 비법을 속속들이 알려주겠다.

복근은 주방에서 만들어진다

좋은 소식과 나쁜 소식이 있다. 좋은 소식은 크런치를 비롯한 온갖 복부 운동이 어차피 복근을 만드는 데 별 도움이 되지 않으니 힘들게 할 필요 없다는 것이다. 나쁜 소식은 복근을 얻으려면 상상을 초월하는 어려운 과정을 거쳐야 한다는 것이다. 대단한 절제력을 발휘해서 체지방률을 매우 낮은 수치까지 떨어뜨려야 한다.

복부 근육 운동을 반복해야 복근이 생긴다고 생각하는 사람이 많다. 물론 다른 근육처럼 복근도 점진적으로 저항 훈련을 할 때 커지는 것은 사실이다. 하지만 배에 식스팩이 생기지 않는 이유는 복근이 없어서가 아니라 복근이 보이지 않게 가려져 있어서다.

윗몸 일으키기, 크런치, 레그 리프트 등 온갖 복근 운동을 하더라도 체지방 비율이 매우 낮지 않으면 절대 복근을 볼 수 없다. 근력 운동을 하는 사람은 복근 훈련을 따로 하지 않더라도 훌륭한 복근을 갖고 있다. 나도 복근 운동은 거의 하지 않는다. 하지만 배가 체지방을 중점적으로 쌓아두는 부위라는 게 문제다. 특히 남자들은 그런 경향이 더욱 심하다.

훌륭한 유전자를 타고나서 복부에 지방을 쌓아두지 않는 체질이라면 모를까 전체 체지방률이 매우 낮지 않은 한 절대 복근을 볼 수 없다. 설사 이 말이 사실이 아니라 해도 근력 운동에 관한 지식을 바탕으로 볼 때, 복부 근지구력을 키워주는 크런치나 윗몸 일으키기 정도의 강도로는 근비대가 일어나지 않는다.

따라서 식스팩 복근 만들기는 주방에서 시작해야 한다. 체중 감량에 관해 이미 어느 정도 이야기했지만 비만이라서 체중을 감량해야 할 때와 적정 체중이지만 지방률을 줄여야 할 때 해야 할 일은 다르다. 체지방률을 낮춰서 복근을 드러내는 데 필요한 식이요법과 영양에 관한 더 상세한 내용은 58장에서 확인하라.

복근을 생각하기 전에 좋은 몸매부터 만들어야 한다. 앞 장에 나온 조언을 잘 따른다면 그리 어려운 일은 아니다. 다만, 시간이 좀 걸릴 것이다. 체지방률이 평균에 도달한 후에 그 이하로 더 떨어뜨리기 위해서는 철저한 절제와 희생이 필요하다.

인체는 복근을 원하지 않는다

피트니스 모델의 사진에서 시선을 사로잡는 복근을 보면 '멋지다!'는 생각이 든다. 하지만 몸은 그렇게 생각하지 않는다. 몸이 독자적으로 생각하고 말할 능력이 있다면 같은 사진을 보고 아마 이렇게 반응할 것이다. '이런! 곧 죽게 생겼는데? 엄청 굶주린 모양이군. 저 몸은 저 사람이 저렇게 죽어가는데 살릴 생각은 안 하고 뭐 하는 거지?'

몸은 매우 복잡한 조직이다. '내 몸이 수영복을 입었을 때 멋질까?' 같은 문제는 신경 쓰지 않는다. 몸은 오로지 생존 유지라는 목표에 집중한다. 인체 입장에서 볼 때 식스팩이 드러난 복근은 심각한 문제다. 인체는 그 정도로 드러난 복근을 몇 주 안에 굶어 죽을 수 있다는 신호로 해석한다. 당신은 "내일 먹을 음식을 충분히 준비해 두었는데 무슨 소리냐?"라고 할지 모르지만 인체는 장기적 재난이 닥쳐도 살아남을 준비를 해두려 한다. 앞일은 어떻게 될지 모르니 어려운 상황을 대비해 지방을 저장해두는 것이다.

인체는 생존 유지라는 이기적인 목표 때문에 온갖 방법을 동원해서 지방 감소를 저지하려 들 것이다. 지방이 줄어들 때는 근육도 함께 줄어든다. 이를 막을 방법은 없다. 게다가 이미 낮은 체지방률을 더 낮추려 할 때는 어떻게든 이러한 시도를 좌절시키기 위해 인체는 근육 대학살에 돌입한다. 소중한 지방을 지키기 위해 근육을 연소시켜서 칼로리로 쓰는 것이다.

사실 말이 되는 이야기다. 근육을 유지하려면 많은 칼로리를 써야 한다. 근육이 많을수록 연소할 칼로리도 늘어난다. 그러므로 인체 입장에서는 칼로리가 부족할 때, 당신이 굶어서 자신을 죽음으로 몰아간다고 생각할 때 근육을 연료로 쓰면서 에너지를 추가로 얻는 동시에 전체 에너지 필요량은 줄이는 일석이조의 효과를 얻는다.

근육부터 연소시켜서 수영복이 잘 어울리는 몸매로 변신하지 못하게 훼방을 놓는 것은 물론 공복감을 느끼게 하는 그렐린 호르몬 분비를 늘리고 포만감을 느끼게 하는 렙틴 호르몬의 분비를 줄인다. 즉, 지방이 줄어들수록 배는 더 고파지고 배부르다는 느낌은 더 받기 어려워진다.

더 자세히 이야기하지 않겠지만 핵심은 이해했으리라 생각한다. 인체는 생존을 위해 온갖 수단을 동원하여 체지방률이 특정 수준 이하로 떨어지지 못하게 한다.

그러면 어떻게 해야 할까?

이러한 인체의 저항을 극복할 마법 같은 방법은 없다. 체지방률이 극도로 낮은 전문 보디빌더들은 인체에 해로울 수 있는 스테로이드 등의 약물을 복용하곤 한다. 전문 보디빌더나 피트니스 모델이 감량을 위해 사용하는 극단적인 약물이 궁금하다면 구글에 DNP를 검색해보라. 이 독성 화학물질은 미토콘드리아를 멈추고 초등학교 때 배웠던 ATP 합성 과정을 중단시켜 인체를 거대한 독성 물질의 용광로로 만들어버린다. 지방을 줄이고 근육을 얻겠다고 DNP, 아나볼릭 스테로이드 등의 불법 약물에 손대는 일은 절대 없어야 한다. 그럴 가치가 없을 뿐 아니라 생명을 위협하는 매우 위험한 행동이다.

자기 몸의 미토콘드리아를 평화롭게 내버려 두고 싶은 평범한 사람이라면 어떻게 해야 할까? 오랜 시간 식습관을 철저히 관리하는 것이 답이다.

복근이 보일 정도로 지방을 줄이고 싶다면 너무 빨리 혹은 너무 느리게 체중을 줄이지 않도록 신중하게 섭취 칼로리 제한 수준을 계산해야 한다. 배고프다는 느낌이 커지기 때문에 엄격하게 규율을 따라야 하겠지만 불가능하지는 않다.

식사량을 많이 줄이는 방향으로 식습관을 조절해야 할 뿐 아니라 근육을 키우기 위한 근력 운동도 빠뜨리면 안 된다. 칼로리를 제한하는 다이어트를 하면서 근력 운동을 하기는 어렵다. 하지만 근육 손실을 최소로 줄이려면 무거운 역기를 드는 근력 운동을 꾸준히 하는 수밖에 없다. 무거운 역기를 들면 인체는 여전히 근육이 필요하다는 신호로 해석한다.

지방을 줄이고 싶을 때는 고강도 인터벌 트레이닝HIIT: High-Intensity Interval Training이라고 알려진 운동법을 활용하는 것도 좋다. 이 운동법은 매우 짧은 시간 안에 매우 높은 강도로 운동하는 심장 강화 운동이다. 1~2분 동안 전력 질주 속도로 언덕을 뛰어 올라가는 운동을 예로 들 수 있다. 이 운동법은 장거리 달리기 같은 일반 심장 강화 운동보다 지방 조직을 잘 보존하면서 지방을 태우는 효과가 있다고 한다.

식스팩 복근을 원한다면 엄격한 절제가 필요하다. 말 그대로 자신의 몸과 죽음을 건 싸움을 치러야 한다.

복근을 실제 단련하는 시기와 방법

이 책의 초판이 출간된 후 항상 복근이 보이는 듯했으나 나보다 체지방률이 훨씬 더 높은 몇몇 피트니스 유튜버 때문에 내 생각이 약간 바뀌었다.

지난 몇 년간 정기적으로 무거운 중량으로 복근을 단련하자 체지방률이 높더라도 복근이 보인다는 것을 깨달았다. 당연한 이야기지만 복근이 커졌기 때문이다. 엄청난 차이가 있는 것은 아니므로 복근을 보려면 체지방률이 꽤 낮아야 한다. 하지만 체지방률이 10% 정도 되는 남성, 체지방률이 이보다 약간 높은 17% 정도 되는 여성인데 복근이 보이지 않는다면 고려해볼 만한 사항이다.

다시 말하지만 복근을 단련하려면 이 장 앞부분에서 말한 것처럼 수백 회의 크런치, 윗몸 일으키기, 사이드 트위스트보다 무거운 중량으로 훈련하는 데 집중하라. 중량을 조절할 수 있는 복근 운동 기구를 써도 좋고 크런치나 레그 리프트를 할 때 추가 중량을 들어도 좋다. 실질적인 성과를 내려면 무엇보다 무거운 중량으로 훈련하는 것이 중요하다.

그리고 복근의 형태는 상당 부분 유전자가 결정한다는 것도 알아두기 바란다. 훌륭한 복근을 타고나는 축복받은 사람도 있고 심지어 에잇팩eight-pack을 타고나는 사람도 있는가 하면 기껏해야 포팩four-pack 밖에 되지 않는 비대칭 복근을 타고나는 사람도 있다. 그나마도 알아내지 못하는 사람이 대부분이다. 복근을 조금이라도 보려면 상당한 노력과 헌신이 필요하기 때문이다.

실천하기

- 인터넷에서 체지방률이 각기 다른 사람들 사진을 구해서 복근이 얼마나 보이는지 보고 그중 원하는 수준이 어느 정도인지 확인해보라. 단, 남녀 차이가 크니 주의하라.
- 식스팩 복근을 만들기 위한 뚜렷한 계획을 세워보라. 어떤 식이요법을 따를 것인가? 체중을 몇 킬로그램 감량할 것인가? 방법을 모른다면 목표를 달성하기 어려우므로 소수의 사람이 달성한 목표를 달성하고 싶은 사람이라면 지금 진로를 계획하라.

CHAPTER

62

달리기 시작하기

체중을 감량하는 중이거나 심혈관 건강을 증진하려는 사람이라면 달리기에 관심을 가져라. 이런 말을 해도 되는지 모르겠지만 솔직하게 이야기하겠다. 나는 달리기를 싫어한다. 좋아하려고 노력해봤다. 트레드밀에서 남은 시간을 세거나 스마트폰에서 몇 킬로미터 남았는지 확인하면서 재미있다고 되뇌어 보기도 했지만, 사실 달리기를 좋아하지 않는다.

하지만 좋든 싫든 한다. 지난 5년간 일주일에 3일씩 나가서 5킬로미터를 달렸다. 좋아하지는 않지만 규칙적으로 하다 보니 익숙해졌다. 하지만 시작하기는 어려웠다. 달려본 적이 없는 사람이 바로 5킬로미터를 뛰기는 어렵다. 물론 잘 뛰는 사람도 있을 것이다. 하지만 나는 처음에 한 블록조차 달릴 수 없었다.

이 장에서는 달리기를 왜 시작해야 하는지, 달리기가 인체에 어떤 영향을 미치는지, 또 어떻게 시작할지 이야기하겠다.

짧은 업데이트: 아, 이 책의 초판 발행 이후 바뀐 것이 많다. 과거에 내가 달리기를 싫어했던 것은 사실이나 지금은 달리기를 좋아한다. 달리기에 대

한 내 태도가 어땠는지 확인할 수 있게 이 장의 원래 도입부를 남겨두기로 했다. 달리는 거리도 꽤 늘어났다. 이에 관한 이야기와 달리기에 대한 내 태도가 어떻게 바뀌었는지 뒤에서 더 이야기하겠다.

달려야 하는 이유

나를 비롯해 많은 사람이 달리는 가장 큰 이유는 심혈관 건강을 위해서다. 달리면 심장이 튼튼해질 뿐 아니라 폐활량도 증가한다. 물론 어떤 운동을 하든 이러한 효과를 볼 수 있다. 하지만 달리기는 무척 쉬운 방법이다. 어디에 있든 밖으로 나가서 달리면 되니 상당히 쉽다고 볼 수 있다(그렇지만 관절 문제를 비롯해 달리기 어려운 다른 문제가 있는 사람에게는 자전거 타기나 수영이 좋은 대안이 될 수 있다).

같은 맥락에서 볼 때 달리기는 칼로리를 연소하지만, 달리기만으로는 체중이 줄지 않는다. 체중을 줄이려면 칼로리 섭취 제한에 집중하는 게 좋다. 하지만 달리기도 체중 감량에 긍정적인 영향을 미친다. 달리면 식욕이 억제된다는 연구 결과가 있다. 그러므로 배고플 때는 나가서 달려라. 체중 감량이라는 목표에 가까워지는 일석이조의 방법이다.

원래는 달리는 동안 그리 즐겁지 않았지만 달리고 난 후에는 기분이 꽤 좋아졌다. 나의 이런 기분 변화를 뒷받침하는 몇 가지 연구가 존재한다. 이러한 연구가 공통적으로 언급하는 내용은 달리면 전반적으로 행복해진다는 것이다. '러너스 하이runners' high'라는 표현을 들어본 사람이라면 달리는 동안 기분이 좋아지는 화학 물질이 분비된다는 사실을 알고 있을 것이다. 원래 나는 이러한 효과를 경험할 만큼 오래 달리지 않았는데 아마 그래서 달리기를 좋아하지 않았던 것 같다.

달리기에는 그 밖에도 여러 이득이 있다. 무릎을 비롯해 여러 관절이 강화되고 뼈 부피가 늘어나며 암 위험이 감소하므로 수명 연장에도 도움이 된다. 몇몇 혜택은 다른 혜택보다 더 쉽게 증명할 수 있다.

달리기 시작!

아직 장거리를 달려본 적이 없다면 몇 킬로미터씩 달리는 게 불가능하다고 생각할지 모른다. 하지만 특별한 경우가 아니라면 보통 사람도 장거리라 할 만한 꽤 긴 거리를 달릴 수 있다. 심지어 마라톤도 가능하다.

거리를 점진적으로 늘려가는 일정을 짜면 긴 거리도 달릴 수 있다. 5킬로미터를 겨우 달리는 수준에서 시작해 30주 안에 42.195킬로미터 마라톤을 완주할 수 있게 해주는 마라톤 훈련 표준 일정도 있다.

마라톤을 완주하려 생각하기 전에 5킬로미터부터 달릴 수 있어야 한다. 5킬로미터 정도면 처음으로 시도해보기 적당한 거리다. 5킬로미터 경주는 많이 열린다. 도전해보고 완주한다면 더 욕심을 내볼 수도 있을 것이다.

나는 몇 년 간 달리지 않다가 다시 달리기 시작할 무렵 '카우치 투 5K Couch-to-5K'라는 달리기 프로그램을 활용했다. 이 프로그램은 원래 '쿨 러닝 Cool Running(http://simpleprogrammer.com/ss-couch-to-5k)'이라는 달리기 그룹이 만든 프로그램이다.

이 프로그램은 간단한 아이디어에서 출발했다. 달리는 거리를 매주 조금씩 늘리는 것이다. 중간에 급격하게 변화하는 단계도 있지만 처음에는 짧은 시간에 걷기와 달리기를 반복하는 방식으로 시작해서 프로그램이 끝날 즈음에는 5킬로미터를 완주한다.

달리기 경험이 전혀 없는 사람, 현재 몸 상태가 그리 좋지 않은 사람도 시작할 수 있도록 디자인한 것이 이 프로그램의 장점이다. 이 프로그램은 2개월간 일주일에 3일 20~30분씩 달리면 완료된다.

나는 프로그램을 쉽게 진행하도록 도와주는 모바일 애플리케이션을 찾아서 활용했다. 프로그램이 어느 정도 진행되었는지 보여주고 달릴 때 언제 달리고 언제 걸어야 하는지 알려주는 앱이었다. 공식 iOS 애플리케이션은 http://simpleprogrammer.com/ss-c25k에서 확인할 수 있고 'couch to 5K'라고 검색하면 다른 모바일 앱스토어에서도 찾을 수 있다.

시작하는 사람을 위한 조언

가장 중요한 것은 꾸준함이다. 카우치 투 5K를 시작하더라도 실제로 매주 3회씩 꾸준히 달리지 않으면 진도가 나가지 않는다. 꾸준히 달리지 않으면 달릴 수 있는 거리가 오히려 줄어든다. 지구력을 키우는 데는 시간이 오래 걸리지만 이를 잃어버리는 것은 금방이다.

그렇다 해도 시작할 때부터 아주 잘해야 한다는 부담은 금물이다. 처음 몇 주 동안은 아마 걷기와 달리기를 번갈아 해야 할 것이다. 카우치 투 5K 프로그램도 이러한 방식으로 진행된다. 시간이 지날수록 달릴 수 있는 거리가 늘어나 목표에 도달한다. 그렇게 되기까지 인내심을 가지고 꾸준히 하라. 초반에 너무 무리하면 오히려 포기하기 쉽다.

더 많이 달리면 즐거워질까?

이 책의 초판을 쓸 당시에는 달리기가 싫은 데도 달렸던 것이 사실이다. 하지만 2년 정도 지난 후 돌파구를 찾았다. 평소처럼 5킬로미터를 달리던 중 한번은 팟캐스트를 녹음했다. 당시에는 영리한 방법이라고 생각했다. 어쨌든 팟캐스트를 녹음하는 동안 달리면서 말할 수 있다면 더 먼 거리도 달릴 수 있겠다는 생각이 들었다. 그래서 그날은 5킬로미터가 아니라 11킬로미터를 조금 넘게 달렸다.

그때 내가 자신을 제한하고 있다는 걸 깨달았다. 달리는 속도가 늘지 않고 달리기가 좋아지지 않았던 것은 발전이 없기 때문이었다. 자신을 더 밀어붙이지 않았다. 몇 주가 지나도록 똑같은 달리기 루틴을 반복하면서 속도가 늘고 상황이 나아지기만 기대했다.

달리는 거리가 점점 더 멀어져서 마라톤 하프 코스에 가까워지자 '마라톤 하프 코스를 달릴 수 있을 것 같은데?'라고 생각했다. 그래서 하프 코스를 달렸고 그때부터 달리기에 푹 빠졌다. 여러 하프 코스 마라톤에 등록했고 점점 더 먼 거리를 달렸다. 이 장에 내용을 추가하고 있는 오늘, 요즘 진행 중인 마라톤 풀 코스 훈련 프로그램의 일환으로 신나게 16킬로미터를 달릴 준비를 하고 있다. 이번이 네 번째 풀 코스 마라톤이 될 것이다. 내가 42킬로미터를 쉬지 않고 달릴 수 있으리라고는 **절대** 생각하지 못 했다.

무엇이 바뀐 걸까? 어쩌다 달리기를 이토록 좋아하게 되었을까? 달리는 거리가 멀어질수록 달리기의 정신적 혜택을 더 많이 누린다는 것을 깨달았다. 러너스 하이를 더 많이 경험하고 발전하고 있다는 생각에 꾸준히 달리려는 동기가 부여된다. 그리고 나는 달리는 시간을 오디오북 듣는 시간으로 활용한다. 내 엄청난 달리기 일정 덕분에 한 해에 오디오북을 50권이나 듣기에 이르렀다(나는 3배속으로 듣는다). 그래서 이런 말을 하게 될 줄은 상상도 못했는데 사실 나는 달리기를 사랑한다… 세상에나.

더 먼 거리를 달리기 시작하는 법

달리기에 대한 내 이야기에 여러분이 흥미를 느꼈기를 바란다. 만약 그랬다면 5킬로미터 이상을 달리고 싶을지 모른다. 오해는 없길 바란다. 5킬로미터 달리기도 처음에는 어렵지만 이보다 더 나아가고 싶다면 이렇게 해보길 추천한다.

카우치 투 5K 프로그램을 완료하자마자 바로 마라톤 하프 코스에 등록하라. 적어도 12주의 시간은 있어야 한다. 마라톤 하프 코스 훈련 프로그램 대부분이 그 정도 걸리기 때문이다. 시중에 좋은 마라톤 하프 코스 훈련 프로그램이 많으니 그중 하나를 골라서 바로 훈련에 돌입하라.

처음에는 불가능해 보일 것이다. 한 번도 달려본 적 없는 사람에게 5킬로미터 달리기가 그래 보였던 것처럼 말이다. 하지만 훈련 프로그램을 따르면 거의 누구나 하프 코스를 달릴 수 있다. 얼마나 단순한지 놀라울 정도다. 매일 달려야 하는 만큼 달리면 어느새 쉬지 않고 21킬로미터 전 구간을 달릴 수 있다. 그리고 하프 코스를 몇 번 완주했을 때, 또는 더 큰 도전에 임할 준비가 되었을 때 대개 16주 이상 소요되는 마라톤 풀 코스 훈련 프로그램을 똑같이 하라. 그러면 목표를 달성할 수 있을 것이다.

달리기 코치를 고용하는 방법도 있다. 달리기 코치는 많이 비싸지 않은 편이다. 마라톤 경주를 준비하는 정확한 훈련 계획, 내 달리기에 대한 피드백을 받기 위해 코치를 고용했을 때 한 달에 약 130달러를 냈다. 특히 달리기 실력을 향상시키고 싶을 때 아주 좋은 방법이다. 어쨌든 아주 먼 거리를 달려야만 달리기의 혜택을 누릴 수 있는 것은 아니지만 막상 달려보면 훨씬 더 재미있을지도 모른다.

실천하기

- '쿨 러닝'에 가서 '카우치 투 5K' 프로그램(http://simpleprogrammer.com/ss-couch-to-5k)을 확인하라.
- 달리기를 시작하고 싶다면 '카우치 투 5K' 앱을 다운로드해서 매주 달릴 일정을 계획하라. 프로그램을 완료할 때까지 꾸준히 하라. 함께할 사람을 찾는 것도 좋다. 누군가와 함께하면 더 책임감 있고 재미있게 할 수 있다.

CHAPTER

63

지방을 줄이고 근육을 지키는 비법

『소프트 스킬』 초판 집필을 마무리하고 얼마 지나지 않아 공식 은퇴를 기념하기 위해 하와이로 두 달간 여행을 떠나기로 했다. 유일한 문제는 두 달간 하와이를 여행하면 군살 없는 몸매를 유지하고 운동의 연료를 공급하는 데 도움이 된 엄격한 식습관을 완전히 망칠지 모른다는 점이었다.

예전에 비슷한 여행에서 그랬던 것처럼 하와이에서도 9kg 정도 살이 붙어서 돌아오고 싶지 않았다. 그렇다고 즐겁게 지내며 맛있는 음식을 사 먹을 기회도 놓치고 싶지 않아서 계획을 세웠다. 당시에는 좀 무리다 싶었지만 그 소소한 계획은 내 인생, 그리고 내가 음식과 식습관을 바라보는 방식을 완전히 바꾸었다.

내 '계획'은 저녁만 먹는 것이었다. 그다지 계획처럼 들리지 않는다는 건 나도 안다. 하지만 저녁만 먹는다면 내가 섭취할 모든 칼로리를 한 끼에 양보하는 셈이니 저녁에는 먹고 싶은 것을 무엇이든 먹을 수 있겠다는 논리였다. 여행 후 내 신체에 남을 손상이 최소화될 수 있게 여행을 다니는 내내 그렇게 하기로 했다.

결과는 매우 놀라웠다. 두 달 후 체중이 증가하지 않은 정도가 아니라 7kg이 빠져서 그 어느 때보다 근육질 체형이 되었고 힘과 근육을 얻었다. 닭고기와 브로콜리를 챙겨 먹거나 하루 여섯 끼를 먹은 것도 아니고 단식하면서 근력 운동과 달리기를 한 건데… 어떻게 된 거지? 내가 무심결에 무슨 일을 한 거지? 알아내야 했다.

Tip 이 장의 본론인 단식, 하루 한 끼 콘텐츠를 시작하기에 앞서 하루 한 끼 식이요법을 비롯한 어떤 종류의 단식이든 시작하기 전에 의사와 상의해볼 것을 권한다. 단식이 건강에 도움이 되지 않는 특정한 질병이 존재한다. 나는 의사가 아니므로 당신이 처한 특정한 상황에 관해 조언할 수 없다. 일부 의사가 당신이 미쳤다고 생각하더라도 놀라지 마라. 두 명 이상의 의사와 의논해보는 것이 좋을지 모른다.

가장 효과적인 체중 감량 방법

여행에서 돌아오자마자 단식에 관한 광범위한 조사에 돌입했다. 내가 건강의 성배를 발견했는지, 나와 비슷한 경험을 한 사람이 있는지 무척 궁금했다. 내가 했던 모든 것은 그때까지 좋은 건강과 식습관에 관해 배운 것과 완전히 반대였다.

유사한 규칙을 따르는 사람들이 있다는 것을 알아내기까지는 오래 걸리지 않았다. 오리 호프메클러Ori Hofmekler가 쓴 『The Warrior Diet(전사 다이어트)』라는 유명한 책에서는 내가 하는 것과는 꽤 다르지만 매우 비슷한 방법을 소개했다. 제이슨 펑Jason Fung 박사의 『비만 코드(The Obesity Code)』라는 책도 찾았는데 여기서는 하루 한 끼는 물론 물만 마시는 더 긴 단식도 지지한다.

음식을 섭취하지 않는 시간이 너무 길어지면 신체가 기아 상태가 되어서 근육은 줄고 지방은 유지된다는 말을 항상 들었다. 알고 보니 그 말은 뻔뻔한 거짓말이었다. 알아보면 볼수록 '기아 상태'라는 것이 없고 사실 단식하면 신체는 근육을 보존하는 상태가 된다는 것을 알 수 있었다. 생각해보면 우리 조상들은 아마 하루 세 끼를 먹을 수 없었을 것이고 가장 배고플 때 가서 잡아먹을 무언가를 죽이기 위해 더 많은 근육이 진짜 필요했을 테니 당연한 얘기다.

나는 세상에 존재하는 온갖 식이요법을 시도해 봤다. 유행하기도 전에 케톤체 생성 식이요법을 철저히 지켜본 적 있다. 저지방 식이요법과 저칼로리 식이요법도 해본 적 있다. 심지어 매일 오후 1~2시 전까지 굶는 간헐적 단식도 해봤다. 하지만 체중을 감량하는 동시에 근육을 유지하는 가장 효과적인 방법은 그냥 먹지 않는 것이었다. 그렇다. 이번에도 너무 당연한 얘기다. 이는 대부분이 절대 떠올리지 않는 아주 기본적인 해결책이다. 우리는 먹어야 하며 먹지 않는 것은 건강에 나쁘다고 말하는 사람이 너무 많다. 하지만 그 말은 사실이 아니다. 이를 뒷받침하는 연구 결과도 있다. 그러나 내게 더 중요한 건 이 방법이 효과가 있다는 실제 개인적 증거가 있다는 점이다.

이 발견 이후 나는 단식이 체중을 감량하는 가장 효과적이고 효율적인 방법이라고 열렬히 지지해왔다. 어떠한 단식이든 시작하기 전에 의사와 상의할 것을 강력히 추천하지만 상대적으로 짧은 2~3일간 물을 마시며 하는 단식은 지금껏 당신이 시도했던 그 어떤 방법보다도 확실히 체중을 줄여줄 것이다.

단식의 다른 이점

지금 당신이 어떤 생각을 할지 안다. 내가 제정신이 아니고 단식은 전혀 건강하지 않다고 생각할 것이다. 어쩌면 '와, 사람들에게 거식증을 권하다니 아주 훌륭한 조언이네… 나 참, 대단하다 대단해.'라고 생각하고 있을지 모른다. 그런데 단식하면 체지방이 분명 많이 빠지는 것은 사실이지만 단식이 체지방만 감량해주는 것은 아니다. 단식을 통해 얻을 수 있는 건강상의 혜택은 이 외에도 많지만 그것을 이야기하기 전에 잠시 역사를 이야기하고 싶다.

다음을 생각해보라. 거의 모든 전 세계 주요 종교에는 단식이 포함되어 있거나 종교적 관습의 일부로 단식을 실천한다. 예수는 광야에서 40일 밤낮으로 금식했다. 이슬람교도는 매년 한 달간 해가 진 후에만 먹고 마시는 라마단을 지킨다. 힌두교도는 한 달에 두 번 에까다시Ekadashi 금식을 준수한다. 불교에는 '한 끼 수행'이라고 부르는 하루 한 끼 먹기를 포함한 오랜 금식의 역사가 있다. 이토록 많은 종교 관습의 일부인 것을 보면 단식에 분명 어떠한 이점이 있을 것이라는 생각이 들지 않는가?

꽤 많은 이점이 있고 더 많은 이점이 계속 발견되고 있다. 무엇보다 나 스스로 발견했듯이 단식은 단순히 칼로리를 제한할 때보다 근육을 절약한다(이에 관련하여 이 장의 범위를 벗어나는 영역에 대한 설명은 제이슨 펑 박사가 한 말을 확인하라: https://www.dietdoctor.com/does-fasting-burn-muscle). 과거에는 체중을 감량하려 할 때 소량의 식사를 하루에 5~6번 했고 그럴 때마다 늘 지방과 함께 많은 양의 근육을 잃었다. 하지만 단식을 하자 간혹 전체적으로 더 적은 칼로리를 섭취하더라도 더 많은 근육이 유지되었다. 사실 2~3일 단식이 끝날 무렵에는 체육관에서 개인 최고 기록을 세우곤 했다.

게다가 단식은 많은 환자의 제2형 당뇨병을 완전히 역전시키는 것으로 나타났다(https://www.ncbi.nlm.nih.gov/pmc/articles/PMC6194375). 앞서 언급한 제이슨 펑 박사는 단식을 발견하기 전까지 많은 제2형 당뇨병 환자를 치료하며 인슐린을 투여하고 혈당을 안정적으로 유지하기 위해 혈당을 모니터링하는 표준 절차 준수했다. 그는 환자들이 단식하면 인슐린 감수성이 높아지고 체중이 줄어들면서 많은 경우 제2형 당뇨병이 완전히 역전되는 것을 확인했다.

단식이 탄수화물만 대사하는 특정 유형의 암에 영향을 미칠 수 있다는 것을 보여주는 연구가 속속 나오고 있다. 다른 정상 세포들은 지방을 연료로 쓸 수 있지만 단식은 암에 음식 공급을 중단하여 죽게 만든다. 더 자세한 정보는 연구와 기사에서 확인하라(https://pubmed.ncbi.nlm.nih.gov/27557543).

마지막으로 단식은 노화의 영향을 늦추고 생명을 연장하는 것으로 나타났다. 인간을 대상으로 한 연구는 진행된 적 없지만 생쥐를 비롯한 다른 포유류 연구에서는 단식이 수명을 연장하는 매우 효과적인 방법으로 밝혀졌다(이 연구를 확인하라: https://www.nih.gov/news-events/nih-research-matters/fasting-increases-health-lifespan-male-mice). 그 이면에 있는 과학은 복잡하지만 자가포식autophagy이라고 부르는 하나의 개념으로 요약된다. 자가포식이란 인체가 더 강력한 새 세포를 생산하기 위해 더 약하고 아픈 세포를 먹는 것을 가리킨다. 유휴 클럭 사이클이 남았을 때 인체 시스템이 청소를 하는 것과 비슷하다고 생각하면 된다.

당연히 나는 단지 체중 감량을 위해서가 아니라 최적의 건강 상태를 유지하고 정신을 수양하기 위해 단식을 열렬히 지지하게 되었다.

하루 한 끼 식이요법

일상에 단식을 도입하고 체중 조절이나 감량을 도와줄 하나의 방법은 기본적으로 매일 22~23시간 금식하는 것이다. 앞서 이야기했듯이 나는 다른 사람들이 하는 줄도 모르고 하루에 한 끼를 먹는 아이디어가 우연히 떠올라서 실천하기 시작했는데 지난 몇 년간 꽤 유명해져서 OMAD(One Meal A Day, '오매드'라고 읽는다)라고 알려졌다.

여성이라면 단식하기 전에 이 기사부터 읽어보길 권한다: https://www.healthline.com/nutrition/intermittent-fasting-for-women. 단식, 특히 장기간의 단식은 일부 여성에게 일어날 수 있는 잠재적인 몇 가지 문제가 있으며 몇몇 연구가 이를 뒷받침한다. 남성에게는 별문제가 없는 것으로 보인다.

OMAD의 기본 생각은 매우 간단하다. 그냥 매일 한 끼를 먹으면 된다. 그 외에는 별다를 것 없다. 할 수 있는 가장 간단한 식이요법이어서 누구나 할 수 있다. 체중 감량을 원하는 사람이 해볼 수 있는 가장 쉬운 방법이기도 하다. 건강과 체중 감량에 관해 많이 코칭하는 편인데 코칭을 받는 고객 거의 대부분이 효과적이고 간단하다는 이유로 결국 OMAD 식이요법을 한다. 이 식이요법을 실천하는 데 전념하는 거대한 페이스북 그룹이 여럿 존재하며 내 유튜브 채널에도 이에 관한 비디오 시리즈(https://www.youtube.com/playlist?list=PLjwWT1Xy3c4VIgaemPJrH3NcEjcfoydBW)가 있다.

매일 배가 고픈 상태로 돌아다니는 것 아니냐는 질문을 항상 받는다. 대답은 '아니오'지만 오후 3시쯤 되면 대개 배가 고프기 시작한다. 인체가 이러한 식사 일정에 적응하는 데는 2주 정도 걸리고 그 후에는 훨씬 쉬워진다. 그 이유는 이 책의 범위를 벗어나지만 인체의 배고픔과 포만감을 관장하는 호르몬, 그렐린과 렙틴과 관련이 있다.

몇 시쯤 식사하는지는 그렇게 중요하지 않지만 나는 매일 특히 사회적 소통이나 가족 간 소통과 함께 저녁을 먹는 것이 훨씬 쉽다고 느꼈다. 자녀나 나머지 가족의 식사를 준비할지, 그런 활동과 OMAD를 어떻게 병행할지 궁금할지 모르겠다. 솔직히 약간 어려울 수 있다. 아침에 팬케이크 전문점에서 다른 이들이 팬케이크를 먹는 모습을 지켜보며 커피만 홀짝인 경험이 한 차례 이상이었다. 하지만 당신이 다른 사람을 위해 요리했다거나 모두가 식사한다고 해서 여러분도 꼭 음식을 먹어야 하는 것은 아니다.

내가 매일 OMAD를 하는 이유

나는 지난 5년간 하루에 한 끼를 먹었다. 제대로 읽은 것이 맞다. 약 5년간 하루에 한 번만 먹었다. 간혹 규칙을 어기고 하루에 한 끼 이상을 먹은 날도 몇 번 있지만 그런 날은 손으로 셀 수 있을 정도다.

그러면 분명 이렇게 묻고 싶을 것이다. "자학을 즐기는 게 아닌 이상 그렇게 오래 해왔다면 분명 이유가 있지 않나요?" 글쎄, 나는 자학하는 것으로 유명하긴 하다(올해 초 나는 5km, 10km, 하프 마라톤, 풀 마라톤을 차례로 며칠간 연이어 뛰는 'Dopey Challenge'라고 부르는 행사에서 달렸다). 하지만 이번에는 자학하려고 한 것이 아니다. OMAD를 진짜 좋아하고 그 이유는 이러하다.

OMAD를 좋아하는 주된 이유는 신체적인 것보다 정신적인 데 있다. 내가 온갖 식이요법을 다 해봤다고 말한 것을 기억하는가? 거의 모든 식이요법에는 공통적으로 일종의 박탈이 있다. 이걸 먹으면 안 되고 저걸 먹으면 안 되고 이것만 먹어야 하고 이만큼만 먹어야 하고… 무슨 말인지 이해할 것이다. OMAD에 대해 마음에 드는 점은 하루에 한 끼만 먹되 (온당한 범위 내에서라면) 원하는 무엇이든 마음껏 먹어도 된다는 부분이다.

하루치 칼로리 전부를 한 끼에 먹으면 꽤 넉넉하고 만족스럽게 식사할 수 있다. 오해는 말길 바란다. 건강에 해롭게 먹어도 된다는 허가증처럼 생각하는 것은 아니다. 여전히 매우 건강하게 먹지만 가끔 식당에 가서 그다지 건강하지 않은 음식을 먹더라도 죄책감을 느끼지 않는다. 건강하게 먹을 때는 일반적인 양, 또는 그 이상의 양을 먹을 수 있고 그렇게 하는 것이 소량의 건강한 식사를 대여섯 번 하는 것보다 훨씬 더 만족스럽다.

소량의 건강한 식사 대여섯 번 이야기가 나와서 말인데 전형적인 보디빌더 식이요법을 따르려면 엄청나게 노력해야 한다. 오랜 기간 그 식이요법을 따르면서 음식을 조리하고 준비하고 걱정하고 먹는 데 너무 많은 시간을 썼다. 하루에 한 끼만 먹자 모든 것이 지극히 단순해졌다. 원할 때는 하루에 한 번 요리할 수 있고 일에 방해를 받지 않는다. 아니면 외식할 수 있고, 다시 말하지만 식사에 관해 하루에 한 번만 신경 쓰면 되고 식사비도 3번이 아니라 1번만 결제하면 된다.

'건강하게 먹기'나 식이요법을 시도하려고 할 때처럼 골치 아프게 판단해야 할 것도 없다. 매일 오후 5시까지 먹지 않고 하루에 한 끼만 먹는다는 고정불변의 규칙이 있다면 아침으로 계란 흰자나 머핀 중 무엇을 먹어야 할지, 점심을 먹으러 나갈지, 누군가 회사에 가져온 컵케이크를 먹어야 할지, 먹는다면 몇 개를 먹어야 할지 끊임없이 결정할 필요가 없다. 내리는 결정이 많아질수록 잘못 내리는 결정도 늘어난다. 결정, 특히 유혹적인 결정을 최소화하는 것은 인생에서 승리를 거두는 하나의 좋은 방법이다.

하지만 앞서 이야기했던 것처럼 정신적인 이점 외에도 커다란 신체적 이점이 있다. OMAD를 한 이후 신체적으로 최고의 건강 상태를 유지하고 있다. 이전에 한 번도 도달할 수 없었던 수준으로 근육을 지키는 동시에 매우 낮은 체지방을 유지할 수 있다. 단식 상태에서 운동하고 일정한 에너지를 위해 탄수화물에 의존하지 않는 방법을 내 몸에 가르쳤기 때문에 한계에 부딪히지 않고 몇 킬로미터든 달릴 수 있다. 나는 정기적으로 매주 65~80킬로미터를 달리고 주 3회 근력 운동을 한다. 모두 단식 상태에서 하는 것이고 운동을 마친 후에만 먹는다. 증명할 수 없지만 OMAD를 시작한 이후 면역 체계도 더 강해졌다고 느낀다. 나는 거의 아프지 않고 맹세하건대 노화도 느려진 것 같다. 현재 39세인 나를 대부분의 사람들은 26~30세 정도로 보는데 이 또한 OMAD와 연관이 있다고 확신한다.

OMAD를 시작하고 싶다면 그렇게 어렵지 않다. 적응하는 데 약간 시간이 들고 그 적응 기간을 견디기 위해 약간의 의지와 훈련이 필요하다. 처음에는 너무 배가 고파서 아침이나 점심을 거르는 것이 불가능해 보이지만 2주 정도 지나면 새로운 일상이 되어서 훨씬 더 쉬워진다. 게다가 프로그래밍 문제 같은 다른 일에 몰두하느라 아침이나 점심을 깜박한 적이 얼마나 많은가?

어쨌든 OMAD나 단식을 할 필요는 없다. 나는 그저 내가 발견한 사실을 공유하고 싶었다. OMAD가 말 그대로 내 인생을 바꿨으니까. 솔직히 나는 다른 식이요법으로 돌아가고 싶은 생각이 없지만 직접 시도해보고 어떤지 확인하길 바란다.

실천하기

- 하루 한 끼 식이요법을 비롯한 어떤 종류의 단식이든 시작하기 전에 의사와 상의하라. 단식이 건강에 도움이 되지 않는 특정한 질병이 존재한다. 나는 의사가 아니므로 당신이 처한 특정한 상황에 관해 조언할 수 없다.
- 이틀간 물만 마시는 2일 물 단식을 시도해보라. 각오를 다지는 괜찮은 시험이자 큰 도전이지만 성공한다면 자부심을 느낄 것이다.
- OMAD를 최소 1~2주 시도해보라. 자신의 일정에 어떤 영향을 미치는지, 자신이 소량을 여러 번 먹는 것보다 넉넉하게 한 번 먹는 것을 더 좋아하는지 확인해보라.

CHAPTER

64

몇 가지 요령

나는 체력 단련 관련 목표를 빠르게 혹은 쉽게 이룰 지름길이나 요령에 관심이 많다. 당신도 비슷한 생각을 해본 적이 있는가? 더 적은 노력을 들여서 더 좋은 결과를 낼 방법이 있다면 언제든 환영이다.

지난 수년간 체중 감량, 근육 증가 등 체력 단련 목표를 더 쉽게 이룰 몇 가지 요령을 깨달았다. 이 장에서는 이러한 비법과 요령을 알려주겠다. 컴퓨터 앞에서 오랜 시간을 보내는 개발자라면 이러한 요령을 활용해 더 건강하게 살 수 있을 것이다.

스탠딩 데스크와 트레드밀

트레드밀 위를 걸으며 일하면 어떨지 생각해본 적이 있는가? 일하는 동시에 칼로리도 연소할 수 있다면? 나는 해본 적이 있다. 이 글을 쓰고 있는 지금 이 순간은 책상에 앉아 있지만 몇 걸음 옆에 트레드밀이 있다. 트레드밀 위에는 랩톱을 올려놓을 수 있는 선반을 달아두었다.

일하다가 1~2시간 정도는 트레드밀을 매우 낮은 속도로 해두고 걸으며 일한다. 그러면 아주 적은 노력으로 더 많은 칼로리를 연소할 수 있다. 이때는 키보드나 마우스를 쓸 수 있을 정도로 트레드밀을 아주 낮은 속도로 유지한다.

원래는 종일 트레드밀 위에서 일할 계획이었으나 현실적이지 않다는 것을 금세 깨달았다. 트레드밀 위를 천천히 걸으며 일하려면 엄청난 노력까지는 아니더라도 꽤 불편했다. 그리고 책상에서 일할 때처럼 큰 모니터를 쓸 수 없다는 점이 특히 불편했다.

그 대신 트레드밀의 경사를 서서히 올리면 칼로리 연소량이 더욱 늘어난다는 것을 깨달았다. 똑같은 속도로 걷기 때문에 키보드, 마우스, 트랙패드는 여전히 쉽게 쓸 수 있으면서 칼로리는 더 많이 연소했다. 그래서 트레드밀 위에 있는 시간을 하루 1시간 정도로 줄일 수 있었다.

지희 **재택근무를 하지 않는다면 어떻게 해야 하나요?**

물론 업무 환경이 매우 유연하거나 재택근무를 하고 있어야 이런 시도를 해볼 수 있다. 스탠딩 데스크 정도면 해볼 만하다. 연소하는 칼로리는 트레드밀 데스크에 비해 낮지만 그래도 종일 앉아서 일하는 것보다는 상당한 양의 칼로리를 연소할 수 있다.

앉아 있는 것보다는 서 있는 것이 건강에 훨씬 좋다고 한다. 앉아 있는 시간이 길어지면 건강에 엄청난 악영향을 미친다는 사실을 밝힌 연구가 많다. http://simpleprogrammer.com/ss-health-sitting을 참고하라.

4부에서 알려준 뽀모도로 기법을 활용해 일하는 중간에 5분 정도 쉬면서 스트레칭, 팔굽혀펴기, 턱걸이 등 운동해주면 좋다.

음식 관련 요령

몸매 관리를 할 때 어려운 부분 중 하나는 식습관이다. 미리 먹을 음식을 요리하고 준비해야 식습관을 건강하게 유지할 수 있다. 직접 요리하는 것보다 외식이 훨씬 쉽다. 하지만 식습관을 건강하게 유지하려면 직접 요리해 먹는 게 좋다.

나는 더 쉽게 건강한 식생활을 유지할 방법을 찾고자 항상 노력하고 있다. 그렇게 찾은 유용한 요령 몇 가지를 소개하겠다.

달걀 전자레인지 조리법

첫 번째 요령은 달걀 조리법이다. 달걀은 단백질 함량이 높은 데다 흰자의 양을 조절해서 칼로리와 지방 전체 섭취량을 제어할 수 있는 훌륭한 식재료다. 노른자와 흰자를 구분해서 요리하기가 귀찮다는 게 유일한 단점이다.

달걀을 쉽게 조리할 방법이 있다. 우선 전란 대신 달걀 흰자만 있는 달걀 대용품을 사라. 마트에서 대량 구매할 수 있다. 달걀 대용품은 냉장 보관해야 하지만 간편하게 먹을 수 있는 거의 순수한 단백질 식품이다.

조리는 어떻게 할까? 나는 달걀이나 달걀 흰자를 전자레인지에 조리하는 방법을 선호한다. 처음에는 이 방법을 별로 좋아하지 않았다. 하지만 잘 조리하면 팬에서 조리한 것과 큰 차이가 없다. 특히 스크램블에그를 좋아하는 편이라면 괜찮을 것이다.

이전 장에서 이야기한 것처럼 하루 한 끼 먹기를 시작하기 전에는 아침으로 냉동 시금치를 넣고 전자레인지에 조리한 달걀을 자주 먹었다. 우선 전자레인지용 그릇에 냉동 시금치를 넣고 해동한다. 그리고 그 안에 달걀 대용품이나 달걀, 아니면 둘을 섞어서 넣는다. 진짜 달걀을 한 개 정도 넣는

데 그러면 맛이 훨씬 좋아진다. 전자레인지에 1~2분 정도 돌린 후에 꺼내서 섞은 다음 적당하게 익을 때까지 다시 전자레인지에 돌린다.

마지막으로 여기에 체더치즈나 살사소스를 올린다. 칼로리를 낮추고 싶을 때는 저지방 체더치즈를 사용한다. 이렇게 조리하면 10분도 걸리지 않는다. 재료도 많이 들어가지 않고 휴대하기도 좋다. 시금치는 그 자체만으로도 건강에 좋고 포만감까지 더해주어 더욱 좋다.

나는 근육을 키우거나 체중을 줄일 때 근육 유지하기를 목표로 하는데 두 경우 모두 고단백 식단을 먹어야 한다. 그래서 내 요령 대부분은 요리하는 수고를 크게 들이지 않고 많은 단백질을 섭취하는 방법이다.

플레인 무지방 그릭 요거트

다음은 훌륭한 단백질원이자 휴대도 쉬우며 조리하지 않고 먹을 수 있는 무지방 그릭 요거트의 활용법이다. 마트에서 손쉽게 구할 수 있는 플레인 무지방 그릭 요거트는 저칼로리 순수 단백질 음식이다.

유일한 문제는 맛있지 않다는 것이다. 과일 맛 그릭 요거트는 맛있지만 설탕이 많이 들어갔기 때문에 절대 건강한 음식이 아니다. 하지만 걱정 마라. 해결책을 알려주겠다.

레몬주스, 바닐라 농축액이나 다른 저칼로리 향료, 칼로리 없는 인공 감미료를 넣으면 고단백 저칼로리임에도 꽤 맛있게 먹을 수 있다. 내가 가장 좋아하는 감미료는 '트루비아Truvia'*다.

생과일이나 냉동 과일을 넣어도 좋다. 과일을 넣으면 칼로리가 매우 낮은데도 풍미가 살아난다.

---

* 칼로리가 없는 설탕 대체제의 상품명이다.

냉동육

고기의 경우도 좋은 해결책이 있다. 닭 가슴살은 보디빌더가 주식처럼 먹는 음식 중 하나지만 요리에 재주가 없는 나 같은 사람은 조리하는 게 귀찮고 어렵다.

그런데 기쁘게도 몇몇 브랜드에서 냉동 반조리 데리야키 닭 가슴살을 생산한다는 사실을 알게 되었다. 게다가 지방은 조금 더 있지만 맛은 더 좋은 데리야키 닭 다릿살을 만드는 업체도 있었다. 미국에서는 '타이슨Tyson'이라는 브랜드를 자주 볼 수 있는데 코스트코, 샘스클럽Sam's Club, 비제이즈BJs 등의 대용량 제품을 파는 마트에서 쉽게 구할 수 있다.

빠르게 만들 수 있는 맛있고 건강한 한 끼가 필요할 때 냉동 닭 제품 몇 개를 꺼내서 전자레인지에 돌리면 몇 분 만에 먹을 수 있다. 물론 반조리 닭고기보다는 제대로 조리한 닭고기가 건강에 훨씬 더 좋다. 하지만 반조리 닭고기라도 패스트푸드보다는 낫다. 반조리 닭고기는 편하게 먹을 수 있기에 패스트푸드를 먹으려는 유혹이 들 때 몇 번이나 나를 구해줬다. 그리고 맛도 훌륭하다.

비슷한 맥락에서 냉동 칠면조 미트볼도 추천한다. 배우 라이언 레이놀즈Ryan Reynolds가 영화를 찍기 위해 체형을 관리할 때 칠면조 미트볼을 먹는다고 한 기사에서 아이디어를 얻었다. 찾아보니 칠면조 미트볼은 단백질, 탄수화물, 지방의 균형이 잘 잡힌 훌륭한 음식이었다.

칠면조 미트볼은 대부분 마트에서 판매한다. 전자레인지에 몇 분만 돌리면 편하게 먹을 수 있다.

패스트푸드 대처법

집에서 먹지 않을 때 건강하게 먹을 방법도 몇 가지 찾았다. 대부분의 패스트푸드 식당에서 단백질 함량이 높고 탄수화물, 지방 함량이 적은 음식을 먹을 방법을 알아낼 수 있다. 그중 좋아하는 몇 가지 방법을 소개하겠다.

나는 요리하기 싫고 외식하고 싶을 때 치포틀레Chipotle*에 자주 간다. 여기에서는 그냥 볼을 주문하고 쌀을 식이섬유가 풍부한 검은콩으로 대체한다. 치킨이나 스테이크를 2~3배로 추가하고 파히타 채소를 넣고 치즈, 사워크림 등은 빼고 약간의 양상추를 추가한다. 아주 먹음직한 한 끼는 아니더라도 칼로리가 낮고 단백질이 풍부하며 꽤 맛있다.

맥도날드에 가면 에그 화이트 맥머핀Egg White Delight McMuffin을 1~2개 먹는다. 칼로리 섭취를 정말 줄이고 싶을 때는 이 메뉴를 3~4개 시켜서 잉글리시 머핀만 빼고 먹거나 아예 잉글리시 머핀을 빼고 주문한다.

스타벅스에도 에그 화이트 바이트Egg White Bite라는 아주 좋은 메뉴가 있다. 칼로리가 아주 낮고 단백질 함량은 아주 높고 맛도 훌륭하기 때문에 달리는 도중에 먹기 좋은 선택지다.

요리사 고용, 식사 준비 서비스

항상 바쁘고 음식을 사거나 요리하는 것을 좋아하지 않아서 또 다른 멋진 요령을 찾았다. 개인 요리사를 고용하거나 식사 준비 서비스를 이용하는 것이다.

저렴한 방법은 아니지만 나로서는 시간을 절약할 만한 가치가 있다. 내게 필요한 다량 영양소(다량 영양소는 지방, 탄수화물, 단백질을 가리키며 식

* 멕시코 음식을 테마로 하는 패스트푸드 체인이다.

사 시 각 영양소의 비율을 맞추어 먹는다)를 정확히 충족시키는 음식을 조리해줄 요리사를 고용하기 위해 크레이그리스트Craigslist*에 광고를 냈다. 요리사에게 매끼 정확히 몇 칼로리를 먹어야 할지, 단백질, 지방, 탄수화물은 얼마를 섭취할지 알려주면 매주 한두 번 여기에 맞는 식사를 조리해서 배달해주기 때문에 그 음식을 먹는 것만으로 내 식단을 매우 쉽게 지킬 수 있다. 아주 간단하다.

식사 준비 서비스나 미리 만든 식사를 배달해주는 서비스도 시도해봤다. 자신에게 필요한 다량 영양소 비율이나 칼로리 섭취량을 정확히 요구할 수 없다는 점을 제외하면 개인 요리사를 고용하는 것과 비슷하다. 요즘은 식사 준비 서비스를 제공하는 지역 업체나 전문 기업이 많다.

실천하기

- 이 장에서 언급한 요령 중에서 자신의 목표를 더 쉽게 달성하는 데 도움이 되는 것이 있을지 생각해보라.
- 현재 체력 단련을 위해 지키고 있는 계획을 살펴보면서 가장 시간이 많이 드는 귀찮은 부분이 어디인지 가려내라. 이 장에서 알려준 요령을 활용해서 더 쉽게 할 수는 없는지 생각해보라.

---

* 미국의 인기 온라인 벼룩시장이다.

CHAPTER

65

체력 단련용 기기

당신은 어떤지 모르겠지만 나는 기기를 정말 좋아한다. 기술을 활용해서 생활이 편리해지는 것이 무척 즐겁다. 이 장을 쓰는 지금도 컴퓨터 한 대에 연결된 모니터 다섯 대가 내뿜는 빛을 쬐고 있다. 왜냐고? 글쎄, 내 생산성을 올려주기 때문이라고 해야 할까? 실제 어느 정도 그렇기도 하다. 사실은 그냥 화면이 많은 게 좋다. 기술은 왠지 모르게 내 의욕을 북돋워준다. 특히 체력 단련용 기기는 더 그렇다(이 책의 개정 2판을 쓰는 현재 울트라와이드 모니터 1대로 정착했다. 가운데가 나뉘지 않은 듀얼 스크린 같아서 마음에 든다).

이 장에서는 체력 단련 목표 달성을 도와주거나 그 과정을 재미있게 즐길 수 있게 도와주는 기기를 소개하겠다. 과거에 비해 자신의 건강 상태나 인체의 동작 방식을 훨씬 더 잘 알 수 있는 시대가 되었다. 이렇게 자신의 건강 상태를 알 수 있게 된 것은 '자가 측정quantified self'* 기술의 발전 덕분이다. 이 장에서는 각종 체력 단련 관련 기술 중에서 당신에게 필요한 기술을

* 다양한 IoT 기기를 활용해서 자신의 활동이나 신체 상태 관련 데이터를 수집하는 것을 가리키는 말이다.

찾고 자가 측정에 도움이 될 유용한 기기들을 소개하겠다.

단, 한 가지 간단한 주의사항이 있다. 59장에서 목표를 이루기 전에 보상으로 운동 용품을 잔뜩 사지 말라고 한 것을 기억하는가? 그 논리가 여기에도 적용된다. 현명하게 판단하길 바란다.

웨어러블 기기

오늘날 가장 쉽게 접할 수 있는 웨어러블 기기부터 시작하겠다.

나는 걸음 수 세는 기능이 있는 웨어러블 기기를 무척 좋아한다. 실제 내가 어느 정도 활동했는지 기기를 통해 확인할 수 있다. 얼마나 활동했는지 정확히 알기만 해도 더 활동적으로 사는 데 도움이 된다.

걸음 수 세는 기능이 있는 웨어러블 기기는 다양하게 나와 있다. 그중 가장 유명한 제품은 '핏빗Fitbit'이다. 이 기기는 특히 개발자들 사이에서 유명하다. 여러 모델이 출시되었으나 어떤 모델이든 기본적으로 매일 걸음 수를 확인해준다. 핏빗은 스마트폰과 자동으로 동기화되어서 데이터를 바로 확인할 수 있다.

핏빗 같은 기기가 아직 없다면 하나 구매하길 강력히 권한다. 제품 가격이 꽤 싼 데다 자신의 일상 활동에 값으로는 환산할 수 없는 소중한 통찰을 제공한다. 경험상 배터리에 신경 쓰기 굉장히 귀찮으므로 이왕이면 시계 건전지가 장착되어 있어서 새 건전지를 넣으면 몇 달 동안 쓸 수 있는 모델을 사길 바란다.

덧붙여 말하면 몇 달 후에 나는 핏빗을 더 이상 사용하지 않게 되었다. 6개월이 조금 넘는 시간 동안 핏빗을 꾸준히 착용해보니 내 일상과 핏빗의 측정값에 너무 익숙해져서 굳이 핏빗을 사용하지 않아도 걸음 수를 추정할 수 있게 되었기 때문이다.

하지만 정기적으로 달리는 사람이라면 가민Garmin 워치처럼 조금 더 높은 사양의 기기를 고려해보라. 요즘 나는 걸음 수 측정 기능을 비롯해 훨씬 더 많은 기능을 제공하는 가민 피닉스 5X를 사용한다. 이 워치는 자전거, 수영 등의 활동도 훌륭히 추적하며 가민에서는 그런 여러 활동에 적합하게 맞춘 특수 워치도 제작한다.

무선 체중계

위딩스Withings라는 회사에서 나온 무선 체중계도 좋아하는 기기 중 하나다. 이 체중계에는 내가 체중을 잴 때마다 측정한 데이터를 클라우드로 무선 업로드하는 멋진 기능이 있다. 가족 중 여러 명이 함께 사용하는 것도 가능하다. 체중계에 올라온 이가 누구인지 알아내며 혹시 알아내지 못하는 경우 측정값을 수동으로 할당할 수 있기 때문이다. 별 것 아닌 간단한 기능 같지만 나는 체중계에 올라갈 뿐인데 내 몸무게 이력이 완벽하게 기록되어서 무척 좋다.

몸무게 이력뿐 아니라 체지방률 이력도 기록한다. 체지방률은 아직 정확하게 측정되지 않지만 시간에 따른 추이는 확인할 수 있으므로 상대적인 변화를 통해 체지방의 증감은 알 수 있다.

이와 비슷한 기능을 갖춘 체중계를 추천한다. 현재 몸무게가 얼마인지, 늘어나는 추세인지 줄어드는 추세인지 자각하게 해주기 때문이다. 매일 체중계에 올라가는 것만으로 몸무게의 변화를 그래프로 확인할 수 있어서 동기부여에도 좋다. 측정의 정확도도 개선 중이라고 한다.

나는 지난 7년 간 체중과 체지방률을 측정해왔다. 그래서 시간의 흐름에 따라 수치가 어떻게 변해왔는지 알 수 있다.

콤보 기기

이 책의 초판을 쓸 무렵에는 얼마나 걷는지, 심장 박동 수나 스트레스 수준은 얼마인지, 밤에 잠은 잘 자는지 알려주는 콤보 기기가 시중에 없었다. 하지만 지금은 거의 모든 웨어러블 기기 회사에서 이러한 데이터 포인트의 전부는 아니더라도 대부분을 활용하는 기기를 만든다. 사실 초판에 애플이 그런 일을 하는 워치를 만들고 있다는 소문이 있다고 썼다.

그 이후 애플은 워치를 여러 차례 출시하고 업데이트했고, 이 제품은 체력 단련과 건강에 관한 데이터를 꽤 많이 얻을 수 있는 훌륭한 선택이다. 나도 몇 년간 애플 워치를 착용했고 매우 유용하게 썼다.

앞서 이야기한 것처럼 지금은 가민 피닉스 5X를 쓰는데 별도의 심장 박동 수 모니터와 함께 사용한다. 나는 이 워치가 마음에 든다. 보기 좋아서 이기도 하지만 심장 박동 수, 걸음 수 등의 수치를 비롯해 달리기 관련 정교한 데이터를 제공하기 때문이다.

핏빗에서도 스마트 워치가 나오며 그 외에도 몇 개의 경쟁사가 풍부한 데이터를 제공하는 스마트 워치와 웨어러블 기기를 생산한다. 특정 기능 면에서 다른 기기보다 뛰어난 기기들이 있으므로 자신에게 가장 중요한 기능이 무엇인지 알아낸 후 그에 맞추어 검색하는 것이 좋다. 예컨대 내가 애플 워치를 포기하고 가민 피닉스 5X를 선택한 이유는 가민 워치가 달리기에 관해 훨씬 더 상세한 지표를 갖췄기 때문이다.

푸시 스트렝스

정말 기대되는 또 다른 기기로 푸시 스트렝스Push Strength가 있다.* 나는 'Get Up and CODE' 팟캐스트에서 이 회사의 CEO를 인터뷰하면서 이 독특한 기기에 관해 배울 기회가 있었다.

근력 운동을 할 때 이 기기를 팔이나 다리에 부착하면 반복 횟수와 세트 수, 힘의 크기, 균형감, 역기 드는 속도 등의 값을 측정해준다.

이러한 정보는 나에게 노다지나 다름없다. 역기를 들면서 반복 횟수나 세트 수를 세는 건 참 귀찮은 일이다. 그리고 역기를 드는 속도에 따라 운동 효과가 어떻게 달라지는지도 늘 궁금했다.

헤드폰

운동하면서 종종 팟캐스트나 오디오북을 듣기 때문에 스마트폰에 꽂아서 쓸 좋은 헤드폰이 꼭 필요하다.

문제는 내가 줄이 있는 이어폰을 쓸 수 없다는 점이다. 쓰려고 꺼내보면 케이블이 엉켜 있고 달리다 보면 귀찮아서 홱 잡아 빼기 일쑤였다.

다행히 좋은 무선 헤드폰을 찾았다. 이 책의 초판을 쓸 때는 선택할 수 있는 제품이 많지 않았다. 하지만 요즘 나는 애플 에어팟AirPods을 주로 사용하는데 일상용은 물론 운동용으로도 훌륭하게 작동한다. 유사한 무선 헤드폰을 출시한 경쟁사가 많으므로 괜찮은 제품을 찾기 어렵지 않을 것이다.

좋은 헤드폰에 투자하길 바란다. 요즘 블루투스 기술은 스마트폰과 쉽게 연결해서 무선으로 꽤 괜찮은 음질을 들려준다. 좋은 헤드폰이 있으면 운동하는 시간을 더욱 효율적으로 활용할 수 있다. 오디오북을 들을 수 있는 오

* 2014년 여름에 출시되었다.

더블Audible(http://simpleprogrammer.com/ss-audible) 서비스도 추천한다.

애플리케이션

애플리케이션도 빠뜨릴 수 없다. 다양한 목적의 체력 단련 애플리케이션이 엄청 많이 나와 있다. 너무 많아서 일일이 거론하기 어려울 정도다. 이 중 어떤 애플리케이션이 좋을지, 내가 가장 좋아하는 것은 무엇인지 알려주겠다.

우선 달리기를 기록해주는 애플리케이션부터 살펴보자. 나는 상표 분쟁 때문에 '페이스메이커PaceMaker'에서 '런 패스터Run Faster'로 이름을 바꾼 안드로이드, iOS 앱을 개발했다. 달리기를 기록하는 동시에 속도를 일정하게 유지할 수 있도록 속도를 당겨야 하는지 늦춰야 하는지 알려준다. 사실 내가 만든 이 애플리케이션보다 훨씬 더 좋은 달리기용 애플리케이션도 많다. 아무튼 속도 조절용으로는 '런 패스터'도 괜찮은 애플리케이션이다.

내가 좋아하는 달리기용 애플리케이션으로 스트라바Strava가 있다(자전거를 탈 때도 유용하다). 요즘은 달릴 때 이 애플리케이션을 사용하는데 정지 시간, 고도 변화, 심박 수 등 달리기 관련 다양한 정보뿐 아니라 친구의 운동 활동도 볼 수 있다.

나는 근력 운동을 기록하는 애플리케이션도 사용한다. 공책과 펜으로 하던 일을 애플리케이션으로 할 수 있으니 훨씬 편하고 쉽다. 운동을 기록할 뿐 아니라 앞에 무엇을 들었는지, 다음에는 무엇을 들지도 알려준다. 아직 운동 기록용 애플리케이션을 써본 적이 없다면 한 번쯤 사용해보라.

여러 애플리케이션을 사용해 봤지만 마음에 쏙 드는 것은 아직 만나지 못했다. 가장 큰 문제는 운동 프로그램을 입력하거나 다른 사람과 공유하는 데 시간이 많이 든다는 점이다.

최종적으로 정착한 애플리케이션은 Bodybuilding.com 앱(http://simpleprogrammer.com/ss-bb-mobile)이다. 이 앱을 좋아하는 이유는 웹 사이트를 통해서 온라인으로 운동 프로그램을 만들 수 있고 이를 다른 사람과 공유할 수 있기 때문이다. 아직 개선해야 할 부분이 있지만 그래도 사용법을 한 번 익히면 편하게 사용할 수 있다.

실천하기

- 무선 체중계를 사서 매일 똑같은 시간에 비슷한 중량의 옷을 입고 체중을 측정하라. 이는 자신의 피트니스 목표가 무엇이든 반드시 해야 할 첫 단계다.
- 추적하려는 데이터의 종류와 추적하고 싶은 이유에 대해 우선순위 목록으로 작성한 후 그 데이터를 추적하는 데 도움이 되는 기기를 찾아보라. 그냥 사고 싶다고 사지 마라. 그러면 제대로 사용하지 못하기 때문에 낭비에 불과하다.
- 계정을 등록하여 운동하는 동안 오디오북을 들어라. 인생 최고의 결정이 될 것이다. 아, 이 책의 오디오 버전도 있으므로 배운 내용을 상기할 수 있을 것이다.

Part 7

마인드셋

자신을 정복하지 못하면 자신에게 정복당한다.

— 나폴레온 힐Napoleon Hill

지금까지 이 책에서는 상식 수준에서 경력을 개선하는 법, 기회의 문을 여는 마케팅 방법, 학습과 교육으로 생각을 확장하는 법, 꾸준하게 집중할 수 있는 생산적인 사람이 되는 법, 재무관리의 기본, 자산을 늘리기 위해 일하는 대신 자산이 수익을 내도록 생각하는 법, 체력을 키우고 체형을 가꾸는 법에 대해 다루었다. 그런데 여기에는 이 모든 것을 하나로 묶는 한 가지가 빠져 있다.

이제부터 말할 것은 우리가 기계였다면 별로 중요하지 않았을 요소다. 하지만 우리는 기계가 아니라 사람이다. 단순하게 정신과 연결된 육체로만 볼 수도 없으며, 기계를 대하듯 자신이나 다른 사람에게 명령을 내릴 수도 없다. 우리를 성공 혹은 파멸로 이끄는 강력한 힘이 존재한다. 원한다면 이 힘을 다르게 불러도 상관없지만 이 책에서는 이 힘을 가리켜 영혼이라 표현하겠다.

7부에서는 정신과 육체 간의 설명하기 어려운 연결 고리에 대해 다룰 것이다. 이 연결 고리는 우리를 행동하게 하고 가능성을 발휘하는 삶으로 이끌기도 하며 우리 자신을 주변 환경의 희생자로 믿게끔 몰고가기도 한다. 당신의 가장 큰 적은 당신 자신이다. 나는 7부를 통해 당신 자신을 정복할 수 있는 무기를 당신 손에 쥐어주고자 한다.

CHAPTER

66

정신이 신체에 미치는 영향

지금까지 이 책에서 다룬 내용은, 빈약할지라도 대부분 과학적인 근거가 있었다. 하지만 지금부터는 수치화가 불가능한 영역을 다룬다. 7부에서 내가 할 이야기는 대개 나의 개인적인 경험과 의견이다.

그런데도 내 이야기를 진지하게 들어야 할 이유가 있을까? 분명 일리 있는 지적이다. 여기서 전달하는 내용은 적어도 내가 성공할 수 있었던 이유라고 믿는 것이다. 나처럼 되고 싶지 않거나 큰 감흥이 없다고? 그렇다면 더욱 설득력이 강한 카드를 꺼내들겠다. 사실 7부에 등장하는 개념은 나 혼자만의 생각이 아니다.

7부에서 다루는 개념 중 상당수는 나보다 훨씬 더 유명하고 성공한 작가들의 작품에서 차용한 것이다. 이 책에서 말하는 몇 가지 아이디어, 특히 정신이 육체에 큰 영향을 미친다는 생각은 여러 20세기 위인들에게 성공을 가져다 준 특징적인 요소다.

나는 유명인 또는 크게 성공한 사람과 대화할 기회가 있을 때마다 삶에 영향을 준 책 한 권을 물어보곤 했다. 놀라운 점은 많은 사람이 같은 책을 추천했다는 것이다. 이 책들은 70장에서 소개하겠다.

정신이 중요하다

할 수 있다는 믿음 없이 할 수 있는 일은 거의 없다. 정신이 신체에 얼마나 영향을 미치는지, 그리고 성공에는 얼마나 영향을 미치는지 알게 되면 무척 놀랄 것이다. '믿을 수 있다면 이룰 수 있다.'는 생각은 대수롭지 않게 넘겨버리기 쉽지만 여기에는 중요한 진실이 담겨 있다. 뒤집어 생각하면 더 진실에 가깝다. 즉, 믿지 않는다면 절대로 이룰 수 없다.

직접 세운 아주 작은 계획조차도 실행에 옮기려면 정신력을 잘 활용하는 법을 배우고 그것을 극복할 수 있어야 한다. 쉬운 일은 아니다. 믿음을 가져야겠다고 생각한다고 해서 갑자기 믿음이 생기지는 않는다. 한 번이라도 시도해본 적이 있는가?

원한다면 지금 당장 시도해보자. 코끼리가 분홍색이라고 믿도록 노력해보자. 자신을 이해시킬 수 있는가? 이 믿음에 당신의 삶이 걸려 있다 한들 이런 간단한 믿음을 바꿀 수 있겠는가? 억지로 가짜 정보를 믿도록 자신을 속일 방법은 거의 없다.

그렇다고 코끼리가 분홍색이라고 절대 믿을 수 없다는 뜻은 아니다. 설득력 있는 증거가 하나만 있어도 정신은 금세 변할 수 있다. 하지만 이토록 비논리적인 거짓말을 믿게 할 증거를 찾기란 거의 불가능하다. 사실 현재 자신이 믿고 있는 코끼리 색깔과 완전히 반대되는 설득력 있는 증거가 있다 해도 정신이 너무 강해서 그냥 더 편한 사실, 즉 현재의 믿음을 바꾸지 않을 수도 있다.

보다시피 정신을 다스리는 힘을 얻기란 생각보다 어렵다. 인간은 뇌에서 일어나는 생물학적 반응에 어느 정도 끌려다닐 수밖에 없다. 하지만 인간은 짐승이 아니다. 인간에게 있는 의식과 자유의지를 사용하면 이런 기본적인 생물학적 반응을 이겨낼 수 있다.

코끼리가 분홍색이라고 믿기는 어렵지만, 의지만 있다면 못할 것도 없다. 믿고자 하는 바를 자신에게 반복해서 말해주면 믿음도 바뀐다. 내 생각을 바꿀 힘이 나에게 있듯이 당신에게도 당신의 생각을 바꿀 힘이 있다.

내 믿음을 바꿔서 내가 얻는 것은 무엇인가? 내 생각과 사고방식을 바꿀 뛰어난 힘이 있으면 어디에 도움이 되는가? 내가 현실이라고 믿는 바에 따라 세상도 변하게 될까?

여기서부터 진짜 재미있는 이야기가 시작된다. 물론 "그렇다."라고 바로 답할 생각은 없다. 내가 그렇게 말하면 당신의 손에 들려 있는 이 책이 쓰레기통으로 직행한다는 것을 잘 알기 때문이다. 당연히 당신의 생각이나 믿음에 따라 세상이 바뀌지는 않을 것이다. 그런데… 정말 그런가?

이 질문에 답하기 전에 한 발짝 물러서서, 물리적인 환경이 실제로 어떻게 바뀌는지 생각해보자. 탁자 위에 있는 벽돌을 바닥으로 옮기고 싶은 상황을 생각해보라. 불가능하다고 생각하면 시도조차 하지 않을 것이다. 하지만 가능하다고 믿고 손으로 옮기면 되겠다는 데까지 생각이 미쳤다면 실제 벽돌을 들어서 탁자 아래로 내려놓을 수 있다. 정신이 몸을 움직인 것이다. 엄밀히 말해 당신의 믿음에는 현실을 바꿀 힘이 있긴 있다. 다만, 몸을 사용한다는 간접적인 방법을 택했을 뿐이다.

팔다리를 움직이기 위해 의식이 신경계에 어떻게 신호를 보내는지 아직 밝혀지지 않았다. 뇌화학적 반응이 어떻게 이루어지는지는 알지만 이러한 변화를 촉발하는 원인은 모른다. 첫 번째 뉴런을 어떻게 점화시키는지 모른다는 말은, 누구에게나 있지만 눈에는 보이지 않는 정신이 물리적 세계를 어떻게 조작하는지 아직 모른다는 뜻이기도 하다.

세상이 어떻게 돌아가는지 잘 몰라서 하는 말이 아니다. 많은 사람이 이런 반응이 어떻게 일어나는지 안다고 말한다. 아마 인간은 환경과 상호작용하는 화학물질 덩어리라고 말할 것이다. 자동 조정 장치의 통제 아래 화학 반응이 끊임없이 꼬리를 물고 일어난다고 말이다. 이 말은 인간이 환경이나 상황에 완전히 좌우되는 존재라는 뜻이다. 하지만 그들의 말이 사실이라면 당신은 어떻게 이 책을 읽겠다고 선택했는가? 나는 어떻게 이 책을 쓸 수 있었겠는가? 당신이나 나는 아무런 선택권 없이 그저 필연적인 연쇄 반응에 끌려다닌 것일까? 아니면 어떻게 생기는지 모르는 자유의지라는 것으로 선택한 것일까?

정신과 육체의 연결

내가 정신과 육체라는 단어를 사용할 때, 정신은 육체에서 물리적이지 않은 부분을 의미한다. 영혼이라 부르든 의식의 역학적인 작용이라 부르든 정신은 뇌를 비롯한 육체의 기능과는 다르다.

이 차이는 중요하다. 내가 정신이 육체에 영향을 미친다고 말할 때 육체에는 뇌도 포함되기 때문이다. 이는 곧 정신이 뇌에도 영향을 미친다는 뜻이다. 증명은 멀리서 찾지 않아도 된다. 설탕 캡슐 같은 대체재를 약이라고 착각하면 실제 육체에 효과가 나타나는 플라세보 효과만 보아도 이 사실은 충분히 입증된다. 아기 코끼리 덤보가 마법 깃털 덕분에 날 수 있었듯이 정신은 무의식적으로 육체에 영향을 준다.*

* 아기 코끼리 덤보는 월트 디즈니의 애니메이션이다. 덤보는 친구 티모시가 준 마법 깃털이 자신을 날 수 있게 해준다고 믿고 실제로 날게 되었다. 그런데 사실 그 깃털은 평범한 깃털이었다.

생각을 행동으로 실현하는 방식으로 정신이 우주를 조작할 수 있다. 즉, 당신의 믿음이나 생각이 세상에 영향을 줄 수 있다.

말 그대로 당신이 생각하는 것이 현실이 된다는 뜻이다. 최소한 육체와 정신의 힘이 미치는 범위 내에서는 이 말이 사실이다. 이 원칙은 다양한 철학에 다양한 형태로 등장한다. 일례로 '비슷한 것끼리 모인다.'를 들 수 있다. 부정적인 생각을 하면 부정적인 결과가 나오고 부정적인 결과를 경험하면 부정적인 생각을 한다. 부정적인 생각에 관해서는 다음 장에서 더 자세히 이야기하겠다.

론다 번Rhonda Byrne의 『시크릿(The Secret)』이라는 책을 들어본 적이 있는가? 너무 신비주의적이고 과장된 면이 있다고 생각하는 책이지만 한 가지 중요한 진실을 담고 있다. 의지를 가지고 자신의 믿음을 바꾸고 자기 생각을 통제해 나가는 사람은 자신이 바라는 현실을 일구어갈 수 있다는 진실 말이다. 이러한 진실은 과거부터 현재까지 꾸준히 새로운 방식으로 깨우쳐졌고 아마 앞으로도 그럴 것이다.

신비주의적인 발언이라는 느낌을 주고 싶지 않다. 나는 매우 현실적인 사람이다. 이러한 진실을 현실적으로 설명할 방법이 많은 것도 알고 있다. 이런 진실에는 어느 정도 신비주의적인 면이 있다는 사실을 완전히 무시할 수 없었기에 이렇게 이야기했다.

신념은 생각이 되고
생각은 말이 된다.
말은 행동이 되고
행동은 습관이 된다.
습관은 가치가 되고
가치는 운명이 된다.

– 마하트마 간디

중요한 것은 생각이 현실에 적지 않은 영향을 미친다는 사실이다. 이 말이 진실임을 이해하기 위해 꼭 이 장에 담긴 설명에만 의지할 필요도 없다. 주변을 둘러보라.

매일 교류하는 사람들을 생각해볼 때 특정한 사고 패턴이 특정한 행동이나 결과로 이어진다고 느낀 적 있는가? 본인이나 남을 믿지 못하고 늘 부정적인 태도로 일관하는데도 크게 성공한 사람을 본 적이 있는가? 상황은 사실 그렇지 않은데 본인이 늘 피해자라고 주장하는 사람을 본 적 있는가? 자신도 돌이켜보라. 현실이 될 가능성이 매우 낮은데도 지나치게 걱정하는 일이 자주 있는가?

자기 인생의 방향을 자신이 설정하고 통제하기 원한다면 자신의 정신과 생각을 제어할 방법을 깨우쳐야 한다. 내가 한 말이 설득력이 있었는가? 자신의 사고방식이나 신념이 자기 인생에 긍정적·부정적 영향을 끼칠 가능성이 눈곱만큼이라도 있다고 생각한다면, 앞으로 이어지는 내용을 통해 당신의 성장을 도와줄 사고방식을 어떻게 만드는지 배울 수 있을 것이다.

실천하기

- 실제 당신의 삶에서 생각이 현실에 영향을 미친 경험을 떠올려서 정신과 육체의 연결 고리를 찾아보라. 긍정적인 영향이든 부정적인 영향이든 상관없다.
- 최근에 성공을 거둔 일을 떠올려보라. 당시 어떤 사고방식으로 임했는가?
- 최근에 실패했던 일을 떠올려보라. 당시 어떤 사고방식으로 임했는가?

CHAPTER

67

긍정적인 태도 갖추기

하나만 물어보겠다. 평소 머릿속에 떠오르는 생각이 긍정적인 편인가, 부정적인 편인가? 단순히 스스로를 낙관론자나 비관론자, 둘 중 하나로 분류하는 수준을 넘어서 생각해보라. 겉으로는 좋은 결과를 바라는 마음을 표출하는 낙관론자라고 해도 마음속에는 이러한 노력을 직접적으로 방해하는 온갖 부정적인 생각과 감정이 떠다니는 경우가 많다.

단순히 겉으로만 낙관론을 주장하는 게 아니라 진짜 긍정적으로 사고하면 건강 증진, 수명 연장 등 다양한 이점이 있다는 과학적인 증거가 있다. 반대로 부정적인 생각을 하면 그와 정반대의 효과가 난다. 부정적인 사고는 당신에게 해를 끼치며 성공하기 위한 당신의 노력을 방해한다.

이 장에서는 정신적으로 건강한 태도를 갖추는 문제에 관해 이야기하겠다. 진정으로 긍정적인 태도가 무엇인지, 긍정적 태도가 행복한 삶을 사는 데 어떠한 도움이 되는지, 전염성을 띨 정도로 강력한 긍정적 태도를 어떻게 하면 기를 수 있는지 함께 살펴보자.

긍정성이란 무엇인가?

요즘은 너무 자주 써서 의미가 퇴색되었지만 '긍정적인 태도'라는 말의 뜻은 잘 알고 있을 것이다. 당신의 태도가 부정적이라면 긍정적이라는 말의 의미가 무엇이고 왜 그리 중요한지 한 번쯤 되새겨보라. 알고 보면 대부분의 사람들은 생각보다 부정적인 편이니 말이다.

긍정적인 사고라는 개념을 싫어하는 사람도 많다. 그들은 비현실적인 낙관론은 재앙으로 이어지는 지름길이라고 생각한다. 허황된 꿈을 좇아야 한다는 생각에 반대한다며 자신이 현실적이라고 말하는 사람을 종종 보았다.

그러나 긍정적인 사고는 현실적인 사고의 반의어가 아니다. 긍정적인 사고는 잘 응용하면 궁극의 현실적인 사고가 된다. 현실을 바꿀 능력이 있다고 믿는다면 주변 상황의 희생자로 남지 않을 수 있기 때문이다.

자신에게 상황을 이길 힘이 있다는 믿음이 긍정적인 사고의 바탕이다. 현재 상황이 어떠하든 미래를 바꾸어나갈 힘이 자신에게 있다고 믿기 때문에 앞으로 좋은 일이 일어날 것이라고 보는 것이다. 성취를 갈구하는 인간의 힘이 세계를 움직이는 강력한 힘이라는 굳센 믿음이다. 마음속에 있는 그러한 힘을 어떻게든 쓸 수 있다는 믿음, 어쩌면 잠들어 있을지 모르지만 그래도 실존한다는 믿음 말이다.

내면의 힘이 현실을 바꿀 수 있다는 생각을 오래 하면 긍정적인 태도가 발현된다. 긍정적인 태도가 있으면 현실과 동떨어진 환상 속에 살지 않는다. 그보다 자신이 바라는 바를 현실로 실현할 수 있는, 최선의 미래가 기다리고 있는 세계에서 살 수 있다.

긍정적인 사고를 조금 더 현실적으로 해석하면 나쁜 생각보다 좋은 생각을 선택한다는 뜻이다. 삶에서 마주하는 모든 상황을 어떻게 해석하느냐는 당신 몫이다. 상황은 좋고 나쁠 것이 없다. 좋은 상황과 나쁜 상황은 당신이 그 상황을 어떻게 해석하느냐에 따라 구분된다. 긍정적인 태도를 지닌 사람은 상황을 좋게 해석하는 경향이 있다. 객관적으로 좋은 상황이어서가 아니다. 자신에게 선택할 능력이 있다는 점을 인식하고 있기 때문이다.

이러한 내 생각을 잘 표현할 수 있는 이야기가 있다. 도교의 아주 오래된 우화라고 알고 있는 이야기다.

> 옛날 옛적에 중국에 말 한 마리를 키우는 한 노인이 살고 있었습니다. 그런데 어느 날 말이 울타리를 망가뜨리고 달아나 버렸습니다. 이 소식을 들은 이웃 사람들은 노인이 참 운도 없다고 다들 한마디씩 했지만 노인은 이렇게 대답했습니다. “아니 운이 없는 거라고 어떻게 확신합니까?”
>
> 일주일 후 말이 야생마 떼를 몰고 돌아왔습니다. 노인은 아들과 함께 나가서 모든 말을 울타리 안으로 몰아 넣었습니다. 이 소문을 들은 이웃 사람들은 이번에는 운이 좋았다고 입을 모아 말했습니다. 하지만 노인은 “운이 좋은 거라고 어떻게 확신합니까?”라고 대답했습니다.
>
> 몇 주 후 노인의 아들은 길들이던 야생마 한 마리 때문에 다리를 심하게 다쳤습니다. 며칠이 지나자 다친 다리가 심하게 감염되어 고열에 시달리며 헛소리를 하기 시작했습니다. 그러자 이웃들은 정말 운도 없다고 했습니다. 하지만 노인은 “운이 나쁜 일인지 어떻게 압니까?”라고 할 뿐이었습니다.
>
> 때마침 전쟁이 일어나 온 마을의 젊은이를 징집하기 시작했습니다. 노인의 아들도 전쟁터에 나가야 할 상황이 되었습니다. 하지만 노인의 아들은 다리가 부러져 고열에 시달리고 있었기 때문에 징집 대상에서 제외되었습니다. 사람들은 또 운이 좋다고 한마디씩 했습니다. 그러자 노인이 말했습니다. “진짜 좋은 일일지는 두고 봐야 아는 겁니다.”

긍정성의 긍정적 영향

앞서 긍정적인 사고가 삶에 실제적이고 구체적인 영향을 끼친다는 것이 과학적으로 증명되었다고 했다. 농담이 아니다. 다음은 긍정적인 사고가 영향을 미친다고 증명된 것들의 목록이다. 실제 과학적인 연구를 통해 증명된 결과들이다. 자세한 정보는 http://simpleprogrammer.com/ss-negative-thinking에서 확인하라.

- 결혼 만족도 증가
- 교우 관계 개선
- 소득 증가
- 건강 증진
- 수명 연장

이 정도의 과학적 연구 결과만 보아도 우울함을 극복해야 할 충분한 이유가 된다. 하지만 과학적인 연구로는 증명하기 어려운 사실들도 있다. 내 태도는 업무 성과에 직접적인 영향을 미친다. 나는 내 태도가 생산성 측면에 어떤 영향을 미치는지 측정해 봤는데, 긍정적인 마음일 때는 내가 마주한 장애물이 내가 억지로 떠맡은 부정적인 상황이 아니라 극복해야 할 과제로 느껴졌다.

만약 위의 내용과 상관없이 단순히 기분이 좋아지는 것뿐이라면 노력할 가치가 없는 걸까? 부정적인 감정보다 긍정적인 감정을 느낄 때 기분이 좋지 않은가? 대출을 갚고, 더 좋은 사람이 되기 위해 노력하고, 축구 연습을 하고, TV를 보고, 야식을 먹는 것도 모두 기분이 좋아지기 위해서가 아닌가? 그냥 행복해지려고 하면 안 되는가? 그래도 된다면 왜 쓸데없이 고민하는가?

태도를 리부팅할 방법

긍정적으로 살고 싶다는 마음만으로는 부족하다. 긍정적인 태도를 간절히 원하는 마음 한편에서는 불가능한 일이라고 비관하고 있을 수도 있다.

자신이 믿는 바를 바꾸기는 어렵다. 긍정적인 세계관이 부정적으로 바뀌는 일은 쉽게 일어나는데 이상하게도 부정적인 세계관을 긍정적으로 바꾸기는 어렵다.

생각의 전환

태도를 바꾸고 싶다면 생각부터 바꾸어야 한다. 생각을 바꾸고 싶다면 생각의 패턴을 바꿔야 한다. 생각의 패턴은 습관으로 결정된다. 그러므로 인생의 중요한 부분을 바꾸려면 그와 관련한 습관을 길러야 한다.

긍정적으로 생각하는 습관은 어떻게 기를 수 있을까? 다른 습관을 기르는 방법과 똑같다. 잠재의식에 새겨질 때까지 의식적으로 반복하는 것이다.

당신에게 모든 일을 긍정적으로 생각할 만한 자제력이 없을 수 있다. 운전 중 메시지를 확인하기 위해 전화를 찾다가 앞차를 받았을 때 '살다 보면 이런 일도 저런 일도 있는 거지.', '더 심한 사고가 나지 않아서 다행이야.'라고 생각하기는 어렵다. 부정적인 생각을 하거나 그 생각을 말로 표현하고 싶은 충동이 들 수도 있다.

하지만 의지가 있다면 긍정적으로 생각할 수 있다. 지금 하던 일을 멈추고 긍정적으로 생각해보라. 추수감사절이 돌아왔다고 상상하면서 감사한 일을 생각해보라. 쉽지 않은가? 의도적으로 늘 이렇게 생각하려고 노력하는 것이 중요하다. 즉각적인 반응까지 제어할 수는 없더라도 그 경험을 어떻게 해석할지는 의식적으로 선택할 수 있다.

이러한 연습을 꾸준히 하다 보면 긍정적인 그림을 떠올리는 습관, 희망을 찾아내는 습관이 생긴다. 이렇게 시간이 지나면 불행한 사건을 만나도 긍정적으로 반응할 가능성이 높아진다. 당신의 뇌가 상황을 좀 더 긍정적으로 해석하도록 훈련하는 것이다.

명상

나는 명상을 자주 하는 편은 아니지만 명상하는 습관을 기르려고 노력하고 있다. 여러 연구에서 명상을 하면 긍정적인 감정을 더 많이 경험한다는 사실이 증명되었다. 당신도 명상으로 긍정적인 생각을 키워보라. 아주 인기 있는 명상 앱 헤드스페이스Headspace를 비롯해 여러 앱이 있으니 앱 스토어를 검색해보라.

놀이

'일만 하고 놀지 않으면 바보가 된다(All work and no play make Johnny a dull boy).'라는 말을 들어본 적 있는가? 뿐만 아니라 놀지 않으면 불평이 많아지고 부정적으로 생각하게 된다. 나도 놀지 않고 일만 할 때는 부정적인 감정, 부정적인 사고로만 이어졌다. 적당히 놀아가며 일할 때 긍정적으로 생각하기가 훨씬 쉽다. 새로울 것 없겠지만 그래도 꼭 생각해볼 만한 이야기다.

책

긍정적인 자세를 기르는 데 도움이 될 책을 70장에서 소개할 예정이다. 지금 당장 한 권을 소개하자면 노먼 빈센트 필Norman Vincent Peale의 『긍정적 사고방식(The power of Positive Thinking)』을 꼽고 싶다.

긍정적인 사고는 어쩌다 생기거나 하룻밤 사이에 억지로 만들 수 있는 것이 아니다. 그렇게 되도록 일관되게 노력해야 가능한 일이다. 하지만 노력을 기울일 만한 가치가 충분히 있다. 더 건강하게, 더 오래, 더 성공적으로 살 수 있게 될 뿐 아니라 나와 내 주변 사람들까지 더 즐겁게 살 수 있다.

실천하기

- 생각을 기록해두라. 그 순간 어떤 생각이 드는지, 또 어디에 집중하고 싶은지 이해하는 데 도움이 된다. 이번 주는 생각나는 내용을 일기로 적어보라. 기회가 날 때마다 무슨 생각을 하는지, 그 생각이 긍정적인지 부정적인지 적어라. 중요한 일이 생길 때마다 적어라. 그리고 규칙적으로 적어라.
- 적어둔 내용을 검토해보라. 긍정적인 생각, 부정적인 생각 중 어느 쪽이 더 많은가? 부정적인 생각과 긍정적인 생각은 각각 어디에서 오는가?
- 생각을 제어할 수 있도록, 최대한 긍정적으로 생각하도록 적극적으로 노력하라. 상황이 좋지 않더라도 불리한 상황만 발생한다고 생각하지 말고, 잠시 멈춰서 이런 일도 저런 일도 일어날 수 있다고 생각하라. 그러면 상황을 너무 민감하게 받아들이는 일이 줄어든다. 항상 희망적인 부분을 찾도록 노력하라. 부정적인 생각을 없애는 데 집중하지 말고 부정적인 생각을 긍정적인 생각으로 채워라.

CHAPTER

68

긍정적인 자아상 세우기: 두뇌 프로그래밍

행복한 생각을 하고 좋은 태도를 지니는 것만으로는 부족하다. 물론 긍정적인 태도를 지니면 성공에 훨씬 가까워질 뿐 아니라 건강한 삶을 살게 된다. 하지만 목표를 달성하는 삶을 살려면 그에 맞게 뇌를 프로그래밍할 줄 알아야 한다.

> 스스로 동기를 부여할 줄 모른다면 아무리 뛰어난 재능이 있어도 평범한 수준을 벗어날 수 없다.
>
> – 앤드루 카네기Andrew Carnegie

진짜 싸워야 하는 대상은 평범한 수준에 머물러 있으려는 자신이다. 이 싸움은 뇌에서부터 시작된다. 자신의 앞길을 막느냐, 아니면 앞으로 나아가도록 격려하느냐는 당신이 자신을 어떻게 생각하느냐에 달려 있다.

긍정적인 자아상은 목표에 도달하기까지 당신을 도와주는 자동 조정 장치와 같다. 이 장에서는 긍정적인 자아상을 만들도록 자신의 뇌를 프로그래밍하는 방법에 대해 알려주겠다.

자아상이란 무엇인가?

자아상은 자기가 보는 자기의 진짜 모습을 가리킨다. 자신에 대해 지금껏 말해온 모든 것, 좋은 기분을 유지하기 위해 자신을 속여온 모든 거짓말과 수식어를 없앤 후에 말이다.

진짜 자아상은 잠재의식 안에 깊숙이 숨겨져 있기 때문에 존재조차 인식하지 못할 수도 있다. 당신이 자신을 어떻게 생각하는지 반쪽짜리 진실을 자신이나 다른 사람들에게 아무리 말하더라도 자신의 잠재의식까지 속일 수는 없다. 마음속 깊은 곳에는 뇌가 바라보는 진짜 자신의 모습이 반영된 이미지가 존재한다.

자아상은 강력하다. 당신의 뇌는 당신이 자아상에서 어긋나는 행동을 하지 못하게 막는다. 존재조차 인식하지 못하기 때문에 이러한 인위적 제한은 극복하기 어렵다.

자신이 공을 잘 던지지 못한다고 믿는 아이가 위대한 투수가 될 수 있을까? 아마 어려울 것이다. 그 아이의 뇌가 자아상에 맞춰서 살도록 정서적으로 그를 구속하므로 자아상을 바꿀 방법을 배우지 않는 한 투수가 되기는 어렵다.

자각하지 못했을지 몰라도 당신의 뇌도 이와 비슷하게 당신을 구속한다. 지금까지 그러한 제한을 벗어날 수 없다고 생각했을지 모른다. 삶이 원래 그렇다. 당신은 어떤 사람인가? 덤벙대는가? 게으른가? 수학을 못하는가? 사교성이나 주의력이 떨어지는가? 수줍음을 타거나 내성적인가?

이러한 성격 특성이 키나 눈 색깔처럼 마치 DNA에 새겨진 것이라 생각할지 모르지만 사실은 그렇지 않다. 물론 바꿀 수 없는 신체적 특징도 존재한다. 하지만 지금껏 정체성의 일부라고 생각해온 많은 부분이 실제로는 우연히 습득된 자아상에 불과할 수 있다.

어릴 적 부모님이 "우리 애는 부끄러움이 많나 봐요."라고 한 말을 우연히 들었기 때문에 생긴 자아상일 수도 있다. 사실은 부끄러움을 타는 성격이 전혀 아니었지만 일순간 뇌가 그러한 이미지에 갑자기 혹해서 당신의 자아상에 새겨 넣은 것일 수도 있다는 뜻이다.

자아상은 바꾸기 어렵다

인간에게는 자신의 자아상을 바꿀 능력이 있다. '이미 이룬 것처럼 연기하라'는 말을 들어본 적 있는가? 무언가 되고자 하는 사람이 이미 된 것처럼 연기하다 보면 마침내 진짜 그런 사람이 될 수 있다는 전략이다.

알고 보면 간단하다. 하지만 그런 생각을 전혀 해보지 않았기 때문에 천성이라 믿었던 성격을 바꿀 수 있다고 믿기 어려울 수 있다.

인간에게는 자신의 약점이나 한계를 정체성의 필수 요소라고 생각하는 병적이고 가학적인 성향이 있는 것 같다. 성미가 급한 사람에게 그런 성격을 고치고 싶으냐고 물어보라. 아마 싫다고 할 것이다. 그는 마치 팔이나 다리를 잘라내라는 말이라도 들은 것처럼 굴 것이다. 급한 성미가 자신의 천성이라고 굳게 믿고 있기 때문에 이런 성격을 버리는 것은 자신에게 못할 짓을 하는 거라고 느낀다. 잠재의식이 자아상에 미치는 영향은 그 정도로 강하다.

하지만 알고 보면 사교성이 떨어지는 성향이나 급한 성미는 정체성과 관련이 없다. 그런 성향은 몸에 걸친 옷과 비슷하다. 사실 옷은 자아상에 엄청난 영향을 준다. 반바지에 슬리퍼 차림일 때와 양복을 차려입었을 때 자신의 생각이나 행동이 크게 달라진다는 것을 느낀 적 있는가?

비록 일시적인 변화에 불과할 수도 있지만, 그만큼 자아상 바꾸기는 어렵지 않다는 뜻이다. 어려운 부분은 오히려 자아상을 바꿀 수 있다는 믿음과 실제 변화를 이끌어낼 의지를 갖는 부분이다. 정체성의 핵심이라고 믿는 부분도 바꿀 수 있다는 사실을 받아들이면 원하는 모습으로 자아상을 바꿀 수 있다(이는 고정 마인드셋 대 성장 마인드셋이라고 알려진 개념이다. 이를 주제로 다룬 캐롤 드웩Carol S. Dweck의 『마인드셋(Mindset)』은 훌륭한 책이다).

자신에게 어떤 모습으로든 변신할 힘이 있다고 생각해보라. 당신이 낯을 많이 가리고 부끄러움이 많다면 당당하고 멋진 사교적인 사람이 된다고 상상해보라. 다른 사람들을 멋지게 이끄는 리더, 아니면 스포츠를 잘하는 사람이 된다고 말이다.

이 모든 건 분명 현실이 될 수 있다. 실제로 나는 자아상을 고쳐본 경험이 있다. 어릴 적 나는 좀 모자란 아이였다. 괴짜라고 할 수도 없다. 스스로 내가 똑똑하다고 생각했지만 공부를 열심히 한 것도 아니고 학업에 적극적으로 관심을 가져본 적도 없다. 사교성도 별로 없었고 괴롭힘도 많이 당했으며 낯선 사람에게 전화를 거는 것조차 두려워할 정도로 수줍음이 엄청 많았다.

그런데 고등학교 2학년 때 변하기 시작했다. 왜 그랬는지는 나도 정확히 모르겠다. 갑자기 내가 살고 싶은 대로 살게 된 것인지 모르겠다. 그냥 운이 좋았을 수도 있고, 답답한 마음이 들어서 그랬을 수도 있다.

순식간에 변신했다고 할 수는 없지만 꽤 빠르게 변하긴 했다. 입던 옷을 버리고 내가 되고 싶은 사람에게 어울리는 옷을 샀다. 근력 운동을 시작했고 레슬링, 달리기 클럽에 가입했다. 이전에는 스스로 운동과 거리가 멀다고 생각했기 때문에 스포츠를 해본 적이 없었다. 더는 수줍어하지 않기로 하고 수줍어하지 않는 척했다. 불편한 상황에 나를 일부러 몰아넣었다. 앞으로 어떤 사람이 될지 끊임없이 마음을 다잡으며 새로운 나를 자꾸 그려보았다.

놀랍게도 한 번 변한 후에는 다시 옛날 모습으로 돌아가지 않았다. 물론 개발자라는 꿈을 버린 건 아니지만 고등학교를 마친 후 모델과 배우로도 활동했다. 수줍음이 많던 내가 수줍음을 던져버렸다. 운동을 싫어하던 내가 꾸준히 달리기와 근력 운동을 하게 되었다. 지금까지도 어떤 사람이 되고 싶은지 꾸준히 고민하면서 나에게 도움이 될 자아상을 만들고자 노력하고 있다.

뇌를 새롭게 프로그래밍하기

뇌를 다시 프로그래밍할 방법은 무엇일까? 내가 했던 것처럼 자신의 자아상을 바꾸려면 어떻게 해야 할까? 방법은 비교적 간단하다. 시간을 들여 꾸준히 노력하면 된다.

우선 어떤 사람이 되고 싶은지 명확한 이미지를 그려라. 인간의 뇌에는 자신이 설정한 목표를 추구하는 놀라운 능력이 있다. 자신의 뇌를 자신이 원하는 길로 인도할 수 있을 정도로 최대한 명확한 그림을 그려두면 된다.

이상적인 자아상을 떠올려보라. 아무 제약이 없다고 상상하면서 어떤 사람이 되고 싶은지 확고한 이미지를 그려라. 더 자신감 있는 모습으로 당당하게 방에 들어가는 모습을 상상하라. 제 발에 걸려 넘어지는 모습 대신 품위 있게 다니는 모습을 상상하라. 다른 사람에게 영감을 주는 사람, 혹은 세련된 사람이 되어 있다고 상상하라. 아무 제약도 두지 마라. 단, 현실적으로 바꿀 수 없는 신체적 특징은 예외다. 예를 들어 키가 크다고 상상하면 자신감이 조금 더 생길지 모르나 실제로 별 의미는 없다. 상상만으로 키가 크지는 않을 테니 말이다.

이미지를 만들었다면 이제 '이미 그 사람이 된 것처럼' 행동하는 단계다. 이미 그러한 사람이 된 것처럼 행동하라. 말투, 옷차림, 양치질까지도 모두 이미 원하는 모습이 된 것처럼 하라. 현실은 잠시 잊어라. 당신의 변화에 관해 누가 뭐라 하든 신경 쓰지 마라. 그 대신 이미 목표를 이루었고 당신이 원래 그런 성격이었던 것처럼 행동하라.

새로운 사고방식이 잠재의식에 잘 뿌리내릴 수 있도록 자신에게 긍정적인 말을 많이 해주어라. 긍정적인 말은 자기 계발서에서 지겹도록 이야기하는 것 이상으로 효과가 뛰어나다. 자신에게 충분한 시간 동안 이야기한다면 뇌는 그 말을 진짜로 믿기 시작한다. 믿음을 바꾸기 얼마나 어려운지 이야기했던 것이 기억나는가? 하지만 꾸준히 똑같은 메시지를 전달한다면 그러한 믿음이 바뀔 수도 있다.

새로운 마음가짐을 떠올리게 할 명언이나 이미지를 찾아보라. 늘 새로운 믿음을 확인하고 강화해줄 긍정적인 말을 하라. 되고 싶어하는 사람이 되어 있는 모습을 자주 마음에 그려보라. 스포츠 선수들이 실력을 높이기 위해 쓰는 방법이기도 하다. 그들은 중요한 시합에 나가기 전에 머릿속으로 리허설을 해본다. 경기를 상상하면서 이기는 모습을 그린다. 가짜 연습이 실제 연습과 똑같은 효과가 있다는 결과를 증명한 연구들도 있다. 또 시애틀 시호크스라는 프로 축구 팀의 훈련에는 성공한 모습을 상상하는 명상 시간이 포함된다는 글을 본 적도 있다.

가장 중요한 점은 말을 가려서 하라는 것이다. 당신의 뇌는 당신이 하는 말을 믿는다. 잠재의식은 자신의 목소리에 휘둘리는 어린아이와 같다. 스스로 자신을 부족하다고 말하면 잠재의식은 그 말을 믿는다.

실천하기

- 자신의 장점과 단점을 모조리 적어라. 자신을 어떻게 생각하는지, 다른 사람들이 당신을 어떻게 볼 것이라 생각하는지도 적어라. 이 목록에 적힌 내용은 잠재의식 속에 묻힌 자아상에 비하면 빙산의 일각에 불과할지도 모른다. 하지만 이 정도면 자아상을 알아가는 출발점으로는 부족함이 없다.
- 목록에 적어둔 면모 중 바꿀 수 없으리라 생각하는 항목은 몇 개인가? 이유는 무엇인가? 진짜 바꿀 수 없는 것인지, 아니면 당신이 그렇게 믿고 있기 때문인지 생각해보라.
- 적어둔 내용 중에서 부정적인 면이라 생각하는 항목을 이 장에 있는 조언을 참고해서 하나라도 바꿔보라. '이미 이룬 것처럼 연기하기' 전략을 시도해보고 새로운 믿음이 굳게 자리 잡도록 긍정적인 말을 하라.

CHAPTER

68

연애 문제

내가 애정 관계 전문가도 아니고, 이 책의 주제가 사랑 찾기도 아니니 이 부분을 넣을까 말까 고민이 많았다. 하지만 아예 다루지 않는다면 소프트웨어 개발자의 생활 매뉴얼이라고 할 수 없으리라 생각했다.

애정 관계에 관한 이야기는 한 개 장에 담기 어려울 정도로 하고 싶은 말이 많다. 그래서 남녀 소프트웨어 개발자 모두를 괴롭히는 중요하고 꼭 필요한 내용만 추려서 이야기하겠다.

때로 소프트웨어 개발자가 사랑을 찾기 어려워하는 이유

소프트웨어 개발자에 관한 고정관념으로 되돌아가서 이 문제를 이야기해 보겠다. 물론 당신은 개발자가 프로그램에만 빠져서 사교성이 부족하게 살아간다는 고정관념과 거리가 멀 수도 있다. 하지만 만약 이런 고정관념과 조금이라도 관련이 있다면 지금부터 내가 하려는 이야기에 공감할 것이다.

인터넷에는 'forever alone'이라는 유명한 밈meme*이 존재한다. 이 밈은 현재 무척 외롭고 앞으로도 절대 사랑을 찾을 수 없을 거라는 느낌을 표현한다. 내 경험상 다수의 소프트웨어 개발자, 특히 나이가 어린 개발자들은 이 밈에 공감하는 편이다.

안타깝게도 이러한 밈과 동질감을 느낄수록 사태가 더욱 악화된다. 연애, 애정 관계란 좀 이상하게 작동한다. 밀고 당기는 게임에 가깝다. 한 사람이 밀면 다른 사람이 당긴다. 서로 주거니 받거니 밀고 당긴다면 문제가 없다. 하지만 한쪽에서 계속 당기기만 하면 다른 한쪽은 계속 밀다 못해 멀리 달아나는 경향이 있다.

보통은 너무 당기기만 해서 문제다. 너무 애를 쓰면 절박한 느낌이 나고, 절박한 느낌이 드는 사람은 상대가 더 밀어낸다. 그러면 자존감에 상처를 입고 더 절박한 상태가 된다. 이러한 악순환에서 헤어나지 못하는 사람이 많다.

이러한 상황에 처한 사람들은 자신의 감정을 완전히 드러내는 경우가 많다. 괴롭고 외로운 자신의 감정을 온 세상에 알리는 것이다. 상대가 자신의 고통을 느껴보고, 고통이 자신을 얼마나 괴롭히는지 안다면 자신을 이해해 줄 거라고 기대한다. 관심이나 연민을 얻기 위해 페이스북에 자신이 얼마나 슬프고 외로운지 절박하게 호소한다.

이런 행동이 의도와 정반대의 효과를 낸다는 사실은 아마 대부분 알고 있을 것이다. 사람들은 자신이 연약하다고 이야기하는 사람을 피한다. 직설적으로 말해 이런 성격은 매력적이라고 느끼기 어렵다.

* 리처드 도킨스(Richard Dawkins)의 저서 『이기적 유전자(The Selfish Gene)』에 등장하는 용어다. 인간의 진화는 생물학적 진화와 문화적 진화, 둘로 나뉜다고 정의한 후 문화적 진화의 매개체가 되는 비유전적 문화 요소를 일컬어 '밈(meme)'이라 명했다.

게임 이해하기

사랑은 게임이다. 안타깝지만 그게 현실이다. 게임에 휘말리지 않으려고 아무리 노력해도 휘말릴 수밖에 없다. 게임 같은 건 할 생각이 없고 그냥 자신의 감정에 정직하게, 있는 그대로 살겠다고 생각하는 사람이 많다. 물론 그런 마음을 이해할 수는 있지만, 그렇게 했을 때 결과가 어땠는가?

오해는 마라. 자신의 감정을 속이며 살라는 말은 아니다. 이성의 마음을 사로잡고 싶다면 너무 직접적으로 감정을 드러내지 않는 게 좋다는 뜻이다. 어차피 게임은 피할 수 없으니 조금이라도 전략을 고민해볼 필요가 있다.

내가 남자이므로 남자의 관점에서 예를 들어보겠다. 몇 주 동안 호감이 갔던 여자에게 가서 "당신을 사랑합니다. 첫눈에 반해서 한동안 좋아했어요."라고 고백한다고 상상해보자. 고백하는 사람은 마음을 그대로 털어놓는 것이 낭만적이라고 생각할지 모르지만 상대는 부정적으로 반응할 가능성이 크다. 밀고 당기는 게임에서 실행하기에 그리 전략적인 방법이 아니다.

심리학자가 아니라도 사람들은 일반적으로 가질 수 없는 것, 다른 사람들이 갖고 싶어하는 것을 갖고 싶어한다는 사실은 알고 있다. 언제든 만날 수 있다거나 매달린다는 생각이 들수록 상대는 덜 원한다. 어릴 적 학교 놀이터에서 다들 한 번쯤 겪어본 적이 있으리라 생각한다. 같이 놀자고 다른 아이들을 쫓아다녀본 적이 있는가? 인생이 커다란 놀이터라고 생각하라. 누군가 도망가게 하고 싶다면 쫓아다녀라.

가만히 앉아 아무것도 하지 않으면서, 사랑이 당신을 찾아오길 기다리기만 하는 것도 좋은 방법은 아니다. 그러면 무척 오래 기다려야 할 것이다. 그보다는 행동에서 자신감이 표출되게 하라. 다른 사람에게 편안하고 자신감 있는 태도로 다가가라. 자신감을 가지고 상대가 필요하다는 태도보다는 상대에게 관심이 있고 더 잘 알게 되면 기쁘겠다는 태도를 지녀라. 물론 이러한 사실은 말로 표현하기보다 행동으로 보여주는 게 좋다.

이러한 사실을 스스로 믿는 것이 비결이다. 다른 사람 없이도 스스로 행복할 수 있는 사람이라는 자신감을 갖추고 있어야 한다. 그리고 다른 사람과 함께 있을 때 그들의 삶에 도움이 될 거라고 진심으로 믿어야 한다. 빈자리를 채워주는 신의 선물이라도 된 것처럼 행동하라는 뜻은 아니다. 자신을 소중히 여길 줄 알기에, 당신을 필요로 하는 자리에만 나타나고 당신과 함께하고 싶어하는 사람들과 어울리는 사람이 되어야 한다는 뜻이다.

이렇게 해도 성공한다는 보장은 없다. 하지만 대부분의 인간관계에 적용되는 밀고 당기기의 심리학을 이해한다면 진정한 사랑을 찾을 가능성이 훨씬 높아진다. 이러한 원리는 단순히 사랑에만 적용되는 게 아니다. 온갖 종류의 인간관계에 적용된다. 자신감 없는 절박한 태도로 살면 친구가 없어진다. 취업 면접에서도 적선을 바라는 듯한 인상을 준다면 호감을 얻지 못할 것이다.

자신감을 가져라

말이야 쉽지 실제 그렇게 살기는 어렵다고? 나도 안다. 자신감을 갖겠다고 해서 어느 날 갑자기 생기는 것은 아니다. 자신감이 있는 척하는 것조차 어렵다. 그러면 이럴 때 어떻게 해야겠는가?

앞의 두 개 장에 있는 내용을 실천하면 된다. 당신이 되고 싶은, 자신감 넘치는 긍정적인 사람의 모습을 프로그래밍해 보라. 시간과 노력을 들인다면 누구든 자신감 넘치는 사람이 될 수 있다.

체력 단련을 다룬 6부도 다시 한번 살펴보라. 몸매에 자신감이 생기면 따로 노력하지 않아도 쉽게 자신감이 생긴다. 근력 운동과 체중 감량을 통해 몸매뿐 아니라 성격까지 달라지는 사람을 많이 보았다.

자신감 있는 태도를 지니려면 어떻게 행동해야 하는지도 생각해보라. 자신감에는 용기라는 요소도 필요하다. 마음에 드는 사람을 발견했을 때 고민이나 망설임 없이 접근한다면 자신감 있는 사람이라는 인상을 줄 수 있다. 어떤 이들은 이를 '3초 법칙'이라고 부른다. 마음에 드는 상대를 만났을 때 이러한 의지를 표현할 수 있는 시간이 딱 3초가 주어진다는 뜻이다. 3초가 지나도록 망설이고 있으면 자신감이 부족한 사람으로 보이고 기회는 사라진다. 실천하기 어렵다고 느껴질지 모르지만 밑져야 본전이니 해보면 또 어떤가? 이는 내가 마지막으로 하고 싶은 다음 내용과도 연결된다.

짚신도 짝이 있다

세상에는 특이한 취향을 가진 사람이 많다. 인터넷을 찾아보면 온갖 이상한 취미를 가진 사람들을 찾아낼 수 있다. 이런 말을 하는 이유는? 당신이 아무리 특이하더라도, 아무리 큰 단점이 있더라도, 아름다운 미소나 식스팩이 없더라도, 당신을 많이 좋아해줄 누군가가 어딘가에는 있다는 것이다. 당신의 취향이 아무리 독특하더라도 이 넓은 세상에는 당신과 잘 맞는 사람이 분명 몇 명쯤 있을 것이다.

몇 번을 시도하든 한 명만 잘 만나면 된다. 그런데 딱 한 사람만 선택하고 그 사람을 받들어 모시면서 언젠가 상대가 자신을 행복하게 해줄 거라고 집착하는 실수를 저지르는 사람이 많다. 당신에게 맞는 사람이 세상에 단 한 명뿐이라는 가정은 말도 안 될 뿐더러 전략적이지도 않다. 더 넓은 범위에서 찾아볼수록 확률은 높아진다.

71장에서 이에 관해 더 자세히 이야기할 것이다. 실패를 두려워하지 마라. 많이 실패하라. 거절도 당해보라. 그래 봐야 별일 아니다. 많이 실패해서 발생하는 최악의 상황은 무엇이겠는가? 수백 번 거절당하더라도 하루에 단 한 건만 판매하면 되는 영업 사원이 되었다고 생각하라.

수많은 거절을 통해 당신과 함께하고 싶어하는 단 한 사람을 만날 수 있다면 마음이 없는 사람과 지내는 것보다 훨씬 더 낫다. 연애란 어차피 바로 그 한 사람을 만나기 위해 하는 게 아니던가?

실천하기

- 자신의 행동 중에 상대에게 절박하다는 느낌을 주는 것은 없는지 생각해보라. 다른 사람과 대화하는 방법, 혹은 SNS를 하는 방법은 어떠한지 살펴보라. 당신의 말은 자신감과 절박함 중 어떤 것을 표출하는가?
- 자신의 매력은 무엇인가? 반대로 호감을 주지 못하는 면은 무엇인가? 신체적인 부분을 제외하고 생각해보라.
- 인간관계의 폭은 어느 정도인가? 진정한 사랑을 만날 기회가 충분히 있을 정도로 노력하고 있는가? 직접 나가서 여러 상황에 부딪쳐보라. 막상 해보면 별것 아니라는 사실을 알게 된다. 그러면 두려움 없이 조금 더 자신감 있는 태도로 다른 사람을 대할 수 있다.
- 운동을 비롯해 자신감을 키워줄 새로운 활동을 시작해보라.

CHAPTER

70

추천 도서 목록

내 행동이나 신념에 큰 영향을 준 훌륭한 책이 많이 있다. 내 삶을 개선하는 데 도움이 될 만한 책을 읽기 위해 매일 조금이라도 시간을 내려고 노력한다. 아니면 적어도 오디오북이라도 들으려고 한다.

일을 처음 시작할 당시 많은 시간을 들여 소프트웨어 개발과 관련한 책을 읽었다. 요즘은 다양한 분야의 책을 읽기 위해 노력한다.

나는 크게 성공한 유명 인사를 만날 때마다 추천하고 싶은 도서가 무엇인지 물어본다. 그러한 과정을 통해 말 그대로 내 인생을 바꿔놓은 훌륭한 책을 많이 알게 되었다.

이 장에서는 내가 영향을 많이 받은 책 목록을 공개하겠다. 이 목록에는 소프트웨어 개발과 관련한 도서는 물론 다른 분야의 도서도 포함되어 있다.

영감을 주는 자기 계발서

여기에서 지금껏 읽은 자기 계발서 중 최고로 꼽는 책 몇 권을 소개하겠다. 내 인생의 궤도를 완전히 바꾼 책이 여러 권 있다.

『최고의 나를 꺼내라!(The War of Art)』, 스티븐 프레스필드Steven Pressfield

내가 무척 좋아하는 책으로 시작하겠다. 이 책을 읽으면서, 일하며 맛본 좌절감이 해소되고 업무에 집중하기가 왜 그리 어려운지 이해하게 되었다.

이 책은 무언가 의미 있는 활동을 하려고 자리에 앉았을 때 우리가 마주하는 신비한 힘에 관해 이야기한다. 저자는 이를 저항력이라고 정의하고 이 힘이 한 단계 더 높이 발전하려는 우리의 시도를 막는 양면적이고 비밀스러운 파괴자라고 주장한다.

이러한 적이 도처에 도사리고 있다는 것을 알기만 해도 무찌르는 데 큰 도움이 된다. 계속 게으름만 피우고 싶다거나 해야 할 일을 할 의욕이 도무지 살아나지 않을 때 이 책을 읽으면 힘이 날 것이다.

『인간관계론(How to win friends and influence people)』, 데일 카네기Dale Carnegie

지금껏 읽은 책 중 내게 가장 큰 영향을 미친 책이다. 이 책은 나의 세계관을 전면적으로 바꿔놓고 대인 관계 문제를 헤쳐나가는 데 큰 도움을 주었다.

이 책을 읽기 전에 나는 타인의 잘못을 철저히 지적해서 고쳐야 한다고 강하게 믿었다. 나는 꽤 엄격한 원칙주의자였는데 타인에게도 내 기준을 당연히 적용해야 한다고 생각했기에 누군가 실수하면 그대로 넘어가는 법이 없었다. 사람들이 무서워서라도 행동을 바꾸길 바랐다.

하지만 이 책을 읽은 후에는 이런 생각이 180도 바뀌었다. 부정적인 지적은 전혀 도움이 되지 않으며 타인을 내가 원하는 대로 움직이려면 그들 스스로 원하게 해야 한다는 것을 깨달았다.

내가 소개한 책 중에 딱 한 권만 읽어야 한다면 이 책을 읽어라. 나는 이 책이 누구에게나 권할 수 있는 필독서라고 굳게 믿는다. 나는 이 책을 수십 번 읽었는데 읽을 때마다 새로운 통찰을 얻는다.

『생각하라! 그러면 부자가 되리라(The Master Key to Riches)』, 나폴레온 힐Napoleon Hill

이 책을 처음 읽으려 했을 때는 좌절감이 들어 내려놓을 수밖에 없었다. 두 번째 시도에서는 조금 더 진도를 나갔지만 그래도 역시 내 취향과는 거리가 멀다고 생각했다. 하지만 크게 성공한 유명 인사 여러 명이 이 책을 추천하는 것을 보고 다시 읽어보기로 했다. 심지어 어떤 사람은 오로지 이 책 덕분에 성공할 수 있었다고 했다.

이 책은 어떤 것을 믿고 이를 고수하고 강화하면 현실이 된다고 주장하는 조금 이상한 책이다. 미리 경고하자면 이 주장을 뒷받침하는 과학적 근거도 별로 없고 설명하려는 시도조차 하지 않는다. 하지만 어쨌든 나는 저자의 주장이 내 삶에서 실현되는 것을 경험했고, 나와 똑같은 경험을 한 사람들도 많이 있다.

'마스터마인드 그룹'*이라는 개념도 이 책에서 나왔다. 그 외에도 자신의 신념을 바꾸는 데 도움이 되는 중요한 개념이 많이 등장한다. 이러한 신념의 변화는 삶에 중대한 영향을 미칠 것이다.

---

* 이 책에서 저자가 정의한 개념으로 '같은 목표를 가진 둘 이상의 사람들이 자신들의 목표를 이루기 위해 노력하는 모임'을 가리킨다.

『맥스웰 몰츠 성공의 법칙(The New Psycho-Cybernetics)』, 맥스웰 몰츠 Maxwell Maltz

이 책은 여러 면에서 『생각하라! 그러면 부자가 되리라』와 비슷했다. 단, 과학적인 근거를 함께 제시한다는 점이 달랐다. 이 책의 저자는 성형외과 의사로 성형수술을 해서 얼굴이 바뀐 사람들은 성격 또한 바뀐다는 것을 깨닫고 자아상에 관한 연구를 시작했다. 그는 연구를 통해서 우리의 삶을 좋게 혹은 나쁘게 바꿀 힘이 자아상에 있다는 사실을 깨달았다.

이 책은 마음의 작동 방법과 마음이 몸에 미치는 영향에 관해 훌륭한 통찰을 제시한다. 태도나 자아상, 믿음을 긍정적으로 바꿀 수 있는 방법에 관해 실용적인 조언을 담은 책이다.

『브레이킹, 당신이라는 습관을 깨라(Breaking the Habit of Being Yourself)』, 조 디스펜자 Joe Dispenza

이 책은 정신적 패턴을 바꾸는 방법에 관해 이야기한다. 양자물리학, 신경과학, 뇌 화학, 생물학, 유전학을 바탕으로 자신의 마음과 인생을 바꾸는 방법을 설명한다.

미리 경고하자면 이 책을 정말 싫어하고 너무 멀리 갔다고 생각하는 사람도 있다. 나도 이 책의 모든 내용에 동의하는 것은 아니나 주된 내용과 긍정적인 사고방식, 마음을 바꾼다는 개념 덕분에 읽을 가치가 있는 책이라고 본다.

『아틀라스(Atlas shrugged)』, 아인 랜드 Ayn Rand

이 책은 호불호가 분명히 갈릴 책이다. 결론이 어느 쪽이든 독자로 하여금 생각하게 하는 책인 건 분명하다. 이 책은 1,200페이지짜리 소설로 삶, 경제, 일에 관해 진지한 질문을 던진다.

『Seneca's Letters to Lucius(루킬리우스에게 보내는 편지)』, 세네카Seneca

지금껏 내가 읽은 책 중에 가장 심오한 책이다. 세네카의 글은 내 인생을 완전히 바꾸었다. 이 '책'은 한 권의 책은 아니고 유명한 스토아 철학자 세네카가 자신의 제자에게 쓴 편지 모음이다.

스토아 철학에 관해서는 73장에서 더 이야기할 것이지만 읽어보길 **강력히** 권하는 책이다. 이 책에는 당신의 인생을 완전히 바꿀 많은 지혜가 담겨 있다. 스토아학파가 된 후 내 인생이 얼마나 바뀌었는지 말로 설명하기 어려울 정도다.

소프트웨어 개발 도서

이 책이 소프트웨어 개발 서적이고 독자 여러분도 소프트웨어 개발자일 가능성이 높으므로 내가 이 분야에서 최고로 꼽는 책 몇 권을 소개하려 한다.

『Code Complete』, 스티브 맥코넬Steve McConnell

내 코드 작성 방법을 완전히 바꿔놓은 책이다. 어떤 코드가 좋은 코드인지 이해하고 있다는 느낌을 처음으로 받게 해준 책이기도 하다. 이 책에 수록된 예제는 주로 C++로 작성되었지만 책에서 설명하는 개념은 다른 언어에도 적용할 수 있다.

이 책은 좋은 코드 작성 방법, 코드 구조화 방법을 제대로 알려준다. 소프트웨어 개발 관련 도서들이 대부분 고차원적인 설계에 집중하고 있는 데 반해 이 책은 변수 이름 만들기, 알고리즘 내부의 실제 코드를 구조화하기 등 세부 사항을 중점적으로 설명한다.

내가 만약 소프트웨어 개발사를 차린다면 모든 직원에게 이 책을 필독서로 권할 것이다. 지금껏 내가 읽은 모든 소프트웨어 개발 관련 도서 중 가장 큰 영향을 받은 책이다.

『클린 코드(Clean Code)』, 로버트 C. 마틴Robert C. Martin

정말 재미있게 읽을 수 있는 책이다. 『Code Complete』에서 코드를 잘 작성하는 법을 배웠다면, 『클린 코드』에서는 그 지식을 한층 더 발전시켜 완전한 프로그램과 설계로 이끄는 방법을 배웠다.

이 책 또한 소프트웨어 개발자라면 읽어야 할 필독서라 생각한다. 이 책은 당신이 더 좋은 개발자가 되도록 도와주고 기발한 코드보다 단순하고 이해하기 쉬운 코드가 더 좋은 이유를 알려준다.

『헤드 퍼스트 디자인 패턴(Head First Design Patterns)』, 에릭 프리먼Eric Freeman

고전 도서인 『GoF의 디자인 패턴(Design Patterns)』을 권하지 않고 이 책을 추천한다는 게 이상하게 느껴질지 모르겠지만 디자인 패턴 제작을 이해하기 쉽게 잘 정리해둔 책이라서 소개한다.

오해는 마라. 『GoF의 디자인 패턴』도 소프트웨어 개발의 고전적인 디자인 패턴을 소개하는 훌륭한 책이다. 하지만 이 책이 설명을 더 잘했다. 디자인 패턴에 관한 책 한 권만 읽을 수 있다면 이 책을 선택하라.

『커리어 스킬(The Complete Software Developer's Career Guide)』, 존 손메즈

여기서 내 책을 언급하지 않는다면 의무에 태만한 것이다. 이 책에서 경력에 관한 내용이 특히 마음에 들었다면 『커리어 스킬』도 마음에 들 것이다. 『소프트 스킬』 초판을 출간했을 때 경력에 관한 내용을 훨씬 더 심도 있게 다루는 책을 출간해 달라는 요청을 많이 받았다.

『커리어 스킬』은 초심자부터 경험이 풍부한 전문가까지 모든 소프트웨어 개발자가 소프트웨어 개발 분야에서 경력을 쌓는 데 필요한 모든 것을 다뤘다.

투자 관련 서적

내가 읽은 투자에 관한 책 중 최고의 책들을 소개하겠다. 여기에 언급한 책들은 돈을 벌고 진정한 부를 일구는 방법을 이해하는 올바른 사고방식을 알려주는 데 집중한다.

『바닥부터 시작하는 백만장자들의 부동산 투자법(The Millionaire Real Estate Investor)』, 게리 켈러 Gary Keller

부동산 투자에 관한 책을 딱 한 권만 추천하라고 한다면 이 책을 추천하겠다. 이 책은 왜 부동산 투자를 해야 하는지, 부동산 투자를 통해 어떻게 부를 축적하는지 정확하게 설명해주고 이를 실천할 구체적인 방법까지 알려준다.

부동산 투자가 장기적으로 어떻게 수익을 내는지 다양한 도표를 통해 부풀리는 부분 없이 정확하게 보여준다.

『부자 아빠 가난한 아빠(Rich Dad Poor Dad)』, 로버트 기요사키 Robert Kiyosaki

재무관리 문제를 바라보는 내 시각을 완전히 바꿔놓은 중요한 책 중 하나다. 이 책을 읽은 후 돈이 어떻게 쓰이는지, 직업을 갖고 다른 사람 아래서 일한다는 게 어떤 의미인지에 관한 시각도 완전히 바뀌었다. 이 책 덕분에 자산을 만들고 비용을 줄이는 게 얼마나 중요한지 명확히 이해할 수 있었다.

구체적인 방법을 자세히 다루지 않았다는 게 이 책의 유일한 단점이다. 그 점을 고려하더라도 가치 있는 조언을 많이 담고 있는 책이다. 이 책 외에도 기요사키의 '부자 아빠' 시리즈 전체를 강력히 추천한다.

『부의 추월차선(The Millionaire Fastlane)』, 엠제이 드마코MJ DeMarco

이 책은 현실을 뼈저리게 깨닫게 하는 한 방이 있는 책이다. 401(k), 주식, 채권에 투자하는 '전통적인 방법'을 따르는 것이 서행차선이고, 그 차선으로 가다가는 절대 부자가 될 수 없고, 60대가 되어야만 부를 누리는 삶을 살 수 있다고 알려주는 책이다.

엠제이는 매우 직설적으로 진실을 이야기한다. 하지만 당신이 궁지에서 고통에 시달리게 내버려두지 않는다. 어떻게 온라인 사업을 운영하는지, 어떤 사업을 선택할지 유익한 조언을 해준다. 내 유튜브 채널에서 엠제이를 인터뷰할 기회가 있었는데 그는 진국이었다.

기타 서적

이 책의 초판을 쓴 후 많은 것이 변했다. 이 장에 다 넣었다가는 너무 길어져서 넣을 수 없을 정도로 너무 많은 책을 발견했기 때문에 목록에 들어가지 못한 최고의 책을 몇 권 더 소개하겠다. 앞서 이야기한 목록에 있는 책만큼 좋은 책도 있다.

일반 자기 계발서

- 『설득의 심리학』, 로버트 치알디니
- 『안티프래질』, 나심 니콜라스 탈레브
- 『인생도 복리가 됩니다』, 대런 하디
- 『위대한 생각의 힘』, 제임스 앨런
- 『인간 욕망의 법칙』, 로버트 그린
- 『마인드셋』, 캐럴 드웩
- 『Can't Hurt Me』, 데이비드 고긴스

금융

- 『사업의 철학』, 마이클 거버
- 『바빌론 최고의 부자』, 조지 S. 클래이슨
- 『우리는 어떻게 마음을 움직이는가』, 크리스 보스
- 『결정, 흔들리지 않고 마음먹은 대로』, 애니 듀크

생산성

- 『10배의 법칙』, 그랜트 카돈
- 『아주 작은 습관의 힘』, 제임스 클리어
- 『최고의 변화는 어디서 시작되는가』, 벤저민 하디
- 『성공하는 사람들의 7가지 습관』, 스티븐 코비

정신/철학

- 『빅터 프랭클의 죽음의 수용소에서』, 빅터 프랭클
- 『결국 당신은 이길 것이다』, 나폴레온 힐
- 『바가바드 기타』
- 『평화로운 전사』, 덴 밀맨
- 『No라고 말할 줄 아는 그리스도인』, 헨리 클라우드(종교적인 책이지만 훌륭한 내용이 담겨 있다.)

- 『지금 이 순간을 살아라』, 에크하르트 톨레
- 『한 발짝 밖에 자유가 있다』, 마이클 A. 싱어
- 『돌파력』, 라이언 홀리데이

계속할 수도 있지만 이 정도면 최고의 책 중 일부는 소개한 것 같다. 즐겁게 읽기 바란다!

실천하기

- 바로 지금 자신과 자신의 경력에 가장 유용할 것 같은 분야의 책을 2~3권 골라서, 읽어라. 그렇다. 사서 책장에 꽂아두지 말고 읽어라.
- 너무 별로라거나 자신이 **절대** 읽지 않을 만한 책이라 비위가 상할 것 같은 책 1권을 골라서, 읽어라. 왜냐고? 당신의 마음이 변하지 않을 수 있지만, 확장될 수는 있기 때문이다.

CHAPTER

71

당당하게 실패하라

일곱 번 넘어지면 여덟 번 일어나라.

– 일본 속담

마지막으로 책을 끝내기 전에 이 책에 담긴 다른 어떤 내용보다 당신에게 더 큰 도움이 되리라 믿는 조언을 해주겠다. 성공에 이르게 해줄 모든 기술을 가지고 있다 하더라도 가장 중요한 한 가지를 갖추지 못한다면 다 의미가 없어질 수 있다. 그것은 바로 인내심이다. 누구에게나 어느 정도의 시련은 있기 마련인데 인내심이 없다면 자그마한 시련에도 금세 포기해버린다.

반면 끝까지 노력할 자세를 갖춘다면 현재 업무 관련 교육 수준이나 재무 관련 교육 수준이 심각하게 낮거나 사교성이 크게 떨어진다 해도 결국 성공할 수 있다.

소프트웨어 개발자에게는 인내심이 특히 중요하다. 소프트웨어 개발자의 업무는 대부분 문제 해결과 관련이 있다. 소프트웨어 개발은 늘 난관을 헤쳐나가야 하는 어려운 일이다. 아마 어려워서 더욱 매력을 느낀 이도 있을 것이다. 이 장에서는 인내심의 중요성과 실패하더라도 위축되지 않는 능력이 꼭 필요한 이유에 관해 이야기해 보겠다.

실패를 두려워하는 이유

사람들은 대부분 본능적으로 실패를 두려워한다. 자신의 무능이나 부족이 드러나는 상황은 최대한 피하고 잘하는 일을 하고 싶어 한다. 실패에 대한 두려움을 날 때부터 가지고 태어나는 것 같다.

심지어 글 읽기를 배우는 아이들도 실패를 두려워한다. 글 읽는 법을 배우는 아이를 본 적이 있다. 아주 빠른 속도로 습득하고 있는데도 자기가 잘 모르는 단어가 나오면 아주 작게 읽는다. 반면 아는 단어는 자신감 있게 또박또박 읽는다. 잘 모르는 단어를 읽게 한다거나 하기 어려울 것 같은 과제를 주면 금세 포기하고 엄마한테 대신 해달라고 한다.

어른이 되면 이와 똑같은 현상이 더 확대되어 나타난다. 어려운 과제를 받았거나 곧 실패할 거라 예상되면 사람들은 대부분 그 상황을 회피한다. 금세 당신을 때려눕힐 것 같은 140킬로그램짜리 거구의 남성과 싸워야 하는 상황이라면 이렇게 도망가려 하는 게 이해가 된다. 하지만 무대 위에서 강연을 해야 한다거나 새로운 프로그래밍 언어를 배워야 하는 상황에서 똑같이 반응하는 것은 사실 납득이 되지 않는 행동이다. 실패하더라도 피해 보는 게 별로 없기 때문이다.

왜 그렇게 실패를 두려워하는지 추측해 본다면 아마도 연약한 자아를 보호하기 위해서가 아닐까 생각한다. 어쩌면 실패 때문에 자신의 가치까지 떨어진다는 생각이 들어서 실패에 너무 민감하게 반응하기 때문에 두려운 마음이 드는 것일 수도 있다.

나는 사람들이 실패의 본질을 착각해서 더 두려워하는 건 아닐까 생각한다. 사람들은 실패가 나쁜 것이라고 생각한다. 실패가 나쁘다고 배웠기 때문이다. 실패의 긍정적인 면을 보지 못하고 실패하면 모든 게 끝난다고 생각한다. 그들에게 실패는 막다른 길이나 종착역을 암시한다. 실패를 성공으로 향하는 길에서 만난 작은 장애물로 보지 못한다. 실패라는 말을 들으면 머릿속에 실패한 사람이 보내지는 외딴 섬이 그려진다. 그 섬에 버려진 사람은 구조될 희망 없이 망연자실 바다만 바라보고 있다. 그들의 인생은 실패했다. 그러므로 그들은 실패자다.

물론 실패가 진짜 끝이 아니라는 사실은 안다. 하지만 꼭 끝처럼 느껴진다. 한 번의 실패를 너무 심각하게 해석하고 스스로 실패자라는 무거운 낙인을 찍어두는 경향이 있다. 실패를 성공에 이르는 과정으로 보도록 훈련되어 있지 않아 어떤 방법을 써서든 이를 피하려 하는 것이다. 하지만 실패를 맛보지 않으면 성공에 이르지 못하는 경우가 많다.

실패는 패배가 아니다

실패는 패배가 아니다. 실패는 일시적이고 패배는 영구적이다. 실패는 자신의 의지와 상관없이 일어나는 일이다. 반면 패배는 자신의 선택으로 발생한다. 실패를 영구적으로 인정하는 것이 패배다.

실패에 대한 두려움을 극복하는 첫 단계는 실패를 끝으로 생각하지 않는 한 실패는 끝이 되지 않는다는 사실을 깨닫는 것이다. 삶은 원래 쉽지 않다. 넘어지는 때도 있다. 그러나 모든 상황은 당신의 결정에 달려 있다. 당신이 세운 목표가 싸울 만한 가치가 있다면 끝까지 싸워라. 목표에 이르기까지 맞서 싸웠던 고난과 역경 덕분에 성취의 기쁨도 누릴 수 있다는 사실을 스스로 깨달아야 한다.

난이도가 높은 게임을 한 번이라도 해본 적 있는가? 마지막 보스를 이겼을 때 느꼈던 성취감을 기억하는가? 아마 이기기까지 실패를 거듭했을 것이다. 하지만 마침내 이겼을 때 얼마나 기분이 좋던가? 반면 똑같은 게임을 치트키를 써서 죽지 않는 상태로 만들어놓고 이긴 상황에서는 어땠나? 재미있었나? 성취감이라는 감정을 조금이라도 느낄 수 있던가?

게임에서 맨 처음 죽었을 때 겁이 나 컨트롤러를 던져버렸다면 아마 그런 성취감을 느낄 수 없었을 것이다. 수없이 실패를 거듭한 끝에 마침내 성공했다는 사실이 당신이 느끼는 기쁨에 어느 정도 일조했다는 내 생각에 공감하는가? 만약 공감한다면, 그 문제에는 공감하면서도 당신이 살면서 겪는 실패는 피하고 싶어 하는 이유, 혹은 한 번의 실패가 영원한 실패라고 생각하는 이유는 무엇인가? 게임을 할 때 구덩이에 빠지거나 파이어 볼 한 번 맞는 일 없이 컨트롤러를 잡자마자 단번에 완벽하게 이기리라 생각하지 않을 것이다. 그런데 왜 살면서는 실패를 경험하지 않길 기대하는가?

실패는 성공의 어머니다

두려워하지 말고 실패를 받아들여라. 실패는 패배가 아니다. 오히려 실패는 성공으로 가는 여정에서 누구나 경험하는 과정이다. 작은 실패 한 번 경험하지 않고 보람을 느낄 만한 결과에 이르는 일이란 거의 없다.

그런데 학교에서 실패를 부정적으로 해석하도록 교육한다는 게 문제다. 성적에서 F를 받은 아이에게 발전하는 중이라고 칭찬하는 일은 없다. 실패를 목표에 가까워지는 동안 경험하는 과정으로 받아들이라고 교육하지 않는 것이다. 그와 반대로 완전히 부정적인 것으로 보도록 가르친다.

하지만 학교 밖 인생은 학교와 다르다. 시험공부를 하지 말라거나 인격 형성에 도움이 되도록 F를 받아야 한다는 뜻으로 하는 말은 아니다. 인생에서 겪는 실패는 보통 목표에 가까워지는 과정에서 꼭 거쳐야 할 이정표가 되기도 한다는 사실을 지적하고 싶어서 한 말이다.

현실에서 실패하면 그 경험으로부터 배우고 성장하라. 인간의 뇌는 이러한 방식으로 작동한다. 저글링이나 야구처럼 조정 능력이 필요한 활동을 배워본 적 있다면 성공하기까지 많은 실패를 경험할 수밖에 없다는 것을 알 것이다.

내가 처음 저글링을 배울 때는 공 3개를 공중에 던지자마자 전부 다 바닥으로 떨어뜨렸다. 한 개도 손으로 받지 못했다. 못하겠다고 바로 포기할 수도 있었지만 무슨 이유였는지 끈질기게 연습했다. 세상에는 저글링을 할 줄 아는 사람들이 있다는 사실을 알았기 때문에 나도 할 수 있을 거라고 생각했다. 수백 번, 수천 번 공을 떨어뜨리며 연습한 끝에 결국은 해냈다. 아마 내가 반복적으로 실패하는 동안 뇌가 그 경험으로부터 배우며 오랜 시간 수정에 수정을 거듭했을 것이다. 그 수정 과정을 내가 의식적으로 조절할 수는 없다. 내가 한 일은 실패를 두려워하지 않고 그저 계속 연습한 것이었다.

나는 최근에 "이기거나 배우거나"라는 말을 하기 시작했다. 이제 실패는 선택지로 보지 않는다. 어떤 상황에서든 내가 포기해야만 실패하는 것이다. 결과가 어떠하든지 두 가지 선택지만 있다. 첫째, 성공하는 경우다. 물론 성공하면 좋다. 하지만 둘째, 학습 기회를 얻는 경우다. 나를 발전시킬 기회이기 때문에 어쩌면 이게 더 좋을 수도 있다. 어떤 결과든 좋다. 그렇게 생각하면 나는 질 수 없고 실패할 수 없다.

실패를 수용하라

이 책에서 단 한 가지만 기억하겠다면 이 말을 기억하라. 실패를 수용하는 법을 배워라. 실패가 예상되더라도 정면으로 맞을 준비를 해두어라.

실패를 두려워하지 않는 것만으로는 부족하다. 실패를 적극적으로 찾아다녀야 한다. 성장하고 싶다면 실패할 수밖에 없는 상황에 자신을 던져라. 위험하다는 이유로 아무런 도전도 하지 않으면 정체되기 십상이다. 사람은 편안한 곳을 찾는다. 밖에 비가 오면 문을 닫고 판자로 막고 밖으로 나가지 않으려 한다.

가끔은 젖을 필요가 있다. 당신을 성장하게 하는 불편한 상황에 기꺼이 뛰어들 필요가 있다. 배를 실패의 바다로 몰아넣을수록 반대편에서 성공의 바람이 더욱 강하게 불어온다는 믿음을 갖고 가끔은 그런 상황을 적극적으로 찾아다녀야 한다.

당신은 실패를 어떻게 받아들이는가? 성난 파도 속으로 뛰어들도록 자신을 어떻게 설득하겠는가? 실패를 삶의 일부로 받아들이는 일부터 시작하라. 살면서 많은 실패를 경험할 것이고 그 대부분은 피할 수 없으리라는 사실을 자각하라. 모든 일을 처음부터 완벽하게 할 수는 없다. 실수도 하게 될 것이다.

실패해도 괜찮다는 사실 또한 깨달아야 한다. 실패해도 괜찮다. 실패를 줄이려고 노력하는 건 괜찮지만 실패 때문에 자아가 상처 입을까 두려워서 기회를 놓치는 일은 없게 하라. 실패해도 괜찮다는 것, 실패보다 실패에 어떻게 대처하는지가 당신의 정체성을 규정한다는 것을 깨달으면 실패에 대한 두려움을 훨씬 쉽게 극복할 수 있다.

마지막으로 실패에 최대한 많이 노출되길 권하고 싶다. 일부러라도 불편한 일을 자꾸 해보라. 실패할 수밖에 없는 상황에 의도적으로 자신을 노출하라. 포기하지 않는 것이 열쇠다. 실패를 성공으로 향하는 연료로 삼아라. 실패와 실패에 대한 두려움을 많이 겪을수록 실패의 영향력은 점점 줄어들 것이다.

『생각하라! 그러면 부자가 되리라』의 저자 나폴레온 힐이 실패에 관해 한 말을 마지막으로 남긴다.

> 위인들이 거둔 최고의 성공은 최악의 실패 한 걸음 앞에 있었다.

실천하기

- 실패의 두려움 때문에 많이 망설여지는가? 해보고 싶지만 잠깐의 창피함, 실패에서 오는 상처가 두려워서 하지 못하는 활동을 적어보라.
- 실패에 대한 두려움 때문에 피해온 일 중에 적어도 하나는 꼭 해보기로 결심하라. 절대 성의 없이 하지 마라. 실패할 것을 알면서도 할 때는 뭐든 '적당히' 해보는 사람들이 많다. 진짜 열심히 하지는 않았다는 이유를 들어 실패와 거리를 두고 싶어서, 실패를 제대로 경험하고 싶지 않아서 그러는 것이다. 진짜 열심히 노력하고 제대로 실패를 맛보라.

CHAPTER

72

바보 같아 보여도 괜찮다

제대로 성장하고 싶다면 누구나 대부분 가지고 있는 큰 공포 한 가지를 극복해야 한다. 바로 남들에게 바보 같아 보일까 두려워하는 마음이다. 무대에 올라 여러 사람 앞에서 이야기하기란 쉽지 않은 일이다.

누구나 와서 보고 댓글을 달 수 있는 블로그라는 공간에 글을 쓰는 것도 쉽지 않다. 팟캐스트나 동영상에서 자신의 목소리나 얼굴을 접하면 창피할 수도 있다. 책을 쓰는 일도 어느 정도 용기가 필요하다. 특히 모든 것을 쏟아부었을 때는 더욱 그렇다.

하지만 진정 성공하려면 다른 사람이 당신을 어떻게 생각하는지 신경 쓰지 않는 법, 바보 같아 보이는 것을 두려워하지 않는 법을 배워야 한다.

뭐든지 처음에는 어색하다

나도 처음 발표할 때는 땀을 비 오듯 흘렸다. 침착하게 말하려 했지만 목소리가 계속 갈라졌다. 슬라이드를 한 장 넘겨야 하는데 손이 떨려서 두 장이 넘어갔다. 어떻게 되었을까? 다행히 끝마치긴 했다. 잘했다고 보기는 어려웠다. 온 청중을 사로잡았다고 생각하지는 않지만 그래도 어떻게든 끝까지 마무리했다.

그다음에도 엉망이었다. 그래도 긴장이 덜 되는지 전보다는 손을 덜 떨었다. 땀도 전보다는 덜 흘렸다. 그다음에는 또 그보다 더 쉬워졌다. 요즘은 발표할 때 마이크를 들고 자신감 있게 무대 위를 왔다 갔다 한다. 그 공간에 가득 찬 에너지가 내게 전해져서 살아 있다는 느낌이 든다. 처음 강연할 때는 내가 이런 말을 하는 날이 올 줄 몰랐다.

시간이 지나면 상황 또한 변하기 때문이다. 처음에는 불편했던 것도 시간이 가면 지극히 자연스러워진다. 어색한 느낌이 사라질 때까지 견디면서 충분히 시간을 들여야 한다.

무엇이든 시작한 지 얼마 되지 않아 불편하다고 느낄 때는 언젠가 편해지는 날이 온다고 상상하기 어렵다. 그 일이 맞지 않다고 생각하고 싶을 것이다. 이런 생각을 극복해야 한다. 누구나 어려운 일을 처음 접할 때는 똑같이 불편해한다. 특히 많은 사람 앞에서 하는 일이라면 더욱 그렇다.

이런 문제에 부딪히면 보통 극복보다 포기를 선택한다. 다른 사람이 자신을 어떻게 생각할지 너무 신경 쓰는 사람, 어렵고 어색한 상황을 극복할 때까지 밀어붙이지 않는 사람이 대부분이다. 그래서 이 책에 나온 조언을 잘 따르면 다른 이들이 실패할 때 성공할 수 있다고 한 것이다. 당신과 달리 사람들은 대개 이러한 조언을 따르지 않는다. 더 큰 것을 얻기 위해 잠깐 바보 같아 보이는 상황을 기꺼이 감수하는 사람은 별로 없다.

바보 같아 보여도 괜찮다

시간이 지나면 쉬워진다는 내 말을 당신이 믿는다고 가정해보자. 꾸준히 블로그에 글을 쓰고, 강연을 하고, 유튜브에 동영상을 올린다면 조금씩 편해지다가 결국은 자연스럽게 느끼는 날이 온다고 말이다. 그러나 마이크도 제대로 잡지 못할 정도로 손이 심하게 떨리는 사람도 있을 수 있다. 그럴 때는 어떻게 해야 할까?

간단하다. 신경 쓰지 마라. 무대에서 바보처럼 보이더라도 신경 쓰지 마라. 누군가 당신의 블로그를 읽고 완전히 틀렸다고, 멍청한 소리라고 해도 신경 쓰지 마라. 다른 사람이 당신을 비웃어도 함께 웃을 마음의 여유를 가져라. 다시 한번 말하지만 말보다 실천이 어렵다는 것을 잘 안다. 그러면 더 구체적인 방법을 알려주겠다.

남들이 나를 바보같이 볼 만한 상황이 벌어진 후 이어질 최악의 상황은 무엇일지 생각해보자. 바보같이 보였다 해서 신체에 손상을 입는 것은 아니다. 발표를 아무리 심하게 망친다 한들 사실 크게 신경 쓰는 사람은 없다. 무대 위에서 버벅거리면서 땀을 흘린다면 꽤 볼 만한 광경이긴 하겠지만 끝나고 나면 기억조차 못 하는 사람이 대부분일 것이다.

바꿔서 생각해보자. 최근에 발표를 완전히 망친 강연자를 본 적이 있는가? 기억은 나는가? 그때 청중이 강연자에게 큰소리로 야유를 퍼붓고 무대에서 내려보냈는가? 강연이 끝난 후에 그 강연자에게 이메일을 보내거나 전화해서 강연자가 얼마나 형편없는 인간인지, 아까운 시간을 왜 그렇게 낭비했는지 따진 적이 있는가? 당연히 없을 것이다. 아직도 발표를 두려워할 필요가 있다고 생각하는가?

성공하고 싶다면 자존심은 잠시 접어두라. 사람들 앞에 나서서 바보 같아 보일 것을 두려워하지 마라. 지금 유명한 배우, 음악가, 운동선수, 강연자가 된 사람 모두 한때 자기 일을 훌륭하게 하지 못하던 시절이 있었다. 그래도 그들은 해보기로 하고 최선을 다했다. 어떤 일이든 끝은 난다. 그리고 어떤 일이든 꾸준히 하면 반드시 나아진다. 그렇게 될 때까지 버텨야 한다. 무신경해져야 버틴다. 바보 같아 보일 것을 두려워하지 마라.

> 나는 9,000개가 넘는 슛을 놓쳤다. 경기에 진 횟수는 300번 정도다. 반드시 이길 거라는 사람들의 믿음을 저버리고 진 경기도 26번이나 된다. 나는 실패하고 실패하고 또 실패했다. 바로 그것이 내가 성공한 이유다.
>
> – 마이클 조던Michael Jordan

작든 크든 도전하라

만약 내 마음대로 할 수 있다면 당신을 수심이 가장 깊은 곳으로 데려가서 물속에 빠뜨리고 싶다. 그게 가장 빨리 효과를 보는 방법이니 말이다. 하지만 이렇게 극단적인 방법을 싫어하고 조금씩 발전하는 방법을 좋아하는 사람도 있을 테니 그러한 사람의 취향에 맞는 방법을 알려주겠다.

강연, 저술 등 앞에서 언급한 활동이 두렵다면 부담 없이 첫발을 뗄 수 있는 일을 찾아라.

다른 사람의 블로그에 댓글을 다는 건 어떨까? 이런 일조차 부담스럽다고 느끼는 개발자도 있긴 하지만, 그래도 이 정도면 도전해볼 만할 것이다. 대단한 글을 쓸 필요는 없다. 그리고 당신이 대화를 시작하는 게 아니고 이미 이루어지고 있는 대화에 참여하는 일이라 부담도 적다.

비판은 각오하되 두려워하지는 마라. 당신이 하는 말을 싫어하거나 의견이 다른 사람도 있을 수 있다. 하지만 무슨 상관인가? 인터넷에서는 누구나 자기 의견을 밝힐 자유가 있다. 의기소침해지지 마라. 누가 욕하더라도 크게 개의치 마라. 아무리 잘한 일이라도 비판하는 사람은 있기 마련이다. 원래 모든 사람이 만족하는 결과는 절대 낼 수 없는 법이다.

조금 더 용기가 생기면 자신의 블로그에 글을 써라. 잘 아는 주제에 관한 글이나 초보자를 대상으로 하는 글도 좋다. 초반에는 자신의 의견만 강하게 내세우는 글은 피하라. 키보드 워리어의 공격 대상이 될 수도 있기 때문이다. 막상 시작해서 당신이 쓴 글을 좋아하는 사람들이 생기기 시작하면 그리 나쁘지 않다고 생각할 것이다. 그렇다고 자만하지는 않도록 조심하라.

이제 거기서 한 발짝 더 디뎌보라. 다른 사람 블로그에 글을 기고하거나 팟캐스트 인터뷰를 해보라. 토스트마스터즈 같은 동호회에서 활동하면서 사람들 앞에서 강의하는 데 익숙해지는 것도 좋다. 사람들 앞에 나서는 것을 꿈도 꾸지 못했던 이들이 토스트마스터즈에 가입해서 훌륭한 강연자로 거듭나곤 한다.

조금이라도 발전하는 것이 핵심이다. 아주 조금씩, 아주 천천히 수온에 익숙해지는 사람도 있고, 엄청난 물보라를 일으키며 수심이 가장 깊은 곳에 뛰어드는 사람도 있다. 어느 쪽을 택하든 상관없다. 불편하고 겁나고 무서워도 괜찮다. 그런 느낌은 곧 지나간다. 바보 같아 보이는 걸 두려워하지 않고 난관에 당당히 맞서며 꾸준히 전진하면 다른 이들이 좌절하는 지점에서 더 나아갈 힘이 생긴다. 장담하는데 지나고 보면 그럴 만한 가치가 있었다는 생각이 들 것이다.

실천하기

- 용감해져라. 당신 인생의 주인공은 당신이다. 나가서 두려운 일에 도전하라. 작든 크든 상관없다. 불편한 상황도 자꾸 부딪히다 보면 별 게 아니라는 사실을 스스로에게 일깨워라.
- 도전했던 일을 매주 한 번은 반복하라.

CHAPTER

73

인생을 변화시키는 스토아 철학

"스토아 철학자는 운명에 '꺼져!'라고 말할 수 있는 당당한 태도를 지닌 불교도다."

– 나심 니콜라스 탈레브(Nassim Nicholas Taleb), 『안티프래질』

이 책에 있는 모든 장 중에서 가장 설레는 동시에 긴장되는 장이다. 설레는 것은 스토아 철학이 내 인생, 인생을 대하는 태도를 **극적으로** 변화시켰고 내게 더 큰 성공을 안겨주었고 부정적인 감정과 변덕스러운 운명의 감옥에서 나를 해방시켰기 때문이다. 긴장되는 것은 스토아주의에 관해 할 말과 다뤄야 할 내용이 너무 많은데 이 짧은 장에서 내가 스토아 철학을 마땅히 정당하게 다룰 수 있을지 불안하기 때문이다.

스토아주의의 개념을 처음 접한 것은 이 책의 초판을 집필한 지 얼마 지나지 않아서였다. 하와이에서 최종 편집을 마치고 라이언 홀리데이Ryan Holiday의 오디오북을 들으며 바닷가를 달리던 기억이 난다. 책의 제목은 『돌파력』이었다. 제목을 보자마자 관심이 간 책이었다.* 결국 여행하는 동안

* 원제는 'The Obstacle Is the Way: The Timeless Art of Turning Trials into Triumph'로 '장애물이 길이다: 시련을 승리로 바꾸는 변함없는 기술'이라는 뜻이다.

이 책을 3번이나 들었다. 마침내 인생을 다루는 타당한 체계가 생겼다. 이는 2,000여 년 전에 발명된 것이다. 어째서 이런 이야기를 진작 알지 못했을까?

집으로 돌아올 때쯤 나는 스토아주의 사상에 푹 빠졌다. 고대 스토아학파의 글을 읽기 시작했다. 그들이 한 말을 실천했다. 전만큼 화를 내지 않았다. 나에게서 더 나은 것을 기대하기 시작했다. 현실을 바꾸거나 홍정하거나 불평하려 하기보다 받아들이기 시작했다. 훨씬 더 평화롭고 평온한 상태가 되었다. 그렇게 나는 철학자가 되었다.

스토아주의란 무엇인가?

아, 이 부분이 긴장되는 부분이다. 스토아주의가 무엇이고 어떻게 실천할지로 책 한 권은 쓸 수 있는데도 내가 정확히 이해했는지 여전히 확신이 없다. 알다시피 스토아 철학의 공식 교리는 없다. 성가나 선언문은커녕 안내서도 없다. 그 대신 고대 스토아학파의 글만 계속 다룰 것이다. 가장 유명한 사람은 세네카, 에픽테토스, 마르쿠스 아우렐리우스다.

그러나 희망이 전부 사라진 것은 아니므로 절망하지 마라. 우리는 스토아 철학이 무엇이고 여기에 무엇이 수반되는지에 관한 고대 문헌에서 많은 것을 배울 수 있다. 스토아 철학은 본질적으로 이 행성에서 보내는 시간의 가치를 최대로 키우고, 자신이 통제할 수 없는 것을 걱정하느라 인생을 낭비하지 않으며, 자신이 통제할 수 있는 것에 대한 책임을 지는 능력을 최대화한다는 것이 무엇인지 정의하려는 시도다.

스토아 철학은 자신의 잠재력을 최대한 발현하며 살려고 노력해야 한다는 사상에 기초한다. 이 개념은 에우다이모니아eudaimonia라고 알려졌으며 거칠게 옮기자면 '내면의 정신을 능숙하게 다룬다'는 뜻이다. 스토아 철학은 매 순간 가장 뛰어난 자아를 표현하고, 통제할 수 있는 것에 집중하며, 자신의 인생을 온전히 책임지길 요구한다. 스토아 철학자는 좋다 나쁘다는 중립적인 사건에 대한 해석에 불과하며 자신에게, 자신의 주변에서 일어나는 모든 것에 대한 자신의 해석을 통제할 힘이 있다고 믿는다. 스토아 철학은 피해의식과 정반대라고 볼 수 있다. 사실 지난 몇 년간 피해의식을 없애자는 스토아주의 사상에 심취한 나머지 불도그 마인드셋(https://bulldogmindset.com)이라는 브랜드와 회사를 만들었다.

스토아주의에서는 인생의 모든 것을 자신의 소유가 아니라 빌린 것으로, 언젠가 다시 돌려주어야 하는 것으로 생각함으로써 운명으로부터 면제받는 것이 핵심이다. 세네카는 이러한 사상을 설명하기 위해 이런 말을 했다.

> "우리가 가진 모든 것은 운으로부터 '빌려온 것'임을 기억하라. 운은 우리의 허락 없이 모든 것을 도로 가져갈 수 있다. 사전 고지조차 없을 수 있다. 그러므로 우리는 소중한 모든 사람을 사랑해야 한다. 단, 우리가 그들을 영원히 간직할 수 있다는 기약이 없다는 것을 항상 명심해야 한다. 아니다. 오래 간직할 수 있다는 기약조차 없다는 것을 명심하라."
>
> – 세네카

스토아주의의 중심에는 거리를 둔다는 개념이 존재한다. 불교를 잘 안다면 불교에도 유사한 개념이 있다. 스토아 철학은 우리가 세상과 자신의 통제 하에 있지 않은 모든 것과 거리를 두고 놓아줄 준비를 해야 하며, 일의 결과에도 거리를 두고 우리가 통제할 수 있는 과정에만 집중해야 한다고 한다. 이를 나타내는 유명한 예로 활을 쏘는 사람을 들 수 있다. 활을 쏘는 사람은 겨냥하고 화살을 쏘지만 일단 화살이 표적을 향해 날아가면 더 이상 결과를 통제할 수 없다. 가능한 한 완벽하게 활을 쏘기 위해 연습하고 모든 것을 할 수 있지만 일단 날린 화살은 통제 밖에 있다.

스토아주의에서는 고통이나 기쁨에 무관심한 무감정 상태가 가장 중요하다고 생각하는 사람이 많다. 그러나 그런 생각은 진실과 완전히 동떨어져 있다. 스토아 철학은 우리에게 고통이나 기쁨이 우리의 행동에 영향을 미치게 내버려 두지 말고 그러한 감정에도 불구하고 올바른 행동을 하라고 가르친다. 스토아 철학은 이렇게 말한다. "감정을 느껴라. 단, 감정이 자신을 휘두르고 장악하게 두지 마라." 나는 이 표현을 즐겨 쓴다. "고통을 느끼고 계속 걸어라."

천하무적이 되는 법!

스토아주의의 주된 이점을 생각할 때 떠오르는 단어는 천하무적이다. 그 무엇도 당신에게 해를 끼칠 수 없다면 인생이 어떻겠는가? 스토아 철학의 이상에 따라 인생을 살면 어떤 것도 당신에게 해를 끼칠 수 없다. 스토아 철학은 사건을 좋다 나쁘다 인식하게 하는 것은 사건에 대한 자신의 해석이므로 무언가가 자신에게 해를 끼쳐도 좋다고 허용하는 것은 자신의 선택이라고 말한다.

> "해를 입지 않기로 선택하라. 그러면 해를 입었다고 느끼지 않을 것이다. 해를 입었다고 느끼지 마라. 그러면 해를 입지 않은 것이다."
>
> – 마르쿠스 아우렐리우스

무리한 요구로 보일지 모르지만 솔직히 말해서 스토아 철학을 실천하기 시작한 후 나는 해로부터 거의 천하무적이 되었다. 예전에 나를 괴롭히던 것들이 더 이상 내게 눈에 띄는 영향을 미치지 않는다. 예전에는 차가 막히면 심하게 화를 냈다. 이제는 그냥 받아들이고 오디오북을 더 오래 들을 시간이 생겨서 얼마나 좋은지 생각한다. 예전에는 사람들이 어리석은 행동을 하거나 어떤 방식으로든 나를 홀대하면 화가 났다. 이제는 그들의 행동을 그들의 선택이자 나를 더 강하게 만들 시험으로 생각한다. 차에 치이는 등 다른 형태의 신체적 외상이라면 어떨까? 그런 상황에서는 확실히 천하무적일 수 없지 않을까? 스토아 철학은 고통과 해를 별개의 것으로 본다. 자동차가 고통을 일으킨다고 해서 반드시 해를 입히는 것은 아니다. 다리나 보행 능력을 잃었다고 하더라도 해를 입으려면 자신이 그 사건을 마음속으로 나쁘고 해롭다고 해석해야 한다.

스토아주의의 이러한 이점을 묘사할 가장 좋은 방법은 운명에 휘둘리지 않게 된다고 말하는 것이다. 최선을 다하는 데 집중하고 결과를 걱정하지 않을 때, 운명이 무엇을 가져오든 받아들이고 운명을 사랑하는 방법을 배울 때 걱정할 것이 별로 없다. 일어나는 모든 일을 훌훌 털어버리고 나름대로 최선을 다하는 방법을 알아낼 수 있다. 화내거나 슬퍼하지 않는다는 것이 아니라 부정적인 감정의 공격으로부터 자신을 보호할 수 있게 감정을 능숙하게 다룰 수 있게 된다는 뜻이다.

또한, 스토아 철학은 당신을 아주 단단하게 만든다. 스토아주의의 한 가지 교리로는 부족하게 살거나 심지어 가난하게 살아야 한다는 사상이 있다. 스토아학파는 더 강하게 성장하고 일어날 일에 대비할 수 있도록 불편을 겪어야 한다고 믿는다. '연습할 때 흘리는 땀이 늘수록 전투에서 흘리는 피가 줄어든다'는 사상은 매우 스토아학파다운 개념이다. 이 책의 앞부분에서 매일 마라톤을 뛰고 단식을 한다고 이야기했는데 이 두 성과는 스토아주의를 통해 얻은 내면의 힘과 강한 정신력 덕분이라고 생각한다.

마지막으로 스토아주의는 평온이나 내면의 평화를 약속한다. 결과로부터 자신을 떨어뜨려 놓을 때, 상황을 그냥 내버려 둘 때, 운명에 의존하지 않을 때, 인생과 현실에 맞서 싸우지 않는 대신 있는 그대로를 받아들이고 포용하는 방법을 배울 때 필적할 수 없는 내면의 평화를 얻는다. 마치 평행 우주에 사는 것과 같다. 사람들이 무언가에 대해 속상해하고 화내고 분노할 때 이제 거의 공감하지 못한다. 내게 주어진 시간의 50% 이상을 어떤 부정적인 감정으로 인해 괴로워하던 때가 어렴풋이 기억나긴 하지만 이제 그런 경험이 너무 드물어서 놀라울 정도다. 요즘은 이렇다. “와, 나 지금 화난 것 같다. 이상하네.”

스토아학파가 되는 법

오, 당신도 스토아학파가 되고 싶다고? 흠, 젤리로 가득 채운 유아용 풀장에서 이루어지는 비밀 의식이 마음에 들기 바란다. 스토아학파가 되려면 비밀 의식을 거쳐야 하기 때문인데… 알았다. 농담이다. 하지만 사실 이미 당신은 비밀 의식을 거쳤다. 알겠지만 우리 모두 언젠가 죽는다는 똑같은 운명을 공유한다. 그렇다. 나도 안다. 우리는 죽음에 대해 생각하는 것을 좋아하지 않는다. 그래도 스토아학파는 죽음에 대해 생각한다. 스토아학파의 한 가지 사상은 죽음을 잘 대비하라는 것이다. 하지만 이것이 현실이고 우리는 같은 운명을 공유하므로 같은 문제와 해결책도 공유한다.

우리가 공유하고 있는 문제가 무엇일까? 물어봐 주어서 고맙다. 현실은 우리 모두 거의 같은 환경과 제약 하에 작동한다는 것이다. 당신과 나는 둘 다 결국 자기 생각, 경험한 일에 대한 자신의 해석, 그리고 자신의 행동만 통제할 수 있다. 그게 전부다. 그 외에 모든 것은 우리의 통제를 벗어난다. 이런 말을 하는 이유는 좋든 싫든 당신이 이미 스토아학파이기 때문이다. 단지 실천하고 있지 않을 뿐이다.

이 모든 말이 좋게 들리고 자신의 삶에 스토아 철학을 적용하고 싶다면 시작하기 위해 할 수 있는 몇 가지 단계가 있다. 우선 고대 스토아학파의 문헌 두 가지를 읽어보길 권한다.

첫 번째 책은 『Moral letters to Lucilius(루킬리우스에게 보내는 도덕적 편지)』*다(온라인 무료 버전은 여기에서 찾을 수 있다: https://en.wikisource.org/wiki/Moral_letters_to_Lucilius). 이 책은 바로 활용하고 적용할 수 있는 실용적인 지혜로 가득 채워져 있어서 내가 가장 좋아하는 스토아학파의 문헌이다. 완전히 이해하기 조금 어려울 수 있으니 시간을 들여서 읽고 이해가 안 되는 부분이 있더라도 걱정하지 마라.

다음으로는 마르쿠스 아우렐리우스의 『명상록』을 추천한다. 이 '책'은 책으로 쓰이지 않은 로마 전 황제의 사적인 일기가 어쩌다 출간된 것이다. 마르쿠스는 독실한 스토아학파였고 평생을 착실히 스토아 철학에 따라 살았다. 종종 그를 철학자 왕이라고 부르기도 하는데 플라톤이 처음 만든 표현이다.

그 뒤에 라이언 홀리데이의 『돌파력』, 요나스 잘츠게버Jonas Salzgeber의 『The Little Book of Stoicism(스토아주의 소책자)』을 비롯해 스토아주의에 관해 쓴 요즘 책도 몇 권 읽으면 좋다. 이러한 책은 일부 현대적인 해석과 훌륭한 역사적 사례를 통해 스토아주의 문헌의 개념을 이해하는 데 큰 도움을 준다.

하지만 배운 내용을 실천하는 것이 가장 중요하다. 이들의 사상을 제대로 이해하고 문헌을 읽는 데 그치지 말고 스토아 철학을 일상에서 적극적으로 시도하고 실천해야 한다. 시련이나 문제를 마주할 때 잠시 시간을 내어 이를 어떻게 해석할지 선택하라. 스토아학파에서 '아레테arete'(거칠게 옮기면 '자신의 잠재력을 최대로 발현하는 우수성'이라는 뜻)라고 부르는 상태

---

* 『세네카 삶의 지혜를 위한 편지』라는 제목으로 출간된 책의 일부로 포함되어 있다.

를 성취하며 살 수 있도록 자신이 하는 모든 일에 최선을 다하기 위해 매일 매 순간 집중하라. 용기를 가지고 두려움에 맞서기를 선택하라. 시간을 소중히 여겨라. 내면에 튼튼한 배를 지어서 예측할 수 없는 운명의 파도로부터 자신을 지켜라.

더 쓸 수 있다. 언젠가 책 한 권을 스토아 철학으로 채우겠지만 지금은 이 장에서 스토아주의를 살짝 보여준 것으로 만족하겠다. '좋은 인생'에 대한 이 짧은 접촉이 흥미를 자극해서 고대인의 지혜를 찾고자 하는 열망을 불러일으켰기를 바란다.

실천하기

- 이번 주 매일 무슨 일이 일어난 후 반응하기 전에 잠시 시간을 갖는 것을 연습하라. 잠시 멈춘 그 순간 그 사건에 대한 자신의 해석을 적극적으로 **선택**한 후 가장 적절한 반응을 선택하라.
- 받아들이기도 연습할 수 있다. 마음에 들지 않는 일이 일어났을 때 자신의 통제를 벗어나는 일이라면 싸우기보다 받아들여라. 내버려 두어라. 이러한 연습만으로도 스트레스가 크게 줄어든다.
- 마지막으로 이 장에 언급한 세네카의 편지를 몇 통이라도 읽어보라. 매일 한 통을 읽으면 올해 당신의 인생이 극적으로 변화할 것이다.

CHAPTER

74

마치는 말

여기까지다. 마침내 당신과 함께 이 책을 마무리할 순간이 왔다. 이 책을 읽는 내내 나와 함께 모험한 기분이었기를 바라는 마음에서 '당신과 함께'라는 표현을 써봤다. 집필을 시작할 당시에는 이렇게 긴 책을 쓰는 일이 얼마나 어려운지 예상하지 못했다. 소프트웨어 개발자로 일하며 얻은 중요한 교훈의 일부를 나누고 싶다는 막연한 생각으로 시작한 일이었다. 훌륭한 코드를 작성하는 방법이나 경력을 발전시킬 방법을 소개하는 것에 그치지 않고 전반적으로 더 나은 사람이 되는 데 필요한 내용을 나누고 싶었다. 살면서 배운 가치를 최대로 키울 방법, 그와 동시에 여기서 얻는 혜택을 다른 이들과 나눌 방법을 말이다.

나는 천재가 아니다. 지난 수십 년의 경험을 반추해보고 50년치 지혜를 나눠줄 수 있는 노인도 아니다. 그러니 내가 한 말을 절대적인 진리로 생각하지 않길 바란다. 이 책을 통해 내 경험을, 지금까지 내게 도움이 되었던 것들을 공유하고 싶었다. 전부 동의하지 않는다 해도 괜찮으니 그중 일부라도 유용하다고 느꼈으면 한다.

다른 사람이 하는 말을 무조건 받아들이지 말라는 게 이 책의 주제이기도 하다. 누구라도 진실을 독차지할 권리는 없다. 현실은 상당 부분 당신이 직접 만들어가는 것이다. 뻔한 진실을 무시하고 마음대로 살라는 뜻은 아니다. 어떤 삶을 살지, 어떻게 살지 당신이 정할 수 있다는 뜻이다. 업무 문제, 돈 문제, 몸과 마음의 건강 문제를 다스릴 기본 원칙을 배운다면 그러한 원칙을 사용해서 꿈꾸는 바를 현실에서 그려나갈 수 있을 것이다.

지금껏 "좋은 성적을 받아라.", "어지르지 마라.", "대학에 가라.", "취직해라.", "50년은 일해야 은퇴할 수 있다."와 같은 말을 들어왔을 것이다. 남들이 가야 한다고 말하는 그 길로 꼭 갈 필요가 없다는 사실을 이 책으로 깨달았다면 좋겠다. 물론 원하는 사람은 그렇게 살아도 상관없다. 하지만 누구나 9시에 출근하고 5시에 퇴근하는 틀에 박힌 삶을 살 필요는 없다. 그 사실을 깨닫길 바란다.

이 책을 통해 당신 앞에 놓인 무수한 선택지를 볼 수 있다면 좋겠다. 자신의 경력을 잘 관리하면 더 많은 것을 얻거나 완전히 새로운 길로 가게 될 수 있다는 점, 개인 브랜드를 만들고 마케팅할 방법을 배우면 당신의 경력이 전에는 상상도 못 했던 수준까지 성장하고 다른 사람의 삶에도 큰 영향을 끼칠 수 있다는 점을 깨닫기 바란다.

이 책을 통해 정보를 습득하고 흡수할 새로운 방법을 배웠기를, 그래서 많은 사람에게 영향을 끼칠 수 있는 더 나은 사람이 될 수 있다는 자신감을 얻었기를 바란다. 또한, 당신의 지식이 어떤 수준이든지 간에 단순히 자신을 위해 배우는 데 그치지 않고 다른 이들과 공유할 수 있게 되기를 바란다.

이 책을 통해 더 생산적으로 살겠다는 마음, 시간을 더욱 세심하게 관리해서 최대한 잘 활용하겠다는 마음이 생겼기를 바란다. 그리고 가끔 의욕이 사라지는 일이 있다 하더라도 노력과 실천의 가치는 늘 마음속에 품고 살기를 바란다.

이 책을 통해 건강과 체력을 잘 관리해야겠다고 생각하게 되었기를 바란다. 소프트웨어 개발자라 해도 원하기만 한다면 얼마든지 훌륭한 몸매를 만들 수 있고 운동도 잘할 수 있다는 사실, 적어도 건강을 적극적으로 관리하는 정도는 충분히 가능하다는 사실을 깨달았기를 바란다.

마지막으로 당신의 마음에는 당신을 파괴할 수도, 아니면 앞으로 나아가도록 격려할 수도 있는 강력하고 중요한 힘이 있다는 사실을 깨달았기를 바란다. 또한, 당신이 되고 싶어하는 사람이 될 수 있다는 사실, 긍정적인 사고와 일관된 노력으로 자신을 바꿔갈 수 있다는 사실도 알았으면 좋겠다.

거창한 바람이라는 것을 나도 잘 안다. 특히 소프트웨어 개발과 관련한 책에서 바라기에는 너무 원대한 목표다. 이 책이 당신 삶에서 아주 작은 부분이 아주 약간 좋아지는 데 이바지한다고 해도 나는 성공했다고 생각할 것이다.

당신이 이 책을 내려놓기 전 한 가지 작은 부탁을 하고 싶다. 이 책이 당신에게 도움이 되었다면 이 책의 도움을 받을 만한 다른 사람과 이 책을 공유했으면 한다. 책 판매에 도움이 되길 바라는 마음으로 하는 말은 아니다. 책이 많이 팔리면 당연히 좋겠지만 큰 수익을 바라고 책을 쓴 것은 아니다. 500시간을 들여서 더 많은 수익을 낼 일은 얼마든지 많다. 사람은 누구나 다른 사람을 도우며 살아야 하므로 이 책으로 도울 수 있는 사람이 있다면 도와주길 바라는 것이다.

시간을 내어 이 책을 읽어주어 고맙다. 당신의 장래에 도움이 될 만한 내용이 하나라도 있었기를 진심으로 바란다.

존 손메즈John Sonmez

추신: 책이 끝나서 슬퍼할 사람을 위해 혐오와 비판만 일삼는 사람을 대하는 방법에 관한 보너스 장을 준비했다. 다음 링크에서 확인하라: https://simpleprogrammer.com/softskillsbonus

A~B

C~E

F~L

M~P

S~Z

ㄱ

ㅈ

ㅊ

ㅋ

ㅌ

ㅍ

ㅎ

번호